企业所得税与增值税差异分析及会计处理

郭智华 董宏 ◎ 主编

政策对比　纳税调整　案例剖析　自测练习

中国市场出版社
China Market Press

·北京·

图书在版编目（CIP）数据

企业所得税与增值税差异分析及会计处理 / 郭智华，董宏主编. —北京：中国市场出版社，2020.2
ISBN 978-7-5092-1882-2

Ⅰ. ①企… Ⅱ. ①郭… ②董… Ⅲ. ①增值税-税收管理-研究-中国 ②企业所得税-税收管理-研究-中国 Ⅳ. ①F812.424

中国版本图书馆CIP数据核字（2019）第181008号

企业所得税与增值税差异分析及会计处理
QIYESUODESHUI YU ZENGZHISHUI CHAYI FENXI JI KUAIJI CHULI

主　　编	郭智华　董　宏			
责任编辑	张　瑶（zhangyao9903@126.com）			
出版发行	中国市场出版社			
社　　址	北京月坛北小街2号院3号楼	邮政编码	100837	
电　　话	编辑部（010）68032104　读者服务部（010）68022950			
	发行部（010）68021338　68020340　68053489			
	68024335　68033577　68033539			
	总编室（010）68020336			
	盗版举报（010）68020336			
经　　销	新华书店			
印　　刷	河北鑫兆源印刷有限公司			
规　　格	185mm×260mm　16开本	版　次	2020年2月第1版	
印　　张	32.50	印　次	2020年2月第1次印刷	
字　　数	560 000	定　价	119.00元	
书　　号	ISBN 978-7-5092-1882-2			

版权所有　侵权必究　　印装差错　负责调换

房地产企业涉税业务实战丛书

01 税务管理、税务稽查与内部审计自查工具书

稽查思路　稽查方法　检查要点　执行口径　实战技巧

★4种税务检查思路　★8个稽查大案解析　★3大稽查看账需求

一套具体化、流程化和标准化的房地产开发企业税务稽查参考攻略
帮助税务稽查人员建立三种储备，树立"业务细节第一"的观念
★查账知识储备　　★税收政策储备　　★实践经验储备

《房地产开发企业税务检查实用攻略》

董宏 施玉明 主编
中国市场出版社2018年出版 | 定价：78元

02 15大房地产业务流程的税会处理之即查即用工具书

300个实务案例+468个疑难问题解答+159个特别提示

★内容解析一问一答　★政策依据既新又全　★案例解读详细易懂
★律师点评独立客观　★业务流程脉络清晰　★稽查审计干货分享

- 税务稽查、案件审理、税收征管过程中即查即阅
- 财务、会计、税务、内控人员处理业务即学即用
- 专业涉税服务机构积累相关专业经验的有益参考

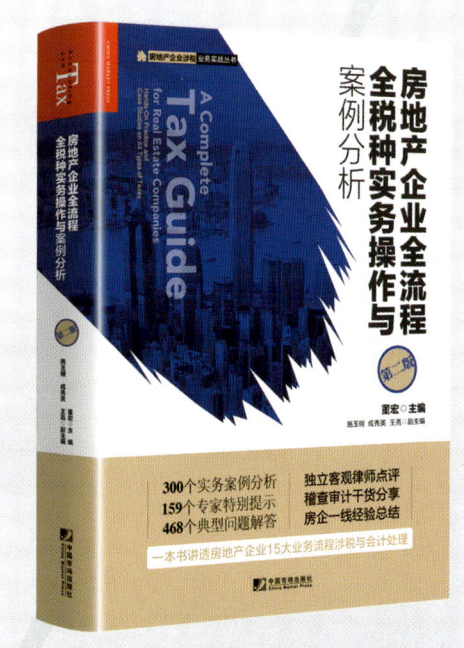

300个实务案例分析　独立客观律师点评
159个专家特别提示　稽查审计干货分享
468个典型问题解答　房企一线经验总结
一本书讲透房地产企业15大业务流程涉税与会计处理

《房地产企业全流程全税种实务操作
与案例分析（第二版）》

董宏 主编　　施玉明 成秀美 王亮 副主编
中国市场出版社2019年出版 | 定价：128元

房地产企业涉税业务实战丛书

03 土地增值税清算、鉴证、审核实用工具书

清算综合案例
+
335个问题解答
+
32个实例分析

从税务审核角度剖析土地增值税规定，梳理各地政策差异，明确核心操作要点

★ 清算业务流程梳理　　★ 清算鉴证规定归纳
★ 清算涉税政策对比　　★ 清算综合案例剖析
★ 清算税务审核要点

可借鉴参考的完整土地增值税清算综合案例，全套的纳税申报表，学来即用

■ 清晰的清算过程说明　■ 真实的鉴证报告
■ 完整的鉴证事项说明　■ 全套的纳税申报表

《土地增值税清算全流程操作实务与案例》

董宏 主编　成秀美 施玉明 王亮 副主编
中国市场出版社2019年出版 ｜ 定价：98元

中国市场出版社

编委会

主　　编　郭智华　董　宏
参与编写　王　亮　国家税务总局南京市税务局稽查局
　　　　　　杨璐榕　国家税务总局南京市税务局货劳处
　　　　　　李婷婷　国家税务总局南京市税务局秦淮区税务局
　　　　　　孙　辉　国家税务总局南京市税务局企业所得税处
政策审核　杨仁良　国家税务总局南京市税务局货劳处
　　　　　　查学清　国家税务总局南京市税务局企业所得税处
　　　　　　陈斌才　国家税务总局扬州税务培训中心税收教研室

本书思维导图

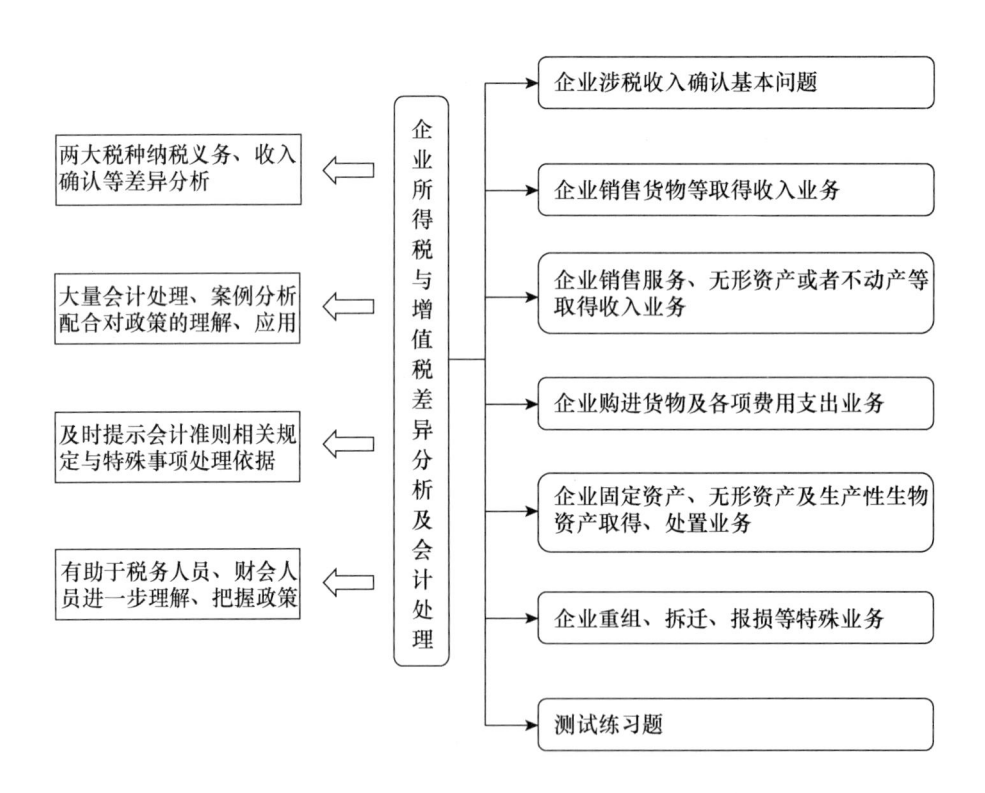

- 两大税种纳税义务、收入确认等差异分析
- 大量会计处理、案例分析配合对政策的理解、应用
- 及时提示会计准则相关规定与特殊事项处理依据
- 有助于税务人员、财会人员进一步理解、把握政策

企业所得税与增值税差异分析及会计处理
- 企业涉税收入确认基本问题
- 企业销售货物等取得收入业务
- 企业销售服务、无形资产或者不动产等取得收入业务
- 企业购进货物及各项费用支出业务
- 企业固定资产、无形资产及生产性生物资产取得、处置业务
- 企业重组、拆迁、报损等特殊业务
- 测试练习题

PREFACE
前 言

营改增后，增值税、企业所得税成为我国最重要的两个税种，企业的很多日常涉税业务往往同时涉及两个税种的处理，例如，企业销售货物，既要根据增值税政策确定销售额，又要根据企业所得税政策确认收入。由于两个税种的性质不同，一个对流转额征税，一个对所得征税，因此，对于纳税义务的确定、销售额（所得）的确定等处理方式均有所不同。在实务中，很多企业的财务人员在遇到同时涉及这两个税种的业务特别是把握两税收入确认时点的差异时，往往会顾此失彼，造成一定的涉税风险。同时，国地税机构合并后，税务人员将直接面对企业涉税业务的所有税种处理，特别是增值税、企业所得税，另外，从税收管理、稽查的角度，也需要对一项同时涉及这两个税种的涉税业务的处理方式进行深入的了解。为了给税务管理人员、稽查人员以及企业财务人员提供一个业务上的参考，我们编写了这本《企业所得税与增值税差异分析及会计处理》。

一、写作说明

（一）问题分析形式

本书在解析税收政策时，立足于企业发生的各项业务，对每项业务涉及的增值税、企业所得税政策分别叙述，并适当加入日常会计账务处理，以配合对税收政策的理解。在分析问题时，为保持分析内容的完整和简练，对于一些与问题无直接关系但需要注意的事项和政策，用"提示"的形式予以列示，使读者有更加完整的理解。本书的目的是给读者在日常工作中遇到相关问题时，提供一个政策参考索引，由于是从业务问题入手，而一些问题（或相似问题）的处理政策依据是一致的，因此有一定的重复，对于一般重复的条目，在叙述时进行了简化。

（二）政策引用方式

分析税收问题，最重要的是政策引用。税务人员、企业财务人员在日常工作中遇到问题时，最需要的就是快速找到解决问题的税收政策。例如税务管理人员在遇到具体问题时，要知道处理问题的具体税收政策、文号，税务审理人员在审理案件时更要依赖具体的税收政策，而企业财务人员在处理业务时，最关注的是会计处理方式是否符合税收政策规定等。为此，为便于读者在使用时对照查找政策，我们在每个涉税业务问题分析中，对所有涉及的税收政策，均明确列示到文件的条、项、点和款，同时，分析时以实际操作的应用为主，不对有争议的政策进行讨论。另一方面，在会计处理内容中，一般情况下按照中小企业常用方式分析处理，对于重组、资产处置、政策补助等业务，以适用会计准则企业为主。

（三）章节安排

本书的章节安排，听取了大量基层税务人员和企业财务人员的意见，兼顾了原增值税征收范围和营改增新增加范围的内容。第1章"企业涉税收入确认基本问题"以企业遇到的基本问题为主，第2章"企业销售货物等取得收入业务"和第3章"企业销售服务、无形资产或者不动产等取得收入业务"是从销售角度，即销售收入、销项税额的处理等有针对性地进行分析，第4章"企业购进货物及各项费用支出业务"是从购进货物计价、进项税额的处理等进行分析，第5章"企业固定资产、无形资产及生产性生物资产取得、处置业务"是从企业取得、处置资产的角度进行分析，第6章"企业重组、拆迁、报损等特殊业务"主要是将企业涉及的一些特殊行为单独列出，予以分析。

（四）思考题与测试练习题

为帮助读者理解、巩固相关内容，本书在每章后面针对日常容易出错的税务问题提供了思考题，同时在书末根据日常基本涉税业务及较复杂业务设计了两套测试练习题，供读者阅读时自行测试练习。

二、编写情况

为使问题解答方便读者使用，贴近实际操作，在写作这本书的时候，我们向一线税务人员、财税中介机构及企业财务人员征求意见，收到了很多反馈。同时，在本书成书及修改过程中，国家税务总局南京市税务局稽查局李璐女士、南京中鸿汇则税务师事务所合伙人成秀美女士、南京建工产业集团有限公司税务总监章明志先生等均给予了极大的帮助，在此致以衷心的感谢！

参与编写的人员，在工作中经常阅读参考财税界大咖撰写的业务书籍，在实际工作中与编写问答时不可避免地受到这些书的影响和启发，一些问题的处理思路还参考了税屋网及相关网站部分专家的意见，在此一并致以衷心的感谢！

本书的出版，还要感谢中国市场出版社副总编胡超平女士和钱伟、张瑶等编辑老师，她们的热心指导、审阅以及精心编辑，使本书增辉，在此致以衷心的感谢！

由于理论水平有限，书中难免有错漏和不足之处，恳请广大读者批评指正。

特别提醒：本书中的政策解释仅供各地纳税人和税务机关参考，正式解释以当地主管税务机关解释为准。

《中华人民共和国增值税法（征求意见稿）》已于2019年11月27日发布，对于各类业务的增值税处理请读者密切关注后续政策变化。

2019年12月

目 录

第1章　企业涉税收入确认基本问题　*1*

1.1　取得增值税销售额、企业所得税收入确定原则的适用　*3*

　　问题1-1-1　增值税、企业所得税收入（销售额）的范围是什么？　*3*

　　问题1-1-2　增值税、企业所得税的税率如何确定？　*6*

　　问题1-1-3　企业取得的增值税、企业所得税收入（销售额）有哪些形式？　*8*

　　问题1-1-4　企业以非货币形式取得收入的增值税、企业所得税如何处理？　*12*

　　问题1-1-5　企业销售货物取得增值税销售额（计税价格）、企业所得税收入明显偏低的如何处理？　*16*

　　问题1-1-6　关联企业交易中增值税销售额与企业所得税收入如何确定？　*18*

　　问题1-1-7　增值税、企业所得税销售额（收入额）是否包含增值税？　*19*

1.2　视同销售涉税业务　*21*

　　问题1-2-1　企业视同销售行为的增值税、企业所得税如何处理？　*21*

问题1-2-2　哪些行为企业所得税不视同销售处理？　25

问题1-2-3　企业将非货币性资产用于职工福利的增值税、企业所得税如何处理？　26

问题1-2-4　企业发生无偿赠送（捐赠）商品等资产行为的增值税、企业所得税如何处理？　32

问题1-2-5　企业将实物资产用于分配的增值税、企业所得税如何处理？　36

问题1-2-6　企业将自产、委托加工或者购进的货物在总分机构之间转移的增值税、企业所得税如何处理？　40

问题1-2-7　企业以实物资产或不动产、无形资产投资的如何进行增值税、企业所得税处理？　45

1.3　其他特殊销售事项涉税业务　51

问题1-3-1　企业为鼓励债务人付款给予现金折扣的增值税与企业所得税如何处理？　51

问题1-3-2　企业售出商品开具增值税专用发票后，因质量不合格而给予销售折让或退货的增值税、企业所得税如何处理？　54

问题1-3-3　企业销售无形资产或者不动产开具增值税专用发票后，发生退回等情形的增值税、企业所得税如何处理？　58

问题1-3-4　小规模纳税人销售货物等，发生销货退回等情形的增值税、企业所得税如何处理？　60

问题1-3-5　适用简易计税方法计税的纳税人销售无形资产或者不动产，发生销货退回等情形的增值税、企业所得税如何处理？　61

本章思考题　62

第2章　企业销售货物等取得收入业务　63

2.1　销售货物取得收入的基本涉税业务　65

问题2-1-1　企业销售货物如何确定增值税销售额及企业所得税收入？　65

问题2-1-2　企业销售货物收取的价外费用包括哪些项目？哪些价外

收费不包括在内？ 67

  问题 2-1-3 企业销售货物的增值税纳税义务发生时间及企业所得税收入时点如何确定？ 70

  问题 2-1-4 企业销售货物如何进行增值税的会计处理？ 72

  问题 2-1-5 增值税纳税义务滞后的销项税额（待转销项税额）如何处理？ 75

  问题 2-1-6 增值税纳税义务发生时间早于会计制度确认收入或利得的时点的如何处理？ 77

2.2 采取各种方式销售货物的涉税业务 80

  问题 2-2-1 企业采取直接收款方式销售货物的增值税纳税义务发生时间及企业所得税收入时点如何确定？ 80

  问题 2-2-2 企业销售商品采用托收承付方式的增值税纳税义务发生时间及企业所得税收入时点如何确定？ 83

  问题 2-2-3 企业销售商品采用预收款方式的增值税纳税义务发生时间及企业所得税收入时点如何确定？ 84

  问题 2-2-4 企业销售商品采用支付手续费方式委托代销的增值税纳税义务发生时间及企业所得税收入时点如何确定？ 88

  问题 2-2-5 企业销售商品需要安装和检验的增值税纳税义务发生时间及企业所得税收入时点如何确定？ 90

  问题 2-2-6 企业采取赊销和分期收款方式销售货物的增值税纳税义务发生时间及企业所得税收入时点如何确定？ 91

2.3 促销及其他各类特殊销售方式的涉税业务 96

  问题 2-3-1 企业为促销给予价格折扣的增值税、企业所得税如何处理？ 96

  问题 2-3-2 企业销售商品给予实物折扣的增值税、企业所得税如何处理？ 98

  问题 2-3-3 企业采用"买一赠一"方式销售商品，其赠品视同销售的增值税、企业所得税如何处理？ 100

  问题 2-3-4 企业采用"买一赠一"方式销售，销售的商品与赠品属

　　　　　　同类商品的增值税、企业所得税如何处理？　*103*

　　　问题 2-3-5　企业采用"买一赠一"方式销售，非同类赠品视同销售折扣（实物）的增值税、企业所得税如何处理？　*105*

　　　问题 2-3-6　在企业销售折扣（实物）行为中，销售价格明显偏低的增值税、企业所得税如何处理？　*107*

　　　问题 2-3-7　企业采用售后回购方式销售商品的增值税、企业所得税如何处理？　*108*

　　　问题 2-3-8　企业采用以旧换新方式销售商品的增值税、企业所得税如何处理？　*111*

　　　问题 2-3-9　企业采用还本销售方式销售货物的增值税、企业所得税如何处理？　*113*

　　　问题 2-3-10　企业代购货物的增值税及企业所得税如何处理？　*116*

　　本章思考题　*117*

第3章　企业销售服务、无形资产或者不动产等取得收入业务　*119*

3.1　销售服务、无形资产或者不动产等基本规定的适用　*121*

　　　问题 3-1-1　销售服务、无形资产或者不动产等增值税应税行为与企业所得税（劳务）收入的范围是什么？　*121*

　　　问题 3-1-2　一般纳税人销售服务、无形资产或者不动产的增值税销售额与企业所得税收入额如何确定？　*122*

　　　问题 3-1-3　企业销售服务、无形资产或者不动产等适用简易计税方法（小规模纳税人）的增值税销售额与企业所得税收入额如何确定？　*125*

　　　问题 3-1-4　企业无偿提供服务、转让无形资产或者不动产视同销售的增值税、企业所得税如何处理？　*127*

3.2　销售服务及除土地使用权以外的其他无形资产涉税业务　*130*

　　　问题 3-2-1　企业销售服务增值税纳税义务与企业所得税收入如何确认？　*130*

　　　问题 3-2-2　企业提供服务跨年度的增值税、企业所得税如何处理？　*133*

问题 3-2-3　企业提供的服务已确认相关收入（或利得）但尚未发生增值税纳税义务的如何处理？　*136*

问题 3-2-4　企业提供的服务已达到增值税纳税义务发生时间但尚未确认收入的如何处理？　*138*

问题 3-2-5　企业提供宣传媒介服务的增值税、企业所得税如何处理？　*140*

问题 3-2-6　企业提供软件服务的增值税、企业所得税如何处理？　*143*

问题 3-2-7　企业收取"服务费"的增值税、企业所得税如何确认？　*146*

问题 3-2-8　企业提供艺术表演、招待宴会和其他特殊活动等服务的增值税、企业所得税如何确认？　*148*

问题 3-2-9　企业提供会员制服务的增值税、企业所得税如何确认？　*150*

问题 3-2-10　企业收取特许权使用费的增值税、企业所得税如何处理？　*154*

问题 3-2-11　企业收取特许权费的增值税、企业所得税如何处理？　*155*

问题 3-2-12　企业提供经营性租赁服务的增值税、企业所得税如何处理？　*158*

3.3　销售土地使用权及不动产涉税业务　*161*

问题 3-3-1　房地产开发企业转让土地使用权的增值税、企业所得税如何处理？　*161*

问题 3-3-2　房地产开发企业销售房屋的增值税如何处理？　*163*

问题 3-3-3　适用一般计税方法计税的一般纳税人（房地产开发企业）采取预收款方式销售自行开发的房地产项目如何计算预缴增值税？　*164*

问题 3-3-4　适用简易计税方法的一般纳税人（房地产开发企业）采取预收款方式销售自行开发的房地产项目如何预缴增值税？　*168*

问题 3-3-5　适用一般计税方法的一般纳税人（房地产开发企业）在增值税纳税义务发生时如何处理？　168

问题 3-3-6　适用简易计税方法的一般纳税人（房地产开发企业）在纳税义务发生时如何处理？　170

问题 3-3-7　房地产开发企业销售自行开发的项目企业所得税如何处理？　171

问题 3-3-8　房地产开发企业采取一次性全额收款方式销售开发产品的增值税、企业所得税如何处理？　174

问题 3-3-9　房地产开发企业采取分期收款方式销售开发产品的增值税、企业所得税如何处理？　174

问题 3-3-10　房地产开发企业采取银行按揭方式销售开发产品的增值税、企业所得税如何处理？　175

问题 3-3-11　房地产开发企业采取支付手续费方式委托销售开发产品的增值税、企业所得税如何处理？　177

问题 3-3-12　房地产开发企业采取视同买断方式委托销售开发产品的增值税、企业所得税如何处理？　179

问题 3-3-13　房地产开发企业采取基价（保底价）并实行超基价双方分成方式委托销售开发产品的增值税、企业所得税如何处理？　181

问题 3-3-14　房地产开发企业采取包销方式委托销售开发产品的增值税、企业所得税如何处理？　183

3.4　提供建筑安装服务涉税业务　184

问题 3-4-1　纳税人提供建筑服务的增值税、企业所得税如何处理？　185

问题 3-4-2　建筑企业单独提供安装服务的增值税、企业所得税如何处理？　187

问题 3-4-3　建筑企业提供建筑服务跨年度的增值税、企业所得税如何处理？　188

本章思考题　198

第4章 企业购进货物及各项费用支出业务　199

4.1 购进货物涉税业务　201

问题 4-1-1　企业外购存货的进项税额及计税价值如何处理？　201

问题 4-1-2　不得从销项税额中抵扣的进项税额如何处理？　205

问题 4-1-3　小规模纳税人外购存货增值税、企业所得税如何处理？　211

问题 4-1-4　企业委托加工取得存货的增值税、企业所得税如何处理？　213

问题 4-1-5　投资者投入货物的增值税、企业所得税如何处理？　215

问题 4-1-6　企业债务重组取得存货的增值税、企业所得税如何处理？　218

问题 4-1-7　企业非货币性资产交换取得存货的增值税、企业所得税如何处理？　220

问题 4-1-8　企业通过（吸收）合并或分立取得存货的增值税及企业所得税如何处理？　224

问题 4-1-9　企业发生存货损失的增值税、企业所得税如何处理？　226

4.2 支付员工福利、劳保及劳务费用涉税业务　228

问题 4-2-1　企业支付劳务用工费用的增值税、企业所得税如何处理？　228

问题 4-2-2　企业支付临时劳务用工费用的增值税、企业所得税如何处理？　232

问题 4-2-3　企业发放劳保用品的增值税、企业所得税如何处理？　233

问题 4-2-4　企业福利性支出的增值税、企业所得税如何处理？　235

4.3 一般日常费用支出涉税业务　238

问题 4-3-1　企业支付咨询费的增值税、企业所得税如何处理？　238

问题 4-3-2　企业支付自然人咨询费（劳务费）的增值税、企业所得税如何处理？　241

问题 4-3-3　企业外出考察支付费用的增值税、企业所得税如何处理？　244

问题 4-3-4　企业支付融资费用的增值税、企业所得税如何处理？　247

问题 4-3-5　企业支付业务招待费的增值税、企业所得税如何处理？　251

问题 4-3-6　企业购买礼品卡支出的增值税、企业所得税如何处理？　256

问题 4-3-7　企业发放广告宣传物品的增值税、企业所得税如何处理？　259

问题 4-3-8　企业将自产、委托加工或购买的货物用于对外公益性捐赠的增值税、企业所得税如何处理？　260

问题 4-3-9　企业支付手续费及佣金的增值税、企业所得税如何处理？　265

问题 4-3-10　企业支付个人中介手续费及佣金的增值税、企业所得税如何处理？　267

问题 4-3-11　企业支付房屋租赁费的增值税、企业所得税如何处理？　268

问题 4-3-12　企业支付汽车租赁费的增值税、企业所得税如何处理？　271

问题 4-3-13　企业统一着装费支出的增值税、企业所得税如何处理？　272

问题 4-3-14　企业私车公用的增值税、企业所得税如何处理？　274

问题 4-3-15　企业支付员工通讯费的增值税、企业所得税如何处理？　277

问题 4-3-16　企业支付员工差旅费的增值税、企业所得税如何处理？　280

本章思考题　281

第5章 企业固定资产、无形资产及生产性生物资产取得、处置业务　283

5.1 固定资产（非不动产）购进（取得）、处置涉税业务　285

问题 5-1-1　企业外购固定资产的增值税、企业所得税如何处理？　285

问题 5-1-2　企业外购固定资产进项税额不得抵扣的增值税、企业所得税如何处理？　293

问题 5-1-3　企业自行建造的固定资产的增值税、企业所得税如何处理？　295

问题 5-1-4　企业融资租入固定资产的增值税、企业所得税如何处理？　299

问题 5-1-5　企业租入（经营性租赁）固定资产的增值税、企业所得税如何处理？　301

问题 5-1-6　企业盘盈固定资产的增值税、企业所得税如何处理？　303

问题 5-1-7　企业通过捐赠方式取得固定资产的增值税、企业所得税如何处理？　304

问题 5-1-8　企业通过投资方式取得固定资产的增值税、企业所得税如何处理？　307

问题 5-1-9　企业通过非货币性资产交换方式取得固定资产的增值税、企业所得税如何处理？　309

问题 5-1-10　企业通过债务重组等方式取得固定资产的增值税、企业所得税如何处理？　312

问题 5-1-11　企业改建固定资产的增值税、企业所得税如何处理？　314

问题 5-1-12　企业融资性售后回租资产的增值税、企业所得税如何处理？　316

问题 5-1-13　企业销售使用过的固定资产（非不动产）的增值税、企业所得税如何处理？　318

问题 5-1-14　企业发生固定资产非正常损失的增值税、企业所得税如何处理？　322

　　　　问题 5-1-15　小规模纳税人取得固定资产的增值税、企业所得税
　　　　　　　　　 如何处理？　*325*

　5.2　**不动产取得、处置涉税业务**　*326*

　　　　问题 5-2-1　纳税人取得不动产（房屋）的增值税、企业所得税如何
　　　　　　　　　处理？　*326*

　　　　问题 5-2-2　企业转让不动产的增值税、企业所得税如何
　　　　　　　　　处理？　*330*

　　　　问题 5-2-3　企业发生不动产非正常损失的增值税、企业所得税如何
　　　　　　　　　处理？　*336*

　　　　问题 5-2-4　企业 2016 年 5 月 1 日后发生的不动产在建工程的增值
　　　　　　　　　税、企业所得税如何处理？　*339*

　　　　问题 5-2-5　企业发生不动产在建工程损失的增值税、企业所得税
　　　　　　　　　如何处理？　*344*

　5.3　**无形资产取得、处置涉税业务**　*346*

　　　　问题 5-3-1　纳税人外购无形资产的增值税、企业所得税如何
　　　　　　　　　处理？　*347*

　　　　问题 5-3-2　企业自行开发的无形资产的增值税、企业所得税如何
　　　　　　　　　处理？　*349*

　　　　问题 5-3-3　纳税人接受捐赠的无形资产的增值税、企业所得税如何
　　　　　　　　　处理？　*351*

　　　　问题 5-3-4　企业通过投资者投入获取的无形资产的增值税、企业
　　　　　　　　　所得税如何处理？　*352*

　　　　问题 5-3-5　企业通过非货币性资产交换获取的无形资产的增值税、
　　　　　　　　　企业所得税如何处理？　*354*

　　　　问题 5-3-6　企业通过债务重组方式获取的无形资产的增值税、企业
　　　　　　　　　所得税如何处理？　*356*

　　　　问题 5-3-7　企业购进无形资产不得抵扣进项税额的增值税、企业
　　　　　　　　　所得税如何处理？　*358*

　　　　问题 5-3-8　企业对外转让无形资产的增值税、企业所得税如何
　　　　　　　　　处理？　*360*

问题 5-3-9　企业视同销售无形资产的增值税、企业所得税如何
　　　　　　处理？　*362*

问题 5-3-10　企业用无形资产对外投资的增值税、企业所得税如何
　　　　　　 处理？　*364*

问题 5-3-11　企业发生无形资产损失的增值税、企业所得税如何
　　　　　　 处理？　*367*

问题 5-3-12　企业取得土地使用权的增值税、企业所得税如何
　　　　　　 处理？　*368*

问题 5-3-13　企业转让土地使用权的增值税、企业所得税如何
　　　　　　 处理？　*370*

5.4　生产性生物资产取得、处置涉税业务　*374*

问题 5-4-1　企业外购生产性生物资产的增值税、企业所得税如何
　　　　　　处理？　*374*

问题 5-4-2　企业通过捐赠、投资、非货币性资产交换、债务重组等
　　　　　　方式取得生产性生物资产的增值税、企业所得税如何
　　　　　　处理？　*377*

问题 5-4-3　企业转让生产性生物资产的增值税、企业所得税如何
　　　　　　处理？　*379*

问题 5-4-4　企业捐赠生产性生物资产的增值税、企业所得税如何
　　　　　　处理？　*380*

问题 5-4-5　企业以生产性生物资产投资的增值税、企业所得税如何
　　　　　　处理？　*382*

问题 5-4-6　企业将生产性生物资产用于非货币性资产交换的
　　　　　　增值税、企业所得税如何处理？　*384*

问题 5-4-7　企业将生产性生物资产用于债务重组的增值税、企业
　　　　　　所得税如何处理？　*387*

问题 5-4-8　企业发生生产性生物资产损失的增值税、企业所得税
　　　　　　如何处理？　*390*

本章思考题　*392*

第6章 企业重组、拆迁、报损等特殊业务 *393*

6.1 企业重组涉税业务 *395*

问题 6-1-1 企业法律形式改变的增值税、企业所得税如何处理？ *395*

问题 6-1-2 企业债务重组的增值税、企业所得税如何处理？ *397*

问题 6-1-3 企业债务重组适用特殊性税务处理的增值税、企业所得税如何处理？ *403*

问题 6-1-4 企业股权收购的增值税、企业所得税如何处理？ *405*

问题 6-1-5 股权收购适用特殊性税务处理的增值税、企业所得税如何处理？ *407*

问题 6-1-6 企业资产收购的增值税、企业所得税如何处理？ *409*

问题 6-1-7 企业资产收购适用特殊性税务处理的增值税、企业所得税如何处理？ *412*

问题 6-1-8 企业合并的增值税、企业所得税如何处理？ *415*

问题 6-1-9 企业合并适用特殊性税务处理的增值税、企业所得税如何处理？ *418*

问题 6-1-10 企业分立的增值税、企业所得税如何处理？ *420*

问题 6-1-11 企业分立适用特殊性税务处理的增值税、企业所得税如何处理？ *423*

6.2 资产、股权划转及投资涉税业务 *425*

问题 6-2-1 股权、资产划转适用特殊性税务处理的如何进行增值税、企业所得税处理？ *425*

问题 6-2-2 股权、资产划转适用特殊性税务处理情况变化的如何进行增值税、企业所得税及会计处理？ *428*

问题 6-2-3 企业以非货币性资产对外投资的增值税、企业所得税如何处理？ *435*

问题 6-2-4 企业以非货币性资产对外投资符合特殊性税务处理条件的如何进行增值税、企业所得税处理？ *438*

6.3 企业搬迁涉税业务 *440*

问题 6-3-1 企业搬迁处置存货的增值税、企业所得税如何

处理？ *440*

  问题 6-3-2 企业搬迁处置固定资产的增值税、企业所得税如何处理？ *441*

  问题 6-3-3 企业转让（处置）2016 年 4 月 30 日前取得的不动产的增值税、企业所得税如何处理？ *445*

  问题 6-3-4 企业转让（处置）2016 年 5 月 1 日后取得的不动产的增值税如何处理？ *447*

  问题 6-3-5 企业政策性搬迁，政府给予补偿的增值税、企业所得税如何处理？ *448*

  问题 6-3-6 企业政策性搬迁中搬迁资产的增值税、企业所得税如何处理？ *456*

 6.4 **资产损失涉税业务** *457*

  问题 6-4-1 企业货币资产损失的增值税、企业所得税如何处理？ *457*

  问题 6-4-2 企业存货损失的增值税、企业所得税如何处理？ *460*

  问题 6-4-3 企业固定资产损失的增值税、企业所得税如何处理？ *464*

  问题 6-4-4 生产性生物资产损失的增值税、企业所得税如何处理？ *469*

  问题 6-4-5 企业无形资产损失的增值税、企业所得税如何处理？ *471*

  问题 6-4-6 企业投资资产损失的增值税、企业所得税如何处理？ *472*

 本章思考题 *477*

测试练习（一） *478*
测试练习（二） *484*

CONTENTS
案例目录

第1章 企业涉税收入确认基本问题
案例1-1 增值税征收范围与企业所得税收入的确定 6
案例1-2 企业销售货物取得收入的涉税及会计处理 10
案例1-3 企业提供劳务取得收入的涉税及会计处理 11
案例1-4 企业以非货币形式取得收入的涉税及会计处理 15
案例1-5 企业销售货物计税价格明显偏低的涉税及会计处理 17
案例1-6 企业销售货物企业所得税收入确认及计算 20
案例1-7 企业出租房屋企业所得税收入确认及计算 20
案例1-8 企业将自产货物用于职工福利的涉税及会计处理 29
案例1-9 企业将外购货物用于职工福利的涉税及会计处理 30
案例1-10 企业将自产的货物用于无偿赠送的涉税及会计处理 33
案例1-11 房地产开发企业无偿赠送商品房的涉税及会计处理 35
案例1-12 企业将自产的货物用于分配的涉税及会计处理 39
案例1-13 房地产开发企业向投资者分配开发产品的涉税及会计处理 39
案例1-14 企业在总分机构之间平价移送货物的涉税及会计处理 42
案例1-15 企业在总分机构之间加价移送货物的涉税及会计处理 43

案例 1-16　企业在总分机构之间按对外售价移送货物的涉税及会计处理　44

案例 1-17　企业以自产货物投资的涉税及会计处理　48

案例 1-18　企业以房屋投资的综合涉税及会计处理　48

案例 1-19　企业销售商品给予现金折扣的涉税及会计处理　53

案例 1-20　企业售出商品因质量不合格而给予销售折让的涉税及会计处理　57

案例 1-21　房地产开发企业销售商品房发生合同终止退款的涉税及会计处理　59

第 2 章　企业销售货物等取得收入业务

案例 2-1　增值税销售额与企业所得税收入的确定　66

案例 2-2　企业销售货物收取价外费用的涉税及会计处理　68

案例 2-3　企业销售商品实现收入的涉税及会计处理　74

案例 2-4　企业销售货物增值税纳税义务延迟（待转销项税额）的涉税及会计处理　76

案例 2-5　企业采取直接收款（暂估）方式销售货物取得收入的涉税及会计处理　78

案例 2-6　企业采取直接收款方式销售货物取得收入的涉税及会计处理　81

案例 2-7　企业采取直接收款（暂估）方式销售货物取得收入的涉税及会计处理　82

案例 2-8　企业采取托收承付和委托银行收款方式销售货物的涉税及会计处理　84

案例 2-9　企业采取预收款方式销售货物取得收入的涉税及会计处理　85

案例 2-10　企业销售生产工期超过 12 个月的大型机械设备的涉税及会计处理　87

案例 2-11　企业委托其他纳税人代销货物的涉税及会计处理　89

案例 2-12　企业采取赊销方式销售货物的涉税及会计处理　92

案例 2-13　企业采用分期收款方式销售货物的涉税及会计处理　93

案例 2-14　企业为促销给予折扣的涉税及会计处理　98

案例 2-15　企业销售商品给予实物折扣的涉税及会计处理　100

案例 2-16　企业为促销赠送物品视同销售的企业所得税收入确认　101

案例 2-17　企业为促销赠送物品视同销售的综合涉税及会计处理　102

案例 2-18　企业为促销给予同类商品实物折扣的涉税及会计处理　104

案例 2-19　企业为促销给予非同类实物折扣的涉税及会计处理　106

案例 2-20　企业售后回购的增值税计算　109

案例 2-21　企业售后回购的综合涉税及会计处理　110
案例 2-22　企业采用以旧换新方式销售商品的涉税及会计处理　112
案例 2-23　企业为融资目的采用还本销售方式销售货物的涉税及会计处理　114
案例 2-24　企业代购货物的涉税及会计处理　116

第3章　企业销售服务、无形资产或者不动产等取得收入业务

案例 3-1　企业取得咨询服务收入的涉税及会计处理　124
案例 3-2　企业（非房地产企业）销售不动产的涉税及会计处理　124
案例 3-3　企业取得运输服务收入的涉税及会计处理　126
案例 3-4　企业无偿提供广告服务的涉税及会计处理　130
案例 3-5　企业提供运输服务先开发票的涉税及会计处理　132
案例 3-6　企业提供跨年度软件开发服务的涉税及会计处理　135
案例 3-7　企业提供劳务已确认相关收入（或利得）但尚未发生增值税纳税义务的涉税及会计处理　137
案例 3-8　企业提供软件开发服务取得预收款的涉税及会计处理　139
案例 3-9　企业提供广告发布服务的涉税及会计处理　141
案例 3-10　企业提供软件开发服务的涉税及会计处理　144
案例 3-11　企业收取"服务费"的涉税及会计处理　147
案例 3-12　企业提供综合服务的涉税及会计处理　149
案例 3-13　企业销售礼品卡的涉税及会计处理　152
案例 3-14　企业收取特许权使用费的涉税及会计处理　155
案例 3-15　企业取得特许权费的涉税及会计处理　156
案例 3-16　企业出租房屋的涉税及会计处理　159
案例 3-17　企业出租设备的涉税及会计处理　160
案例 3-18　一般纳税人销售自行开发的房地产项目增值税销售额的计算　164
案例 3-19　适用一般计税方法的纳税人预缴增值税的计算及会计处理　165
案例 3-20　适用简易计税方法的纳税人预缴增值税的计算　168
案例 3-21　适用一般计税方法的纳税人销售商品房纳税义务发生时的税款计算　169
案例 3-22　适用简易计税方法的纳税人销售商品房纳税义务发生时的税款计算　170

案例 3-23　房地产开发企业预计毛利额与实际毛利额差额的计算处理　173
案例 3-24　房地产开发企业采取银行按揭方式销售开发产品的涉税及
　　　　　　会计处理　176
案例 3-25　房地产开发企业采取支付手续费方式委托销售开发产品的
　　　　　　涉税及会计处理　178
案例 3-26　房地产开发企业采取视同买断方式委托销售开发产品的
　　　　　　涉税及会计处理　180
案例 3-27　房地产开发企业采取基价（保底价）并实行超基价双方分成方式委托
　　　　　　销售开发产品的涉税及会计处理　182
案例 3-28　房地产开发企业采取包销方式委托销售开发产品的
　　　　　　涉税及会计处理　183
案例 3-29　建筑企业当年完工项目的涉税及会计处理　186
案例 3-30　建筑企业跨年度完工项目的涉税及会计处理　191

第 4 章　企业购进货物及各项费用支出业务

案例 4-1　企业购进原材料的涉税及会计处理　204
案例 4-2　企业购进货物用于集体福利的涉税及会计处理　208
案例 4-3　企业非正常损失货物的涉税及会计处理　209
案例 4-4　企业非正常损失产成品所耗用的购进货物的涉税及会计处理　210
案例 4-5　小规模纳税人外购原材料的涉税及会计处理　213
案例 4-6　企业委托加工货物的涉税及会计处理　214
案例 4-7　企业取得投资者投入存货的涉税及会计处理　217
案例 4-8　企业通过债务重组取得存货的涉税及会计处理　219
案例 4-9　企业通过非货币性资产交换取得存货的涉税及会计处理　221
案例 4-10　企业发生非正常损失的购进货物的涉税及会计处理　227
案例 4-11　企业将劳务费按约定直接支付给劳务派遣公司的涉税
　　　　　　及会计处理　230
案例 4-12　企业支付劳务用工费用选择差额处理的涉税及会计处理　231
案例 4-13　企业支付临时劳务用工费用的涉税及会计处理　232
案例 4-14　企业劳保用品支出的涉税及会计处理　234
案例 4-15　企业组织员工旅游及发放福利用品的涉税及会计处理　237

案例 4-16　企业支付咨询费的涉税及会计处理　240

案例 4-17　企业（小规模纳税人）购买咨询服务的涉税及会计处理　240

案例 4-18　企业支付个人（自然人）劳务费的涉税及会计处理　243

案例 4-19　企业外出考察支付费用的涉税及会计处理　246

案例 4-20　企业支付金融机构利息取得增值税发票的处理　249

案例 4-21　企业支付借款费用的涉税及会计处理　249

案例 4-22　企业支付借款费用按性质不同分别处理　250

案例 4-23　企业业务招待费支出标准的计算　253

案例 4-24　企业业务招待费中礼品支出的涉税及会计处理　253

案例 4-25　企业购买礼品支出的涉税及会计处理　254

案例 4-26　企业在日常工作中支付外单位人员礼品费用的涉税及会计处理　254

案例 4-27　企业购买礼品卡支出的涉税及会计处理　257

案例 4-28　企业用购物卡购物的涉税及会计处理　258

案例 4-29　企业广告宣传物品（礼品）支出的涉税及会计处理　259

案例 4-30　企业公益性捐赠支出税前扣除计算（1）　263

案例 4-31　企业公益性捐赠支出税前扣除计算（2）　264

案例 4-32　企业支付手续费及佣金的涉税及会计处理　266

案例 4-33　企业支付个人中介手续费及佣金的涉税及会计处理　268

案例 4-34　企业支付房屋租金的涉税及会计处理　269

案例 4-35　企业支付汽车租赁费的涉税及会计处理　272

案例 4-36　企业统一着装费支出的涉税及会计处理　273

案例 4-37　企业私车公用业务的涉税及会计处理　276

案例 4-38　企业支付员工通讯费的涉税及会计处理　279

第 5 章　企业固定资产、无形资产及生产性生物资产取得、处置业务

案例 5-1　企业外购设备的涉税及会计处理　291

案例 5-2　企业购进设备用于集体福利的涉税及会计处理　294

案例 5-3　企业自行建造设备的涉税及会计处理　296

案例 5-4　企业委托（发包）建造房屋的涉税及会计处理　298

案例 5-5　企业支付租入设备租赁费的涉税及会计处理　302

案例 5-6　企业盘盈设备的涉税及会计处理　304

案例 5-7　企业接受捐赠设备的涉税及会计处理　306
案例 5-8　企业接受投资取得固定资产的涉税及会计处理　308
案例 5-9　企业通过非货币性资产交换方式取得固定资产的增值税、企业所得税处理　312
案例 5-10　企业通过债务重组方式取得设备的涉税及会计处理　313
案例 5-11　企业改建设备的涉税及会计处理　315
案例 5-12　企业销售使用过的固定资产（2009 年 1 月 1 日前购入）的涉税及会计处理　320
案例 5-13　企业销售使用过的设备（2009 年 1 月 1 日后购入）的涉税及会计处理　321
案例 5-14　企业购入的设备发生非正常损失的涉税及会计处理　324
案例 5-15　小规模纳税人取得固定资产的涉税及会计处理　326
案例 5-16　企业 2019 年 4 月 1 日前取得不动产的涉税及会计处理　329
案例 5-17　企业 2019 年 4 月 1 日后取得不动产的涉税及会计处理　329
案例 5-18　企业销售 2016 年 4 月 30 日前自建房屋的增值税计算　334
案例 5-19　企业销售 2016 年 4 月 30 日前取得（非自行开发的）房屋的增值税计算　334
案例 5-20　企业销售 2016 年 5 月 1 日以后自建房屋的增值税计算　334
案例 5-21　企业销售 2016 年 5 月 1 日后取得（非自行开发的）房屋的增值税计算　334
案例 5-22　企业转让不动产的综合涉税及会计处理　335
案例 5-23　企业发生不动产非正常损失的涉税及会计处理　338
案例 5-24　企业不动产在建工程的涉税及会计处理　343
案例 5-25　企业发生不动产在建工程损失的涉税及会计处理　345
案例 5-26　企业外购无形资产的涉税及会计处理　348
案例 5-27　企业内部研发非免增值税无形资产的涉税及会计处理　350
案例 5-28　企业接受捐赠的无形资产的涉税及会计处理　352
案例 5-29　企业通过投资者投入取得无形资产的涉税及会计处理　353
案例 5-30　企业通过非货币性资产交换获取的无形资产的涉税及会计处理　356
案例 5-31　企业通过债务重组方式取得无形资产的增值税、企业所得税处理　358

案例 5-32　企业取得免税无形资产的涉税及会计处理　359
案例 5-33　企业内部研发无形资产免征增值税的涉税及会计处理　360
案例 5-34　企业对外转让商标权的涉税及会计处理　361
案例 5-35　企业对外捐赠商标权的涉税及会计处理　364
案例 5-36　企业以无形资产对外投资的涉税及会计处理　366
案例 5-37　企业发生无形资产损失的涉税及会计处理　368
案例 5-38　企业购买土地使用权的涉税及会计处理　369
案例 5-39　企业转让 2016 年 4 月 30 日前取得的土地使用权的增值税计算　372
案例 5-40　企业转让 2016 年 4 月 30 日后取得的土地使用权的增值税计算　373
案例 5-41　企业转让土地使用权的涉税及会计处理　373
案例 5-42　企业外购生产性生物资产的涉税及会计处理　376
案例 5-43　企业接受投资取得生产性生物资产的涉税及会计处理　378
案例 5-44　企业转让生产性生物资产的涉税及会计处理　380
案例 5-45　企业捐赠生产性生物资产的涉税及会计处理　381
案例 5-46　企业以生产性生物资产投资的涉税及会计处理　384
案例 5-47　企业将生产性生物资产用于非货币性资产交换的涉税及会计处理　386
案例 5-48　企业将生产性生物资产用于债务重组的涉税及会计处理　389
案例 5-49　企业发生生产性生物资产非正常损失的涉税及会计处理　391

第 6 章　企业重组、拆迁、报损等特殊业务

案例 6-1　企业法律形式改变的涉税处理　397
案例 6-2　企业债务重组（以非现金资产清偿）的涉税及会计处理　401
案例 6-3　企业债务重组（将债务转为资本）的涉税及会计处理　402
案例 6-4　企业债务重组（特殊性税务处理）的涉税及会计处理　404
案例 6-5　企业股权收购的涉税及会计处理　406
案例 6-6　企业股权收购（特殊性税务处理）的涉税及会计处理　408
案例 6-7　企业资产收购的涉税及会计处理　411
案例 6-8　企业资产收购（特殊性税务处理）的涉税及会计处理　414
案例 6-9　企业合并的涉税及会计处理　417
案例 6-10　企业合并（特殊性税务处理）的涉税及会计处理　420
案例 6-11　企业分立的涉税及会计处理　422

案例 6-12　企业分立（特殊性税务处理）的涉税及会计处理　424

案例 6-13　100％直接控制的母子公司之间，母公司向子公司划转资产，获得100％的股权支付的涉税及会计处理　430

案例 6-14　100％直接控制的母子公司之间，母公司向子公司无偿划转资产的涉税及会计处理　432

案例 6-15　100％直接控制的母子公司之间，子公司向母公司无偿划转资产的涉税及会计处理　433

案例 6-16　受同一或相同多家母公司 100％直接控制的子公司之间无偿划转资产的涉税及会计处理　434

案例 6-17　企业以非货币性资产对外投资的涉税及会计处理　439

案例 6-18　企业搬迁处置存货的涉税及会计处理　441

案例 6-19　企业搬迁处置固定资产（2009 年 1 月 1 日前购入）的涉税及会计处理　443

案例 6-20　企业搬迁处置固定资产（2009 年 1 月 1 日后购入）的涉税及会计处理　444

案例 6-21　企业搬迁处置不动产的涉税及会计处理　446

案例 6-22　企业政策性搬迁的涉税及会计处理　453

案例 6-23　企业应收账款损失的涉税及会计处理　459

案例 6-24　企业存货非正常损失的涉税及会计处理　464

案例 6-25　企业固定资产非正常损失的涉税及会计处理　468

案例 6-26　企业生产性生物资产非正常损失的涉税及会计处理　471

案例 6-27　企业无形资产损失的涉税及会计处理　472

案例 6-28　企业投资资产非正常损失的涉税及会计处理　476

第 1 章
企业涉税收入确认基本问题

- 1.1 取得增值税销售额、企业所得税收入确定原则的适用
- 1.2 视同销售涉税业务
- 1.3 其他特殊销售事项涉税业务

纳税人取得的收入是计算增值税及企业所得税的依据，但由于不同税种征收对象不同、确定收入的范围不同，因此，增值税及企业所得税在收入的确定上有一定差异。本章内容主要针对增值税及企业所得税收入范围、收入确定的原则等基本或共性问题进行分析，对于税收与会计的处理差异，主要采取"提示"的形式予以说明。

说明：本书各标题中的"企业"，凡是没有特别标注为小规模纳税人的，均指一般纳税人。

1.1 取得增值税销售额、企业所得税收入确定原则的适用

本节主要内容是企业取得增值税销售额、企业所得税收入的概念、原则以及共性问题的涉税处理。

问题 1-1-1

增值税、企业所得税收入（销售额）的范围是什么？

答：增值税、企业所得税收入（销售额）的范围不完全相同，具体如下：

1. 增值税销售额包括的范围。

（1）增值税征收范围。根据《营业税改征增值税试点实施办法》（财税〔2016〕36号文件附件1）第一条、《中华人民共和国增值税暂行条例》（以下简称《增值税暂行条例》）第一条的规定，在中华人民共和国境内销售货物或者加工、修理修配劳务，销售服务、无形资产、不动产以及进口货物的单位和个人，为增值税的纳税人，应当依照《增值税暂行条例》缴纳增值税。

上述增值税征收范围涉及的具体内容均包括在相关税目解释中。

营改增之前，增值税的征收范围主要包括"售货物或者提供加工、修理修配劳务以及进口货物"，营改增之后，征收范围扩大到了"销售服务、无形资产、不动产"。

对于财政补贴收入，《国家税务总局关于取消增值税扣税凭证认证确认期限等增

值税征管问题的公告》（国家税务总局公告 2019 年第 45 号）第七条规定："纳税人取得的财政补贴收入，与其销售货物、劳务、服务、无形资产、不动产的收入或者数量直接挂钩的，应按规定计算缴纳增值税。纳税人取得的其他情形的财政补贴收入，不属于增值税应税收入，不征收增值税。"

（2）增值税销售额。根据《营业税改征增值税试点实施办法》第三十七条第一款、《增值税暂行条例》第六条第一款的规定，销售额为纳税人销售货物或者应税劳务向购买方收取的全部价款和价外费用，但是不包括收取的销项税额。

根据上述政策规定，增值税计税销售额包括向购买方收取的全部价款和价外费用，即包括获取的全部经济利益。因为增值税是价外税，所以不包括收取的销项税额。

2. 企业所得税收入总额包括的内容。

（1）企业所得税的征税收入。《中华人民共和国企业所得税法》（以下简称《企业所得税法》）第六条规定："企业以货币形式和非货币形式从各种来源取得的收入，为收入总额。包括：

（一）销售货物收入；

（二）提供劳务收入；

（三）转让财产收入；

（四）股息、红利等权益性投资收益；

（五）利息收入；

（六）租金收入；

（七）特许权使用费收入；

（八）接受捐赠收入；

（九）其他收入。"

（2）企业所得税的不征税收入。《企业所得税法》第七条规定："收入总额中的下列收入为不征税收入：

（一）财政拨款；

（二）依法收取并纳入财政管理的行政事业性收费、政府性基金；

（三）国务院规定的其他不征税收入。"

根据上述政策规定，企业所得税确认的收入包括各种来源，从范围上看要大于增值税销售额的范围。一般来说，除税法列举的不征税收入外，企业取得的收入均纳入企业所得税收入总额。而企业取得的收入如果不属于政策列举的"销售货物或者加工、修理修配劳务（以下简称劳务），销售服务、无形资产、不动产以及进口货物"范围，则不缴纳增值税。取得增值税应税收入的具体项目（解释）以发布的各类增值税税目注释为准。

根据政策规定，《企业所得税法》列举的九项收入中，凡属于销售货物或者应税劳务以及产生应税行为的，均要按规定计算缴纳增值税，其收入为不含税收入。

> 【提示1】《企业会计准则第14号——收入》第二条规定："收入，是指企业在日常活动中形成的、会导致所有者权益增加的、与所有者投入资本无关的经济利益的总流入。"
>
> 《小企业会计准则》第五十八条规定："收入，是指小企业在日常生产经营活动中形成的、会导致所有者权益增加、与所有者投入资本无关的经济利益的总流入。包括：销售商品收入和提供劳务收入。"
>
> 根据上述规定，从会计角度，注重强调在"生产经营活动中形成的、会导致所有者权益增加、与所有者投入资本无关的经济利益的总流入"，而企业所得税确认的收入包括"各种来源取得的收入"，增值税则仅限于销售货物或者应税劳务收取的款项。
>
> 【提示2】2019年11月27日发布的《中华人民共和国增值税法（征求意见稿）》第一条指出："在中华人民共和国境内（以下称境内）发生增值税应税交易（以下称应税交易），以及进口货物，应当依照本法规定缴纳增值税。"请读者密切关注后续政策变化。
>
> 《中华人民共和国增值税法（征求意见稿）》第十五条指出："销售额，是指纳税人发生应税交易取得的与之相关的对价，包括全部货币或者非货币形式的经济利益，不包括按照一般计税方法计算的销项税额和按照简易计税方法计算的应纳税额。
>
> 国务院规定可以差额计算销售额的，从其规定。"
>
> 请读者密切关注后续政策变化，对于类似内容本章后面不再提示。

案例 1-1

增值税征收范围与企业所得税收入的确定

A 电器公司（一般纳税人）2019 年 1 月销售电器取得销售价款 1 200 万元（不含税），因产品销售紧俏，收取提前发货费 80 万元。除销售货物外，获得当地政府部门给予的"环保"奖励 5 万元。相关增值税征收范围、企业所得税收入确定如下：

1. 增值税征收范围的确定。A 公司销售电器取得不含税销售额 1 200 万元应纳入增值税征收范围，收取的提前发货费 80 万元属于价外收费，也应纳入增值税征收范围，而获得的当地政府部门给予的"环保"奖励，则不在增值税征收范围内。

2. 企业所得税收入的确定。A 公司销售电器取得收入（包括价外收费）应按照规定进行企业所得税处理，即结转收入和成本。同时，获得的当地政府部门给予的"环保"奖励也要按照规定进行企业所得税处理，即全额确认收入。

问题 1-1-2

增值税、企业所得税的税率如何确定？

答：1. 增值税税率的确定。

营改增后，增值税税率经过了两次调整，具体内容如下：

（1）在 2018 年 5 月 1 日之前。

《增值税暂行条例》第二条规定：

"（一）纳税人销售货物、劳务、有形动产租赁服务或者进口货物，除本条第二项、第四项、第五项另有规定外，税率为 17%。

（二）纳税人销售交通运输、邮政、基础电信、建筑、不动产租赁服务，销售不动产，转让土地使用权，销售或者进口下列货物，税率为 11%：

1. 粮食等农产品、食用植物油、食用盐；

2. 自来水、暖气、冷气、热水、煤气、石油液化气、天然气、二甲醚、沼气、居民用煤炭制品；

3. 图书、报纸、杂志、音像制品、电子出版物；

4. 饲料、化肥、农药、农机、农膜；

5. 国务院规定的其他货物。

（三）纳税人销售服务、无形资产，除本条第一项、第二项、第五项另有规定外，税率为6%。

（四）纳税人出口货物，税率为零；但是，国务院另有规定的除外。

（五）境内单位和个人跨境销售国务院规定范围内的服务、无形资产，税率为零。"

(2) 自2018年5月1日起至2019年4月1日。

《财政部 税务总局关于调整增值税税率的通知》（财税〔2018〕32号）第一条规定，自2018年5月1日起，"纳税人发生增值税应税销售行为或者进口货物，原适用17%和11%税率的，税率分别调整为16%、10%"。

(3) 自2019年4月1日起。

《财政部 税务总局 海关总署关于深化增值税改革有关政策的公告》（财政部 税务总局 海关总署公告2019年第39号）第一条规定，自2019年4月1日起，"增值税一般纳税人（以下称纳税人）发生增值税应税销售行为或者进口货物，原适用16%税率的，税率调整为13%；原适用10%税率的，税率调整为9%"。

2. 企业所得税税率的确定。

《企业所得税法》第四条第一款规定："企业所得税的税率为25%"；第二十八条规定："符合条件的小型微利企业，减按20%的税率征收企业所得税。国家需要重点扶持的高新技术企业，减按15%的税率征收企业所得税"。

【提示】2019年11月27日发布的《中华人民共和国增值税法（征求意见稿）》第十三条指出："增值税税率：

（一）纳税人销售货物，销售加工修理修配、有形动产租赁服务，进口货物，除本条第二项、第四项、第五项规定外，税率为百分之十三。

（二）纳税人销售交通运输、邮政、基础电信、建筑、不动产租赁服务，销售不动产，转让土地使用权，销售或者进口下列货物，除本条第四项、第五项规定外，税率为百分之九：

1. 农产品、食用植物油、食用盐；

2. 自来水、暖气、冷气、热水、煤气、石油液化气、天然气、二甲醚、沼气、居民用煤炭制品；

> 3. 图书、报纸、杂志、音像制品、电子出版物；
> 4. 饲料、化肥、农药、农机、农膜。
> （三）纳税人销售服务、无形资产、金融商品，除本条第一项、第二项、第五项规定外，税率为百分之六。
> （四）纳税人出口货物，税率为零；国务院另有规定的除外。
> （五）境内单位和个人跨境销售国务院规定范围内的服务、无形资产，税率为零。"
>
> 请读者密切关注后续政策变化。

问题 1-1-3

企业取得的增值税、企业所得税收入（销售额）有哪些形式？

答：企业取得收入的形式除货币外，还包括其他各类非货币形式，具体如下：

1. 取得增值税销售额的形式。

（1）所有销售行为均是有偿性质。根据《中华人民共和国增值税暂行条例实施细则》（以下简称《增值税暂行条例实施细则》）第三条的规定，"条例第一条所称销售货物，是指有偿转让货物的所有权"，"条例第一条所称提供加工、修理修配劳务（以下称应税劳务），是指有偿提供加工、修理修配劳务"。

根据《营业税改征增值税试点实施办法》（财税〔2016〕36号文件附件1）第十条的规定，"销售服务、无形资产或者不动产，是指有偿提供服务、有偿转让无形资产或者不动产"。

（2）有偿的形式。根据《增值税暂行条例实施细则》第三条的规定，有偿转让货物的所有权及有偿提供加工、修理修配劳务，是指从购买方取得货币、货物或者其他经济利益。

根据《营业税改征增值税试点实施办法》第十条的规定，有偿提供服务、有偿转让无形资产或者不动产，是指从购买方取得货币、货物或者其他经济利益。

2. 取得企业所得税收入的形式。

《企业所得税法》第六条规定："企业以货币形式和非货币形式从各种来源取得

的收入，为收入总额。"

《中华人民共和国企业所得税法实施条例》（以下简称《企业所得税法实施条例》）第十二条规定："企业所得税法第六条所称企业取得收入的货币形式，包括现金、存款、应收账款、应收票据、准备持有至到期的债券投资以及债务的豁免等。

企业所得税法第六条所称企业取得收入的非货币形式，包括存货、固定资产、生物资产、无形资产、股权投资、不准备持有至到期的债券投资、劳务以及有关权益等。"

根据上述政策规定，增值税销售额与企业所得税收入的形式，均包括货币收入、非货币收入或者其他经济利益。

3. 会计处理。

在会计处理中，根据《增值税会计处理规定》（财会〔2016〕22号文件发布）第二条第（二）项的规定，企业销售货物、加工修理修配劳务、服务、无形资产或不动产，应当按应收或已收的金额，借记"应收账款""应收票据""银行存款"等科目，按取得的收入金额，贷记"主营业务收入""其他业务收入""固定资产清理""工程结算"等科目，按现行增值税制度规定计算的销项税额（或采用简易计税方法计算的应纳增值税额），贷记"应交税费——应交增值税（销项税额）"或"应交税费——简易计税"科目（小规模纳税人应贷记"应交税费——应交增值税"科目）。

【提示1】《企业会计准则第7号——非货币性资产交换》第二条第二款规定："货币性资产，是指企业将以固定或可确定金额的货币收取的资产，包括现金、银行存款、应收账款和应收票据以及准备持有至到期的债券投资等。货币性资产以外的资产为非货币性资产。"

【提示2】《〈企业会计准则第14号——收入〉应用指南（2018）》"主营业务收入"（科目）主要账务处理指出：

（1）企业在履行了合同中的单项履约义务时，应按照已收或应收的合同价款，加上应收取的增值税额，借记"银行存款""应收账款""应收票据""合同资产"等科目，按应确认的收入金额，贷记"主营业务收入"科目，按应收取的增值税额，贷记"应交税费——应交增值税（销项税额）""应交税费——待转销项税额"等科目。

（2）合同中存在企业为客户提供重大融资利益的，企业应按照应收合同价款，借记"长期应收款"等科目,按照假定客户在取得商品控制权时即以现金支付的金额(即现销价格)确定的交易价格,贷记"主营业务收入"科目,按其差额,贷记"未实现融资收益"科目;合同中存在客户为企业提供重大融资利益的,企业应按照已收合同价款,借记"银行存款"等科目,按照假定客户在取得商品控制权时即以现金支付的应付金额(即现销价格)确定的交易价格,贷记"合同负债"等科目,按其差额,借记"未确认融资费用"科目。涉及增值税的,还应进行相应的处理。

(3)企业收到的对价为非现金资产时,应按该非现金资产在合同开始日的公允价值,借记"存货""固定资产""无形资产"等有关科目,贷记"主营业务收入"科目。涉及增值税的,还应进行相应的处理。

案例 1-2

企业销售货物取得收入的涉税及会计处理

A公司(一般纳税人)于2019年7月销售1500台电风扇,价格130元/台,成本90元/台,增值税税率13%。假定当月进项税额(已认证)12 150元,城市维护建设税税率7%,教育费附加征收率3%、地方教育附加征收率2%。A公司相关涉税及会计处理如下:

1. 涉税处理。

销项税额:1 500×130×13%=25 350(元);

当月应缴增值税:25 350-12 150=13 200(元);

当月应缴城市维护建设税:13 200×7%=924(元);

当月应缴教育费附加:13 200×3%=396(元);

当月应缴地方教育附加:13 200×2%=264(元)。

2. 会计处理。

(1)销售货物时:

借:银行存款(或"应收账款"等)	220 350
贷:主营业务收入	195 000
应交税费——应交增值税(销项税额)	25 350

(2) 缴纳税款时：

借：应交税费——应交增值税（已交税金） 13 200
　　　　　　——应交城市维护建设税 924
　　　　　　——应交教育费附加 396
　　　　　　——应交地方教育附加 264
　　贷：银行存款 14 784

(3) 结转成本时：

借：主营业务成本 135 000
　　贷：库存商品——电风扇 135 000

【提示】根据《增值税会计处理规定》（财会〔2016〕22号文件发布）、《国家税务总局关于进一步明确营改增有关征管问题的公告》（国家税务总局公告2017年第11号）等的规定，在计算当期应缴增值税时，进项税额需要经过认证后才能抵扣。为简化和突出主要内容，本书案例省略"应交税费——待抵扣进项税额"科目，直接使用"应交税费——应交增值税（进项税额）"科目。

案例 1-3

企业提供劳务取得收入的涉税及会计处理

A房屋中介公司（一般纳税人）2018年11月收取中介服务费（个人）350 000元（含税），增值税税率6%。假定当月进项税额为0，城市维护建设税税率7%、教育费附加征收率3%、地方教育附加征收率2%。A公司相关涉税及会计处理如下：

1. 涉税处理。

不含税销售额：350 000÷(1+6%)=330 188.68（元）；

销项税额：330 188.68×6%=19 811.32（元）；

当月应缴增值税：19 811.32元；

当月应缴城市维护建设税：19 811.32×7%=1 386.79（元）；

当月应缴教育费附加：19 811.32×3%=594.34（元）；

当月应缴地方教育附加：19 811.32×2%=396.23（元）。

2. 会计处理。

(1) 销售货物：

  借：银行存款   350 000

    贷：主营业务收入   330 188.68

      应交税费——应交增值税（销项税额）   19 811.32

(2) 计提税款：

  借：税金及附加——城市维护建设税   1 386.79

       ——教育费附加   594.34

       ——地方教育附加   396.23

    贷：应交税费——应交城市维护建设税   1 386.79

        ——应交教育费附加   594.34

        ——应交地方教育附加   396.23

(3) 缴纳税款：

  借：应交税费——已交增值税   19 811.32

      ——应交城市维护建设税   1 386.79

      ——应交教育费附加   594.34

      ——应交地方教育附加   396.23

    贷：银行存款   22 188.68

问题 1-1-4

企业以非货币形式取得收入的增值税、企业所得税如何处理？

答：企业以非货币形式取得收入的涉税处理主要是销售额的确认。

1. 增值税销售额的确定。

(1) 关于销售货物取得"非货币形式收入"销售额的确定。增值税政策中没有针对销售货物"以非货币形式取得收入"的专门规定，根据《增值税暂行条例》第七条的规定，"纳税人发生应税销售行为的价格明显偏低并无正当理由的，由主管税务机关核定其销售额"，也就是说，获得的非货币形式对价，要符合正常价格。如果获得的非货币形式对价"明显偏低并无正当理由"，无法确定价格的，根据《增值税

暂行条例实施细则》第十六条的规定,"按下列顺序确定销售额:

(一)按纳税人最近时期同类货物的平均销售价格确定;

(二)按其他纳税人最近时期同类货物的平均销售价格确定;

(三)按组成计税价格确定。组成计税价格的公式为:

$$组成计税价格=成本×(1+成本利润率)$$

属于应征消费税的货物,其组成计税价格中应加计消费税额。

公式中的成本是指:销售自产货物的为实际生产成本,销售外购货物的为实际采购成本。公式中的成本利润率由国家税务总局确定"。

关于上述公式中的成本利润率,《增值税若干具体问题的规定》(国税发〔1993〕154号文件发布)第二条第(四)项规定:"纳税人因销售价格明显偏低或无销售价格等原因,按规定需组成计税价格确定销售额的,其组价公式中的成本利润率为10%。但属于应从价定率征收消费税的货物,其组价公式中的成本利润率,为《消费税若干具体问题的规定》中规定的成本利润率"。

(2)关于销售服务、无形资产或者不动产取得"非货币形式收入"销售额的确定。同样,目前没有专门的政策规定,按一般政策规定理解,其获得的非货币形式对价要符合正常价格,根据《营业税改征增值税试点实施办法》(财税〔2016〕36号文件附件1)第四十四条的规定,"纳税人发生应税行为价格明显偏低或者偏高且不具有合理商业目的"的,"主管税务机关有权按照下列顺序确定销售额:

(一)按照纳税人最近时期销售同类服务、无形资产或者不动产的平均价格确定。

(二)按照其他纳税人最近时期销售同类服务、无形资产或者不动产的平均价格确定。

(三)按照组成计税价格确定。组成计税价格的公式为:

$$组成计税价格=成本×(1+成本利润率)$$

成本利润率由国家税务总局确定。

不具有合理商业目的,是指以谋取税收利益为主要目的,通过人为安排,减少、免除、推迟缴纳增值税税款,或者增加退还增值税税款"。

2. 企业所得税收入额的确定。

《企业所得税法实施条例》第十三条规定:"企业所得税法第六条所称企业以非

货币形式取得的收入，应当按照公允价值确定收入额。

前款所称公允价值，是指按照市场价格确定的价值。"

根据上述政策规定，企业在取得"非货币性收入"时，对于企业所得税，按照公允价值确定收入额。

在实务中，企业以非货币形式取得的收入或者将资产移送他人，其公允价值的确定通常需要会计人员进行职业判断。其交易的非货币资产，如果是正常销售的商品，参与交易的企业有一方本身有相同或类似资产（商品）的正常市场销售价格，则一般可以参照此价格确定收入。例如 A 公司销售货物给 B 公司，B 公司支付的货款包括部分货币资金及 B 公司销售的甲商品。A 公司取得的抵价甲商品的价格，应为 B 公司当期正常销售甲商品的价格。如果没有直接的参照价格或无法确定资产的价格时，企业可以聘请专业评估机构对其交易资产的公允价值进行评估，以便为交易时的定价提供参考。

3. 会计处理。

在会计处理中，以库存商品进行非货币性资产交换（非货币性资产交换具有商业实质且公允价值能够可靠计量）、债务重组的，应按该产成品（或商品）的公允价值，借记有关科目，贷记"主营业务收入"科目。

对于销售业务涉及的增值税，应根据《增值税会计处理规定》（财会〔2016〕22号文件发布）的相关规定处理。从会计准则角度看也是同样的处理原则，根据《〈企业会计准则第 14 号——收入〉应用指南（2018）》"主营业务收入"（科目）主要账务处理第（3）项的规定，企业收到的对价为非现金资产时，应按该非现金资产在合同开始日的公允价值，借记"存货""固定资产""无形资产"等有关科目，贷记"主营业务收入"科目。涉及增值税的，还应进行相应的处理。

> 【提示1】（1）企业会计准则对"客户支付非现金对价"的处理规定。根据《企业会计准则第 14 号——收入》的相关规定，客户支付非现金对价的，企业应当按照非现金对价的公允价值确定交易价格。非现金对价的公允价值不能合理估计的，企业应当参照其承诺向客户转让商品的单独售价间接确定交易价格。非现金对价的公允价值因对价形式以外的原因而发生变动的，应当作为可变对价，按照该准则第十六条规定进行会计处理。单独售价，是指企业向客户单独销售商品的价格。

(2) 企业会计准则对公允价值的认定规则。根据《企业会计准则第39号——公允价值计量》的相关规定,从会计角度,公允价值,是指市场参与者在计量日发生的有序交易中,出售一项资产所能收到或者转移一项负债所需支付的价格。

根据上述规定,从会计准则角度,企业取得非货币形式对价的,按照公允价值确定交易价格。

(3)《小企业会计准则》的处理规定。根据《小企业会计准则》第五十九条第(七)项等条款规定,收入的实现涉及非货币资产的,"按照产品的市场价格或评估价值确定销售商品收入金额"。

根据上述会计准则规定,企业以非货币形式取得收入的,会计处理与企业所得税处理基本一致。

【提示2】2019年11月27日发布的《中华人民共和国增值税法(征求意见稿)》第十六条指出:"视同发生应税交易以及销售额为非货币形式的,按照市场公允价格确定销售额。"请读者密切关注后续政策变化,对于类似内容本章后面不再提示。

案例1-4

企业以非货币形式取得收入的涉税及会计处理

A公司(一般纳税人)与B公司(一般纳税人)2019年5月10日签订合同,约定A公司以自产的电器产品换取B公司自产的生产设备,A公司将设备记入固定资产。其中A公司电器产品价格为60万元(不含税,公允价值),成本45万元。B公司设备价格为55万元(不含税,公允价值),成本35万元,B公司支付补价5万元。增值税税率均为13%。A公司、B公司相关涉税及会计处理如下:

1. A公司处理。

(1) 相关计算。

销项税额:60×13%=7.8(万元)。

A公司取得B公司开具的增值税专用发票,进项税额:7.15万元(55×13%)。

(2) 会计处理（单位：万元）。

①取得销售收入。

  借：银行存款   5.65

    固定资产——设备   55

    应交税费——应交增值税（进项税额）   7.15

    贷：主营业务收入   60

      应交税费——应交增值税（销项税额）   7.8

②结转成本。

  借：主营业务成本   45

    贷：库存商品   45

2. B公司处理。

(1) 增值税处理。

销项税额：55×13%＝7.15（万元）。

B公司取得A公司开具的增值税专用发票，进项税额7.8万元。

(2) 会计处理（单位：万元）。

①取得销售收入。

  借：库存商品——电器   60

    应交税费——应交增值税（进项税额）   7.8

    贷：主营业务收入   55

      应交税费——应交增值税（销项税额）   7.15

      银行存款   5.65

②结转成本。

  借：主营业务成本   35

    贷：库存商品   35

问题 1-1-5

企业销售货物取得增值税销售额（计税价格）、企业所得税收入明显偏低的如何处理？

答：企业取得增值税销售额（计税价格）、企业所得税收入明显偏低的，要按照政策规定进行调整，具体如下：

1. 增值税计税价格明显偏低的处理。

（1）对于销售货物的。《增值税暂行条例》第七条规定："纳税人发生应税销售行为的价格明显偏低并无正当理由的，由主管税务机关核定其销售额。"

具体核定销售额的方式，则根据《增值税暂行条例实施细则》第十六条的规定处理（见问题 1-1-4）。

（2）对于销售同类服务、无形资产或者不动产的。根据《营业税改征增值税试点实施办法》（财税〔2016〕36 号文件附件 1）第四十四条的规定，"纳税人发生应税行为价格明显偏低或者偏高且不具有合理商业目的的"，主管税务机关有权按照规定的顺序核定其销售额。具体核定销售额的方式，则按照该条规定的方式和顺序处理（见问题 1-1-4）。

根据增值税政策，价格明显偏低并无正当理由的，要按照政策规定的顺序确定销售额计算增值税。目前对于"正当理由"的界线尚没有政策规定，如果企业"发生应税行为价格明显偏低或者偏高"情形的，应参照当地税务机关的具体征管规定处理。

2. 企业所得税收入明显偏低的处理。

企业所得税没有专门的政策规定，根据企业所得税相关政策理解，企业以非货币形式取得收入或发生视同销售行为等一些特殊业务的，需要按照公允价值确定收入额。对于价格（或收入）异常情况的，凡不属于"关联企业交易"的正常交易，一般不按照关联企业交易"特别纳税调整"政策处理。

案例 1-5

企业销售货物计税价格明显偏低的涉税及会计处理

A 公司（一般纳税人）于 2019 年 6 月销售 5 550 台电风扇，成本 110 元/台，其中 5 500 台分别销售给九个公司，销售均价为 160 元/台（不含税），价格在 150~165 元/台之间。其余 50 台销售给 B 公司，销售价格为 115 元/台（不含税）。增值税税率 13%。A 公司相关涉税及会计处理如下：

1. 增值税处理。

假如对于该公司 50 台电风扇销售价格为 115 元/台（不含税），A 公司无法说明价格低于企业正常销售价格（市场价格）的合理原因，则根据《增值税暂行条例实施细则》第十六条的规定，增值税计税价格可以确定为 160 元/台（不含税）。

销项税额：$50×160×13\%=1\,040$（元）。

2. 会计处理。

借：银行存款（或"应收账款"等）   6 790
  贷：主营业务收入   5 750
    应交税费——应交增值税（销项税额）   1 040

3. 企业所得税处理。

假定 A 公司与 B 公司为关联企业（A 公司自行申报，且关联交易的合同条款、交易双方执行的功能、承担风险等所有影响交易价格的因素与本月非关联交易基本一致）。在年终企业所得税汇算清缴时，要根据具体情况处理，即如果 B 公司亏损或企业所得税税率低于 A 公司（A 公司应纳税所得额大于零），则企业所得税汇算清缴时，A 公司应调增应纳税所得额 2 250 元（50×160－50×115）。

如果 A、B 公司不涉及税率差，也不存在减少企业所得税问题，则无须调增应纳税所得额。

问题 1-1-6

关联企业交易中增值税销售额与企业所得税收入如何确定？

答：关联企业交易中增值税销售额与企业所得税收入的处理，主要是合理（公允）价格的确定，具体如下：

1. 关联企业交易中增值税的处理。

关联企业之间的交易价格由于种种原因，有可能背离公平成交价格。《中华人民共和国税收征收管理法》（以下简称《税收征收管理法》）第三十六条规定："企业或者外国企业在中国境内设立的从事生产、经营的机构、场所与其关联企业之间的业务往来，应当按照独立企业之间的业务往来收取或者支付价款、费用；不按照独立企业之间的业务往来收取或者支付价款、费用，而减少其应纳税的收入或者所得额的，税务机关有权进行合理调整。"

《中华人民共和国税收征收管理法实施细则》（以下简称《税收征收管理法实

施细则》）第五十二条规定："税收征管法第三十六条所称独立企业之间的业务往来，是指没有关联关系的企业之间，按照公平成交价格和营业常规所进行的业务往来。"

根据上述政策规定，在关联企业交易中价格背离公平交易原则，减少其应纳税的收入或者所得额的，税务机关有权进行合理调整。其调整方法，根据《增值税暂行条例实施细则》第十六条、《营业税改征增值税试点实施办法》（财税〔2016〕36号文件附件1）第四十四条的相关规定，按政策规定的方法和顺序确定销售额。

2. 关联企业交易中企业所得税的处理。

《企业所得税法》第四十一条第一款规定："企业与其关联方之间的业务往来，不符合独立交易原则而减少企业或者其关联方应纳税收入或者所得额的，税务机关有权按照合理方法调整。"

《企业所得税法实施条例》第一百一十条规定："企业所得税法第四十一条所称独立交易原则，是指没有关联关系的交易各方，按照公平成交价格和营业常规进行业务往来遵循的原则。"

根据上述政策规定，对关联企业之间的交易应按照独立交易原则处理，对于不符合独立交易原则而减少企业或者其关联方应纳税收入或者所得额的，税务机关有权按照合理方法调整。但对于境内关联方之间交易企业所得税的处理，根据《特别纳税调整实施办法〔试行〕》（国税发〔2009〕2号文件发布）第三十条的规定，"实际税负相同的境内关联方之间的交易，只要该交易没有直接或间接导致国家总体税收收入的减少，原则上不做转让定价调查、调整"。

问题 1-1-7

增值税、企业所得税销售额（收入额）是否包含增值税？

答：《增值税暂行条例》第六条规定，"销售额为纳税人销售货物或者应税劳务向购买方收取的全部价款和价外费用，但是不包括收取的销项税额"。

《增值税暂行条例实施细则》第十四条规定："一般纳税人销售货物或者应税劳务，采用销售额和销项税额合并定价方法的，按下列公式计算销售额：销售额＝含税销售额÷(1＋税率)"；第三十条规定："小规模纳税人的销售额不包括其应纳税额。小规模纳税人销售货物或者应税劳务采用销售额和应纳税额合并定价方法的，按下列公式计算销售额：销售额＝含税销售额÷(1＋征收率)"。

《营业税改征增值税试点实施办法》(财税〔2016〕36号文件附件1)第二十三条规定："一般计税方法的销售额不包括销项税额，纳税人采用销售额和销项税额合并定价方法的，按照下列公式计算销售额：销售额＝含税销售额÷(1＋税率)"；第三十五条规定："简易计税方法的销售额不包括其应纳税额，纳税人采用销售额和应纳税额合并定价方法的，按照下列公式计算销售额：销售额＝含税销售额÷(1＋征收率)"。

根据上述政策规定，凡是增值税应税行为，其销售收入均为不含税收入，因此，《企业所得税法》第六条列举的九项收入，凡属于销售货物或者应税劳务以及产生应税行为的，其取得的收入均为不含增值税收入。

案例1-6

企业销售货物企业所得税收入确认及计算

A公司(一般纳税人)于2019年5月销售100台电风扇，采用销售额和销项税额合并定价方法，单价为160元。A公司收入确认如下：

销售额＝含税销售额÷(1＋税率)

A公司应确认收入：16 000÷(1＋13％)＝14 159.29(元)。

案例1-7

企业出租房屋企业所得税收入确认及计算

B公司(一般纳税人)于2019年5月出租房屋，采用销售额和销项税额合并定价方法，取得当年租金收入20万元。B公司为一般纳税人，B公司收入确认如下：

销售额＝含税销售额÷(1＋税率)

B公司应确认收入：200 000÷(1＋9％)＝183 486.24(元)。

1.2 视同销售涉税业务

视同销售业务主要是指企业将货物、财产、劳务等用于捐赠、偿债、赞助、集资、广告、样品、职工福利和利润分配等用途时,视同销售的处理。本节内容主要是视同销售业务的增值税、企业所得税处理。

问题 1-2-1

企业视同销售行为的增值税、企业所得税如何处理?

答:视同销售主要是税收上的概念,即根据增值税、企业所得税等政策规定,对纳税人的一些(特殊)转移商品或提供劳务行为而没有取得销售收入的情形要视同销售处理,进而确定增值税销售额和企业所得税所得额。但是从会计处理角度,没有视同销售的概念,也就是税收上视同销售的行为,因为没有"导致所有者权益增加",因此会计上不作为销售核算。

对于税收政策中视同销售的情形,增值税与企业所得税也不相同。从视同销售范围看,增值税采用概括法的方式明确视同销售的范围,企业所得税则采取列举法确定视同销售的范围;从性质上看,企业所得税是法人所得税,视同销售是为了体现货物所有权在不同法人之间的权属转移以及税法的公平。而增值税视同销售是为了避免增值税"抵扣进项并产生销项"的链条终止,维护增值税"环环征、环环扣"征收链条的完整,政策列举的一些增值税视同销售的行为,因为权属没有改变,因此不视同销售确认收入。

一般情况下,增值税的视同销售行为应在会计处理中得以体现,即企业在会计处理时应体现增值税销项税额;企业所得税的视同销售无须在会计处理中体现,只是在年度纳税申报时调表而不调账,在会计利润中不反映视同销售利润。[1]

---

[1] 此处参考了税屋网站"问税问我"栏目2018年5月17日发布的《企业所得税与增值税"视同销售"是一致的吗?》一文。

1. 增值税视同销售的处理。

(1) 增值税视同销售货物的处理。

涉及货物的视同销售行为，包括将货物移送的各类情形。《增值税暂行条例实施细则》第四条规定："单位或者个体工商户的下列行为，视同销售货物：

（一）将货物交付其他单位或者个人代销；

（二）销售代销货物；

（三）设有两个以上机构并实行统一核算的纳税人，将货物从一个机构移送其他机构用于销售，但相关机构设在同一县（市）的除外；

（四）将自产或者委托加工的货物用于非增值税应税项目；

（五）将自产、委托加工的货物用于集体福利或者个人消费；

（六）将自产、委托加工或者购进的货物作为投资，提供给其他单位或者个体工商户；

（七）将自产、委托加工或者购进的货物分配给股东或者投资者；

（八）将自产、委托加工或者购进的货物无偿赠送其他单位或者个人。"

对于视同销售货物销售额的确定，仍然根据《增值税暂行条例实施细则》第十六条的规定处理（见问题1-1-4）。

根据上述政策规定，对于增值税，发生视同销售货物行为确定销售额的原则是按照政策规定的方式及顺序，即参照纳税人自己或其他纳税人的正常销售价格确定，无法参照的按照组成计税价格确定。

(2) 增值税视同销售服务、无形资产或者不动产的处理。

根据《营业税改征增值税试点实施办法》（财税〔2016〕36号文件附件1）第十条第一款的规定，"销售服务、无形资产或者不动产，是指有偿提供服务、有偿转让无形资产或者不动产"。

根据该实施办法第十四条的规定，"下列情形视同销售服务、无形资产或者不动产：

（一）单位或者个体工商户向其他单位或者个人无偿提供服务，但用于公益事业或者以社会公众为对象的除外。

（二）单位或者个人向其他单位或者个人无偿转让无形资产或者不动产，但用于公益事业或者以社会公众为对象的除外。

（三）财政部和国家税务总局规定的其他情形"。

对于上述视同销售情形销售额的确定，仍然根据《营业税改征增值税试点实施办法》第四十四条的规定处理（见问题1-1-4）。

根据上述政策规定，除"用于公益事业或者以社会公众为对象的"以外，无偿提供服务和无偿转让无形资产或者不动产的，均视同销售服务、无形资产或者不动产。视同销售确定销售额的原则是按照政策规定的方式及顺序，参照纳税人自己或其他纳税人的正常销售价格确定，无法参照的按照组成计税价格确定。

2. 企业所得税视同销售的处理。

（1）一般企业所得税视同销售的处理。

根据《企业所得税法实施条例》第二十五条的规定，"企业发生非货币性资产交换，以及将货物、财产、劳务用于捐赠、偿债、赞助、集资、广告、样品、职工福利和利润分配等用途的，应当视同销售货物、转让财产和提供劳务，但国务院财政、税务主管部门另有规定的除外"。

关于收入的确定，根据《国家税务总局关于企业处置资产所得税处理问题的通知》（国税函〔2008〕828号）第二条的规定，"企业将资产移送他人的下列情形，因资产所有权属已发生改变而不属于内部处置资产，应按规定视同销售确定收入。

（一）用于市场推广或销售；

（二）用于交际应酬；

（三）用于职工奖励或福利；

（四）用于股息分配；

（五）用于对外捐赠；

（六）其他改变资产所有权属的用途"。

关于视同销售行为企业所得税收入的确定，根据《国家税务总局关于企业所得税有关问题的公告》（国家税务总局公告2016年第80号）第二条的规定，"企业发生《国家税务总局关于企业处置资产所得税处理问题的通知》（国税函〔2008〕828号）第二条规定情形的，除另有规定外，应按照被移送资产的公允价值确定销售收入"。

（2）房地产开发企业视同销售的处理。

《房地产开发经营业务企业所得税处理办法》（国税发〔2009〕31号文件发布）第七条规定："企业将开发产品用于捐赠、赞助、职工福利、奖励、对外投资、分配给股东或投资人、抵偿债务、换取其他企事业单位和个人的非货币性资产等行为，应视同销售，于开发产品所有权或使用权转移，或于实际取得利益权利时确认收入（或利润）的实现。确认收入（或利润）的方法和顺序为：

（一）按本企业近期或本年度最近月份同类开发产品市场销售价格确定；

（二）由主管税务机关参照当地同类开发产品市场公允价值确定；

（三）按开发产品的成本利润率确定。开发产品的成本利润率不得低于15%，具体比例由主管税务机关确定。"

根据上述政策规定，从企业所得税角度，一般涉及"改变资产所有权属的"均视同销售处理。而对于增值税，除改变资产所有权属的要视同销售外，对于两个企业之间转移货物及设有两个以上机构并实行统一核算的非同城纳税人之间转移货物的，均要视同销售。因此，增值税政策列举的视同销售情形，只要不发生权属的转移，一般企业所得税政策不视同销售。

在确定增值税销售额时，一般按照政策规定的方式和顺序。在企业所得税确定收入时按照公允价值，但对房地产开发企业视同销售的业务（开发产品），则按照政策规定的方式和顺序。

在实务中，其公允价值的确定通常需要会计人员进行职业判断。一般情况下，如果是企业正常销售的商品，或者有其他企业销售同类商品价格的，则可以参照此价格确定收入。如果没有直接的参照价格或无法确定资产的价格，企业可以聘请专业评估机构对其交易资产的公允价值进行评估。

3. 会计处理。

在会计处理中，根据《增值税会计处理规定》（财会〔2016〕22号文件发布）第二条第（二）项第2点的规定，企业发生税法上视同销售的行为，应当按照企业会计准则制度相关规定进行相应的会计处理，并按照现行增值税制度规定计算的销项税额（或采用简易计税方法计算的应纳增值税额），借记"应付职工薪酬""利润分配"等科目，贷记"应交税费——应交增值税（销项税额）"或"应交税费——简易计税"科目（小规模纳税人应记入"应交税费——应交增值税"科目）。

在会计与企业所得税处理上，会出现企业所得税视同销售需要确认收入，而从会计角度不需要确认收入的情形，并因此产生税会差异。在实务中，一般是根据会计收入确认原则来确定企业收入的实现，对于企业所得税视同销售而会计上可以不确认收入的情形，在企业所得税汇算清缴时处理，即调整企业所得税应纳税所得额。在实务中，也有少量企业（非适用会计准则企业）根据企业所得税的政策规定直接确认会计收入，这样就无须在企业所得税汇算清缴时处理。

> 【提示1】《企业会计准则第14号——收入》第二条规定："收入，是指企业在日常活动中形成的、会导致所有者权益增加的、与所有者投入资本无关的经济利益的总流入。"
>
> 《小企业会计准则》第五十八条规定："收入，是指小企业在日常生产经营活动中形成的、会导致所有者权益增加、与所有者投入资本无关的经济利益的总流入。包括：销售商品收入和提供劳务收入。"
>
> 从会计角度，只有符合上述情形的经济利益流入才能确认收入。对于不产生直接经济利益流入的情形，会计角度不确认收入。
>
> 【提示2】2019年11月27日发布的《中华人民共和国增值税法（征求意见稿）》第十一条指出："下列情形视同应税交易，应当依照本法规定缴纳增值税：
>
> （一）单位和个体工商户将自产或者委托加工的货物用于集体福利或者个人消费；
>
> （二）单位和个体工商户无偿赠送货物，但用于公益事业的除外；
>
> （三）单位和个人无偿赠送无形资产、不动产或者金融商品，但用于公益事业的除外；
>
> （四）国务院财政、税务主管部门规定的其他情形。"
>
> 上述规定中没有列举无偿提供服务，请读者密切关注后续政策变化。

问题 1-2-2

哪些行为企业所得税不视同销售处理？

答：从政策上，企业所得税分不视同销售的情形（列举）和视同销售的情形，其中对于不视同销售的情形，《国家税务总局关于企业处置资产所得税处理问题的通知》（国税函〔2008〕828号）第一条规定："企业发生下列情形的处置资产，除将资产转移至境外以外，由于资产所有权属在形式和实质上均不发生改变，可作为内部处置资产，不视同销售确认收入，相关资产的计税基础延续计算。

（一）将资产用于生产、制造、加工另一产品；

（二）改变资产形状、结构或性能；

（三）改变资产用途（如，自建商品房转为自用或经营）；

（四）将资产在总机构及其分支机构之间转移；

（五）上述两种或两种以上情形的混合；

（六）其他不改变资产所有权属的用途。"

上述政策列举的不视同销售的情形，主要是处置的资产没有改变资产所有权属，因此可作为内部处置资产，不视同销售确认收入，相关资产的计税基础延续计算。这与增值税的政策规定不同，确定增值税视同销售行为的关键点是货物发生的移送行为，根据《增值税暂行条例实施细则》第四条的规定，纳税人将货物交付其他单位或者个人代销，设有两个以上机构并实行统一核算的纳税人，将货物从一个机构移送其他机构用于销售（但相关机构设在同一县（市）的除外）等，虽然没有改变资产所有权属，但均视同销售。

问题 1-2-3

企业将非货币性资产用于职工福利的增值税、企业所得税如何处理？

答：企业将非货币性资产用于职工福利的要进行增值税、企业所得税处理，具体如下：

1. 增值税处理。

（1）对自产、委托加工货物的处理。根据《增值税暂行条例实施细则》第四条第（五）项的规定，纳税人将自产、委托加工的货物用于集体福利或者个人消费的，视同销售货物。其销售额，依据《增值税暂行条例实施细则》第十六条的规定确定。

对销售服务、无形资产或者不动产的处理。根据《营业税改征增值税试点实施办法》（财税〔2016〕36号文件附件1）第十条第一款、第十四条等的规定，纳税人将"服务、无形资产或者不动产"用于职工福利或者个人消费的，视同销售。其销售额，依据该试点实施办法第四十四条的规定确定。

根据上述政策规定，企业将自产、委托加工的货物用于集体福利或者个人消费的，将"服务、无形资产或者不动产"用于职工福利或者个人消费的，均视同销售，并按照政策规定确定销售额。

（2）对外购货物、服务等的处理。根据《增值税暂行条例》第十条第（一）项的规定，纳税人用于集体福利或者个人消费的购进货物、劳务、服务、无形资产和不动产的进项税额不得从销项税额中抵扣。

根据《营业税改征增值税试点有关事项的规定》（财税〔2016〕36号文件附件2）第二条第（一）项第5点的规定，原增值税一般纳税人购进服务、无形资产或者不动产，用于集体福利或者个人消费的，进项税额不得从销项税额中抵扣。其中涉及的无形资产、不动产，仅指专用于上述项目的无形资产（不包括其他权益性无形资产）、不动产。纳税人的交际应酬消费属于个人消费。

根据《营业税改征增值税试点实施办法》第二十七条第（一）项的规定，用于集体福利或者个人消费的购进货物、加工修理修配劳务、服务、无形资产和不动产的进项税额不得从销项税额中抵扣。其中涉及的固定资产、无形资产、不动产，仅指专用于上述项目的固定资产、无形资产（不包括其他权益性无形资产）、不动产。纳税人的交际应酬消费属于个人消费。

根据上述政策规定，对企业外购货物、服务等用于职工福利或者个人消费的，进项税额不得从销项税额中抵扣。

2. 企业所得税处理。

根据《企业所得税法实施条例》第二十五条的规定，企业将货物、财产、劳务用于职工福利等用途的，应当视同销售货物、转让财产和提供劳务，但国务院财政、税务主管部门另有规定的除外。

根据《国家税务总局关于企业处置资产所得税处理问题的通知》（国税函〔2008〕828号）第二条第（三）项的规定，企业将产品等各类资产用于职工奖励或福利，因资产所有权属已发生改变而不属于内部处置资产，应按规定视同销售确定收入。其销售收入，根据《国家税务总局关于企业所得税有关问题的公告》（国家税务总局公告2016年第80号）第二条的规定，应按照被移送资产的公允价值确定。

对于房地产开发企业，根据《房地产开发经营业务企业所得税处理办法》（国税发〔2009〕31号文件发布）第七条的规定，企业将开发产品用于职工福利、奖励等，应视同销售，并按照该条的规定方式和顺序确认收入。

根据《中华人民共和国企业所得税年度纳税申报表（A类，2017年版）》（国家税务总局公告 2017 年第 54 号发布）所附《A105010〈视同销售和房地产开发企业特定业务纳税调整明细表〉填报说明》第一条第 5 点填报说明，第 5 行"（四）用于职工奖励或福利视同销售收入"：填报发生将货物、财产用于职工奖励或福利，会计处理不确认销售收入，而税收规定确认为应税收入的金额。企业外购资产或服务不以销售为目的，用于替代职工福利费用支出，且购置后在一个纳税年度内处置的，以公允价值确定视同销售收入。填列方法同第 2 行。

根据上述政策，纳税人将自产、委托加工的货物和服务、无形资产或者不动产用于集体福利或者个人消费的，包括房地产开发企业将开发产品用于职工福利、奖励的，增值税与企业所得税均要视同销售。其增值税销售额按政策规定的方法和顺序确定；企业所得税收入按照公允价值确定，但房地产开发企业按政策规定的方法和顺序确定。

对于企业将购进货物、加工修理修配劳务、服务、无形资产和不动产用于集体福利或者个人消费的，其进项税额不得从销项税额中抵扣。企业所得税按照公允价值确定收入。

3. 会计处理。

在会计处理中，根据《增值税会计处理规定》（财会〔2016〕22 号文件发布）第二条第（二）项第 1 点的规定，对于自产的产品发放福利时，按照发放产品的市场价格（公允价值），分别借记"管理费用""生产成本"等相关科目，贷记"应付职工薪酬——福利费（实物）"科目；结转收入时，按照发放产品的销售收入、增值税金额合计数，借记"应付职工薪酬——福利费（实物）"科目，按照发放产品的销售收入、增值税金额，贷记"主营业务收入""应交税费——应交增值税（销项税额）"科目；结转成本时，借记"主营业务成本"科目，贷记"库存商品"等科目。

对于外购的产品，根据《增值税会计处理规定》第二条第（一）项第 2 点的规定，一般纳税人购进货物、加工修理修配劳务、服务、无形资产或不动产，用于集体福利或个人消费等，其进项税额按照现行增值税制度规定不得从销项税额中抵扣的，取得增值税专用发票时，应借记相关成本费用或资产科目，借记"应交税费——待认证进项税额"科目，贷记"银行存款""应付账款"等科目，经税务机关认证后，应借记相关成本费用或资产科目，贷记"应交税费——应交增值税（进项税额转出）"科目。

【提示1】 在企业所得税汇算清缴时，如果属于符合政策规定的职工福利费支出，则政策规定的标准以内部分可以税前列支。对超过标准的部分及不符合政策规定的职工福利费支出，则要按规定调整应纳税所得额。

【提示2】 根据《企业会计准则第9号——职工薪酬》第六条的规定，"企业发生的职工福利费，应当在实际发生时根据实际发生额计入当期损益或相关资产成本。职工福利费为非货币性福利的，应当按照公允价值计量"。

根据《〈企业会计准则第9号——职工薪酬〉应用指南》第二条第（二）项第一款的规定，"企业以其自产产品作为非货币性福利发放给职工的，应当根据受益对象，按照该产品的公允价值，计入相关资产成本或当期损益，同时确认应付职工薪酬"。

根据上述会计准则规定，企业发放的职工福利费为非货币性福利的，应当按照该产品的公允价值计量。

【提示3】《财政部 税务总局关于租入固定资产进项税额抵扣等增值税政策的通知》（财税〔2017〕90号）第一条规定："自2018年1月1日起，纳税人租入固定资产、不动产，既用于一般计税方法计税项目，又用于简易计税方法计税项目、免征增值税项目、集体福利或者个人消费的，其进项税额准予从销项税额中全额抵扣。"

案例1-8

企业将自产货物用于职工福利的涉税及会计处理

A公司（一般纳税人）2019年7月将自产的电风扇作为福利发放给员工，数量56台，成本85元/台，当月销售价格110元/台（不含税、公允价格）。管理部门40人、销售部门16人。A公司相关涉税及会计处理如下：

1. 涉税处理。

增值税销项税额：56×110×13%＝800.80（元）；

企业所得税确认收入（不含税收入）：56×110＝6 160（元）；

含税收入：6 160＋800.80＝6 960.80（元）；

成本：56×85＝4 760（元）。

2. 会计处理。

（1）发放福利时：

借：管理费用——职工福利费　　　　　　　　　　　　　　4 972
　　销售费用——职工福利费　　　　　　　　　　　　　　1 988.80
　　贷：应付职工薪酬——福利费（实物）　　　　　　　　6 960.80

（2）结转计税处理：

借：应付职工薪酬——福利费（实物）　　　　　　　　　　6 960.80
　　贷：主营业务收入　　　　　　　　　　　　　　　　　6 160
　　　　应交税费——应交增值税（销项税额）　　　　　　800.80

（3）结转成本：

借：主营业务成本　　　　　　　　　　　　　　　　　　　4 760
　　贷：库存商品　　　　　　　　　　　　　　　　　　　4 760

3. 企业所得税年度汇算清缴处理。

企业所得税年度汇算清缴时，因视同销售业务已经按照销售处理，不涉及调整内容，对于记入"管理费用——职工福利费"科目的金额，按照税前福利费列支标准计算扣除。

对于符合政策规定可以税前列支的职工福利支出，根据《A105050〈职工薪酬支出及纳税调整明细表〉》填报说明填列。

案例 1-9

企业将外购货物用于职工福利的涉税及会计处理

A公司（一般纳税人）2019年1月外购电暖器一批，数量50台，购入成本105元/台（不含税、公允价值），总成本5 250元。2019年1月全部作为福利发放给员工，其中管理部门40人、销售部门10人。A公司相关涉税及会计处理如下：

1. 涉税处理。

增值税销项税额：50×105×16％＝840（元）；

企业所得税确认收入（不含税收入）：50×105＝5 250（元）；

含税收入：5 250＋840＝6 090（元）；

成本：50×105＝5 250（元）。

2. 会计处理。

(1) 购入商品时：

借：库存商品　　　　　　　　　　　　　　　　　　　　　　　5 250
　　应交税费——应交增值税（进项税额）　　　　　　　　　　 840
　　贷：银行存款　　　　　　　　　　　　　　　　　　　　　　6 090

(2) 发放福利时：

借：管理费用——职工福利费　　　　　　　　　　　　　　　　4 200
　　销售费用——职工福利费　　　　　　　　　　　　　　　　1 050
　　贷：应付职工薪酬——福利费（实物）　　　　　　　　　　 5 250

(3) 结转计税处理：

借：应付职工薪酬——福利费（实物）　　　　　　　　　　　　6 090
　　贷：主营业务收入　　　　　　　　　　　　　　　　　　　5 250
　　　　应交税费——应交增值税（进项税额转出）　　　　　　　840

(4) 结转成本：

借：主营业务成本　　　　　　　　　　　　　　　　　　　　　5 250
　　贷：库存商品　　　　　　　　　　　　　　　　　　　　　5 250

3. 企业所得税年度汇算清缴处理。

企业所得税年度汇算清缴时，因视同销售业务已经按照销售处理，不涉及调整内容，对于记入"管理费用——职工福利费"科目的金额，按照税前福利费列支标准计算扣除。对于符合政策规定可以税前列支的职工福利支出，根据《A105050〈职工薪酬支出及纳税调整明细表〉》填报说明填列。

【提示】根据《财政部 税务总局关于调整增值税税率的通知》（财税〔2018〕32号）、《财政部 税务总局 海关总署关于深化增值税改革有关政策的公告》（财政部 税务总局 海关总署公告2019年第39号）的规定，自2018年5月1日起至2019年4月1日，纳税人发生增值税应税销售行为，原适用17％和11％税率的，税率分别调整为16％、10％；自2019年4月1日起，增值税一般纳税人发生增值税应税销售行为或者进口货物，原适用16％税率的，税率调整为13％；原适用10％税率的，税率调整为9％。本章后面不再做类似提示。

问题 1-2-4

企业发生无偿赠送（捐赠）商品等资产行为的增值税、企业所得税如何处理？

答：企业发生无偿赠送（捐赠）商品等资产行为的，要进行增值税、企业所得税处理，具体如下：

1. 增值税处理。

（1）无偿赠送货物的增值税处理。根据《增值税暂行条例实施细则》第四条第（八）项的规定，将自产、委托加工或者购进的货物无偿赠送其他单位或者个人，视同销售货物。其销售额，依据《增值税暂行条例实施细则》第十六条的规定确定。

（2）无偿赠送无形资产或者不动产等的处理。根据《营业税改征增值税试点实施办法》（财税〔2016〕36号文件附件1）第十条第一款、第十四条等的规定，纳税人将无形资产或者不动产等无偿赠送的，视同销售，但用于公益事业或者以社会公众为对象的不视同销售，不征收增值税。其销售额，依据该试点实施办法第四十四条的规定确定。

2. 企业所得税处理。

根据《企业所得税法实施条例》第二十五条的规定，企业将货物、财产、劳务用于捐赠等用途的，应当视同销售货物、转让财产和提供劳务，但国务院财政、税务主管部门另有规定的除外。

根据《国家税务总局关于企业处置资产所得税处理问题的通知》（国税函〔2008〕828号）第二条第（五）项的规定，企业将资产用于对外捐赠，因资产所有权属已发生改变而不属于内部处置资产，应按规定视同销售确定收入。其销售收入，根据《国家税务总局关于企业所得税有关问题的公告》（国家税务总局公告2016年第80号）第二条的规定，应按照被移送资产的公允价值确定。

对于房地产开发企业，根据《房地产开发经营业务企业所得税处理办法》（国税发〔2009〕31号文件发布）第七条的规定，企业将开发产品用于捐赠的，应视同销售，并按照该条规定的方式和顺序确认收入。

根据上述政策规定，企业将自产、委托加工或者购进的货物以及房地产开发企业将开发产品用于对外捐赠的，增值税与企业所得税均要视同销售处理。对于销售额（收入）的确定，增值税销售额按照政策规定的方式和顺序确认；企业所得税按照公允价值确定，房地产开发企业的开发产品则按照政策规定的方式和顺序确认。但是从会计准则角度，企业将自产的货物用于对外捐赠，不产生直接的经济利益流入，因此在会计上不确认收入。

在实务中，对于企业所得税的处理，税收法规将无偿赠送财产行为分解为正常销售和捐赠两种情形，如果捐赠财产的行为符合公益救济性捐赠企业所得税税前扣除规定条件的，可以按照规定的标准予以税前扣除。

3. 会计处理。

在会计处理中，企业捐赠物品不确认收入，会计处理应按照捐赠商品的成本与按政策规定计算的增值税金额合计数，借记"营业外支出"科目，按捐赠商品的成本、增值税金额，贷记"库存商品""应交税费——应交增值税（销项税额）"科目。

由于实物捐赠企业所得税要视同销售确认收入，因此对上述处理，在企业所得税汇算清缴时要进行纳税调整。同时，对于符合政策规定的捐赠，可以根据政策规定的标准，对标准内的部分税前列支，对超过标准的部分及不符合政策规定的捐赠，则要按规定调整应纳税所得额。

在实务中，一些企业（非适用会计准则的企业）根据企业所得税政策，采取在会计上确认收入的方式处理。捐赠时，按照捐赠商品的销售收入、增值税金额合计数，借记"营业外支出"科目；按照销售收入、增值税金额，贷记"主营业务收入"科目，"应交税费——应交增值税（销项税额）"科目。结转成本时，借记"主营业成本"科目，贷记"库存商品"科目。

上述处理，由于已经按照视同销售处理，因此企业所得税汇算清缴时不再调整，但是从会计准则角度，无偿赠送不确认收入。

案例 1-10

企业将自产的货物用于无偿赠送的涉税及会计处理

A 公司（一般纳税人）2019 年 1 月将自产的电暖器 100 台直接捐赠给某养老院（不符合政策规定的捐赠），单位成本 60 元，当月销售价格 90 元/台（不含税、公允价格）。A 公司相关涉税及会计处理如下：

1. 会计不确认收入的处理。

(1) 涉税处理。

增值税销项税额：90×100×16％＝1 440（元）；

企业所得税确认收入（不含税）：90×100＝9 000（元）；

含税收入：9 000＋1 440＝10 440（元）；

成本：60×100＝6 000（元）。

(2) 会计处理。

借：营业外支出——对外捐赠　　　　　　　　　　　　7 440
　　贷：库存商品　　　　　　　　　　　　　　　　　　6 000
　　　　应交税费——应交增值税（销项税额）　　　　　1 440

(3) 企业所得税年度汇算清缴处理。

企业所得税汇算清缴时，调增应纳税所得额9 000元，调减应纳税所得额1 440元。

具体申报处理，根据《中华人民共和国企业所得税年度纳税申报表（A类，2017年版）》（国家税务总局公告2017年第54号发布）所附《A105010〈视同销售和房地产开发企业特定业务纳税调整明细表〉》填报说明填列。

如果捐赠财产的行为符合公益救济性捐赠企业所得税税前扣除规定的，可以按照规定的标准予以税前扣除。具体根据《A105070〈捐赠支出及纳税调整明细表〉》填报说明填列。

2. 会计确认收入的处理。

(1) 涉税处理。

增值税销项税额：100×90×16％＝1 440（元）；

企业所得税确认收入（不含税）：100×90＝9 000（元）；

含税收入：9 000＋1 440＝10 440（元）；

成本：100×60＝6 000（元）。

(2) 会计处理。

①捐赠时：

借：营业外支出——对外捐赠　　　　　　　　　　　　10 440
　　贷：主营业务收入　　　　　　　　　　　　　　　　9 000
　　　　应交税费——应交增值税（销项税额）　　　　　1 440

②结转成本：

　　借：主营业务成本　　　　　　　　　　　　　　　　　　6 000
　　　　贷：库存商品　　　　　　　　　　　　　　　　　　　　6 000

（3）企业所得税年度汇算清缴处理。

企业所得税年度汇算清缴时，因视同销售业务已经按照销售处理，不涉及调整内容，对于记入"营业外支出——对外捐赠"科目的金额，因该公司是直接捐赠，不符合政策规定，因此不得税前扣除，如果该公司是通过规定的机构捐赠，则可以按照政策规定计算捐赠扣除金额。

案例 1-11

房地产开发企业无偿赠送商品房的涉税及会计处理

2019年5月，A房地产开发公司（一般纳税人）将一套正常售价为240万元的商品房无偿捐赠给某机构，为非公益性捐赠。商品房成本为180万元，A公司对此无偿捐赠的商品房，应视同销售缴纳增值税（土地增值税、城市维护建设税、教育费附加等略）及企业所得税。A公司相关涉税及会计处理如下：

1. 会计不确认收入的处理。

（1）涉税处理。

增值税适用一般计税方法，假设对应的土地价款为100万元。

增值税销项税额：$(240-100)\div(1+9\%)\times 9\%=11.56$（万元）。

（2）会计处理（单位：万元，下同）。

　　借：营业外支出——捐赠　　　　　　　　　　　　　　191.56
　　　　贷：开发产品——房屋　　　　　　　　　　　　　　　　180
　　　　　　应交税费——应交增值税（销项税额）　　　　　　11.56

（3）企业所得税年度汇算清缴处理。

企业所得税汇算清缴时，调增应纳税所得额240万元，调减应纳税所得额191.56万元。

具体申报处理，根据《中华人民共和国企业所得税年度纳税申报表（A类，2017年版）》（国家税务总局公告2017年第54号发布）所附《A105010〈视同销售和房地产开发企业特定业务纳税调整明细表〉》填报说明填列。

2. 会计确认收入的处理。

(1) 涉税处理。

增值税适用一般计税方法,假设对应的土地价款为 100 万元。

增值税销项税额:(240－100)÷(1＋9%)×9%＝11.56(万元)。

(2) 会计处理。

①捐赠时:

借:营业外支出——捐赠　　　　　　　　　　　　　　　240

　　贷:主营业务收入——房屋　　　　　　　　　　　　228.44

　　　　应交税费——应交增值税(销项税额)　　　　　　11.56

②结转成本时:

借:主营业务成本　　　　　　　　　　　　　　　　　　180

　　贷:开发产品——房屋　　　　　　　　　　　　　　　180

(3) 企业所得税年度汇算清缴处理。

企业所得税年度汇算清缴时,因视同销售业务已经按照销售处理,不涉及调整内容,对于记入"营业外支出——对外捐赠"科目的金额,因该公司是直接捐赠,不符合政策规定,因此不得税前扣除;如果该公司是通过规定的机构捐赠,则可以按照政策规定计算捐赠扣除金额。

> 【提示】如果是一般纳税人适用简易计税方法计税,则上述增值税计算如下:
> 不含税价格:240÷(1＋5%)＝228.57(万元);
> 应缴纳增值税:228.57×5%＝11.43(万元)。

问题 1-2-5

企业将实物资产用于分配的增值税、企业所得税如何处理?

答:企业将实物资产用于分配的,要进行增值税、企业所得税处理,具体如下:

1. 增值税处理。

(1) 将自产、委托加工或者购进的货物用于分配的。根据《增值税暂行条例实施细则》第四条第(七)项的规定,纳税人将自产、委托加工或者购进的货物分配给股东或者投资者的，视同销售货物。其销售额，依据《增值税暂行条例实施细则》第十六条规定的方式和顺序确定。

（2）将无形资产或者不动产用于分配的。根据《营业税改征增值税试点实施办法》（财税〔2016〕36号文件附件1）第十条第一款、第十四条等的规定，纳税人以无形资产或者不动产用于分配的，应视同销售。其销售额，依据该试点实施办法第四十四条的规定确定。

2. 企业所得税处理。

（1）企业将货物、财产、劳务用于利润分配的。根据《企业所得税法实施条例》第二十五条、《国家税务总局关于企业处置资产所得税处理问题的通知》（国税函〔2008〕828号）第二条第（四）项的规定，企业将货物、财产、劳务用于利润分配等用途的，因资产所有权属已发生改变而不属于内部处置资产，应当视同销售货物、转让财产和提供劳务。其销售收入，根据《国家税务总局关于企业所得税有关问题的公告》（国家税务总局公告2016年第80号）第二条的规定，应按照被移送资产的公允价值确定。

（2）房地产开发企业将开发产品分配给投资者的。根据《房地产开发经营业务企业所得税处理办法》（国税发〔2009〕31号文件发布）第七条的规定，企业将开发产品分配给股东或投资人的，应视同销售，于开发产品所有权或使用权转移，或于实际取得利益权利时确认收入（或利润）的实现。收入按照该条规定的方式和顺序确认。

根据上述政策规定，企业将实物资产或不动产、无形资产用于分配的，不论是增值税还是企业所得税，均应视同销售。增值税销售额按照政策规定的方式和顺序确定，企业所得税收入按照被移送资产的公允价值确定，对于房地产开发企业将开发产品分配给股东或投资人的，按照政策规定的方法和顺序确定销售收入。但是从会计准则角度，企业将自产的货物用于分配的，不产生直接的经济利益流入，因此在会计上不确认收入。

3. 会计处理。

在会计处理中，对于企业将实物资产用于分配的，企业应在确定分配利润时，借记"利润分配——应付利润"科目，贷记"应付利润"科目；若以自产、委托加工或购买的货物分配给股东，按货物（产品）的市场价格（含税）确认收入，借记"应付利润"科目，贷记"主营业务收入""应交税费——应交增值税（销项税额）"

或"应交税费——简易计税"科目；结转成本时，借记"主营业务成本"科目，贷记"库存商品"等科目。

对于房地产开发企业将开发产品分配给投资者的，企业在确定分配利润时，借记"利润分配——应付利润"科目，贷记"应付利润"科目；若以开发产品分配利润，按开发产品市场价格（含税）确认收入，借记"应付利润"科目，贷记"主营业务收入""应交税费——应交增值税（销项税额）""应交税费——简易计税"科目；结转成本时，借记"主营业务成本"科目，贷记"开发产品"科目。

【提示】接受不动产投资的企业进项税额的处理。

（1）2016年5月1日后取得并在会计制度上按固定资产核算的不动产或者2016年5月1日后取得的不动产在建工程。

根据《营业税改征增值税试点有关事项的规定》（财税〔2016〕36号文件附件2）第一条第（四）项第1点的规定，"适用一般计税方法的试点纳税人，2016年5月1日后取得并在会计制度上按固定资产核算的不动产或者2016年5月1日后取得的不动产在建工程，其进项税额应自取得之日起分2年从销项税额中抵扣，第一年抵扣比例为60%，第二年抵扣比例为40%。

取得不动产，包括以直接购买、接受捐赠、接受投资入股、自建以及抵债等各种形式取得不动产，不包括房地产开发企业自行开发的房地产项目"。

（2）自2019年4月1日起，纳税人取得不动产或者不动产在建工程的进项税额的处理。

根据《财政部 税务总局 海关总署关于深化增值税改革有关政策的公告》（财政部 税务总局 海关总署公告2019年第39号）第五条的规定，自2019年4月1日起，《营业税改征增值税试点有关事项的规定》第一条第（四）项第1点、第二条第（一）项第1点停止执行，纳税人取得不动产或者不动产在建工程的进项税额不再分2年抵扣。此前按照上述规定尚未抵扣完毕的待抵扣进项税额，可自2019年4月税款所属期起从销项税额中抵扣。

案例 1-12

企业将自产的货物用于分配的涉税及会计处理

A公司（一般纳税人）2019年5月将自产的电器用于2018年度股东（自然人）分配，总成本85 000元，当月销售价格101 000元（含税、公允价格），增值税税率13%。A公司相关涉税及会计处理如下：

(1) 涉税处理。

销售额：101 000÷(1+13%)＝89 380.53（元）；

销项税额：89 380.53×13%＝11 619.47（元）。

(2) 销售会计处理。

借：利润分配——2018年分配（实物部分）　　　　　　101 000
　　贷：主营业务收入　　　　　　　　　　　　　　　　89 380.53
　　　　应交税费——应交增值税（销项税额）　　　　　11 619.47

(3) 结转成本。

借：主营业务成本　　　　　　　　　　　　　　　　　　85 000
　　贷：库存商品　　　　　　　　　　　　　　　　　　85 000

(4) 企业所得税年度汇算清缴处理。

企业所得税年度汇算清缴时，因视同销售业务已经按照销售处理，不涉及调整内容，如果利润分配涉及自然人股东，则要计算代扣代缴个人所得税。

案例 1-13

房地产开发企业向投资者分配开发产品的涉税及会计处理

A房地产开发公司（一般纳税人）于2019年5月将自行开发的一套商品房（新项目）作为利润分配给股东B公司，账面成本为230万元，按A公司近期同类商品房平均售价计算，市场价为300万元（含税），分摊的土地价款为100万元。A公司相关涉税及会计处理如下：

1. 涉税处理。

不含税价格：(300－100)÷(1+9%)＝183.49（万元）；

销项税额：183.49×9％＝16.51（万元）。

2. 会计处理（单位：万元）。

（1）分配利润时。

  借：利润分配——应付利润   300

   贷：应付利润   300

（2）确认收入时。

  借：应付利润   300

   贷：主营业务收入   283.49

    应交税费——应交增值税（销项税额） 16.51

（3）结转成本时。

  借：主营业务成本   230

   贷：开发产品   230

（4）企业所得税年度汇算清缴处理。

企业所得税年度汇算清缴时，因视同销售业务已经按照销售处理，不涉及调整内容。如果涉及自然人股东分配，则还要计算代扣代缴个人所得税。

问题 1-2-6

企业将自产、委托加工或者购进的货物在总分机构之间转移的增值税、企业所得税如何处理？

答：企业将自产、委托加工或者购进的货物在总分机构之间转移的，要进行增值税、企业所得税处理，具体如下：

1. 增值税处理。

根据《增值税暂行条例实施细则》第四条第（三）项的规定，设有两个以上机构并实行统一核算的纳税人，将货物从一个机构移送其他机构用于销售，但相关机构设在同一县（市）的除外，应视同销售货物。

上述视同销售货物的销售额，依据《增值税暂行条例实施细则》第十六条规定的方法和顺序确定。

2. 企业所得税处理。

根据《国家税务总局关于企业处置资产所得税处理问题的通知》（国税函〔2008〕828号）第一条第（四）项的规定，"将资产在总机构及其分支机构之间转移"，"由于资产所有权属在形式和实质上均不发生改变，可作为内部处置资产，不视同销售确认收入，相关资产的计税基础延续计算"。

根据公司法的相关规定，分支机构不具有法人资格，其民事责任由公司承担。因此，企业将自产、委托加工或者购进的货物在总分机构之间转移的行为，属于企业内部调拨商品，货物所有权属没有改变，企业所得税角度不确认收入，同时没有外部经济利益流入，会计准则角度也不确认收入。

但是，对非同一县（市）总分机构之间转移货物，从增值税纳税地点等征管角度出发，规定"视同销售"要计算增值税。分支机构再对外销售货物时，不仅"销售环节"要产生增值税纳税义务，而且要确认企业所得税收入，因外部利益流入，在会计上也要确认收入。

在实务中，非同一县（市）总分机构移送货物的会计处理可分为以下两种方式：

一是平价移送。总机构以其库存商品的外购底价或制造成本为移送出库的价格，转移给分支机构。此时，商品移送具有无偿性，总机构并未从分支机构获取任何利益，在会计实务中普遍按内部商品转移处理此类业务，即不确认会计收入。

二是加价移送。总机构以其库存商品的外购底价或制造成本为基础，上浮一定利润作为移送出库的价格，再转移给分支机构。这使得总机构在货物移送环节就实现了上浮价格的利益，在会计实务中普遍按对外销售处理此类业务，确认会计收入并结转商品成本。

3. 会计处理。

上述业务在具体会计处理中，对于平价移送的，一般按内部商品转移处理，不确认会计收入，但计算相应的增值税；对于加价移送（包括适当加价移送和对外销售价格移送）的，确认会计收入并结转商品成本，按规定计算增值税。

【提示】总机构将自产或委托加工的货物按照平价开具增值税专用发票移送到外地分支机构（销售机构）进行销售的，只要企业能说明业务的性质及具体情况，一般情况下不属于"纳税人发生应税销售行为的价格明显偏低并无正当理由的"情形，具体以当地税务机关征管规定为准。

案例 1-14

企业在总分机构之间平价移送货物的涉税及会计处理

A 总机构（一般纳税人）将外购成本价为 50 000 元（不含税）的一批五金电器，按平价开具增值税专用发票移送于外地 B 分支机构，B 分支机构按 55 000 元（不含税）对外价格进行销售。增值税税率为 16%。总分机构相关涉税及会计处理如下：

1. 货物移送时。

A 总机构的会计处理：

  借：应收账款   58 000
    贷：库存商品   50 000
      应交税费——应交增值税（销项税额） 8 000

B 分支机构的会计处理：

  借：库存商品   50 000
    应交税费——应交增值税（进项税额） 8 000
    贷：应付账款   58 000

2. 对外销售。

B 分支机构对外销售时：

  借：银行存款（或"应收账款"）   63 800
    贷：主营业务收入   55 000
      应交税费——应交增值税（销项税额） 8 800

B 分支机构结转成本：

  借：主营业务成本   50 000
    贷：库存商品   50 000

3. 总分机构结算价款。

A 总机构结算价款时的会计处理：

  借：银行存款   58 000
    贷：应收账款   58 000

B 分支机构结算价款时的会计处理：

  借：应付账款   58 000
    贷：银行存款   58 000

案例 1-15

企业在总分机构之间加价移送货物的涉税及会计处理

2018年9月，A总机构（一般纳税人）将一批货物（"外购、自产或委托加工"的来源途径皆可）按"二次加价法"进行移送，假定货物成本价为50 000元（不含税），按52 000元（不含税）的价格开具增值税专用发票移送于外地B分支机构，然后B分支机构按55 000元（不含税）的对外价格进行销售。增值税税率为16%。总分机构相关涉税及会计处理如下：

1. 货物移送时。

A总机构的会计处理：

借：应收账款		58 320
贷：库存商品		50 000
应交税费——应交增值税（销项税额）		8 320

B分支机构的会计处理：

借：库存商品		50 000
应交税费——应交增值税（进项税额）		8 320
贷：应付账款		58 320

2. 对外销售。

B分支机构对外销售时：

借：银行存款（或"应收账款"）		63 800
贷：主营业务收入		55 000
应交税费——应交增值税（销项税额）		8 800

B分支机构结转成本：

借：主营业务成本		50 000
贷：库存商品		50 000

3. 总分机构结算价款。

A总机构结算价款时的会计处理：

借：银行存款		60 320
贷：应收账款		58 320

其他应收款——内部往来（分支机构转入资金）　　　　　　2 000
　B分支机构结算价款时的会计处理：
　　借：应付账款　　　　　　　　　　　　　　　　　　　　58 320
　　　其他应付款——内部往来（向总机构转出资金）　　　　 2 000
　　　贷：银行存款　　　　　　　　　　　　　　　　　　　60 320

案例 1-16

企业在总分机构之间按对外售价移送货物的涉税及会计处理

2018年9月，A总机构（一般纳税人）将一批货物（"外购、自产或委托加工"的来源途径皆可）按"终价法"进行移送，假定货物成本价为50 000元（不含税），A总机构按外地B分支机构对外销售的最终价55 000元（不含税）的价格开具增值税专用发票，移送于分支机构进行销售。增值税税率为16%。总分机构相关涉税及会计处理如下：

1. 货物移送时。

A总机构的会计处理：
　　借：应收账款　　　　　　　　　　　　　　　　　　　　58 800
　　　贷：库存商品　　　　　　　　　　　　　　　　　　　50 000
　　　　　应交税费——应交增值税（销项税额）　　　　　　 8 800

B分支机构的会计处理：
　　借：库存商品　　　　　　　　　　　　　　　　　　　　50 000
　　　　应交税费——应交增值税（进项税额）　　　　　　　 8 800
　　　贷：应付账款　　　　　　　　　　　　　　　　　　　58 800

2. 对外销售。

B分支机构对外销售时：
　　借：银行存款（或"应收账款"）　　　　　　　　　　　　63 800
　　　贷：主营业务收入　　　　　　　　　　　　　　　　　55 000
　　　　　应交税费——应交增值税（销项税额）　　　　　　 8 800

B分支机构结转成本：
　　借：主营业务成本　　　　　　　　　　　　　　　　　　50 000
　　　贷：库存商品　　　　　　　　　　　　　　　　　　　50 000

3. 总分机构结算价款。

A 总机构结算价款时的会计处理：

借：银行存款	68 800
贷：应收账款	63 800
其他应收款——内部往来（分支机构转入资金）	5 000

B 分支机构结算价款时的会计处理：

借：应付账款	63 800
其他应付款——内部往来（向总机构转出资金）	5 000
贷：银行存款	68 800

（说明：案例 1-14、1-15、1-16 内容参考了中华财会网——财会务实——会计实务下的《增值税视同销售总分机构之间的会计处理》一文，作者：张美惠，来源：《财会月刊》。）

问题 1-2-7

企业以实物资产或不动产、无形资产投资的如何进行增值税、企业所得税处理？

答：企业以实物资产或不动产、无形资产投资的，要进行增值税、企业所得税处理，具体如下：

1. 增值税处理。

（1）纳税人将自产、委托加工或者购进的货物作为投资的处理。根据《增值税暂行条例实施细则》第四条第（六）项的规定，将自产、委托加工或者购进的货物作为投资的，应视同销售货物。其销售额，依据《增值税暂行条例实施细则》第十六条规定的方法和顺序确定。

（2）纳税人以不动产、无形资产投资的处理。根据《营业税改征增值税试点实施办法》（财税〔2016〕36 号文件附件 1）第十条第一款、第十四条等的规定，纳税人以不动产、无形资产投资的，应视同销售。其销售额，依据该试点实施办法第四十四条的规定确定。

2. 企业所得税处理。

（1）对非货币性资产对外投资确认所得的企业所得税处理。根据《企业所得税法实施条例》第二十五条、《国家税务总局关于企业处置资产所得税处理问题的通知》（国税函〔2008〕828号）第二条第（六）项的规定，企业将资产用于对外投资的，因资产所有权属已发生改变而不属于内部处置资产，应按规定视同销售确定收入。其销售收入，根据《国家税务总局关于企业所得税有关问题的公告》（国家税务总局公告2016年第80号）第二条的规定，应按照被移送资产的公允价值确定。

《财政部 国家税务总局关于非货币性资产投资企业所得税政策问题的通知》（财税〔2014〕116号）第一条规定，"居民企业（以下简称企业）以非货币性资产对外投资确认的非货币性资产转让所得，可在不超过5年期限内，分期均匀计入相应年度的应纳税所得额，按规定计算缴纳企业所得税"；第二条规定，"企业以非货币性资产对外投资，应对非货币性资产进行评估并按评估后的公允价值扣除计税基础后的余额，计算确认非货币性资产转让所得。企业以非货币性资产对外投资，应于投资协议生效并办理股权登记手续时，确认非货币性资产转让收入的实现"；第五条规定，"非货币性资产是指除现金、银行存款、应收账款、应收票据以及准备持有至到期的债券投资等货币性资产以外的资产"，且"非货币性资产投资限于以非货币性资产出资设立新的居民企业，或将非货币性资产注入现存的居民企业"。

企业发生非货币性资产投资，符合《财政部 国家税务总局关于企业重组业务企业所得税处理若干问题的通知》（财税〔2009〕59号）等文件规定的特殊性税务处理条件的，也可选择按特殊性税务处理规定执行。

（2）房地产开发企业将开发产品用于对外投资的处理。对于房地产开发企业，根据《房地产开发经营业务企业所得税处理办法》（国税发〔2009〕31号文件发布）第七条的规定，企业将开发产品用于对外投资的，应视同销售，于开发产品所有权或使用权转移，或于实际取得利益权利时确认收入（或利润）的实现。确认收入（或利润）的方法和顺序为：

①按本企业近期或本年度最近月份同类开发产品市场销售价格确定；

②由主管税务机关参照当地同类开发产品市场公允价值确定；

③按开发产品的成本利润率确定。开发产品的成本利润率不得低于15%，具体比例由主管税务机关确定。

根据上述政策规定，一般情况下，投资人将实物资产、不动产、无形资产用于投资的，增值税视同销售，按照政策规定的方式和顺序确定计税销售额；企业所得税在政策上也视同销售，其中非货币性资产的价格由评估价格确定，而房地产开发企业将开发产品用于投资的，按照政策规定的方式和顺序确定其价格。

3. 会计处理。

在会计处理中，企业以库存商品等对外投资的，应按照库存商品的公允价值，贷记"主营业务收入"科目，同时结转相关的成本。涉及增值税的，根据《增值税会计处理规定》（财会〔2016〕22号文件发布）第二条第（二）项第2点的规定，企业发生税法上视同销售的行为，应当按照企业会计准则制度相关规定进行相应的会计处理，并按照现行增值税制度规定计算的销项税额（或采用简易计税方法计算的应纳增值税额），借记"应付职工薪酬""利润分配"等科目，贷记"应交税费——应交增值税（销项税额）"或"应交税费——简易计税"科目（小规模纳税人应记入"应交税费——应交增值税"科目）。

【提示】接受不动产投资的企业的进项税额处理。

(1) 2016年5月1日后取得并在会计制度上按固定资产核算的不动产或者2016年5月1日后取得的不动产在建工程的进项税额处理。

根据《营业税改征增值税试点有关事项的规定》（财税〔2016〕36号文件附件2）第一条第（四）项第1点的规定，"适用一般计税方法的试点纳税人，2016年5月1日后取得并在会计制度上按固定资产核算的不动产或者2016年5月1日后取得的不动产在建工程，其进项税额应自取得之日起分2年从销项税额中抵扣，第一年抵扣比例为60%，第二年抵扣比例为40%。

取得不动产，包括以直接购买、接受捐赠、接受投资入股、自建以及抵债等各种形式取得不动产，不包括房地产开发企业自行开发的房地产项目"。

(2) 自2019年4月1日起，纳税人取得不动产或者不动产在建工程的进项税额处理。

《财政部 税务总局 海关总署关于深化增值税改革有关政策的公告》（财政部 税务总局 海关总署公告2019年第39号）第五条规定："自2019年4月1日起，《营业税改征增值税试点有关事项的规定》（财税〔2016〕36号印发）第一条第（四）项第1点、第二条第（一）项第1点停止执行，纳税人取得不动产或者不动产在建工程的进项税额不再分2年抵扣。此前按照上述规定尚未抵扣完毕的待抵扣进项税额，可自2019年4月税款所属期起从销项税额中抵扣。"

案例 1-17

企业以自产货物投资的涉税及会计处理

A公司（一般纳税人）2019年3月将自产机械设备用于投资，设备成本80万元，当月销售价格95万元（不含税、公允价格），增值税税率16%。A公司相关涉税及会计处理如下：

1. 涉税处理。

销项税额：95×16%＝15.20（万元）。

2. 会计处理（单位：万元）。

（1）投资处理。

借：长期股权投资　　　　　　　　　　　　　　　　110.20
　　贷：主营业务收入　　　　　　　　　　　　　　　95
　　　　应交税费——应交增值税（销项税额）　　　　15.20

（2）结转成本。

借：主营业务成本　　　　　　　　　　　　　　　　80
　　贷：库存商品　　　　　　　　　　　　　　　　　80

（3）企业所得税汇算清缴处理。

假定上述以非货币性资产对外投资确认的转让所得为15万元（95－80），根据政策规定，可在不超过5年期限内，分期均匀计入相应年度的应纳税所得额，按规定计算缴纳企业所得税。

案例 1-18

企业以房屋投资的综合涉税及会计处理

2018年5月18日，A公司（一般纳税人）以外购取得的房屋对B房地产开发公司（一般纳税人）进行投资，该房屋为2015年5月外购取得，发票记载购买价格为500万元（为简化，不考虑可计入计税成本的其他税费，固定资产清理、折旧等处理省略），房屋投资作价700万元（含税）。A公司相关涉税及会计处理如下：

1. 涉税处理。

(1) 增值税计算。

该投资转让的不动产是2016年4月30日之前取得的,根据《营业税改征增值税试点有关事项的规定》(财税〔2016〕36号文件附件2)第一条第(八)项相关规定,可以选择简易计税方式适用5%的征收率。

应缴增值税:(700−500)÷(1+5%)×5%=9.52(万元)。

城市维护建设税及教育费附加:9.52×(7%+3%+2%)=1.14(万元)。

(2) 印花税计算。

以不动产作价入股属于财产所有权的转移,应当按"产权转移书据"税目缴纳印花税。[合同未标明价税分离金额,以合同金额(含税)作为计税基数。]

应缴印花税:700×0.5‰=0.35(万元)。

(3) 土地增值税计算。

假设上述不动产属于没有评估价格而有原始发票的情形,因此土地增值税计算如下:

①股东转让不含税收入:700−9.52=690.48(万元);

②与转让房地产有关的税金(城市维护建设税、教育费附加、印花税):1.14+0.35=1.49(万元);

③土地增值税扣除项目=发票所载金额×[1+(转让年度−购买年度)×5%]+与房地产转让有关税金+与房地产转让有关费用:500×(1+3×5%)+1.49=576.49(万元);

④增值额为:700−9.52−576.49=113.99(万元);

⑤增值率为:113.99÷576.49=19.77%;

⑥应纳土地增值税税额:113.99×30%=34.20(万元)。

(4) 企业所得税计算。

该房屋投资前无论是作为固定资产核算还是作为投资性房地产核算,假定已按20年折旧年限计提折旧在税前列支,折旧金额合计75万元。

投资转让所得=收入−成本−税金=690.48−(500−75)−1.49−34.20=229.79(万元);

每个纳税年度确认所得=229.79÷5=45.96(万元)。

该所得并入企业当年应纳税所得额一并计算缴纳企业所得税。

2. 会计处理（单位：万元）。

(1) 投资处理。

  借：长期股权投资   700

    贷：主营业务收入——房屋投资   690.48

      应交税费——应交增值税（销项税额） 9.52

(2) 结转成本。

  借：主营业务成本——房屋投资   460.69

    贷：固定资产   425

      应交税费——应交印花税   0.35

         ——应交土地增值税   34.20

         ——应交城市维护建设税及教育费附加 1.14

(3) 企业所得税汇算清缴处理。

假定上述以非货币性资产对外投资确认的非货币性资产转让所得为229.79万元（690.48－460.69），根据政策规定，可在不超过5年期限内，分期均匀计入相应年度的应纳税所得额，按规定计算缴纳企业所得税。

【提示1】B公司取得的进项税额可以抵扣，但是根据《营业税改征增值税试点有关事项的规定》（财税〔2016〕36号文件附件2）第一条第（四）项第1点的规定，适用一般计税方法的试点纳税人，2016年5月1日后取得并在会计制度上按固定资产核算的不动产，其进项税额应自取得之日起分2年从销项税额中抵扣，第一年抵扣比例为60%，第二年抵扣比例为40%。

自2019年4月1日起，《财政部 税务总局 海关总署关于深化增值税改革有关政策的公告》（财政部 税务总局 海关总署公告2019年第39号）第五条规定："自2019年4月1日起，《营业税改征增值税试点有关事项的规定》（财税〔2016〕36号印发）第一条第（四）项第1点、第二条第（一）项第1点停止执行，纳税人取得不动产或者不动产在建工程的进项税额不再分2年抵扣。此前按照上述规定尚未抵扣完毕的待抵扣进项税额，可自2019年4月税款所属期起从销项税额中抵扣。"

【提示2】《财政部 税务总局关于继续实施企业改制重组有关土地增值税政策的通知》（财税〔2018〕57号）第四条规定："单位、个人在改制重组时以房地产作价入股进行投资,对其将房地产转移、变更到被投资的企业,暂不征土地增值税";第五条规定:"上述改制重组有关土地增值税政策不适用于房地产转移任意一方为房地产开发企业的情形"。

上述政策执行期限为2018年1月1日至2020年12月31日。

1.3 其他特殊销售事项涉税业务

本节内容主要是销售中发生的折扣、退货等相关业务的增值税、企业所得税处理。

问题1-3-1

企业为鼓励债务人付款给予现金折扣的增值税与企业所得税如何处理?

答:企业为鼓励债务人付款给予现金折扣的,涉及增值税、企业所得税处理,具体如下:

1. 增值税处理。

《国家税务总局关于折扣额抵减增值税应税销售额问题通知》(国税函〔2010〕56号)规定:"《国家税务总局关于印发〈增值税若干具体问题的规定〉的通知》(国税发〔1993〕154号)第二条第(二)项规定:'纳税人采取折扣方式销售货物,如果销售额和折扣额在同一张发票上分别注明的,可按折扣后的销售额征收增值税'。纳税人采取折扣方式销售货物,销售额和折扣额在同一张发票上分别注明是指销售额和折扣额在同一张发票上的'金额'栏分别注明的,可按折扣后的销售额征收增值税。未在同一张发票'金额'栏注明折扣额,而仅在发票的'备注'栏注明折扣额的,折扣额不得从销售额中减除。"

根据上述政策规定,只有"销售额和折扣额在同一张发票上分别注明是指销售额和折扣额在同一张发票上的'金额'栏分别注明的,可按折扣后的销售额征收增值税",其他情况,折扣额不得从销售额中减除。因此,对于现金折扣,可以按照扣除现金折扣前的金额确定销售商品收入，现金折扣实际发生时，计入当期损益（财务费用），但折扣额不得从销售额中减除。

2. 企业所得税处理。

《国家税务总局关于确认企业所得税收入若干问题的通知》（国税函〔2008〕875号）第一条第（五）项第二款规定："债权人为鼓励债务人在规定的期限内付款而向债务人提供的债务扣除属于现金折扣，销售商品涉及现金折扣的，应当按扣除现金折扣前的金额确定销售商品收入金额，现金折扣在实际发生时作为财务费用扣除。"

根据上述政策规定，企业为鼓励债务人付款给予现金折扣，销售收入总额不得扣除现金折扣部分，实际发生的现金折扣直接作为财务费用扣除。

3. 会计处理。

在会计处理中，现金折扣处理方式有总价法与净价法两种。我国会计实务处理中通常采用总价法，即在销售业务发生时，应收账款和销售收入按未扣减现金折扣前实际发生的现金折扣作为对购货方提前付款的鼓励性支出。

在会计处理实务中，现金折扣一般用符号"折扣率/付款期限"表示，例如，2/10，表示10天内付款给予2%的折扣；1/20表示20天内付款给予1%的折扣；N/30表示20天以后付款没有现金折扣，最迟的付款期为30天。按照扣除现金折扣前的金额确定销售商品收入，现金折扣实际发生时，计入当期损益（财务费用）。

【提示】根据《小企业会计准则》第六十条的规定，"小企业应当按照从购买方已收或应收的合同或协议价款，确定销售商品收入金额"。"销售商品涉及现金折扣的，应当按照扣除现金折扣前的金额确定销售商品收入金额。现金折扣应当在实际发生时，计入当期损益"。"现金折扣，是指债权人为鼓励债务人在规定的期限内付款而向债务人提供的债务扣除"，这与企业所得税处理一致。

对于适用《企业会计准则第14号——收入》的企业，根据"交易价格，是指企业因向客户转让商品而预期有权收取的对价金额"的原则，因现金折扣是销售完成后，债权人为鼓励债务人在规定的期限内付款而向债务人提供的债务扣除，因此"应当按扣除现金折扣前的金额确定销售商品收入金额"。

案例 1-19

企业销售商品给予现金折扣的涉税及会计处理

A 公司（一般纳税人）于 2018 年 9 月 1 日向 B 公司销售五金商品一批，成本 39 000 元，原标明价格 45 000 元，为鼓励 B 公司及早付清款项，A 公司规定的现金折扣条件为 2/10，1/20，n/30。按总价法处理如下：

1. 涉税处理。

销项税额：45 000×16％＝7 200（元）。

2. 会计处理。

(1) 取得销售收入时。

借：应收账款　　　　　　　　　　　　　　　　　　　　　52 200
　　贷：主营业务收入　　　　　　　　　　　　　　　　　　45 000
　　　　应交税费——应交增值税（销项税）　　　　　　　　 7 200

(2) 现金折扣含增值税额的计算。

（现金折扣按销售额 45 000 元＋税款 7 200 元合计计算）

①假定 B 公司 9 月 10 日付款（2％折扣）：

借：银行存款　　　　　　　　　　　　　　　　　　　　　51 156
　　财务费用　　　　　　　　　　　　　　　　　　　　　　1044
　　贷：应收账款　　　　　　　　　　　　　　　　　　　　52 200

②假定 B 公司 9 月 20 日付款（1％折扣）：

借：银行存款　　　　　　　　　　　　　　　　　　　　　51 678
　　财务费用　　　　　　　　　　　　　　　　　　　　　　 522
　　贷：应收账款　　　　　　　　　　　　　　　　　　　　52 200

③假定 B 公司 9 月 30 日付款：

借：银行存款　　　　　　　　　　　　　　　　　　　　　52 200
　　贷：应收账款　　　　　　　　　　　　　　　　　　　　52 200

(3) 现金折扣不含增值税额的计算。（现金折扣按不含税销售额 45 000 元计算）

①假定 B 公司 9 月 10 日付款（2％折扣）：

借：银行存款　　　　　　　　　　　　　　　　　　　　　51 300
　　财务费用　　　　　　　　　　　　　　　　　　　　　　 900

贷：应收账款　　　　　　　　　　　　　　　　　　52 200

②假定 B 公司 9 月 20 日付款（1％折扣）：

　　借：银行存款　　　　　　　　　　　　　　　　　　51 750
　　　　财务费用　　　　　　　　　　　　　　　　　　　　450
　　　贷：应收账款　　　　　　　　　　　　　　　　　　52 200

③假定 B 公司 9 月 30 日付款：

　　借：银行存款　　　　　　　　　　　　　　　　　　52 200
　　　贷：应收账款　　　　　　　　　　　　　　　　　　52 200

（4）成本结转。

　　借：主营业务成本　　　　　　　　　　　　　　　　39 000
　　　贷：库存商品　　　　　　　　　　　　　　　　　　39 000

问题 1-3-2

企业售出商品开具增值税专用发票后，因质量不合格而给予销售折让或退货的增值税、企业所得税如何处理？

答：企业售出商品因质量不合格（开具增值税专用发票后）而给予销售折让或退货的，涉及增值税、企业所得税处理，具体如下：

1. 增值税处理。

《增值税暂行条例实施细则》第十一条规定："小规模纳税人以外的纳税人（以下称一般纳税人）因销售货物退回或者折让而退还给购买方的增值税额，应从发生销售货物退回或者折让当期的销项税额中扣减；因购进货物退出或者折让而收回的增值税额，应从发生购进货物退出或者折让当期的进项税额中扣减。

一般纳税人销售货物或者应税劳务，开具增值税专用发票后，发生销售货物退回或者折让、开票有误等情形，应按国家税务总局的规定开具红字增值税专用发票。未按规定开具红字增值税专用发票的，增值税额不得从销项税额中扣减。"

对于如何开具增值税红字发票，因购买方取得专用发票后的业务处理状态有多种情形，其具体处理方式不同。《国家税务总局关于红字增值税发票开具有关问题的公告》（国家税务总局公告 2016 年第 47 号）第一条规定："增值税一般纳税人开具增值税专用发票（以下简称'专用发票'）后，发生销货退回、开票有误、应税服务中止等情形但不符合发票作废条件，或者因销货部分退回及发生销售折让，需要开具红字专用发票的，按以下方法处理：

（一）购买方取得专用发票已用于申报抵扣的，购买方可在增值税发票管理新系统（以下简称'新系统'）中填开并上传《开具红字增值税专用发票信息表》（以下简称《信息表》，详见附件），在填开《信息表》时不填写相对应的蓝字专用发票信息，应暂依《信息表》所列增值税税额从当期进项税额中转出，待取得销售方开具的红字专用发票后，与《信息表》一并作为记账凭证。

购买方取得专用发票未用于申报抵扣、但发票联或抵扣联无法退回的，购买方填开《信息表》时应填写相对应的蓝字专用发票信息。

销售方开具专用发票尚未交付购买方，以及购买方未用于申报抵扣并将发票联及抵扣联退回的，销售方可在新系统中填开并上传《信息表》。销售方填开《信息表》时应填写相对应的蓝字专用发票信息。

（二）主管税务机关通过网络接收纳税人上传的《信息表》，系统自动校验通过后，生成带有'红字发票信息表编号'的《信息表》，并将信息同步至纳税人端系统中。

（三）销售方凭税务机关系统校验通过的《信息表》开具红字专用发票，在新系统中以销项负数开具。红字专用发票应与《信息表》——对应。

（四）纳税人也可凭《信息表》电子信息或纸质资料到税务机关对《信息表》内容进行系统校验。"

2. 企业所得税处理。

《国家税务总局关于确认企业所得税收入若干问题的通知》（国税函〔2008〕875号）第一条第（五）项第三款规定："企业因售出商品的质量不合格等原因而在售价上给的减让属于销售折让；企业因售出商品质量、品种不符合要求等原因而发生的退货属于销售退回。企业已经确认销售收入的售出商品发生销售折让和销售退回，应当在发生当期冲减当期销售商品收入。"

根据上述政策规定，增值税一般纳税人开具增值税专用发票后发生销货退回的，增值税和企业所得税均在发生当期进行处理。

3. 会计处理。

上述业务在日常会计处理中，如果销售收入还没有确认，则可以按照一般价格折扣处理，即直接按照折扣后的金额确定销售收入，并按照折扣后的金额计算增值税。

如果销售收入已经确认，根据《增值税会计处理规定》（财会〔2016〕22 号文件发布）第二条第（二）项第 1 点的相关规定，"发生销售退回的，应根据按规定开具的红字增值税专用发票做相反的会计分录"，同时按照《国家税务总局关于红字增值税发票开具有关问题的公告》（国家税务总局公告 2016 年第 47 号）的规定，开具红字发票进行处理。

> **【提示】**《小企业会计准则》第六十一条规定："小企业已经确认销售商品收入的售出商品发生的销售退回（不论属于本年度还是属于以前年度的销售），应当在发生时冲减当期销售商品收入。
>
> 小企业已经确认销售商品收入的售出商品发生的销售折让，应当在发生时冲减当期销售商品收入。
>
> 前款所称销售退回，是指小企业售出的商品由于质量、品种不符合要求等原因发生的退货。销售折让，是指小企业因售出商品的质量不合格等原因而在售价上给予的减让。"
>
> 根据《小企业会计准则》的规定，售出商品发生的销售退回处理与企业所得税处理基本一致。
>
> 对于适用企业会计准则的企业，《企业会计准则第 14 号——收入》第三十二条规定："对于附有销售退回条款的销售，企业应当在客户取得相关商品控制权时，按照因向客户转让商品而预期有权收取的对价金额（即，不包含预期因销售退回将退还的金额）确认收入，按照预期因销售退回将退还的金额确认负债；同时，按照预期将退回商品转让时的账面价值，扣除收回该商品预计发生的成本（包括退回商品的价值减损）后的余额，确认为一项资产，按照所转让商品转让时的账面价值，扣除上述资产成本的净额结转成本。
>
> 每一资产负债表日，企业应当重新估计未来销售退回情况，如有变化，应当作为会计估计变更进行会计处理。"
>
> 根据《〈企业会计准则第 14 号——收入〉应用指南（2018）》第七章第（一）项的解释，"附有销售退回条款的销售，是指客户依照有关合同有权退货的销售方式。合同中有关退货权的条款可能会再合同中明确约定，也有可能是隐含的"。

> "企业应当遵循可变对价（包括将可变对价计入交易价格的限制要求）的处理原则来确定其预期有权收取的对价金额，即交易价格不应包含预期将会被退回的商品的对价金额"。
>
> 与企业所得税处理不同，适用《企业会计准则第14号——收入》的企业，对附有销售退回条款的销售，应当在客户取得相关商品控制权时，对预期可能发生销售退回的情况进行处理。

案例1-20

企业售出商品因质量不合格而给予销售折让的涉税及会计处理

A公司（一般纳税人）于2018年9月1日向B公司销售五金商品一批，成本39 000元，价格45 000元，增值税7 200元。2018年11月因质量问题双方协商在价格上折扣20%。A、B公司相关涉税及会计处理如下：

1. A公司处理。

（1）销售五金商品增值税销项税额：45 000×16%＝7 200（元）。

（2）2018年9月确认（取得）销售收入时：

借：银行存款（或"应收账款"等）	52 200
贷：主营业务收入	45 000
应交税费——应交增值税（销项税额）	7 200

（3）2018年11月发生销售退回：

退回五金商品涉及销售额：45 000×20%＝9 000（元）；

退回五金商品涉及销项税额：9 000×16%＝1 440（元）。

因B公司（购买方）取得的专用发票已用于申报抵扣，B公司应先在增值税发票管理新系统中填开并上传《开具红字增值税专用发票信息表》（以下简称《信息表》）。主管税务机关校验通过后，生成带有"红字发票信息表编号"的《信息表》，并将信息同步至纳税人端系统中。A公司（销售方）凭税务机关系统校验通过的《信息表》开具红字专用发票，在新系统中以销项负数开具。红字专用发票应与《信息表》一一对应。

(4) 会计处理。

A 公司根据按规定开具的红字增值税专用发票做相反的会计分录。

借：主营业务收入　　　　　　　　　　　　　　　　　　　9 000
　　　应交税费——应交增值税（销项税额）　　　　　　　1 440
　　贷：银行存款（或"应收账款"等）　　　　　　　　　 10 440

2. B 公司处理。

(1) 购进五金商品增值税进项税额：7 200 元；

(2) 2018 年 9 月购进五金商品时：

借：库存商品——五金商品　　　　　　　　　　　　　　45 000
　　　应交税费——应交增值税（进项税额）　　　　　　　7 200
　　贷：银行存款（或"应收账款"等）　　　　　　　　　 52 200

(3) 发生销售折扣后，上传《开具红字增值税专用发票信息表》。

因 B 公司（购买方）取得专用发票已用于申报抵扣，B 公司可在增值税发票管理新系统中填开并上传《信息表》，在填开《信息表》时不填写相对应的蓝字专用发票信息，应暂依据《信息表》所列增值税税额从当期进项税额中转出，待取得 A 公司（销售方）开具的红字专用发票后，与《信息表》一并作为记账凭证。

(4) 会计处理。

根据 A 公司开具的红字增值税专用发票做相反的会计分录。

借：银行存款（或"应收账款"等）　　　　　　　　　　 10 440
　　贷：库存商品　　　　　　　　　　　　　　　　　　　 9 000
　　　　应交税费——应交增值税（进项税额）　　　　　　1 440

问题 1-3-3

企业销售无形资产或者不动产开具增值税专用发票后，发生退回等情形的增值税、企业所得税如何处理？

答：企业销售无形资产或者不动产开具增值税专用发票后，发生退回等情形的，涉及增值税、企业所得税处理，具体如下：

1. 增值税处理。

《营业税改征增值税试点实施办法》（财税〔2016〕36 号文件附件 1）第三十二

条规定:"纳税人适用一般计税方法计税的,因销售折让、中止或者退回而退还给购买方的增值税额,应当从当期的销项税额中扣减;因销售折让、中止或者退回而收回的增值税额,应当从当期的进项税额中扣减。"

对于已经开具增值税专用发票的,该办法第四十二条规定:"纳税人发生应税行为,开具增值税专用发票后,发生开票有误或者销售折让、中止、退回等情形的,应当按照国家税务总局的规定开具红字增值税专用发票;未按照规定开具红字增值税专用发票的,不得按照本办法第三十二条和第三十六条的规定扣减销项税额或者销售额。"

2. 企业所得税处理。

《国家税务总局关于确认企业所得税收入若干问题的通知》(国税函〔2008〕875号)第一条第(五)项第三款规定:"企业因售出商品的质量不合格等原因而在售价上给的减让属于销售折让;企业因售出商品质量、品种不符合要求等原因而发生的退货属于销售退回。企业已经确认销售收入的售出商品发生销售折让和销售退回,应当在发生当期冲减当期销售商品收入。"

上述因"未按照规定开具红字增值税专用发票的",不得扣减销项税额或者销售额,企业所得税不得调减计税收入。

3. 会计处理。

上述业务在日常会计处理中,根据《增值税会计处理规定》(财会〔2016〕22号文件发布)第二条第(二)项第1点的相关规定,"发生销售退回的,应根据按规定开具的红字增值税专用发票做相反的会计分录",同时按照《国家税务总局关于红字增值税发票开具有关问题的公告》(国家税务总局公告2016年第47号)的规定,开具红字发票进行处理。

对于房地产开发企业,因预收房款要预交税款,因此,对于增值税纳税义务尚未发生的,要冲回预交的增值税。

案例 1-21

房地产开发企业销售商品房发生合同终止退款的涉税及会计处理

A房地产开发公司(一般纳税人)2018年6月销售商品房(现房),与购房人甲(自然人)签订购房协议,约定价格400万元,已经交款,7月底因房地产开发公司原因合同终止,未办理产权过户。相关退款的增值税(各项附加略)及会计处理如下（单位：万元）：

1. 6月份，A公司收到甲购房款时。

不含税销售额：400÷(1＋10％)＝363.64（万元）；

增值税：363.64×10％＝36.36（万元）。

  借：银行存款   400
    贷：预收账款——房款   363.64
       ——增值税   36.36

2. 7月初，申报期内预交3％增值税。

预交增值税：363.64×3％＝10.91（万元）。

 （1）借：应交税费——预交增值税   10.91
     贷：银行存款   10.91
 （2）借：应交税费——未交增值税   10.91
     贷：应交税费——预交增值税   10.91

3. 7月底，合同终止退房时：

  借：预收账款——房款   363.64
     ——增值税   36.36
    应交税费——转出多交增值税   10.91
    贷：银行存款   400
      应交税费——未交增值税   10.91

上述"应交税费——转出多交增值税"10.91万元为多交的增值税，可用于下月抵减应缴纳的增值税税额。

问题 1-3-4

小规模纳税人销售货物等，发生销货退回等情形的增值税、企业所得税如何处理？

答：小规模纳税人销售货物等，发生销货退回等情形的增值税、企业所得税处理如下：

1. 增值税处理。

《增值税暂行条例实施细则》第三十一条规定："小规模纳税人因销售货物退回

或者折让退还给购买方的销售额,应从发生销售货物退回或者折让当期的销售额中扣减。"

《国家税务总局关于红字增值税发票开具有关问题的公告》(国家税务总局公告2016年第47号)第二条规定:"税务机关为小规模纳税人代开专用发票,需要开具红字专用发票的,按照一般纳税人开具红字专用发票的方法处理。"

2. 企业所得税处理。

《国家税务总局关于确认企业所得税收入若干问题的通知》(国税函〔2008〕875号)第一条第(五)项第三款规定:"企业因售出商品的质量不合格等原因而在售价上给的减让属于销售折让;企业因售出商品质量、品种不符合要求等原因而发生的退货属于销售退回。企业已经确认销售收入的售出商品发生销售折让和销售退回,应当在发生当期冲减当期销售商品收入。"

3. 会计处理。

在会计处理中,企业销售货物等,应当按应收或已收的金额,借记"应收账款""应收票据""银行存款"等科目,按取得的收入金额,贷记"主营业务收入"等科目。对于小规模纳税人,按照计算的应纳增值税额,贷记"应交税费——应交增值税"科目。发生销售退回的,应根据按规定开具的红字增值税专用发票做相反的会计分录。

【提示】2019年11月27日发布的《中华人民共和国增值税法(征求意见稿)》没有关于小规模纳税人的条款,其第二十三条指出:"简易计税方法的应纳税额,是指按照当期销售额和征收率计算的增值税额,不得抵扣进项税额。应纳税额计算公式:

应纳税额=当期销售额×征收率"

请读者密切关注后续政策变化。

问题 1-3-5

适用简易计税方法计税的纳税人销售无形资产或者不动产,发生销货退回等情形的增值税、企业所得税如何处理?

答:适用简易计税方法计税的纳税人销售无形资产或者不动产,发生销货退回等情形的增值税、企业所得税处理如下:

1. 增值税处理。

对销售无形资产或者不动产适用简易计税方法计税的纳税人，《营业税改征增值税试点实施办法》（财税〔2016〕36号文件附件1）第三十六条规定："纳税人适用简易计税方法计税的，因销售折让、中止或者退回而退还给购买方的销售额，应当从当期销售额中扣减。扣减当期销售额后仍有余额造成多缴的税款，可以从以后的应纳税额中扣减。"

对于已经开具增值税发票的，该办法第四十二条规定："纳税人发生应税行为，开具增值税专用发票后，发生开票有误或者销售折让、中止、退回等情形的，应当按照国家税务总局的规定开具红字增值税专用发票；未按照规定开具红字增值税专用发票的，不得按照本办法第三十二条和第三十六条的规定扣减销项税额或者销售额。"

2. 企业所得税处理。

《国家税务总局关于确认企业所得税收入若干问题的通知》（国税函〔2008〕875号）第一条第（五）项第三款规定："企业因售出商品的质量不合格等原因而在售价上给的减让属于销售折让；企业因售出商品质量、品种不符合要求等原因而发生的退货属于销售退回。企业已经确认销售收入的售出商品发生销售折让和销售退回，应当在发生当期冲减当期销售商品收入。"

3. 会计处理。

在日常会计处理中，企业销售无形资产或者不动产等，应当按应收或已收的金额，借记"应收账款""应收票据""银行存款"等科目，按取得的收入金额，贷记"主营业务收入""其他业务收入""固定资产清理"等科目。对于适用简易计税方法的纳税人，按照计算的应纳增值税额，贷记"应交税费——应交增值税"科目。发生销售退回的，应根据按规定开具的红字增值税专用发票做相反的会计分录。

■ 本章思考题

1. 增值税征收范围与企业所得税收入确定范围是否有区别？
2. 增值税、企业所得税视同销售的行为，会计上是否确认收入？
3. 企业销售货物计税价格明显偏低的，增值税、企业所得税处理有什么不同？
4. 企业将自产货物用于职工福利的，是否要进行增值税处理？

第 2 章
企业销售货物等取得收入业务

→ 2.1 销售货物取得收入的基本涉税业务
→ 2.2 采取各种方式销售货物的涉税业务
→ 2.3 促销及其他各类特殊销售方式的涉税业务

企业销售货物收入主要是指企业销售货物或者加工、修理修配劳务取得的收入，即营改增前增值税征收范围内的业务。本章内容主要是针对企业销售货物取得收入的增值税及企业所得税处理问题进行分析，对于税收与会计的差异，主要采取"提示"的形式予以说明。

2.1 销售货物取得收入的基本涉税业务

销售货物等涉及的增值税处理主要是营改增前的征收范围，本节内容包括企业销售货物增值税销售额与企业所得税收入的确认原则及计价处理。

问题2-1-1

企业销售货物如何确定增值税销售额及企业所得税收入？

答：企业销售货物增值税销售额及企业所得税收入的确定如下：

1. 销售货物增值税销售额的确定。

《增值税暂行条例》第六条规定："销售额为纳税人发生应税销售行为收取的全部价款和价外费用，但是不包括收取的销项税额。"

增值税是价外税，纳税人销售货物，其销售额为收取的全部价款和价外费用，不包括收取的销项税额。

2. 销售货物企业所得税收入的确定。

《企业所得税法实施条例》第十四条规定："企业所得税法第六条第（一）项所称销售货物收入，是指企业销售商品、产品、原材料、包装物、低值易耗品以及其他存货取得的收入。"

根据上述政策规定，纳税人发生应税销售行为，其在正常收取的货款外，发生的诸如手续费、返还利润、违约金等正常销售价格之外收取的费用，除收取的销项税额外，均要计入应税销售额。从企业所得税角度看，企业所得税政策强调从各种来源取得的收入均要纳入收入总额范围，《企业所得税法》所称销售货物收入的各个项目，均属于增值税销售货物行为，因此，企业所得税所称销售货物收入不包括收取的销项税额。

3. 会计处理。

在企业日常会计处理中,对于价外收费,在增值税处理上要纳入增值税计税销售额,但是在会计处理上,纳税人收取的各种"价外费用"一般不记入"主营业务收入"科目,根据不同性质分别记入"其他业务收入""营业外收入"及相关往来科目等。

> 【提示1】企业会计准则没有针对销售商品收入进行专门的定义。根据《小企业会计准则》的规定,"销售商品收入,是指小企业销售商品(或产成品、材料,下同)取得的收入"。
>
> 【提示2】2019年11月27日发布的《中华人民共和国增值税法(征求意见稿)》第十五条指出:"销售额,是指纳税人发生应税交易取得的与之相关的对价,包括全部货币或者非货币形式的经济利益,不包括按照一般计税方法计算的销项税额和按照简易计税方法计算的应纳税额。
>
> 国务院规定可以差额计算销售额的,从其规定。"
>
> 请读者密切关注后续政策变化。

案例2-1

增值税销售额与企业所得税收入的确定

A公司(一般纳税人)2019年6月销售电器取得销售价款1 288万元(含税),税率13%。2018年销售业绩、缴纳税款金额突出,获得政府奖励8万元。相关增值税与企业所得税收入(计税销售额)确定如下:

1. 增值税。

增值税销售额:1 288÷(1+13%)=1 139.82(万元);

销项税额:1 139.82×13%=148.18(万元)。

获取当地政府给予的"纳税"奖励不在政策列举的增值税应税行为范围内,不确定为增值税应税收入,不缴纳增值税。

2. 企业所得税。

当地政府给予的奖励不属于企业所得税法列举的不征税收入项目,因此A公司取得的销售收入 1 139.82 万元、取得的政府"纳税"奖励 8 万元均要纳入企业所得税收入总额。收取的增值税（销项税额）148.18 万元不纳入企业所得税收入总额。

问题 2-1-2

企业销售货物收取的价外费用包括哪些项目？哪些价外收费不包括在内？

答：企业销售货物收取的价外费用主要是在收取的价格之外，另行收取的各项费用。

1. 企业销售货物收取的价外费用的范围。

《增值税暂行条例实施细则》第十二条规定："条例第六条第一款所称价外费用，包括价外向购买方收取的手续费、补贴、基金、集资费、返还利润、奖励费、违约金、滞纳金、延期付款利息、赔偿金、代收款项、代垫款项、包装费、包装物租金、储备费、优质费、运输装卸费以及其他各种性质的价外收费。但下列项目不包括在内：

（一）受托加工应征消费税的消费品所代收代缴的消费税；

（二）同时符合以下条件的代垫运输费用：

1. 承运部门的运输费用发票开具给购买方的；

2. 纳税人将该项发票转交给购买方的。

（三）同时符合以下条件代为收取的政府性基金或者行政事业性收费：

1. 由国务院或者财政部批准设立的政府性基金，由国务院或者省级人民政府及其财政、价格主管部门批准设立的行政事业性收费；

2. 收取时开具省级以上财政部门印制的财政票据；

3. 所收款项全额上缴财政。

（四）销售货物的同时代办保险等而向购买方收取的保险费，以及向购买方收取的代购买方缴纳的车辆购置税、车辆牌照费。"

2. 价外收费销售额的确定。

《国家税务总局关于增值税若干征管问题的通知》（国税发〔1996〕155号）第一条规定："对增值税一般纳税人（包括纳税人自己或代其他部门）向购买方收取的价外费用和逾期包装物押金，应视为含税收入，在征税时换算成不含税收入并入销售额计征增值税。"

3. 价外收费的个案解释。

《国家税务总局关于对福建雪津啤酒有限公司收取经营保证金征收增值税问题的批复》（国税函〔2004〕416号）规定，根据《增值税暂行条例》及其实施细则有关价外费用的规定，福建雪津啤酒有限公司收取未退还的经营保证金，属于经销商因违约而承担的违约金，应当征收增值税；对其已退还的经营保证金，不属于价外费用，不征收增值税。

《国家税务总局关于燃气公司有关流转税问题的批复》（国税函〔2000〕616号）第一条规定："根据《中华人民共和国增值税暂行条例》和《中华人民共和国增值税暂行条例实施细则》的有关规定，纳税人为销售货物或应税劳务向购买方收取的集资费、手续费、代收款项等属于应征增值税的价外费用。因此，郑州市燃气有限责任公司为销售货物而代有关部门收取的集资费应当征收增值税。"

根据上述政策规定，企业销售货物，销售额包括向购买方收取的全部价款和价外费用，不包括收取的销项税额。实务中，在一般情况下，企业销售货物向购买方收取的全部款项不得扣除任何项目，对于符合政策规定可以从价外收费中扣除的项目，必须严格按照政策列举的扣除项目并取得政策规定的各项依据（证据）。

案例 2-2

企业销售货物收取价外费用的涉税及会计处理

2019年6月，A公司（一般纳税人）向B公司（一般纳税人）销售一批家用电器，成本90万元，合同销售价格120万元，增值税（销项税额）19.20万元。合同约定A公司开具发票并联系发货，B公司在确认收货后10天内支付全部货款（含增值税），如果逾期每天收取1‰的利息。货物由A公司联系运输公司运送，B公司承担运输费，A公司先行代垫运输费10万元。假定B公司确认收货后20天才支付A公司货款，A公司按合同收取B公司支付的延期付款利息。A公司相关涉税及会计处理如下（单位：万元）：

1. 货物发出后。

(1) 确认收入：

借：应收账款　　　　　　　　　　　　　　　　　　　　　　　139.20

贷：主营业务收入——家用电器　　　　　　　　　　　　　　　　120
　　　　应交税费——应交增值税（销项税额）　　　　　　　　　　19.20
（2）结转成本：
　　借：主营业务成本——家用电器　　　　　　　　　　　　　　　　90
　　贷：库存商品——家用电器　　　　　　　　　　　　　　　　　　90

2. B公司延期10天付款。A公司收取B公司延期付款支付的利息，属于增值税"价外费用"，应按规定纳入增值税计税销售额。

（1）增值税计算：

A公司收取延期付款利息：139.20×1‰×10＝1.39（万元）；

计税销售额＝含税销售额÷(1+13%)
　　　　　＝1.39÷(1+13%)＝1.23（万元）；

销项税额：1.23×13%＝0.16（万元）。

（2）会计处理：

　　借：银行存款　　　　　　　　　　　　　　　　　　　　　　140.75
　　贷：其他业务收入——逾期利息　　　　　　　　　　　　　　　1.39
　　　　应交税费——应交增值税（销项税额）　　　　　　　　　　 0.16
　　　　应收账款　　　　　　　　　　　　　　　　　　　　　　139.20

3. A公司代垫运输费。运输公司给B公司开具运输费用发票，由A公司将该项发票转交给B公司。A公司收取的代垫费用不纳入增值税"价外费用"缴纳增值税。

（1）代垫运输费用时：

　　借：其他应收款——B公司运费　　　　　　　　　　　　　　　　10
　　贷：银行存款（或"现金"）　　　　　　　　　　　　　　　　　10

（2）收到代垫运输费用时：

　　借：银行存款（或"现金"）　　　　　　　　　　　　　　　　　10
　　贷：其他应收款——B公司运费　　　　　　　　　　　　　　　　10

【提示】根据《财政部 税务总局关于调整增值税税率的通知》（财税〔2018〕32号）、《财政部 税务总局 海关总署关于深化增值税改革有关政策的公告》（财政部 税务总局 海关总署公告2019年第39号）的规定，自2018年5月1日起至2019年4月1日，纳税人发生增值税应税销售行为，原适用17%和

> 11%税率的，税率分别调整为16%、10%；自2019年4月1日起，增值税一般纳税人发生增值税应税销售行为或者进口货物，原适用16%税率的，税率调整为13%；原适用10%税率的，税率调整为9%。本章后面不再做类似提示。

问题 2-1-3

企业销售货物的增值税纳税义务发生时间及企业所得税收入时点如何确定？

答：企业销售货物增值税纳税义务发生时间及企业所得税收入时点的确定原则如下：

1. 增值税纳税义务发生时间确定的原则。

增值税的计算涉及销项、进项税额的计算处理以及专用发票的开具，因此，纳税义务发生时间的确认与企业所得税收入的确认不同，根据《增值税暂行条例》第十九条第（一）项的规定，增值税纳税义务发生时间为："销售货物或者应税劳务，为收讫销售款项或者取得索取销售款项凭据的当天；先开具发票的，为开具发票的当天"。

根据上述政策规定，确定销售货物或者应税劳务增值税纳税义务发生的原则不是按照权责发生制原则和实质重于形式原则，而是收讫销售款项或者取得索取销售款项凭据的当天；先开具发票的，为开具发票的当天。

增值税确定收入的时间点为"收讫销售款项或者取得索取销售款项凭据的当天；先开具发票的，为开具发票的当天"，这与企业所得税收入确认的原则有差异，其差异的处理方式，依据《增值税会计处理规定》（财会〔2016〕22号文件发布）第二条第（二）项的规定处理。

2. 企业所得税收入时点确定的原则。

《国家税务总局关于确认企业所得税收入若干问题的通知》（国税函〔2008〕875号）第一条第一款规定："除企业所得税法及实施条例另有规定外，企业销售收入的确认，必须遵循权责发生制原则和实质重于形式原则。"

根据上述政策规定，在确认企业所得税收入时，要遵循权责发生制原则和实质重于形式原则，即属于当期销售应确认的收入即使没有收到销售货款，也要在当期确认收入。

根据国税函〔2008〕875号文件第一条第（一）项的规定，企业销售收入的确认，必须遵循权责发生制原则和实质重于形式原则，"企业销售商品同时满足下列条件的，应确认收入的实现：

1. 商品销售合同已经签订，企业已将商品所有权相关的主要风险和报酬转移给购货方；

2. 企业对已售出的商品既没有保留通常与所有权相联系的继续管理权，也没有实施有效控制；

3. 收入的金额能够可靠地计量；

4. 已发生或将发生的销售方的成本能够可靠地核算"。

根据上述政策规定，在遵循权责发生制原则和实质重于形式的原则下，只要满足上述政策规定的四个条件，即可确认为当期收入。

【提示1】1. 企业会计准则处理原则。

《企业会计准则第14号——收入》第四条规定："企业应当在履行了合同中的履约义务，即在客户取得相关商品控制权时确认收入。

取得相关商品控制权，是指能够主导该商品的使用并从中获得几乎全部的经济利益。"

具体掌握上，《〈企业会计准则第14号——收入〉应用指南（2018）》第四章"关于收入的确认"规定："企业应当在履行了合同中的履约义务，即在客户取得相关商品控制权时确认收入。取得相关商品控制权，是指能够主导该商品的使用并从中获得几乎全部的经济利益，也包括有能力阻止其他方主导该商品的使用并从中获得经济利益。企业在判断商品的控制权是否发生转移时，应当从客户的角度进行分析，即客户是否取得了相关商品的控制权以及何时取得该控制权。取得商品控制权同时包括下列三项要素：

一是，能力。企业只有在客户拥有现时权利，能够主导该商品的使用并从中获得几乎全部经济利益时，才能确认收入。如果客户只能在未来的某一期间主导该商品的使用并从中获益，则表明其尚未取得该商品的控制权。例如，企业与客户签订合同为其生产产品，虽然合同约定该客户最终将能够主导该产品的使用，并获得几乎全部的经济利益，但是，只有在客户真正获得这些权利时

（根据合同约定，可能是在生产过程中或更晚的时点），企业才能确认收入，在此之前，企业不应当确认收入。

二是，主导该商品的使用。客户有能力主导该商品的使用，是指客户在其活动中有权使用该商品，或者能够允许或阻止其他方使用该商品。

三是，能够获得几乎全部的经济利益。客户必须拥有获得商品几乎全部经济利益的能力，才能被视为获得了对该商品的控制。商品的经济利益，是指该商品的潜在现金流量，既包括现金流入的增加，也包括现金流出的减少。客户可以通过使用、消耗、出售、处置、交换、抵押或持有等多种方式直接或间接地获得商品的经济利益。"

2. 小企业会计准则处理原则。

《小企业会计准则》第五十九条规定："销售商品收入，是指小企业销售商品（或产成品、材料，下同）取得的收入。

通常，小企业应当在发出商品且收到货款或取得收款权利时，确认销售商品收入。"

根据上述规定，从企业会计准则角度看，收入的确定主要取决于"商品控制权"，《小企业会计准则》强调"收到货款或取得收款权利"。

【提示2】2019年11月27日发布的《中华人民共和国增值税法（征求意见稿）》第三十三条指出："增值税纳税义务发生时间，按下列规定确定：

（一）发生应税交易，纳税义务发生时间为收讫销售款项或者取得索取销售款项凭据的当天；先开具发票的，为开具发票的当天。

（二）视同发生应税交易，纳税义务发生时间为视同发生应税交易完成的当天。

（三）进口货物，纳税义务发生时间为进入关境的当天。

增值税扣缴义务发生时间为纳税人增值税纳税义务发生的当天。"

请读者密切关注后续政策变化。

问题 2-1-4

企业销售货物如何进行增值税的会计处理？

答：根据会计处理原则，纳税人销售的货物属于主营商品的，应记入"主营业务收入"科目，本科目可按主营业务的种类进行明细核算。企业销售商品实现的收入，应按实际收到或应收的金额，借记"银行存款""应收账款""应收票据"等科目，按确认的营业收入，贷记"主营业务收入"科目。

本期（月）发生的销售退回或销售折让，按应冲减的营业收入，借记"主营业务收入"科目，按实际支付或应退还的金额，贷记"银行存款""应收账款"等科目。

在增值税会计处理上，根据《增值税会计处理规定》（财会〔2016〕22号文件发布）第二条第（二）项的规定，企业销售货物、加工修理修配劳务等，应当按应收或已收的金额，借记"应收账款""应收票据""银行存款"等科目，按取得的收入金额，贷记"主营业务收入"等科目，按现行增值税制度规定计算的销项税额（或采用简易计税方法计算的应纳增值税额），贷记"应交税费——应交增值税（销项税额）"或"应交税费——简易计税"科目（小规模纳税人应贷记"应交税费——应交增值税"科目）。发生销售退回的，应根据按规定开具的红字增值税专用发票做相反的会计分录。

按照国家统一的会计制度确认收入或利得的时点早于按照增值税制度确认增值税纳税义务发生时点的，应将相关销项税额记入"应交税费——待转销项税额"科目，待实际发生纳税义务时再转入"应交税费——应交增值税（销项税额）"或"应交税费——简易计税"科目。

按照增值税制度确认增值税纳税义务发生时点早于按照国家统一的会计制度确认收入或利得的时点的，应将应纳增值税额，借记"应收账款"科目，贷记"应交税费——应交增值税（销项税额）"或"应交税费——简易计税"科目，按照国家统一的会计制度确认收入或利得时，应按扣除增值税销项税额后的金额确认收入。

【提示】根据《〈企业会计准则第14号——收入〉应用指南（2018）》"主营业务收入"（科目）主要账务处理第（1）项的规定，"企业在履行了合同中的单项履约义务时，应按照已收或应收的合同价款，加上应收取的增值税额，借记'银行存款''应收账款''应收票据''合同资产'等科目，按应确认的收入金额，贷记本科目，按应收取的增值税额，贷记'应交税费——待转销项税额'等科目"。

案例 2-3

企业销售商品实现收入的涉税及会计处理

A 公司于 2019 年 5 月向 B 公司销售 200 台电风扇,单价 120 元,总价格为 24 000 元、增值税 3 120 元,A 公司开具增值税专用发票,A 公司当月进项税额(已认证)480 元。A、B 公司均为一般纳税人,则相关涉税及会计处理如下:

1. A 公司处理。

(1) 销售电风扇增值税销项税额:24 000×13%=3 120(元)。

(2) 2019 年 5 月确认(取得)销售收入时:

借:银行存款(或"应收账款"等)   27 120
  贷:主营业务收入   24 000
     应交税费——应交增值税(销项税额)   3 120

(3) 当月应缴税款计算:

应缴增值税:3 120−480=2 640(元);

应缴城市维护建设税:2 640×7%=184.80(元);

应缴教育费附加:2 640×3%=79.20(元);

应缴地方教育附加(假定征收率为 2%):2 640×2%=52.80(元)。

(4) 当月应计提增值税等:

借:应交税费——应交增值税(转出未交增值税)   3 840
  税金及附加——应交城市维护建设税   184.80
     ——应交教育费附加   79.20
     ——应交地方教育附加   52.80
  贷:应交税费——未交增值税   3 840
     ——应交城市维护建设税   184.80
     ——应交教育费附加   79.20
     ——应交地方教育附加   52.80

(5) 次月缴纳税款:

借:应交税费——未交增值税   3 840
     ——应交城市维护建设税   184.80
     ——应交教育费附加   79.20

——应交地方教育附加　　　　　　　　　　　　　　　　　52.80
　　　贷：银行存款　　　　　　　　　　　　　　　　　　　4 156.80
　2. B公司处理。
　(1) 购进电风扇增值税进项税额：3 120元；
　(2) 2019年5月购进电风扇时：
　　　借：库存商品——电风扇　　　　　　　　　　　　　　24 000
　　　　　应交税费——应交增值税（进项税额）　　　　　　3 120
　　　　贷：银行存款（或"应收账款"等）　　　　　　　　　27 120

问题 2-1-5

增值税纳税义务滞后的销项税额（待转销项税额）如何处理？

答：企业销售货物，发生增值税纳税义务滞后的情形，主要是指已经确认相关收入但尚未发生增值税纳税义务而需要在后期确认销项税额的情形。产生这种情形的主要原因是会计（或企业所得税）确认收入的时点与增值税纳税义务发生时点不一致。

　1. 企业所得税关于商品销售收入时点的确定。

《国家税务总局关于确认企业所得税收入若干问题的通知》（国税函〔2008〕875号）第一条第（一）项规定："企业销售商品同时满足下列条件的，应确认收入的实现：

　1. 商品销售合同已经签订，企业已将商品所有权相关的主要风险和报酬转移给购货方；

　2. 企业对已售出的商品既没有保留通常与所有权相联系的继续管理权，也没有实施有效控制；

　3. 收入的金额能够可靠地计量；

　4. 已发生或将发生的销售方的成本能够可靠地核算。"

同时，根据企业会计准则的相关规定，企业应当在履行了合同中的履约义务，即在客户取得相关商品控制权时确认收入。

　2. 增值税关于纳税义务发生时间的确定。

《国家税务总局关于增值税纳税义务发生时间有关问题的公告》（国家税务总局

公告 2011 年第 40 号）规定："纳税人生产经营活动中采取直接收款方式销售货物，已将货物移送对方并暂估销售收入入账，但既未取得销售款或取得索取销售款凭据也未开具销售发票的，其增值税纳税义务发生时间为取得销售款或取得索取销售款凭据的当天；先开具发票的，为开具发票的当天。"

根据上述政策规定，按照国家统一的会计制度确认收入、按照企业所得税政策确认收入与按照增值税制度确认增值税纳税义务发生时间有差异。对于增值税纳税义务滞后的，其计算的增值税先通过"待转销项税额"处理。《增值税会计处理规定》（财会〔2016〕22 号文件发布）第一条第（六）项规定："'待转销项税额'明细科目，核算一般纳税人销售货物、加工修理修配劳务、服务、无形资产或不动产，已确认相关收入（或利得）但尚未发生增值税纳税义务而需于以后期间确认为销项税额的增值税额。"

对于具体处理方式，根据《增值税会计处理规定》第二条第（二）项第 1 点第二款的规定，按照国家统一的会计制度确认的收入或利得的时点早于按照增值税制度确认的增值税纳税义务发生时间的，应将相关销项税额记入"应交税费——待转销项税额"科目，待实际发生纳税义务时再转入"应交税费——应交增值税（销项税额）"或"应交税费——简易计税"科目。

根据上述政策规定，纳税人在销售货物时，根据合同约定客户已经取得相关商品控制权，但根据政策规定增值税纳税义务发生时间滞后的，即"既未取得销售款或取得索取销售款凭据也未开具销售发票的，其增值税纳税义务发生时间为取得销售款或取得索取销售款凭据的当天；先开具发票的，为开具发票的当天"。其增值税通过"应交税费——待转销项税额"明细科目处理。

案例 2-4

企业销售货物增值税纳税义务延迟（待转销项税额）的涉税及会计处理

A 机械贸易公司（一般纳税人）2019 年 1 月 5 日与 B 建筑公司（一般纳税人）签订合同销售 5 台大型施工机械。合同约定：售价 20 万元，增值税（销项税额）3.2 万元。货款由 B 建筑公司于 2019 年 2 月 15 日前全额支付，A 机械贸易公司在取得货款时开具增值税专用发票。合同同时约定：A 机械贸易公司于 2019 年 1 月 15 日发货。2019 年 1 月 15 日当天，B 建筑公司验收并投入工地使用。相关涉税及会计处理如下（单位：万元）：

1. 2019年1月15日，因"客户取得相关商品控制权"，该销售已符合收入确认条件。

借：应收账款　　　　　　　　　　　　　　　　　　　　　23.2
　　贷：主营业务收入　　　　　　　　　　　　　　　　　　　20
　　　　应交税费——待转销项税额　　　　　　　　　　　　3.2

2. 2019年2月15日收到货款并开具发票时，属于"取得销售款或取得索取销售款凭据的当天"，已符合增值税纳税义务发生时间确认条件。

（1）收到货款：

借：银行存款　　　　　　　　　　　　　　　　　　　　　23.2
　　贷：应收账款　　　　　　　　　　　　　　　　　　　　23.2

（2）增值税处理：

借：应交税费——待转销项税额　　　　　　　　　　　　　3.2
　　贷：应交税费——应交增值税（销项税额）　　　　　　　3.2

问题 2-1-6

增值税纳税义务发生时间早于会计制度确认收入或利得的时点的如何处理？

答：企业销售货物，发生增值税纳税义务发生时间早于会计制度确认收入时点的情形，主要是指按照增值税政策已经确认增值税纳税义务，但根据会计制度等尚未达到确认收入的条件。

企业会计准则确认收入的基本原则是依据"商品控制权"确定。企业所得税确认收入的基本原则是依据《国家税务总局关于确认企业所得税收入若干问题的通知》（国税函〔2008〕875号）第一条第（一）项的规定，即"企业销售商品同时满足下列条件的，应确认收入的实现：

1. 商品销售合同已经签订，企业已将商品所有权相关的主要风险和报酬转移给购货方；

2. 企业对已售出的商品既没有保留通常与所有权相联系的继续管理权，也没有实施有效控制；

3. 收入的金额能够可靠地计量；

4. 已发生或将发生的销售方的成本能够可靠地核算。"

关于增值税纳税义务发生时间的确定，根据《国家税务总局关于增值税纳税义务发生时间有关问题的公告》（国家税务总局公告 2011 年第 40 号）的规定，增值税纳税义务发生时间为取得销售款或取得索取销售款凭据的当天；先开具发票的，为开具发票的当天。

根据上述政策规定，如果企业发出商品时，与商品所有权相关的主要风险和报酬尚未转移给购货方，按照企业所得税及会计制度规定收入暂时不确认，但已经符合增值税纳税义务发生时间的确定条件，即"取得销售款或取得索取销售款凭据的当天；先开具发票的，为开具发票的当天"，则应先进行相应的增值税处理，处理方式根据《增值税会计处理规定》（财会〔2016〕22 号文件发布）第二条第（二）项第 1 点第三款的规定，按照增值税制度确认的增值税纳税义务发生时间早于按照国家统一的会计制度确认收入或利得的时点的，应将应纳增值税额，借记"应收账款"科目，贷记"应交税费——应交增值税（销项税额）"或"应交税费——简易计税"科目，按照国家统一的会计制度确认收入或利得时，应按扣除增值税销项税额后的金额确认收入。

案例 2-5

企业采取直接收款（暂估）方式销售货物取得收入的涉税及会计处理

A 公司（一般纳税人）向 B 公司（一般纳税人）销售一批电料，假定供货合同约定 A 公司开具增值税发票并同时发货，B 公司验货合格后付款。A 公司于 2018 年 7 月 25 日向 B 公司发货，成本 9 500 元，销售价格 15 000 元，增值税（销项税额）2 400 元，A 公司开具增值税发票。8 月 10 日 B 公司收到并验收货物后支付货款。相关处理如下：

1. 发货时（验货前）的涉税处理。

A 公司于 2018 年 7 月 25 日发货时，同时开具增值税发票，因此，应确认增值税纳税义务。但因不符合企业所得税制度、会计制度的收入确定原则，可以暂不确认收入。

借：应收账款——增值税　　　　　　　　　　　　　　　2 400
　　贷：应交税费——应交增值税（销项税额）　　　　　　2 400

2. 验货后的涉税处理。

8月10日B公司收到并验收货物后支付货款，企业所得税收入确认。

(1) 收入确定：

  借：应收账款   15 000

    贷：主营业务收入   15 000

(2) 结转成本：

  借：主营业务成本   9 500

    贷：库存商品   9 500

3. 收到款项时。

  借：银行存款   17 400

    贷：应收账款   17 400

【提示】 实务中，一些企业采取暂估入账方式进行处理。

1. 发货时（验货前）的涉税处理。

A公司于2018年7月25日发货时，同时开具增值税发票，因此，应确认增值税纳税义务。在会计处理上暂估确认收入。

  借：应收账款   17 400

    贷：主营业务收入——暂估入账   15 000

      应交税费——待转销项税额   2 400

2. 验货后的涉税处理。

8月10日B公司收到并验收货物后支付货款，增值税纳税义务确认，企业所得税收入确认。

(1) 收入确定：

  借：主营业务收入——暂估入账   15 000

    应交税费——待转销项税额   2 400

    贷：主营业务收入   15 000

      应交税费——应交增值税（销项税额）   2 400

(2) 结转成本：

  借：主营业务成本   9 500

```
        贷：库存商品                           9 500
    3. 收到款项时。
        借：银行存款                          17 400
        贷：应收账款                          17 400
```

2.2 采取各种方式销售货物的涉税业务

本节内容主要是企业销售货物采取直接收款、托收承付、分期收款等各种方式涉及的增值税、企业所得税处理。

问题 2-2-1

企业采取直接收款方式销售货物的增值税纳税义务发生时间及企业所得税收入时点如何确定？

答：直接收款销售货物，在实务中一般是指现货交易，即"一手交钱一手交货"，虽然实际操作中存在先发货后收钱或先收钱后发货的情形，但时间间隔很短。具体增值税、企业所得税处理如下：

1. 增值税纳税义务发生时间的确定。

根据《增值税暂行条例实施细则》第三十八条第（一）项的规定，"条例第十九条第一款（一）项规定的收讫销售款项或者取得索取销售款项凭据的当天，按销售结算方式的不同"，对纳税人"采取直接收款方式销售货物，不论货物是否发出，均为收到销售款或者取得索取销售款凭据的当天"。

对于纳税人已将货物移送对方并暂估销售收入入账的，根据《国家税务总局关于增值税纳税义务发生时间有关问题的公告》（国家税务总局公告 2011 年第 40 号）的规定，"纳税人生产经营活动中采取直接收款方式销售货物，已将货物移送对方并暂估销售收入入账，但既未取得销售款或取得索取销售款凭据也未开具销售发票的，其增值税纳税义务发生时间为取得销售款或取得索取销售款凭据的当天；先开具发票的,为开具发票的当天"。

2. 企业所得税收入时点的确定。

根据《国家税务总局关于确认企业所得税收入若干问题的通知》(国税函〔2008〕875号)第一条第(一)项的规定,"企业销售商品同时满足下列条件的,应确认收入的实现:

1. 商品销售合同已经签订,企业已将商品所有权相关的主要风险和报酬转移给购货方;

2. 企业对已售出的商品既没有保留通常与所有权相联系的继续管理权,也没有实施有效控制;

3. 收入的金额能够可靠地计量;

4. 已发生或将发生的销售方的成本能够可靠地核算"。

根据上述企业销售商品确认收入实现的原则,在"直接收款销售货物"业务中,只要满足确认收入的四个条件,就可以确认收入。

案例 2-6

企业采取直接收款方式销售货物取得收入的涉税及会计处理

A公司(一般纳税人)于2018年8月10日向B公司(一般纳税人)销售180台电风扇,当日钱货两清,销售额15 000元,成本9 500元,采取直接收款方式,假定当月A公司进项税额(已认证)为1 600元。A公司相关涉税及会计处理如下(增值税附加略):

1. 涉税处理。

增值税销项税额:15 000×16%=2 400(元);

应缴增值税额:2 400−1 600=800(元)。

2. 当月会计处理(单位:万元)。

(1) 销售货物:

借:银行存款　　　　　　　　　　　　　　　　　　　　　17 400
　　贷:主营业务收入　　　　　　　　　　　　　　　　　　15 000
　　　　应交税费——应交增值税(销项税额)　　　　　　　2 400

(2) 缴纳增值税:

借：应交税费——应交增值税（已缴增值税）　　　　　　　800
　　　　贷：银行存款　　　　　　　　　　　　　　　　　　　　800
（3）结转成本：
　　借：主营业务成本　　　　　　　　　　　　　　　　　　9 500
　　　　贷：库存商品——电风扇　　　　　　　　　　　　　　9 500

案例 2-7

企业采取直接收款（暂估）方式销售货物取得收入的涉税及会计处理

A公司（一般纳税人）长期向B公司（一般纳税人）销售电风扇，假定供货合同约定每次B公司验货后正式确认交易完成，然后付款、开具发票。2019年4月25日向B公司发货180台电风扇，成本9 500元，销售价格15 000元，增值税（销项税额）1 950元。5月10日B公司收到并验收货物后支付货款。相关处理如下：

1. 发货时（验货前）的涉税处理。

增值税处理。A公司于2019年4月25日发货时，因销售成立需要以验货为前提，且既未取得销售款或取得索取销售款凭据也未开具销售发票，因此，不确认增值税纳税义务。同时，因商品所有权在验货前未发生转移，企业所得税不确认收入。但是，从会计角度可以暂估入账。

　　借：应收账款　　　　　　　　　　　　　　　　　　　16 950
　　　　贷：主营业务收入——暂估入账　　　　　　　　　　15 000
　　　　　　应交税费——待转销项税额　　　　　　　　　　 1 950

2. 验货后的涉税处理。

5月10日B公司收到并验收货物后支付货款，增值税纳税义务确认，企业所得税收入确认。

（1）收入确定：

　　借：主营业务收入——暂估入账　　　　　　　　　　　15 000
　　　　应交税费——待转销项税额　　　　　　　　　　　 1 950
　　　　贷：主营业务收入　　　　　　　　　　　　　　　　15 000
　　　　　　应交税费——应交增值税（销项税额）　　　　　 1 950

(2) 结转成本：

  借：主营业务成本   9 500

    贷：库存商品   9 500

3. 收到款项时。

  借：银行存款   16 950

    贷：应收账款   16 950

问题 2-2-2

企业销售商品采用托收承付方式的增值税纳税义务发生时间及企业所得税收入时点如何确定？

答：托收承付是指根据购销合同由收款人发货后委托银行向异地购货单位收取货款，购货单位根据合同对单或对证验货后，向银行承认付款的一种结算方式。

1. 增值税纳税义务发生时间的确定。

根据《增值税暂行条例实施细则》第三十八条第（二）项的规定，"条例第十九条第一款第（一）项规定的收讫销售款项或者取得索取销售款项凭据的当天，按销售结算方式的不同"，对纳税人"采取托收承付和委托银行收款方式销售货物，为发出货物并办妥托收手续的当天"。

2. 企业所得税收入时点的确定。

根据《国家税务总局关于确认企业所得税收入若干问题的通知》（国税函〔2008〕875号）第一条第（二）项第1点的规定，对符合企业所得税收入确认条件，纳税人"销售商品采用托收承付方式的，在办妥托收手续时确认收入"。

根据上述政策规定，对于纳税人销售商品采用托收承付方式的，企业所得税收入确认时点与增值税纳税义务发生时间一致。

> **【提示】**《小企业会计准则》第五十九条第（一）项规定："销售商品采用托收承付方式的，在办妥托收手续时确认收入"，与企业所得税处理一致。对于适用《企业会计准则第14号——收入》的企业，按照"企业应当在履行了合同中的履约义务，即在客户取得相关商品控制权时确认收入"处理。

案例 2-8

企业采取托收承付和委托银行收款方式销售货物的涉税及会计处理

2019 年 5 月，A 公司（一般纳税人）采取托收承付方式向异地 B 公司（一般纳税人）销售一批电料。根据合同，A 公司于 11 月 10 日发出货物并向银行办妥收款手续。该批电料成本 50 万元，销售价格 65 万元，增值税税率 13%。相关处理如下（单位：万元）：

1. 当月发出货物并向银行办妥收款手续。

销项税额：65×13%＝8.45（万元）。

借：应收账款　　　　　　　　　　　　　　　　　　73.45
　　贷：主营业务收入　　　　　　　　　　　　　　　65
　　　　应交税费——应交增值税（销项税额）　　　　8.45

2. 当月结转成本。

借：主营业务成本　　　　　　　　　　　　　　　　50
　　贷：库存商品——电料　　　　　　　　　　　　　50

问题 2-2-3

企业销售商品采用预收款方式的增值税纳税义务发生时间及企业所得税收入时点如何确定？

答：采用预收款方式销售商品主要是指购买方在购买的商品尚未收到前，按照合同或协议约定分期付款，销售方在收到最后一笔款项（或约定的部分款项）时才交货（或完成交付）的销售方式。

1. 采用预收款方式销售商品的增值税纳税义务发生时间的确定。

根据《增值税暂行条例实施细则》第三十八条第（四）项的规定，"条例第十九条第一款第（一）项规定的收讫销售款项或者取得索取销售款项凭据的当天，按销售结算方式的不同"，对纳税人"采取预收货款方式销售货物，为货物发出的当天，但生产销售生产工期超过 12 个月的大型机械设备、船舶、飞机等货物，为收到预收款或者书面合同约定的收款日期的当天"。

2. 采用预收款方式销售商品的企业所得税收入时点的确定。

根据《国家税务总局关于确认企业所得税收入若干问题的通知》(国税函〔2008〕875号)第一条第(二)项第2点的规定,对符合企业所得税收入确认条件,纳税人"销售商品采取预收款方式的,在发出商品时确认收入"。

《企业所得税法实施条例》第二十三条第(二)项规定:"企业受托加工制造大型机械设备、船舶、飞机等,以及从事建筑、安装、装配工程业务或者提供劳务等,持续时间超过12个月的,按照纳税年度内完工进度或者完成的工作量确认收入的实现。"

根据上述政策规定,对纳税人销售一般商品采取预收款方式的,企业所得税收入时点与增值税纳税义务发生时间一致。但对于"生产销售生产工期超过12个月的大型机械设备、船舶、飞机等货物"的,增值税按照"收到预收款或者书面合同约定的收款日期的当天"确定纳税义务,企业所得税则"按照纳税年度内完工进度或者完成的工作量确认收入的实现"。

3. 会计处理。

对于在上述实际业务中,发生已确认相关收入(或利得)但尚未发生增值税纳税义务而需以后期间确认为销项税额的增值税额,根据《增值税会计处理规定》(财会〔2016〕22号文件发布)第一条第(六)项的规定,应通过"应交税费——待转销项税额"明细科目处理。

> 【提示】《小企业会计准则》第五十九条第(二)项规定:"销售商品采取预收款方式的,在发出商品时确认收入",与企业所得税处理一致。对于适用《企业会计准则第14号——收入》的企业,按照"企业应当在履行了合同中的履约义务,即在客户取得相关商品控制权时确认收入"处理。

案例 2-9

企业采取预收款方式销售货物取得收入的涉税及会计处理

A公司(一般纳税人)于2018年9月向B公司销售180台电风扇,价格15 000元,增值税(销项税额)2 400元,成本9 500元。B公司2018年9月支付货款,

A公司2018年11月20日发出商品。A公司相关涉税及会计处理如下（增值税附加略）：

1. 假设A公司在收到预收款时开具增值税专用发票。

（1）2018年9月收到货款时：

借：银行存款 17 400

 贷：预收账款——B公司 15 000

  应交税费——应交增值税（销项税额） 2 400

（2）2018年11月发出商品时：

借：预收账款——B公司 15 000

 贷：主营业务收入 15 000

（3）当月结转成本：

借：主营业务成本 9 500

 贷：库存商品 9 500

2. 假设A公司在发出商品时开具增值税专用发票（开票前未取得索取销售款凭据）。

（1）2018年9月收到货款时：

借：银行存款 17 400

 贷：预收账款——B公司 15 000

  应交税费——待转销项税额 2 400

（2）2018年11月发出商品时：

借：预收账款——B公司 15 000

  应交税费——待转销项税额 2 400

 贷：主营业务收入 15 000

  应交税费——应交增值税（销项税额） 2 400

（3）当月结转成本：

借：主营业务成本 9 500

 贷：库存商品 9 500

案例 2-10

企业销售生产工期超过 12 个月的大型机械设备的涉税及会计处理

2019 年 4 月 30 日，A 机械制造公司（一般纳税人）向 B 公司（一般纳税人）销售一台定制的大型机械设备，生产周期为 12 个月（2019 年 5 月至 2020 年 5 月），合同约定：价格为 4 500 万元（不含税），分三次支付，2019 年 5 月支付价款的 30%（1 350 万元），2019 年 12 月支付价款的 50%（2 250 万元），2020 年 6 月验收交付后支付剩余的 20%（900 万元）。假定 2019 年 12 月底能完成总工作量的 60%。A 公司相关涉税及会计处理如下（单位：万元）：

1. 2019 年 5 月收到预收账款。

销项税额：1 350×13%＝175.50（万元）。

借：银行存款　　　　　　　　　　　　　　　　　　　　　　　1 525.50
　　贷：预收账款——B 公司　　　　　　　　　　　　　　　　　1 350
　　　　应交税费——应交增值税（销项税额）　　　　　　　　　175.50

2. 2019 年 12 月按照合同约定应收到预收账款（实际未收到）。

销项税额：2 250×13%＝292.50（万元）。

（1）确定增值税收入：

借：应收账款　　　　　　　　　　　　　　　　　　　　　　　2 542.50
　　贷：预收账款——B 公司　　　　　　　　　　　　　　　　　2 250
　　　　应交税费——应交增值税（销项税额）　　　　　　　　　292.50

（2）2020 年 1 月收到预收账款：

借：银行存款　　　　　　　　　　　　　　　　　　　　　　　2 542.50
　　贷：应收账款——B 公司　　　　　　　　　　　　　　　　　2 542.50

3. 2019 年结转收入。

4 500×60%＝2 700（万元）。

借：预收账款　　　　　　　　　　　　　　　　　　　　　　　2 700
　　贷：主营业务收入　　　　　　　　　　　　　　　　　　　　2 700

4. 2020 年 6 月收到预收账款。

销项税额：900×13%＝117（万元）。

借：银行存款　　　　　　　　　　　　　　　　　　　　　　　1 017

贷：预收账款——B公司　　　　　　　　　　　　　　　900
　　　　应交税费——应交增值税（销项税额）　　　　　　117

5. 2020年结转收入。

4 500×40%＝1 800（万元）。

　　借：预收账款　　　　　　　　　　　　　　　　　　1 800
　　贷：主营业务收入　　　　　　　　　　　　　　　　1 800

问题 2-2-4

企业销售商品采用支付手续费方式委托代销的增值税纳税义务发生时间及企业所得税收入时点如何确定？

答：委托代销是指货物所有人委托代理人（或受托方）销售货物的形式，其受托方只是一个代理商，货物的所有权仍归属委托方。

1. 委托其他纳税人代销货物的增值税纳税义务发生时间的确定。

根据《增值税暂行条例实施细则》第三十八条第（五）项的规定，"条例第十九条第一款第（一）项规定的收讫销售款项或者取得索取销售款项凭据的当天，按销售结算方式的不同"，对纳税人"委托其他纳税人代销货物，为收到代销单位的代销清单或者收到全部或者部分货款的当天。未收到代销清单及货款的，为发出代销货物满180天的当天"。

2. 纳税人委托代销的企业所得税收入时点的确定。

根据《国家税务总局关于确认企业所得税收入若干问题的通知》（国税函〔2008〕875号）第一条第（二）项第4点的规定，对符合企业所得税收入确认条件，纳税人"销售商品采用支付手续费方式委托代销的，在收到代销清单时确认收入"。

根据上述政策规定，对纳税人委托代销的，企业所得税以收到代销清单时确认收入，而增值税纳税义务的确认不仅以"收到代销单位的代销清单"为条件，对于"收到全部或者部分货款的当天"也确认增值税纳税义务的产生，其最大的不同是增值税政策规定了"委托期限"，即"发出代销货物满180天的当天"要确认增值税纳税义务。

> **【提示】**《小企业会计准则》第五十九条第（五）项规定："销售商品采用支付手续费方式委托代销的，在收到代销清单时确认收入"，与企业所得税处理一致。对于适用《企业会计准则第14号——收入》的企业，按照"企业应当在履行了合同中的履约义务，即在客户取得相关商品控制权时确认收入"处理。

案例2-11

企业委托其他纳税人代销货物的涉税及会计处理

2018年12月10日，A公司（一般纳税人）委托B公司（一般纳税人）销售电暖器500台，成本70元/台。合同约定，销售价110元/台，一次性发货，B公司按照合同价格（不含税）的5%收取手续费。

将货物交付其他单位或者个人代销时无须做销售处理，收到代销清单时，再做销售处理。

1. 发出代销商品。

借：发出商品——委托代销商品	35 000
贷：库存商品	35 000

2. 收到代销清单时（在180天内）。

销项税额：55 000×16%＝8 800（元）。

借：应收账款	63 800
贷：主营业务收入	55 000
应交税费——应交增值税（销项税额）	8 800

3. 支付手续费。

手续费：500×110×5%＝2 750（元）；

不含税手续费：2 750÷(1+6%)＝2 594.34（元）；

进项税额：2 594.34×6%＝155.66（元）。

借：销售费用	2 594.34
应交税费——应交增值税（进项税额）	155.66
贷：应收账款	2 750

4. 结转成本。

  借：主营业务成本   35 000
    贷：发出商品——委托代销商品   35 000

> **【提示1】** 根据《增值税暂行条例实施细则》第三十八条第（五）项的规定，"委托其他纳税人代销货物，为收到代销单位的代销清单或者收到全部或者部分货款的当天。未收到代销清单及货款的，为发出代销货物满180天的当天"。
>
> **【提示2】** 根据企业会计准则对收入确认的相关规定，企业应当在履行了合同中的履约义务，即在客户取得相关商品控制权时确认收入。根据这一原则，委托方将货物转交给其他单位或者个人代销，无论采用何种销售方式，由于货物所有权并没有转移，只是改变了存放地点，因此从会计准则角度看，销售并没有实现。

问题 2-2-5

企业销售商品需要安装和检验的增值税纳税义务发生时间及企业所得税收入时点如何确定？

答：纳税人销售商品需要安装和检验主要是指销售的完成，根据合同内容包括一个安装和检验的过程。

1. 企业所得税收入时点的确定。

根据《国家税务总局关于确认企业所得税收入若干问题的通知》（国税函〔2008〕875号）第一条第（二）项第3点的规定，对符合企业所得税收入确认条件，纳税人"销售商品需要安装和检验的，在购买方接受商品以及安装和检验完毕时确认收入。如果安装程序比较简单，可在发出商品时确认收入"。

2. 增值税纳税义务发生时间的确定。

对纳税人"销售商品需要安装和检验的"增值税，则要根据不同情况处理。《增值税暂行条例实施细则》第三十八条第（一）项规定："条例第十九条第一款第（一）项规定的收讫销售款项或者取得索取销售款项凭据的当天，按销售结算方式的不同"，对纳税人"采取直接收款方式销售货物，不论货物是否发出，均为收到销售款或者取得索取销售款凭据的当天"；第（三）项规定："采取赊销和分期收款方式销售货物，为书面合同约定的收款日期的当天，无书面合同的或者书面合同没有约定收款日期的，为货物发出的当天"。

3. 会计处理。

对于在上述实际业务中，发生已确认相关收入（或利得）但尚未发生增值税纳税义务而需于以后期间确认为销项税额的增值税额，根据《增值税会计处理规定》（财会〔2016〕22号文件发布）第一条第（六）项的规定，应通过"应交税费——应交增值税（待转销项税额）"明细科目处理。

> 【提示】《小企业会计准则》第五十九条第（四）项规定："销售商品需要安装和检验的，在购买方接受商品以及安装和检验完毕时确认收入。安装程序比较简单的，可在发出商品时确认收入"，与企业所得税处理一致。对于适用《企业会计准则第14号——收入》的企业，按照"企业应当在履行了合同中的履约义务，即在客户取得相关商品控制权时确认收入"处理。

问题 2-2-6

企业采取赊销和分期收款方式销售货物的增值税纳税义务发生时间及企业所得税收入时点如何确定？

答：赊销是以信用为基础的销售，卖方与买方签订购货协议后，卖方让买方取走货物，而买方按照协议在规定日期付款或以分期付款形式付清货款的过程。分期收款销货是指根据合同约定，对销售货款在一个时间段内，按照合同约定的规定期限分期收取货款的销售方式。

1. 纳税人赊销和分期收款方式销售货物的增值税纳税义务发生时间的确定。

根据《增值税暂行条例实施细则》第三十八条第（三）项的规定，"条例第十九条第一款第（一）项规定的收讫销售款项或者取得索取销售款项凭据的当天，按销售结算方式的不同"，对纳税人"采取赊销和分期收款方式销售货物，为书面合同约定的收款日期的当天，无书面合同的或者书面合同没有约定收款日期的，为货物发出的当天"。

2. 企业所得税收入时点的确定。

根据《企业所得税法实施条例》第二十三条第（一）项的规定，企业"以分期收款方式销售货物的，按照合同约定的收款日期确认收入的实现"。

> 【提示】《小企业会计准则》第五十九条第（三）项规定："销售商品采用分期收款方式的，在合同约定的收款日期确认收入"，与企业所得税处理一致。
>
> 《企业会计准则第14号——收入》第十七条规定："合同中存在重大融资成分的，企业应当按照假定客户在取得商品控制权时即以现金支付的应付金额确定交易价格。该交易价格与合同对价之间的差额，应当在合同期间内采用实际利率法摊销。
>
> 合同开始日，企业预计客户取得商品控制权与客户支付价款间隔不超过一年的，可以不考虑合同中存在的重大融资成分。"
>
> 根据上述规定，适用企业会计准则的企业，对支付价款间隔超过一年的分期收款要考虑合同中的融资因素。

案例 2-12

企业采取赊销方式销售货物的涉税及会计处理

2019年1月，A电器公司与B贸易公司签订购货合同，合同约定，2019年1月5日A公司向B公司提供1 500台电暖器，成本160元/台。合同约定：A公司先发货物，待B公司实现销售时，再结算货款。A公司与B公司结算价格为190元/台，增值税税率16%。合同约定付款时间为：B公司在2019年3月5日以实际销售的货物结算一次，2019年4月5日再按照实际销售量结算，如果截至2019年4月5日有剩余货物没有销售完毕，则由B公司按照合同约定价格支付剩余产品货款。假定2019年3月5日前销售1 100台，货款付清；2019年4月5日前销售350台。

企业所得税收入时点、增值税纳税义务发生时间均按照合同约定确定。

1. A公司2019年发出货物。

销项税额：190×1 500×16%＝45 600（元）。

　　借：应收账款　　　　　　　　　　　　　　　　　　　　330 600

　　　　贷：主营业务收入　　　　　　　　　　　　　　　　　285 000

　　　　　　应交税费——待转销项税额　　　　　　　　　　45 600

　2．当月月末结转赊销货品成本。

　　　借：主营业务成本　　　　　　　　　　　　　　　　　240 000

　　　　贷：库存商品——电暖器　　　　　　　　　　　　　240 000

　3．2019年3月5日按合同收到货款。

销项税额：190×1 100×16%＝33 440（元）。

　　　借：银行存款　　　　　　　　　　　　　　　　　　　242 440

　　　　　应交税费——待转销项税额　　　　　　　　　　　33 440

　　　　贷：应收账款　　　　　　　　　　　　　　　　　　242 440

　　　　　　应交税费——应交增值税（销项税额）　　　　　33 440

　4．2019年4月5日按合同收到货款。

销项税额：190×（350＋50）×16%＝12 160（元）。

　　　借：银行存款　　　　　　　　　　　　　　　　　　　88 160

　　　　　应交税费——待转销项税额　　　　　　　　　　　12 160

　　　　贷：应收账款　　　　　　　　　　　　　　　　　　88 160

　　　　　　应交税费——应交增值税（销项税额）　　　　　12 160

案例2-13

企业采用分期收款方式销售货物的涉税及会计处理

　　A机械贸易公司（一般纳税人）2019年1月5日向B机械施工企业（一般纳税人）销售10台大型挖掘机，成本90万元/台，销售（现销）价格120万元/台，增值税税率16%。2019年1月5日B公司取走设备并投入使用，合同约定货款分二年支付，2019年12月25日支付660万元货款（5台设备），2020年12月25日支付640万元货款（5台设备），合同总价格1 300万元（不含税），增值税税率16%。假定根据实际利润法计算出二年的"未实现融资收益"分别为60万元、40万元。

　　1．2019年12月涉税及会计处理（单位：万元，下同）。

　　该业务合同约定第一次收款日期为2019年12月25日，因此2019年12月确定增值税纳税义务发生，同时确认会计收入。

(1) 收入实现：

借：银行存款　　　　　　　　　　　　　　　　825.60

　　贷：主营业务收入　　　　　　　　　　　　　660

　　　　未实现融资收益　　　　　　　　　　　　60

　　　　应交税费——应交增值税（销项税额）　　105.60

(2) 结转成本：

借：主营业务成本　　　　　　　　　　　　　　450

　　贷：库存商品　　　　　　　　　　　　　　　450

(3) 结转财务费用：

借：未实现融资收益　　　　　　　　　　　　　60

　　贷：财务费用　　　　　　　　　　　　　　　60

2. 2020年涉税及会计处理。

该业务合同约定2020年12月25日最后一笔款项支付，应进行增值税、企业所得税处理。

(1) 收入实现：

借：银行存款　　　　　　　　　　　　　　　　782.40

　　贷：主营业务收入　　　　　　　　　　　　　640

　　　　未实现融资收益　　　　　　　　　　　　40

　　　　应交税费——应交增值税（销项税额）　　102.40

(2) 结转成本：

借：主营业务成本　　　　　　　　　　　　　　450

　　贷：库存商品　　　　　　　　　　　　　　　450

(3) 结转财务费用：

借：未实现融资收益　　　　　　　　　　　　　40

　　贷：财务费用　　　　　　　　　　　　　　　40

【提示】实务中，如果按照会计准则规定先确认收入，相关处理如下：

1. 2019年涉税及会计处理（单位：万元，下同）。

该业务合同约定第一次收款日期为2019年12月25日，因此2019年12月应进行增值税、企业所得税处理，2019年1月5日按会计准则规定确认收入。

(1) 2019年1月会计处理：

借：长期应收款——分期收款　　　　　　　　　　　1 492
　　贷：主营业务收入　　　　　　　　　　　　　　　1 200
　　　　未实现融资收益　　　　　　　　　　　　　　　100
　　　　应交税费——待转销项税额　　　　　　　　　　192

(2) 结转成本：

借：主营业务成本　　　　　　　　　　　　　　　　　900
　　贷：库存商品　　　　　　　　　　　　　　　　　　900

(3) 结转财务费用：

借：未实现融资收益　　　　　　　　　　　　　　　　100
　　贷：财务费用　　　　　　　　　　　　　　　　　　100

(4) 2019年12月涉税及会计处理：

借：银行存款　　　　　　　　　　　　　　　　　　　756
　　应交税费——待转销项税额　　　　　　　　　　　　96
　　贷：应交税费——应交增值税（销项税额）　　　　　96
　　　　长期应收款——分期收款　　　　　　　　　　　756

2. 企业所得税汇算清缴。

2019年12月25日为合同约定收款日期，因此确定增值税纳税义务，同时确认企业所得税收入，2019年度会计已经确认主营业务收入1 200万元，企业所得税确认收入600万元，汇算清缴应调减收入（调减应纳税所得额）600万元；2019年度会计已经确认主营业务成本900万元，企业所得税确认主营业务成本450万元，汇算清缴应调减成本（调增应纳税所得额）450万元；2019年度会计已经确认未实现融资收益100万元，企业所得税确认未实现融资收益60万元，汇算清缴应调减未实现融资收益（调减应纳税所得额）40万元。

3. 2020年涉税及会计处理。

该业务合同约定2020年12月25日最后一笔款项支付，应进行增值税、企业所得税处理。

> 借：银行存款　　　　　　　　　　　　　　　　　　　736
> 　　应交税费——待转销项税额　　　　　　　　　　　96
> 　　贷：应交税费——应交增值税（销项税额）　　　　96
> 　　　　长期应收款——分期收款　　　　　　　　　　736
> 2020年12月25日为合同约定收款日期，因此确定增值税纳税义务发生，同时确认企业所得税收入，汇算清缴应调增收入（调增应纳税所得额）600万元、调增成本（调减应纳税所得额）450万元、调增未实现融资收益（调增应纳税所得额）40万元。

2.3 促销及其他各类特殊销售方式的涉税业务

本节内容主要包括企业销售货物采取的各种促销行为涉及的增值税、企业所得税处理。

问题 2-3-1

企业为促销给予价格折扣的增值税、企业所得税如何处理？

答：一般情况下，价格折扣是指企业为促销，在价格方面给予客户（或顾客）的优惠。

1. 增值税处理。

《增值税若干具体问题的规定》（国税发〔1993〕154号文件发布）第二条第（二）项规定："纳税人采取折扣方式销售货物，如果销售额和折扣额在同张发票上分别注明的，可按折扣后的销售额征收增值税；如果将折扣额另开发票，不论其在财务上如何处理，均不得从销售额中减除折扣额。"

上述政策在执行中，纳税人采取折扣方式销售货物，虽在同一发票上注明了销售额和折扣额，却将折扣额填写在发票的备注栏，是否允许抵减销售额，对此，《国家税务总局关于折扣额抵减增值税应税销售额问题通知》（国税函〔2010〕56号）规定："《国家税务总局关于印发〈增值税若干具体问题的规定〉的通知》（国税发

〔1993〕154号）第二条第（二）项规定：'纳税人采取折扣方式销售货物，如果销售额和折扣额在同一张发票上分别注明的，可按折扣后的销售额征收增值税'。纳税人采取折扣方式销售货物，销售额和折扣额在同一张发票上分别注明是指销售额和折扣额在同一张发票上的'金额'栏分别注明的，可按折扣后的销售额征收增值税。未在同一张发票'金额'栏注明折扣额，而仅在发票的'备注'栏注明折扣额的，折扣额不得从销售额中减除"。

《营业税改征增值税试点实施办法》（财税〔2016〕36号文件附件1）第四十三条规定："纳税人发生应税行为，将价款和折扣额在同一张发票上分别注明的，以折扣后的价款为销售额；未在同一张发票上分别注明的，以价款为销售额，不得扣减折扣额。"

根据上述政策规定，不论是销售货物还是发生应税行为，折扣销售销售额的确认，取决于发票开具的形式，在实务中，销售额和折扣额在同一张发票的"金额"栏分别注明，折扣销售才能按照折扣后的销售额征收增值税。

2. 企业所得税处理。

《国家税务总局关于确认企业所得税收入若干问题的通知》（国税函〔2008〕875号）第一条第（五）项第一款规定："企业为促进商品销售而在商品价格上给予的价格扣除属于商业折扣，商品销售涉及商业折扣的，应当按照扣除商业折扣后的金额确定销售商品收入金额。"

根据上述政策规定，企业为促进商品销售而在商品价格上给予的价格扣除属于商业折扣，其销售收入可以按照扣除商业折扣后的金额确定。需要注意的是，企业的促销活动必须符合独立交易原则，根据《企业所得税法》第四十一条的规定，"企业与其关联方之间的业务往来，不符合独立交易原则而减少企业或者其关联方应纳税收入或者所得额的，税务机关有权按照合理方法调整"。

3. 会计处理。

在日常会计实务中，企业销售商品给予折扣的，按销售价格折扣后的金额记入"主营业务收入"科目。需要注意的是，在计算增值税时，销售额和折扣额在同一张发票上分别注明的，才可按折扣后的销售额征收增值税。

【提示】根据《小企业会计准则》第六十条的规定，"小企业应当按照从购买方已收或应收的合同或协议价款，确定销售商品收入金额"。"销售商品涉及商业折扣的，应当按照扣除商业折扣后的金额确定销售商品收入金额"。"商业折扣，是指小企业为促进商品销售而在商品标价上给予的价格扣除"。

根据《企业会计准则第14号——收入》第十四条的规定，"交易价格，是指企业因向客户转让商品而预期有权收取的对价金额"。

上述规定与企业所得税处理一致。

案例 2-14

企业为促销给予折扣的涉税及会计处理

A公司销售一批电动剃须刀，标注售价为54 000元，成本48 000元，增值税税率16%，商业折扣8%。A公司为一般纳税人。A公司相关涉税及会计处理如下：

1. 涉税处理。

A公司开具增值税专用发票时，销售额和折扣额在同一张发票的"金额"栏分别注明。

销售额：54 000×(1-8%)=49 680（元）；

增值税销项税额：49 680×16%=7 948.80（元）。

2. 会计处理。

(1) 销售收入：

借：应收账款	57 628.80
贷：主营业务收入	49 680
应交税费——应交增值税（销项税额）	7 948.80

(2) 结转成本：

借：主营业务成本	48 000
贷：库存商品	48 000

问题 2-3-2

企业销售商品给予实物折扣的增值税、企业所得税如何处理？

答：企业在销售商品（促销）时给予实物折扣，实际上是价格折扣的一种，只是折扣通过实物的形式体现。

1. 增值税处理。

对纳税人在销售中采取折扣方式的,《国家税务总局关于折扣额抵减增值税应税销售额问题通知》(国税函〔2010〕56号)规定:"《国家税务总局关于印发〈增值税若干具体问题的规定〉的通知》(国税发〔1993〕154号)第二条第(二)项规定:'纳税人采取折扣方式销售货物,如果销售额和折扣额在同一张发票上分别注明的,可按折扣后的销售额征收增值税'。纳税人采取折扣方式销售货物,销售额和折扣额在同一张发票上分别注明是指销售额和折扣额在同一张发票上的'金额'栏分别注明的,可按折扣后的销售额征收增值税。未在同一张发票'金额'栏注明折扣额,而仅在发票的'备注'栏注明折扣额的,折扣额不得从销售额中减除。"

根据上述政策规定,纳税人采取折扣方式销售货物,销售额和折扣额在同一张发票上分别注明是指销售额和折扣额在同一张发票的"金额"栏分别注明,此种情形可按折扣后的销售额征收增值税。

对于政策规定的折扣是否包括实物折扣,可参考国家税务总局答复原江苏省国家税务局相关问题的批复,即《国家税务总局关于中外合资南京中萃食品有限公司饮料折扣销售额征收增值税问题的批复》(国税函〔1996〕598号)规定:"关于该公司采用数量折扣方式销售货物,在开具增值税专用发票时,在发票的'数量'栏中同时反映购买数量和折扣数量,在'单价'栏中注明统一价格,只是在'金额'栏没有列明折扣金额,是否可按折扣后的金额征收增值税问题,经研究,同意你局意见:对该公司以上述方式销售货物可按《国家税务总局关于印发〈增值税若干具体问题的法规〉的通知》(国税发〔1993〕154号)第二条第二款的法规依折扣后的销售额征收增值税,并且应要求该公司今后在开具增值税专用发票时,按法规逐栏填写。"

根据上述政策规定,对于符合规定的数量折扣,可以按照折扣后的销售额征收增值税。

2. 企业所得税处理。

企业采取实物折扣销售商品的,从企业所得税政策角度,目前还没有针对性的政策规定。从实物折扣销售的形式上看,实物折扣与"买一赠一"实质相同,即赠送的物品为销售的同一商品。《国家税务总局关于确认企业所得税收入若干问题的通知》(国税函〔2008〕875号)第三条规定:"企业以买一赠一等方式组合销售本企业商品的，不属于捐赠，应将总的销售金额按各项商品的公允价值的比例来分摊确认各项的销售收入。"

根据国家税务总局关于"买一赠一"企业所得税处理的规定，对于采取实物折扣销售的，应该按照公允价值确认销售收入。

案例2-15

企业销售商品给予实物折扣的涉税及会计处理

A公司对外销售一批商品饮料，单价11元（不含税），数量10 000个，销售额为11万元，增值税税率为13%，同意给予对方10%的数量折扣。销售额、单价、折扣数量等在同一张发票上分别注明。A公司的相关涉税及会计处理如下：

1. 相关计算。

销售折扣数量：10 000×10%＝1 000（个）；

销售折扣金额：1 000×11＝1.1（万元）；

折扣后金额：9 000×11＝9.9（万元）；

销项税额：9.9×13%＝1.29（万元）。

2. 会计处理（单位：万元）。

借：应收账款	11.19
贷：主营业务收入	9.9
应交税费——应交增值税（销项税额）	1.29

问题2-3-3

企业采用"买一赠一"方式销售商品，其赠品视同销售的增值税、企业所得税如何处理？

答："买一赠一"（或"买N赠n"，下同）业务常见于企业的促销活动中，主要形式是企业在销售主商品时，再捆绑赠送其他商品。常见的有以下几种促销情况：一是销售价值比较大的商品附赠价值比较小的商品；二是销售商品时附赠同类商品；三是销售商品时附赠过季商品或临近过期商品。

1. 增值税处理。

对于"买一赠一"中赠品的增值税处理，目前还没有直接的规定，根据《增值税暂行条例实施细则》第四条第（八）项的规定，企业"将自产、委托加工或者购进的货物无偿赠送其他单位或者个人"的行为，视同销售货物。

对视同销售货物的赠品增值税计税销售额的确定，根据《增值税暂行条例实施细则》第十六条的规定，"按下列顺序确定销售额：

（一）按纳税人最近时期同类货物的平均销售价格确定；

（二）按其他纳税人最近时期同类货物的平均销售价格确定；

（三）按组成计税价格确定。组成计税价格的公式为：

组成计税价格＝成本×（1＋成本利润率）

属于应征消费税的货物，其组成计税价格中应加计消费税额。

公式中的成本是指：销售自产货物的为实际生产成本，销售外购货物的为实际采购成本。公式中的成本利润率由国家税务总局确定"。

根据上述政策规定，企业在促销活动中，将货物（或物品）无偿赠送其他单位或者个人，应视同销售货物处理。

2. 企业所得税处理。

对于纳税人采用"买一赠一"方式销售商品的企业所得税处理，根据《国家税务总局关于确认企业所得税收入若干问题的通知》（国税函〔2008〕875号）第三条的规定，"企业以买一赠一等方式组合销售本企业商品的，不属于捐赠，应将总的销售金额按各项商品的公允价值的比例来分摊确认各项的销售收入"。

根据上述政策规定，企业在"买一赠一"业务中赠送的商品（物品）不属于捐赠，应与主商品共同确定各自的销售收入。

3. 会计处理

在会计实务中，对于"买一赠一"的处理，仍然按照主商品的销售价格确定收入，捆绑附赠的商品则作为销售费用处理。

案例 2-16

企业为促销赠送物品视同销售的企业所得税收入确认

A商场采取"买一赠一"方式销售电视机，电视机售价为8 000元/台（不含税），成本6 000元/台；同时赠送电风扇，售价为400元/台（不含税），成本300元/台。假定销售价格均为市场价（公允价值）。企业所得税收入确认如下：

1. 确认电视机收入。

（1）计算分摊比例：8 000/(8 000＋400)×100％＝95.24％；

（2）计算分摊收入：8 000×95.24％＝7 619.20（元）；

电视机收入确认为7 619.20元，成本不变，为6 000元。

2. 确认电风扇收入。

（1）计算分摊比例：400/(8 000＋400)×100％＝4.76％；

（2）计算分摊收入：8 000×4.76％＝380.80（元）；

电风扇收入确认为380.80元，成本不变，为300元。

案例 2-17

企业为促销赠送物品视同销售的综合涉税及会计处理

某企业采取"买一赠一"方式销售电视机，电视机售价为8 000元/台（不含税），成本6 000元/台；同时赠送电风扇，售价为400元/台（不含税），成本300元/台，增值税税率16％。假定销售价格均为市场价（公允价值）。则相关处理如下：

1. 增值税处理。

根据增值税无偿赠送（视同销售）价格确定原则，电视机售价为8 000元/台（不含税）、电风扇售价为400元/台（不含税）。

（1）电视机销售进项税额计算。

电视机收入确认为8 000元，则销项税额：8 000×16％＝1 280（元）。

（2）电风扇视同销售进项税额处理。

电风扇确认收入为400元，则销项税额：400×16％＝64（元）。

2. 企业所得税处理。

根据企业所得税政策，企业在"买一赠一"业务中赠送的商品（物品）不属于捐赠，应与主商品共同确定各自的销售收入。

（1）确认电视机收入。

①计算分摊比例：8 000/(8 000＋400)×100％＝95.24％；

②计算分摊收入：8 000×95.24％＝7 619.20（元）；

电视机收入确认为 7 619.20 元，成本不变，为 6 000 元。

(2) 确认电风扇收入。

①计算分摊比例：400/(8 000＋400)×100％＝4.76％；

②计算分摊收入：8 000×4.76％＝380.80（元）；

电风扇收入确认为 380.80 元，成本不变，为 300 元。

3. 会计处理。

对于"买一赠一"的会计处理，仍然按照主商品的销售价格确定收入，捆绑附赠的商品则作为销售费用处理。

(1) 主商品销售的会计处理。

①销售电视机取得收入：

　　借：库存现金（银行存款）　　　　　　　　　　　　　　9 280
　　　　贷：主营业务收入　　　　　　　　　　　　　　　　8 000
　　　　　　应交税费——应交增值税（销项税额）　　　　　1 280

②结转销售成本：

　　借：主营业务成本　　　　　　　　　　　　　　　　　　6 000
　　　　贷：库存商品——电视机　　　　　　　　　　　　　6 000

(2) 赠送商品的会计处理。

　　借：销售费用　　　　　　　　　　　　　　　　　　　　364
　　　　贷：库存商品　　　　　　　　　　　　　　　　　　300
　　　　　　应交税费——应交增值税（销项税额）　　　　　64

【提示】企业所得税处理与会计处理没有差异。

企业所得税处理：(7 619.20－6 000)＋(380.80－300)＝1 700（元）。

会计处理：(8 000－6 000)－300＝1 700（元）。

问题 2-3-4

企业采用"买一赠一"方式销售，销售的商品与赠品属同类商品的增值税、企业所得税如何处理？

答：企业在"买一赠一"（或"买 N 赠 n"）促销活动中，销售的商品与赠品属同类商品，实质上是实物折扣，在形式上更接近降价促销。

1. 增值税处理。

根据《增值税若干具体问题的规定》（国税发〔1993〕154号文件发布）第二条第（二）项、《营业税改征增值税试点实施办法》（财税〔2016〕36号文件附件1）第四十三条以及《国家税务总局关于中外合资南京中萃食品有限公司饮料折扣销售额征收增值税问题的批复》（国税函〔1996〕598号）的规定，不论是销售货物还是发生应税行为，折扣销售销售额的确认，取决于发票开具的形式。在实务中，销售额和折扣额在同一张发票的"金额"栏分别注明，折扣销售才能按照折扣后的销售额征收增值税。具体开票方式依据《国家税务总局关于折扣额抵减增值税应税销售额问题通知》（国税函〔2010〕56号）的规定执行。

2. 企业所得税处理。

对于企业所得税的处理，由于商品与赠品属同类商品，实质上是一种商品的降价促销，《企业所得税法》第四十一条规定："企业与其关联方之间的业务往来，不符合独立交易原则而减少企业或者其关联方应纳税收入或者所得额的，税务机关有权按照合理方法调整"；第四十七条规定："企业实施其他不具有合理商业目的的安排而减少其应纳税收入或者所得额的，税务机关有权按照合理方法调整"。只要企业的销售行为符合上述政策规定，企业所得税就可以按照折扣后的金额结转收入。

案例2-18

企业为促销给予同类商品实物折扣的涉税及会计处理

A商场采取"买十赠一"方式即购买十台支付九台费用销售电视机，电视机售价为8 000元/台（不含税），成本6 000元/台。销售价格均为市场价（公允价值），增值税税率16%。增值税处理如下：

A商场在销售电视机时，销售额和折扣额在同一张发票的"金额"栏分别注明，每十台销售额为72 000元，折扣额为8 000元（即一台电视机价格）。

1. 电视机销售进项税额计算。

电视机收入确认为72 000元，则销项税额：72 000×16%＝11 520（元）。

2. 销售的会计处理。

（1）销售电视机取得收入：

```
借：库存现金（银行存款）                          83 520
    贷：主营业务收入                              72 000
        应交税费——应交增值税（销项税额）            11 520
(2) 结转销售成本：
借：主营业务成本                                  60 000
    贷：库存商品——电视机                          60 000
```

问题 2-3-5

企业采用"买一赠一"方式销售，非同类赠品视同销售折扣（实物）的增值税、企业所得税如何处理？

答：在"买一赠一"促销活动中，对销售价值比较大的商品附赠另一个价值比较小的商品或者销售商品时附赠过季商品或临近过期商品，从性质上也可以判断为销售实物折扣。

1. 增值税处理。

根据《增值税若干具体问题的规定》（国税发〔1993〕154号文件发布）第二条第（二）项、《营业税改征增值税试点实施办法》（财税〔2016〕36号文件附件1）第四十三条以及《国家税务总局关于中外合资南京中萃食品有限公司饮料折扣销售额征收增值税问题的批复》（国税函〔1996〕598号）的规定，不论是销售货物还是发生应税行为，对折扣销售销售额的确认，取决于发票开具的形式。在实务中，销售额和折扣额在同一张发票的"金额"栏分别注明，折扣销售才能按照折扣后的销售额征收增值税，具体开票方式依据《国家税务总局关于折扣额抵减增值税应税销售额问题通知》（国税函〔2010〕56号）的规定执行。

2. 企业所得税处理。

根据《国家税务总局关于确认企业所得税收入若干问题的通知》（国税函〔2008〕875号）第三条的规定，"企业以买一赠一等方式组合销售本企业商品的，不属于捐赠，应将总的销售金额按各项商品的公允价值的比例来分摊确认各项的销售收入"。

根据上述政策规定，企业在"买一赠一"业务中赠送的商品（物品）不属于捐赠，应与主商品共同确定各自的销售收入。

案例 2-19

企业为促销给予非同类实物折扣的涉税及会计处理

A 商场采取"买一赠一"方式销售电视机，电视机售价为 8 000 元/台（不含税），成本 6 000 元/台；同时赠送电风扇，售价为 400 元/台（不含税），成本 300 元/台。假定销售价格均为市场价（公允价值）。增值税税率为 16%。增值税处理如下：

A 商场在销售电视机时，销售额和折扣额在同一张发票的"金额"栏分别注明，每台销售额为 8 000 元，折扣额为 400 元（即电风扇的价格）。

1. 电视机销售进项税额计算。

电视机收入确认为 8 000 元，则销项税额：8 000×16%＝1 280（元）。

2. 电风扇视同销售进项税额处理。

因电风扇的价值已经包含在电视机的价值中，因此不再做增值税处理。

3. 销售的会计处理。

（1）销售电视机取得收入：

借：库存现金（银行存款）　　　　　　　　　　　　　　9 280
　　贷：主营业务收入　　　　　　　　　　　　　　　　　8 000
　　　　应交税费——应交增值税（销项税额）　　　　　　1 280

（2）结转销售成本：

借：主营业务成本　　　　　　　　　　　　　　　　　　6 000
　　贷：库存商品——电视机　　　　　　　　　　　　　　6 000

4. 赠送商品的会计处理。

借：销售费用　　　　　　　　　　　　　　　　　　　　300
　　贷：库存商品　　　　　　　　　　　　　　　　　　　300

【提示】企业所得税处理与会计处理没有差异。

企业所得税处理：(7 619.20－6 000)＋(380.80－300)＝1 700（元）。

会计处理：(8 000－6 000)－300＝1 700（元）。

问题 2-3-6

在企业销售折扣（实物）行为中，销售价格明显偏低的增值税、企业所得税如何处理？

答：实务中，纳税人在采用销售折扣（实物）方式促销时，通常需要测算其折扣即抵减赠品后的价格，一般情况下其价格不能低于成本价，并有合理的利润。如果价格明显偏低，则在税收上有重新核定价格的风险。

1. 增值税处理。

对于增值税的处理，《增值税暂行条例》第七条规定："纳税人发生应税销售行为的价格明显偏低并无正当理由的，由主管税务机关核定其销售额"。

根据上述政策规定，纳税人在采用销售折扣（实物）方式时，其确定的价格需要在公允价值范围内，如果明显偏低且无正当理由，由主管税务机关核定其销售额。

对于核定的方式，《增值税暂行条例实施细则》第十六条规定："纳税人有条例第七条所称价格明显偏低并无正当理由或者有本细则第四条所列视同销售货物行为而无销售额者，按下列顺序确定销售额：

（一）按纳税人最近时期同类货物的平均销售价格确定；

（二）按其他纳税人最近时期同类货物的平均销售价格确定；

（三）按组成计税价格确定。组成计税价格的公式为：

$$组成计税价格 = 成本 \times (1 + 成本利润率)$$

属于应征消费税的货物，其组成计税价格中应加计消费税额。

公式中的成本是指：销售自产货物的为实际生产成本，销售外购货物的为实际采购成本。公式中的成本利润率由国家税务总局确定。"

2. 企业所得税处理。

对于企业所得税的处理，《企业所得税法》第四十一条规定："企业与其关联方之间的业务往来，不符合独立交易原则而减少企业或者其关联方应纳税收入或者所得额的，税务机关有权按照合理方法调整"；第四十七条规定："企业实施其他不具有合理商业目的的安排而减少其应纳税收入或者所得额的，税务机关有权按照合理方法调整"。《企业所得税法实施条例》第一百一十条规定："企业所得税法第四十一条所称独立交易原则，是指没有关联关系的交易各方，按照公平成交价格和营业常规进行业务往来遵循的原则。"

根据上述政策规定，纳税人在采用销售折扣（实物）方式，即"买 N 赠 n"进行促销时，如果是在关联企业之间发生的上述业务，必须符合关联企业交易原则，否则应按规定进行调整。

问题 2-3-7

企业采用售后回购方式销售商品的增值税、企业所得税如何处理？

答：根据企业会计准则相关解释，售后回购，是指企业销售商品的同时承诺或有权选择日后再将该商品（包括相同或几乎相同的商品，或以该商品作为组成部分的商品）购回的销售方式。

1. 增值税处理。

根据《增值税暂行条例》等增值税政策规定，在企业售后回购业务中，实际上是发生了销售货物与购进货物两项业务。对于一般纳税人（双方），在"回购业务中"，其销售货物时应开具增值税专用发票，按适用税率计算增值税（销项税额）。在回购货物时，应取得增值税专用发票，其进项税额可以抵扣。

根据上述政策规定，企业采用售后回购方式销售商品的，应按照销售货物和购进货物两项业务处理，在回购货物时，如果按规定能取得增值税专用发票，其进项税额可以抵扣。

2. 企业所得税处理。

《国家税务总局关于确认企业所得税收入若干问题的通知》（国税函〔2008〕875号）第一条第（三）项规定："采用售后回购方式销售商品的，销售的商品按售价确认收入，回购的商品作为购进商品处理。有证据表明不符合销售收入确认条件的，如以销售商品方式进行融资，收到的款项应确认为负债，回购价格大于原售价的，差额应在回购期间确认为利息费用。"

根据上述政策规定，企业采用售后回购方式销售商品的，增值税按照正常的销售和采购货物（旧货）处理。对于企业所得税，如果销售商品含有融资因素，则回购价格大于原售价的差额应在回购期间确认为利息费用。

从会计角度，在售后回购交易中，因为销售方通过售后回购协议对已销售商品仍具有控制管理权,所以售后回购不符合收入确认条件,本质上,售后回购交易属于融资活动。在大多数情况下,回购价格固定或原售价加合理回报,售后回购交易属于融资交易,企业不应确认收入,对回购价大于原售价的差额,企业应在回购期间按期计提利息费用,计入财务费用。

对于售后回购业务的性质,在税收上如果判断该项销售行为属于融资性质,可以不确认计税收入,取得的款项确认为负债。因此,对于售后回购业务的处理,税收与会计(回购价格高于原售价)上基本一致。

【提示】根据《企业会计准则第14号——收入》第三十八条的规定,对于售后回购交易,企业应当区分下列两种情形分别进行会计处理:

"(一)企业因存在与客户的远期安排而负有回购义务或企业享有回购权利的,表明客户在销售时点并未取得相关商品控制权,企业应当作为租赁交易或融资交易进行相应的会计处理。其中,回购价格低于原售价的,应当视为租赁交易,按照《企业会计准则第21号——租赁》的相关规定进行会计处理;回购价格不低于原售价的,应当视为融资交易,在收到客户款项时确认金融负债,并将该款项和回购价格的差额在回购期间内确认为利息费用等。企业到期未行使回购权利的,应当在该回购权利到期时终止确认金融负债,同时确认收入。

(二)企业负有应客户要求回购商品义务的,应当在合同开始日评估客户是否具有行使该要求权的重大经济动因。客户具有行使该要求权重大经济动因的,企业应当将售后回购作为租赁交易或融资交易,按照本条(一)规定进行会计处理;否则,企业应当将其作为附有销售退回条款的销售交易,按照本准则第三十二条规定进行会计处理。"

案例 2-20

企业售后回购的增值税计算

A公司2019年6月1日向B公司销售一批商品,销售价格为150万元(不含税)。协议约定:A公司应于12月30日将所售商品购回,回购价为160万元(不含税)。A、B公司均为增值税一般纳税人。A公司相关增值税处理如下:

1. A 公司销售商品时的增值税计算。

增值税（销项）：150×13%＝19.5（万元）。

B 公司取得增值税专用发票，进项税额 19.5 万元可以抵扣。

2. 回购时 B 公司的增值税计算。

增值税（销项）：160×13%＝20.8（万元）。

A 公司取得增值税专用发票，进项税额 20.8 万元可以抵扣。

案例 2-21

企业售后回购的综合涉税及会计处理

甲公司为增值税一般纳税人，2018 年 5 月 1 日向乙公司销售一台设备，销售价格为 260 万元（不含税），成本为 210 万元。协议约定：甲公司应于 12 月 30 日将所售商品购回，回购价为 310 万元（不含税）。甲公司相关会计核算及税款计算如下（单位：万元）：

1. 甲公司销售商品时。

增值税销项税额：260×16%＝41.60（万元）。

借：银行存款	301.60
贷：其他应付款	260
应交税费——应交增值税（销项税额）	41.60
借：发出商品——回购商品	210
贷：库存商品——设备	210

2. 回购价大于原售价的差额，应在回购期间按期计提利息费用，计入当期财务费用。回购期间为 8 个月，假设采用实际利率用直线法计提利息费用。

每月计提利息费用：（310－260）÷8＝6.25（万元）。

借：财务费用	6.25
贷：其他应付款	6.25

……（连续计提 8 个月）

3. 12 月 30 日回购商品时。

进项税额：310×16%＝49.60（万元）。

（1）借：财务费用	6.25

贷：其他应付款		6.25
（2）借：库存商品——设备		210
贷：发出商品		210
（3）借：其他应付款		260
应交税费——应交增值税（进项税额）		49.60
贷：银行存款		309.60
（4）借：其他应付款		50
贷：银行存款		50

问题 2-3-8

企业采用以旧换新方式销售商品的增值税、企业所得税如何处理？

答：以旧换新，是指企业在销售商品时明示，如果购买者能把同类旧商品交给销售者，购买的新商品就能得到一定的折扣，否则须按原价购买新商品。

　　1. 增值税处理。

《增值税若干具体问题的规定》（国税发〔1993〕154 号文件发布）第二条第（三）项第一款规定："纳税人采取以旧换新方式销售货物，应按新货物的同期销售价格确定销售额。"

根据上述政策规定，销售商品以旧换新的，在进行增值税处理时，区分为销售商品和回购商品两项业务，其销售商品应按新货物的同期销售价格确定销售额，不得扣除回收的商品价值。

　　2. 企业所得税处理。

对于纳税人采用以旧换新方式销售商品的企业所得税处理，《国家税务总局关于确认企业所得税收入若干问题的通知》（国税函〔2008〕875 号）第一条第（四）项规定："销售商品以旧换新的，销售商品应当按照销售商品收入确认条件确认收入，回收的商品作为购进商品处理"。

根据上述政策规定，销售商品以旧换新的，在进行企业所得税处理时，区分为销售商品和回购商品两项业务，其销售商品按照正常价格确定收入，不得扣除回收的商品价值。

上述业务在会计实务中，企业销售新商品，增值税计税销售额、企业所得税收入的确认均不得扣除旧货金额。所以在会计处理上，按正常销售记入"主营业务收入"科目，回收的旧货记入"库存商品"科目。需要注意的是，回收的旧货一般无法取得增值税专用发票（个人消费者无票据），无进项税额抵扣。

> 【提示1】《财政部、国家税务总局关于金银首饰等货物征收增值税问题的通知》（财税字〔1996〕74号）第一条规定："考虑到金银首饰以旧换新业务的特殊情况，对金银首饰以旧换新业务，可以按销售方实际收取的不含增值税的全部价款征收增值税。"
>
> 【提示2】《小企业会计准则》第五十九条第（六）项规定："销售商品以旧换新的，销售的商品作为商品销售处理，回收的商品作为购进商品处理。"这与企业所得税处理一致。
>
> 对于适用会计准则的企业，根据《〈企业会计准则第7号——非货币性资产交换〉应用指南》第一条关于"非货币性资产交换的认定"的解释，对于以货易货行为，如果收到的补价占换出资产公允价的25%，则不能按非货币性资产交换准则进行会计处理，而应按销售业务进行会计处理。因此对于一般的以旧换新方式销售商品的，按照正常销售确定销售收入。

案例 2-22

企业采用以旧换新方式销售商品的涉税及会计处理

A公司（一般纳税人）2018年10月采取以旧换新销售电动自行车，成本2 900元/台，销售单价3 400元/台（含税），若顾客交还同品牌电动自行车可以作价400元，补交差价3 000元就可换回全新电动自行车。假设A公司销售一辆电动自行车，开具发票注明收到货款3 000元，扣除旧货金额400元，则A公司相关涉税计算及会计处理如下：

1. 增值税计算。

不含税销售额：3 400÷(1+16%)=2 931.03（元）；

销项税额：2 931.03×16%=468.97（元）。

> 【提示】如果 A 公司为小规模纳税人,则增值税计算如下:
> 不含税销售额:3 400÷(1+3%)=3 300.97(元);
> 应缴增值税:3 300.97×3%=99.03(元)。

2. 会计处理。

(1) 销售商品:

借:银行存款	3 000
库存商品——旧电动自行车	400
贷:主营业务收入——电动自行车	2 931.03
应交税费——应交增值税(销项税额)	468.97

(2) 结转成本:

借:主营业务成本	2 900
贷:库存商品——电动自行车	2 900

问题 2-3-9

企业采用还本销售方式销售货物的增值税、企业所得税如何处理?

答:还本销售是指纳税人在销售货物后,根据约定,到一定期限由销售方一次或分次退还给购货方全部或者部分价款。在实务中,还本销售主要有两个目的:一是促销,其销售的货物或者售价一般高于同类商品售价,或者是积压产品;二是筹资,即以货物换取资金的使用价值,到期还本不付息。

1. 增值税处理。

《增值税若干具体问题的规定》(国税发〔1993〕154 号文件发布)第二条第(三)项第二款规定:"纳税人采取还本销售方式销售货物,不得从销售额中减除还本支出。"

根据上述政策规定,纳税人采取还本销售方式销售货物,不管目的是促销还是融资,在计算增值税时,不得从销售额中减除还本支出。

2. 企业所得税处理。

《企业所得税法》第八条规定:"企业实际发生的与取得收入有关的、合理的支出，包括成本、费用、税金、损失和其他支出，准予在计算应纳税所得额时扣除。"

《企业所得税法实施条例》第二十七条规定："企业所得税法第八条所称有关的支出，是指与取得收入直接相关的支出。

企业所得税法第八条所称合理的支出，是指符合生产经营活动常规，应当计入当期损益或者有关资产成本的必要和正常的支出。"

根据上述政策规定，在进行企业所得税处理时，只要是与取得收入直接相关的合理支出，都可以按规定在税前扣除。

在还本销售业务中，其销售部分涉及的收入确定、成本结转与正常销售业务没有区别，对于到期还本的处理，因促销或融资的不同目的而有差异。需要注意的是，在还本销售业务中，具有融资费用性质的支出，如果符合资本化条件，要进行资本化处理。

3. 会计处理。

在企业还本销售业务中，销售收入的确定、成本结转与正常销售业务没有区别，对于到期还本的处理，若企业还本销售的目的是融资，则通过"财务费用"科目核算；若企业还本销售的目的是促销，则通过"销售费用"科目核算。对于还本支出，要在约定的还本期间摊销，按年或月计提并记入相关费用科目。计提时借记"财务费用"或"销售费用"科目，贷记"其他应付款"科目；支付还本金时，借记"其他应付款"科目，贷记"银行存款""库存现金"等科目。

案例 2-23

企业为融资目的采用还本销售方式销售货物的涉税及会计处理

A公司（一般纳税人）生产销售电视机，每台成本价格1 800元，市场上同类商品售价每台2 100元（不含税）。为融资，A公司于2019年1月采用还本销售方式向B公司（一般纳税人）销售100台电视机。合同约定该批电视机的单价为2 300元（不含税）、总价230 000元、增值税36 800元、价税合计金额266 800元。合同约定，5年后全额按266 800元一次还本。假设A公司本次融资的80%款项用于某三年建造合同项目，20%款项用于日常运转。A公司相关涉税及会计处理如下：

1. 涉税处理。

增值税计税销售额：2 300×100＝230 000（元）；

销项税额：230 000×16％＝36 800（元）。

A 公司开具增值税专用发票，价格 230 000 元、增值税 36 800 元，不得从销售额中减除还本支出。

2. 会计处理。

(1) 取得销售收入时：

借：银行存款	266 800	
贷：主营业务收入		230 000
应交税费——应交增值税（销项税额）		36 800

(2) 成本结转时：

借：发出商品——回购商品	180 000	
贷：库存商品——电视机		180 000

(3) 预提费用（按年）时：

每年还本金额：266 800÷5＝53 360（元）；

资本化金额：53 360×80％＝42 688（元）；

当期费用：53 360×20％＝10 672（元）。

借：在建工程	42 688	
财务费用	10 672	
贷：其他应付款		53 360

(4) 还本（五年后）时：

借：其他应付款	266 800	
贷：银行存款		266 800

【提示】如果 A 公司还本销售的目的是融资和促销，则每年还本金额会计处理如下：

借：在建工程	42 688	
销售费用	10 672	
贷：其他应付款		53 360

问题 2-3-10

企业代购货物的增值税及企业所得税如何处理?

答：1. 增值税处理。

代购货物的增值税处理分为两个部分。

一是代购的货物。《财政部、国家税务总局关于增值税、营业税若干政策规定的通知》（财税字〔1994〕26号）第五条规定："代购货物行为，凡同时具备以下条件的，不征收增值税；不同时具备以下条件的，无论会计制度规定如何核算，均征收增值税。

（一）受托方不垫付资金；

（二）销货方将发票开具给委托方，并由受托方将该项发票转交给委托方；

（三）受托方按销售方实际收取的销售额和增值税额（如系代理进口货物则为海关代征的增值税额）与委托方结算货款，并另外收取手续费。"

根据上述政策规定，企业在代购货物行为中，只要同时符合政策规定的三个条件，就不征收增值税。

二是收取的代购手续费。根据《营业税改征增值税试点实施办法》（财税〔2016〕36号文件附件1）所附《销售服务、无形资产、不动产注释》的规定，在代购货物的业务中，企业收取的代购手续费属于"商务辅助服务——经纪代理服务"税目。根据该办法第十五条及《增值税暂行条例》第二条第（三）项的规定，税率为6%。

2. 企业所得税处理。

根据《企业所得税法》第六条的相关规定，企业在代购货物业务中取得的代购手续费，应计入收入总额，其收入为不含税收入。

案例 2-24

企业代购货物的涉税及会计处理

A公司（一般纳税人）从事各类医疗设备的代购服务。2019年5月为B医院代购某医疗设备，设备价值68万元，增值税8.84万元。A公司不垫付资金，各种票据原票转交，并按销售方实际收取的销售额和增值税额与 B 医院结算货款。A 公司向 B 公司收取手续费 10 万元，开具增值税专用发票。A 公司相关涉税及会计处理如下：

1. 增值税计算。

销售额：10÷(1+6%)＝9.43（万元）；

销项税额：9.43×6%＝0.57（万元）。

2. 会计处理（单位：万元）。

(1) A 公司收取货款及增值税款时：

　　借：银行存款　　　　　　　　　　　　　　　　　　76.84
　　　　贷：应付账款——××　　　　　　　　　　　　　　　76.84

(2) 收取手续费时：

　　借：银行款款　　　　　　　　　　　　　　　　　　10
　　　　贷：主营业务收入　　　　　　　　　　　　　　　　9.43
　　　　　　应交税费——应交增值税（销项税额）　　　　　0.57

本章思考题

1. 增值税确定收入的时点与企业所得税确定收入的时点是否一致？
2. 企业为促销给予价格折扣与给予实物折扣的增值税处理有什么不同？
3. 企业销售商品取得的预收账款是否要进行增值税、企业所得税处理？

第 3 章
企业销售服务、无形资产或者不动产等取得收入业务

- 3.1 销售服务、无形资产或者不动产等基本规定的适用
- 3.2 销售服务及除土地使用权以外的其他无形资产涉税业务
- 3.3 销售土地使用权及不动产涉税业务
- 3.4 提供建筑安装服务涉税业务

"销售服务、无形资产或者不动产"主要是指营改增后扩大范围（原缴纳营业税）的增值税业务，其中，销售服务包括销售交通运输、邮政、电信、建筑、金融、现代及生活服务。销售无形资产，是指转让无形资产所有权或者使用权的业务活动。销售不动产，是指转让不动产所有权的业务活动。本章内容主要是针对企业"销售服务、无形资产或者不动产"取得收入的增值税及企业所得税处理问题进行分析，对于税收与会计的差异，主要采取"提示"的形式予以说明。

3.1 销售服务、无形资产或者不动产等基本规定的适用

"销售服务、无形资产或者不动产"主要是指营改增后扩大范围的增值税业务，本节内容主要包括销售服务、无形资产或者不动产的基本政策，以及一些共性问题的增值税、企业所得税处理。

问题 3-1-1

销售服务、无形资产或者不动产等增值税应税行为与企业所得税（劳务）收入的范围是什么？

答：纳税人销售服务、无形资产或者不动产，增值税应税行为、企业所得税收入范围确定如下：

1. 增值税应税行为的范围。

《营业税改征增值税试点实施办法》（财税〔2016〕36号文件附件1）第一条第一款规定："在中华人民共和国境内（以下称境内）销售服务、无形资产或者不动产（以下称应税行为）的单位和个人，为增值税纳税人，应当按照本办法缴纳增值税，不缴纳营业税"；第九条规定："应税行为的具体范围，按照本办法所附的《销售服务、无形资产、不动产注释》执行"。

营改增前，增值税征税范围包括：销售货物或者提供加工、修理修配劳务以及进口货物。全面营改增后，根据2017年修订的《增值税暂行条例》规定，增值税征税范围包括：销售货物或者加工、修理修配劳务（以下简称劳务），销售服务、无形

资产、不动产以及进口货物。其中对于销售服务、无形资产、不动产应税行为的具体税目解释,以《营业税改征增值税试点实施办法》所附《销售服务、无形资产、不动产注释》为准。

2. 企业提供劳务及转让无形资产、不动产取得收入的范围。

根据《企业所得税法》第六条及《企业所得税法实施条例》第十五条、第十六条的规定,《销售服务、无形资产、不动产注释》所列税目涉及的相关收入,均属于企业所得税收入。从企业所得税角度看,其收入总额包括增值税应税收入,也包括非税收入。一般情况下,对于应税收入,企业所得税与增值税收入的确认是一样的,即纳税人发生应税行为取得的全部价款和价外费用均要作为收入确认。

> 【提示1】《小企业会计准则》第六十二条规定:"小企业提供劳务的收入,是指小企业从事建筑安装、修理修配、交通运输、仓储租赁、邮电通信、咨询经纪、文化体育、科学研究、技术服务、教育培训、餐饮住宿、中介代理、卫生保健、社区服务、旅游、娱乐、加工以及其他劳务服务活动取得的收入。"
>
> 【提示2】2019年11月27日发布的《中华人民共和国增值税法(征求意见稿)》第一条指出:"在中华人民共和国境内(以下称境内)发生增值税应税交易(以下称应税交易),以及进口货物,应当依照本法规定缴纳增值税。"请读者密切关注后续政策变化。

问题 3-1-2

一般纳税人销售服务、无形资产或者不动产的增值税销售额与企业所得税收入额如何确定?

答:一般纳税人销售服务、无形资产或者不动产,其收入为不含税收入。

1. 增值税销售额的确定。

《营业税改征增值税试点实施办法》(财税〔2016〕36号文件附件1)第二十三条规定:"一般计税方法的销售额不包括销项税额,纳税人采用销售额和销项税额合并定价方法的,按照下列公式计算销售额:

销售额=含税销售额÷(1+税率)"

该办法第三十七条规定："销售额，是指纳税人发生应税行为取得的全部价款和价外费用，财政部和国家税务总局另有规定的除外。

价外费用，是指价外收取的各种性质的收费，但不包括以下项目：

（一）代为收取并符合本办法第十条规定的政府性基金或者行政事业性收费。

（二）以委托方名义开具发票代委托方收取的款项。"

根据上述政策规定，增值税是价外税，适用一般计税方法的销售额不包括销项税额，如果纳税人采用销售额和销项税额合并定价方法，则按照适用的税率计算不含税销售额。

2. 企业所得税收入额的确定。

《企业所得税法》第六条规定："企业以货币形式和非货币形式从各种来源取得的收入，为收入总额"。增值税是价外税，营改增后，对一般纳税人来讲，其收入总额中，凡是应税收入均为不含税收入。对于一般纳税人，在销售服务、无形资产或者不动产时取得的收入，不包括销项税额。

3. 会计处理。

营改增后，在会计处理中，根据《增值税会计处理规定》（财会〔2016〕22号文件发布）第二条第（二）项第1点第一款的规定，企业销售服务、无形资产或不动产，应当按应收或已收的金额，借记"应收账款""应收票据""银行存款"等科目，按取得的收入金额，贷记"主营业务收入""其他业务收入""固定资产清理""工程结算"等科目，按现行增值税制度规定计算的销项税额，贷记"应交税费——应交增值税（销项税额）"或"应交税费——简易计税"科目。发生销售退回的，应根据按规定开具的红字增值税专用发票做相反的会计分录。

【提示】2019年11月27日发布的《中华人民共和国增值税法（征求意见稿）》第十五条指出："销售额，是指纳税人发生应税交易取得的与之相关的对价，包括全部货币或者非货币形式的经济利益，不包括按照一般计税方法计算的销项税额和按照简易计税方法计算的应纳税额。

国务院规定可以差额计算销售额的，从其规定。"

请读者密切关注后续政策变化。

案例 3-1

企业取得咨询服务收入的涉税及会计处理

A 咨询服务公司（一般纳税人）于 2019 年 1 月取得一笔咨询费收入 15 万元（含税），开具增值税专用发票。A 公司相关涉税及会计处理如下：

1. 涉税处理。

销售额：15÷(1+6%)＝14.15（万元）；

销项税额：14.15×6%＝0.85（万元）。

2. 会计处理（单位：万元）。

  借：应收账款（或"银行存款"）   15
   贷：主营业务收入   14.15
    应交税费——应交增值税（销项税额）   0.85

案例 3-2

企业（非房地产企业）销售不动产的涉税及会计处理

B 贸易公司（一般纳税人）于 2019 年 5 月转让写字楼一间，面积 100 平方米，转让价格 650 万元（含税）。B 公司相关涉税及会计处理如下：

1. 涉税处理。

销售额：650÷(1+9%)＝596.33（万元）；

销项税额：596.33×9%＝53.67（万元）。

2. 会计处理（单位：万元）。

  借：应收账款（或"银行存款"）   650
   贷：营业外收入   596.33
    应交税费——应交增值税（销项税额）   53.67

【提示】在实际操作中，企业转让自用房屋需要通过"固定资产清理"科目核算，还需要按规定进行土地增值税、印花税的处理。

问题 3-1-3

企业销售服务、无形资产或者不动产等适用简易计税方法（小规模纳税人）的增值税销售额与企业所得税收入额如何确定？

答：适用简易计税方法或小规模纳税人的增值税销售额与企业所得税收入额的确定方法如下：

1. 增值税销售额的确定。

根据《营业税改征增值税试点实施办法》（财税〔2016〕36号文件附件1）第四章的相关规定，增值税的计税方法，包括一般计税方法和简易计税方法。小规模纳税人发生应税行为适用简易计税方法计税。一般纳税人发生应税行为适用一般计税方法计税。但是，一般纳税人发生财政部和国家税务总局规定的特定应税行为，可以选择适用简易计税方法计税，且一经选择，36个月内不得变更。

《营业税改征增值税试点实施办法》第三十四条规定："简易计税方法的应纳税额，是指按照销售额和增值税征收率计算的增值税额，不得抵扣进项税额。应纳税额计算公式：

$$应纳税额 = 销售额 \times 征收率"$$

该办法第三十五条规定："简易计税方法的销售额不包括其应纳税额，纳税人采用销售额和应纳税额合并定价方法的，按照下列公式计算销售额：

$$销售额 = 含税销售额 \div (1 + 征收率)"$$

根据上述政策规定，纳税人发生应税行为适用简易计税方法的，其销售额不包括其应纳税额。

2. 企业所得税收入额的确定。

根据《企业所得税法》第六条的规定，"企业以货币形式和非货币形式从各种来源取得的收入，为收入总额"。增值税是价外税，营改增后，对一般纳税人来讲，其收入总额中，凡是应税收入均为不含税收入。对于小规模纳税人，在销售服务、无形资产或者不动产时取得的收入，不包括缴纳的增值税额。

3. 会计处理。

营改增后，在企业日常会计处理中，根据《增值税会计处理规定》（财会

〔2016〕22号文件发布）第二条第（二）项第1点第一款的规定，企业销售服务、无形资产或不动产，应当按应收或已收的金额，借记"应收账款""应收票据""银行存款"等科目，按取得的收入金额，贷记"主营业务收入""其他业务收入""固定资产清理""工程结算"等科目，采用简易计税方法计算的应纳增值税额，贷记"应交税费——简易计税"科目，小规模纳税人应贷记"应交税费——应交增值税"科目。

【提示】2019年11月27日发布的《中华人民共和国增值税法（征求意见稿）》没有关于小规模纳税人的条款，其第二十三条指出："简易计税方法的应纳税额，是指按照当期销售额和征收率计算的增值税额，不得抵扣进项税额。应纳税额计算公式：

应纳税额＝当期销售额×征收率"

请读者密切关注后续政策变化。

案例3-3

企业取得运输服务收入的涉税及会计处理

A公司为运输服务公司（小规模纳税人），2019年2月取得一笔运费收入，金额12万元，开具增值税发票。A公司相关涉税及会计处理如下：

1. 涉税处理。

小规模纳税人增值税征收率为3%。

销售额：12÷(1+3%)＝11.65（万元）；

应缴增值税：11.65×3%＝0.35（万元）。

2. 会计处理（单位：万元）。

借：应收账款（或"银行存款"）	12
贷：主营业务收入	11.65
应交税费——应交增值税	0.35

问题 3-1-4

企业无偿提供服务、转让无形资产或者不动产视同销售的增值税、企业所得税如何处理?

答:纳税人无偿提供服务、转让无形资产或者不动产的,除政策规定的情形外,要视同销售处理。

1. 增值税处理。

营改增后,对于销售服务、无形资产或者不动产的,《营业税改征增值税试点实施办法》(财税〔2016〕36号文件附件1)第十四条规定:"下列情形视同销售服务、无形资产或者不动产:

(一)单位或者个体工商户向其他单位或者个人无偿提供服务,但用于公益事业或者以社会公众为对象的除外。

(二)单位或者个人向其他单位或者个人无偿转让无形资产或者不动产,但用于公益事业或者以社会公众为对象的除外。

(三)财政部和国家税务总局规定的其他情形。"

对于视同销售服务、无形资产或者不动产销售额的确定,根据《营业税改征增值税试点实施办法》第四十四条的规定,纳税人发生该办法第十四条所列行为而无销售额的,主管税务机关有权按照下列顺序确定销售额:

(1)按照纳税人最近时期销售同类服务、无形资产或者不动产的平均价格确定。

(2)按照其他纳税人最近时期销售同类服务、无形资产或者不动产的平均价格确定。

(3)按照组成计税价格确定。组成计税价格的公式为:

$$组成计税价格 = 成本 \times (1 + 成本利润率)$$

成本利润率由国家税务总局确定。

根据上述政策规定,除用于公益事业或者以社会公众为对象的,企业无偿提供服务、转让无形资产或者不动产均视同销售缴纳增值税。

2. 企业所得税处理。

(1)企业所得税视同销售的一般处理。

《企业所得税法实施条例》第二十五条规定:"企业发生非货币性资产交换,以及将货物、财产、劳务用于捐赠、偿债、赞助、集资、广告、样品、职工福利和利润分配等用途的,应当视同销售货物、转让财产和提供劳务,但国务院财政、税务主管部门另有规定的除外。"

根据上述政策规定,企业将财产(房屋、无形资产)、劳务等用于捐赠、偿债、赞助等文件列举的用途的,应当视同转让财产和提供劳务。

(2)企业将无形资产或者不动产移送他人的处理。

《国家税务总局关于企业处置资产所得税处理问题的通知》(国税函〔2008〕828号)第二条规定:"企业将资产移送他人的下列情形,因资产所有权属已发生改变而不属于内部处置资产,应按规定视同销售确定收入。

(一)用于市场推广或销售;

(二)用于交际应酬;

(三)用于职工奖励或福利;

(四)用于股息分配;

(五)用于对外捐赠;

(六)其他改变资产所有权属的用途。"

对于无形资产或者不动产移送视同销售的企业所得税收入认定,《国家税务总局关于企业所得税有关问题的公告》(国家税务总局公告2016年第80号)第二条规定:"企业发生《国家税务总局关于企业处置资产所得税处理问题的通知》(国税函〔2008〕828号)第二条规定情形的,除另有规定外,应按照被移送资产的公允价值确定销售收入。"

(3)房地产开发企业视同销售行为的处理。

《房地产开发经营业务企业所得税处理办法》(国税发〔2009〕31号文件发布)第七条规定:"企业将开发产品用于捐赠、赞助、职工福利、奖励、对外投资、分配给股东或投资人、抵偿债务、换取其他企事业单位和个人的非货币性资产等行为,应视同销售,于开发产品所有权或使用权转移,或于实际取得利益权利时确认收入(或利润)的实现。确认收入(或利润)的方法和顺序为:

(一)按本企业近期或本年度最近月份同类开发产品市场销售价格确定;

(二)由主管税务机关参照当地同类开发产品市场公允价值确定;

(三)按开发产品的成本利润率确定。开发产品的成本利润率不得低于15%,具体比例由主管税务机关确定。"

根据上述政策规定，对于视同销售服务、无形资产或者不动产的，在确定增值税销售额时，一般按照文件规定的方式和顺序执行。在确定企业所得税收入时，对于转让无形资产或者不动产的按照公允价值确定，房地产企业的开发产品按照文件规定的顺序确定，但是对于提供劳务的，目前还没有针对性政策，一般在日常处理当中，可以按照公允价值或按照文件规定的三个顺序确定。

3. 会计处理。

营改增后，企业在日常对上述视同销售的行为进行会计处理时，根据《增值税会计处理规定》（财会〔2016〕22 号文件发布）第二条第（二）项第 2 点的规定，企业发生税法上视同销售的行为，应当按照企业会计准则制度相关规定进行相应的会计处理，并按照现行增值税制度规定计算的销项税额（或采用简易计税方法计算的应纳增值税额），借记"应付职工薪酬""利润分配"等科目，贷记"应交税费——应交增值税（销项税额）"或"应交税费——简易计税"科目（小规模纳税人应记入"应交税费——应交增值税"科目）。

视同销售业务在会计与企业所得税处理上，会出现企业所得税视同销售需要确认收入，而从会计角度不需要确认收入情形，因此产生税会差异。在实务中，一般是根据会计收入确认原则来确定企业收入的实现，对于企业所得税视同销售而会计上不确认收入的情形，在企业所得税汇算清缴时处理，即调整企业所得税应纳税所得额。

【提示】2019 年 11 月 27 日发布的《中华人民共和国增值税法（征求意见稿）》第十一条指出："下列情形视同应税交易，应当依照本法规定缴纳增值税：

（一）单位和个体工商户将自产或者委托加工的货物用于集体福利或者个人消费；

（二）单位和个体工商户无偿赠送货物，但用于公益事业的除外；

（三）单位和个人无偿赠送无形资产、不动产或者金融商品，但用于公益事业的除外；

（四）国务院财政、税务主管部门规定的其他情形。"

上述规定中没有列举无偿提供服务，请读者密切关注后续政策变化。

《中华人民共和国增值税法（征求意见稿）》第十六条指出："视同发生应税交易以及销售额为非货币形式的，按照市场公允价格确定销售额。"请读者密切关注后续政策变化。

案例 3-4

企业无偿提供广告服务的涉税及会计处理

A广告公司（一般纳税人）2018年12月赞助某地招商活动，无偿为招商活动方提供广告宣传，假定同期同类广告价格为18万元，各类成本费用支出12万元。A公司相关涉税及会计处理如下：

1. 涉税处理。

A公司的增值税计税价格可以比照公司同期同类广告价格确定。假定确定为18万元。

销售额：18÷（1＋6%）＝16.98（万元）；

销项税额：16.98×6%＝1.02（万元）。

2. 会计处理（单位：万元）。

会计上不做销售处理。

借：营业外支出　　　　　　　　　　　　　　　　　　　　13.02
　　贷：广告成本（归集各项成本科目）　　　　　　　　　　12
　　　　应交税费——应交增值税（销项税额）　　　　　　　1.02

上述业务在当年企业所得税汇算清缴时，应调增应纳税所得额18万元，调减应纳税所得额13.02万元。

3.2　销售服务及除土地使用权以外的其他无形资产涉税业务

本节内容主要包括企业销售服务及无形资产的业务，不包括转让土地使用权业务。其中，销售无形资产不包括企业在资产处置过程中发生的销售无形资产业务。

问题 3-2-1

企业销售服务增值税纳税义务与企业所得税收入如何确认？

答：企业销售服务增值税纳税义务与企业所得税收入的确认方法如下：

1. 销售服务增值税纳税义务的确认。

(1) 税目。《营业税改征增值税试点实施办法》(财税〔2016〕36号文件附件1)所附《销售服务、无形资产、不动产注释》第一条第一款规定："销售服务，是指提供交通运输服务、邮政服务、电信服务、建筑服务、金融服务、现代服务、生活服务"；第二条第一款规定："销售无形资产，是指转让无形资产所有权或者使用权的业务活动。无形资产，是指不具实物形态，但能带来经济利益的资产，包括技术、商标、著作权、商誉、自然资源使用权和其他权益性无形资产"。

(2) 纳税义务发生时间。根据《营业税改征增值税试点实施办法》第四十五条第(一)项的规定，"纳税人发生应税行为并收讫销售款项或者取得索取销售款项凭据的当天；先开具发票的，为开具发票的当天"。其中，"收讫销售款项，是指纳税人销售服务、无形资产、不动产过程中或者完成后收到款项"；"取得索取销售款项凭据的当天，是指书面合同确定的付款日期"；未签订书面合同或者书面合同未确定付款日期的，为服务完成的当天。

根据上述政策规定，一项销售服务行为增值税纳税义务发生时间的确定依据是，"收讫销售款项或者取得索取销售款项凭据的当天"与增值税发票开具时间孰先。

2. 销售服务企业所得税收入确认的原则。

增值税销售服务税目的主要内容，基本上涵盖在《企业所得税法实施条例》第十五条、第十八条及第十九条列举的项目范围内。根据企业所得税相关政策规定，企业取得收入的确认，必须遵循权责发生制原则和实质重于形式原则，对于企业提供各项服务（劳务）取得收入的确认，依据《国家税务总局关于确认企业所得税收入若干问题的通知》(国税函〔2008〕875号)第二条的相关规定处理。

根据上述政策规定，从企业所得税角度，其收入的确定，一般情况下，凡在本期（本纳税年度）发生应归属于本期的收入，不论是否在本期（本纳税年度）已实际收到或未收到的货币资金，均应作为本期的收入处理。同样，对于成本、费用，凡在本期（本纳税年度）发生应从本期（本纳税年度）收入中获得补偿的费用，不论是否在本期已实际支付或未付的货币资金，均应作为本期的费用处理。

3. 会计处理。

营改增后，在企业日常会计处理中，根据《增值税会计处理规定》(财会〔2016〕22号文件发布)第二条第(二)项第1点第一款的规定。企业销售服务，应当按应收或已收的金额，借记"应收账款""应收票据""银行存款"等科目，按取得的收入金额，贷记"主营业务收入""其他业务收入"等科目，采用简易计税方法计算的应纳增值税额，贷记"应交税费——简易计税"科目，小规模纳税人应贷记"应交税费——应交增值税"科目。

> 【提示】企业会计准则处理原则。对于纳税人销售服务、无形资产的，其收入的确认仍然根据《企业会计准则第14号——收入》第四条规定的原则处理。在具体掌握上，则根据《〈企业会计准则第14号——收入〉应用指南（2018）》第四章"关于收入的确认"的规定原则处理。

案例 3-5

企业提供运输服务先开发票的涉税及会计处理

2019年7月，A运输服务公司（一般纳税人）与B公司（一般纳税人）签订运输合同，合同约定，在2019年8月1日至11月25日期间，运输100吨货物，价格35万元（含税）。货款分两次结清（支付），其中9月25日支付运输费的60%，即21万元，增值税专用发票在第一次付款时全额开具，11月25日合同完成后结算剩余40%，即14万元，结算后10日内付款。假定结算时无其他金额变化，发生运输成本费用28万元。A公司相关涉税及会计处理如下：

1. 涉税处理。

销售额：35÷(1+9%)=32.11（万元）；

销项税额：32.11×9%=2.89（万元）。

2. 会计处理（单位：万元）。

(1) 9月25日开具增值税专用发票时：

借：银行存款	21
贷：预收账款	18.11
应交税费——应交增值税（销项税额）	2.89

(2) 期间发生成本费用时：

借：运输成本（各成本费用科目）	28
贷：银行存款（或现金）	28

(3) 11 月 25 日合同完成时：

借：应收账款 14
　　预收账款 18.11
　贷：主营业务收入 32.11

(4) 11 月 25 日合同完成结转成本时：

借：主营业务成本 28
　贷：运输成本 28

(5) 12 月 2 日收到款项时：

借：银行存款 14
　贷：应收账款 14

问题 3-2-2

企业提供服务跨年度的增值税、企业所得税如何处理？

答：从税收角度，企业提供销售服务（劳务）跨年度的情形主要是提供的纳税行为（项目）跨越或超过一个法定纳税年度。相关增值税、企业所得税处理如下：

1. 企业提供跨年度劳务的增值税纳税义务的确认。

根据《营业税改征增值税试点实施办法》（财税〔2016〕36 号文件附件 1）第四十五条第（一）项的规定，一项销售服务增值税纳税义务发生时间的确定依据是，"收讫销售款项或者取得索取销售款项凭据的当天"与增值税发票开具时间孰先，这与是否跨越或超过一个纳税年度无关。

2. 企业提供跨年度劳务的企业所得税纳税义务的确认。

企业所得税的处理与增值税不同。《国家税务总局关于确认企业所得税收入若干问题的通知》（国税函〔2008〕875 号）第二条规定："企业在各个纳税期末，提供劳务交易的结果能够可靠估计的，应采用完工进度（完工百分比）法确认提供劳务收入。

（一）提供劳务交易的结果能够可靠估计，是指同时满足下列条件：

1. 收入的金额能够可靠地计量；
2. 交易的完工进度能够可靠地确定；

3. 交易中已发生和将发生的成本能够可靠地核算。

(二)企业提供劳务完工进度的确定,可选用下列方法:

1. 已完工作的测量;

2. 已提供劳务占劳务总量的比例;

3. 发生成本占总成本的比例。

(三)企业应按照从接受劳务方已收或应收的合同或协议价款确定劳务收入总额,根据纳税期末提供劳务收入总额乘以完工进度扣除以前纳税年度累计已确认提供劳务收入后的金额,确认为当期劳务收入;同时,按照提供劳务估计总成本乘以完工进度扣除以前纳税期间累计已确认劳务成本后的金额,结转为当期劳务成本。"

根据上述政策规定,对于企业提供的劳务跨年度的,其增值税处理,以"书面合同确定的付款日期"为准,先开具发票的,则为开具发票的当天。对于未签订书面合同或者书面合同未确定付款日期的,为服务销售完成的当天。从企业所得税角度,则是企业在各个纳税期末,提供劳务交易的结果能够可靠估计的,应采用完工进度(完工百分比)法确认提供劳务的收入。

3. 会计处理。

在会计处理中,企业提供的服务如果跨越一个或多个年度,有可能出现"按照国家统一的会计制度确认收入或利得的时点"与"按照增值税制度确认增值税纳税义务发生时间"不一致的情形,其增值税会计处理,应按照《增值税会计处理规定》(财会〔2016〕22号文件发布)第二条第(二)项第1点第二款、第三款的规定处理。

对于未达到确认收入时点而收到的款项,通过"预收账款"科目处理,待达到收入确认时点,转入"主营业务收入"科目。

【提示】《企业会计准则第14号——收入》第十二条规定:"对于在某一时段内履行的履约义务,企业应当在该段时间内按照履约进度确认收入,但是,履约进度不能合理确定的除外。企业应当考虑商品的性质,采用产出法或投入法确定恰当的履约进度。其中,产出法是根据已转移给客户的商品对于客户的价值确定履约进度;投入法是根据企业为履行履约义务的投入确定履约进度。对于类似情况下的类似履约义务,企业应当采用相同的方法确定履约进度。

> 当履约进度不能合理确定时，企业已经发生的成本预计能够得到补偿的，应当按照已经发生的成本金额确认收入，直到履约进度能够合理确定为止。"
>
> 该准则第六十三条第二款规定："劳务的开始和完成分属不同会计年度的，应当按照完工进度确认提供劳务收入。年度资产负债表日，按照提供劳务收入总额乘以完工进度扣除以前会计年度累计已确认提供劳务收入后的金额，确认本年度的提供劳务收入；同时，按照估计的提供劳务成本总额乘以完工进度扣除以前会计年度累计已确认营业成本后的金额，结转本年度营业成本。"

案例 3-6

企业提供跨年度软件开发服务的涉税及会计处理

2018年7月，A软件公司（一般纳税人）与B公司（一般纳税人）签订软件开发合同，合同约定项目开发周期为16个月，从2018年8月1日至2019年11月30日。合同价款110万元（含税）。对于开发费用的支付，合同签订后10日内支付10%，假定8月8日支付11万元（含税）。2019年3月按进度支付第二笔预付款，项目完成验收后，支付剩余款项并开具增值税专用发票。假定2019年3月底完成进度为60%，取得结算款55万元（含税）。2019年11月项目完成并验收合格，无其他价格变化。A公司相关涉税及会计处理如下（单位：万元）：

1. 2018年8月收到第一笔预付款。

  借：银行存款   11
    贷：预收账款   11

2. 2019年3月收到项目进度结算款。

进度款项：110×60%=66（万元）；

销售额：66÷(1+6%)=62.26（万元）；

销项税额：62.26×6%=3.74（万元）。

  借：银行存款   55
    预收账款   11

  贷：主营业务收入   62.26

    应交税费——待转销项税额   3.74

3. 2018 年企业所得税汇算清缴。

  按照项目形象进度确定收入，假定完成的工作量为 40%，则 2018 年企业所得税汇算清缴应按照 40%确定收入。

  销售收入：110÷(1+6%)=103.77（万元）；

  40%收入：103.77×40%=41.51（万元）。

  2018 年企业所得税汇算清缴时，应调增应纳税所得额 41.51 万元，如果该软件开发涉及非人工合同成本，则依据相应归集科目数据计算调减应纳税所得额。

4. 2019 年 11 月项目完成并验收合格。

  结算剩余款项：110×40%=44（万元）；

  销售额：44÷(1+6%)=41.51（万元）；

  销项税额：41.51×6%=2.49（万元）。

  借：应收账款   44

    应交税费——待转销项税额   3.74

  贷：主营业务收入   41.51

    应交税费——应交增值税（销项税额）   6.23

5. 2019 年度企业所得税汇算清缴。

  由于在 2018 年度企业所得税汇算清缴时，根据企业所得税政策已经调增应纳税所得额，因此应调减应纳税所得额 41.51 万元。如果 2018 年企业所得税汇算清缴时有相关成本调减，2019 年度企业所得税汇算清缴时应调增应纳税所得额。

问题 3-2-3

企业提供的服务已确认相关收入（或利得）但尚未发生增值税纳税义务的如何处理？

  答：企业提供服务已确认相关收入（或利得）但尚未发生增值税纳税义务的情形，主要是指企业提供的一些跨年度服务（劳务）项目，按照企业所得税政策（或会计原则）要确认收入，而按照增值税政策尚未达到纳税义务发生时间。

在此类情形下，增值税纳税义务发生时间与企业所得税收入确认的时点有一定差异。因为，对于增值税处理，根据《增值税暂行条例》第十九条的相关规定，增值税确定纳税义务发生时间的原则是"纳税人发生应税行为并收讫销售款项或者取得索取销售款项凭据的当天；先开具发票的，为开具发票的当天"。而从企业所得税角度，根据《国家税务总局关于确认企业所得税收入若干问题的通知》（国税函〔2008〕875号）第二条的相关规定，企业所得税确认收入时点的原则是"企业在各个纳税期末，提供劳务交易的结果能够可靠估计的，应采用完工进度（完工百分比）法确认提供劳务收入"。

对于已确认相关收入（或利得）但尚未发生增值税纳税义务的，其增值税会计处理科目的设置，根据《增值税会计处理规定》（财会〔2016〕22号文件发布）第一条第（六）项的规定，应设置"待转销项税额"明细科目，核算一般纳税人销售货物、加工修理修配劳务、服务、无形资产或不动产，已确认相关收入（或利得）但尚未发生增值税纳税义务而需于以后期间确认为销项税额的增值税额。

在进行具体会计处理时，根据《增值税会计处理规定》第二条第（二）项第1点第二款的规定，按照国家统一的会计制度确认收入或利得的时点早于按照增值税制度确认增值税纳税义务发生时间的，应将相关销项税额记入"应交税费——待转销项税额"科目，待实际发生纳税义务时再转入"应交税费——应交增值税（销项税额）"或"应交税费——简易计税"科目。

案例 3-7

企业提供劳务已确认相关收入（或利得）但尚未发生增值税纳税义务的涉税及会计处理

A运输公司（一般纳税人）2019年1月3日与B公司（一般纳税人）签订运输合同，由A公司承运B公司购买的某种金属材料10 000吨，价格120万元（含税），运输期间为2019年1月至2019年6月，款项按季度根据完成量预结算，工程量全部完成后开具增值税专用发票。A公司相关涉税及会计处理如下（单位：万元）：

1. 截至2019年3月底完成45%。

预结算款项：120×45%＝54（万元）；

销售额：54÷(1+10%)＝49.09（万元）；

销项税额：49.09×10%＝4.91（万元）。

```
借：应收账款                                            54
    贷：主营业务收入                                    49.09
        应交税费——待转销项税额                          4.91
```

2. 2019 年 7 月合同完成，开具增值税专用发票。

销售额：66÷(1+9%)=60.55（万元）；

销项税：60.55×9%=5.45（万元）。

```
借：应收账款                                            66
    应交税费——待转销项税额                              4.91
    贷：主营业务收入                                    60.55
        应交税费——应交增值税（销项税额）                10.36
```

问题 3-2-4

企业提供的服务已达到增值税纳税义务发生时间但尚未确认收入的如何处理？

答：企业提供劳务，出现增值税纳税义务发生时间早于会计制度确认收入时点的情形，主要是指按照政策已经确认增值税纳税义务，例如根据合同收取预付款项并开具增值税专用发票，但根据会计制度等尚未达到确认收入的条件。

对于增值税纳税义务发生时间的确定，根据《国家税务总局关于增值税纳税义务发生时间有关问题的公告》（国家税务总局公告 2011 年第 40 号）的规定，增值税纳税义务发生时间为取得销售款或取得索取销售款凭据的当天；先开具发票的，为开具发票的当天。而根据企业所得税政策，提供劳务确认收入的基本原则，是根据《国家税务总局关于确认企业所得税收入若干问题的通知》（国税函〔2008〕875 号）第二条第一款的规定，即"除企业所得税法及实施条例另有规定外，企业销售收入的确认，必须遵循权责发生制原则和实质重于形式原则"。

对于提供的劳务，根据上述通知第二条的规定，"企业在各个纳税期末，提供劳务交易的结果能够可靠估计的，应采用完工进度（完工百分比）法确认提供劳务收入"。

根据上述政策规定，企业所得税未到确认收入的时点，但已经达到增值税纳税义务发生时间，即"取得销售款或取得索取销售款凭据的当天；先开具发票的，为开具发票的当天",则应先进行相应的增值税处理,处理方式根据《增值税会计处理规定》(财会〔2016〕22号文件发布)第二条第(二)项第1点第三款的规定,按照增值税制度确认增值税纳税义务发生时间早于按照国家统一的会计制度确认收入或利得的时点的,应将应纳增值税额,借记"应收账款"科目,贷记"应交税费——应交增值税(销项税额)"或"应交税费——简易计税"科目,按照国家统一的会计制度确认收入或利得时,应按扣除增值税销项税额后的金额确认收入。

案例 3-8

企业提供软件开发服务取得预收款的涉税及会计处理

2019年2月28日,A软件开发公司(一般纳税人)与B公司(一般纳税人)签订合同,由A公司承担B公司某项目的开发。合同约定:开发期间为2019年3月1日至2020年6月1日,金额350万元(含税),B公司应于2019年3月10日前支付预付款240万元,同时A公司开具增值税专用发票,项目结束验收后支付剩余的110万元,同时A公司开具增值税专用发票。假定截至2019年12月31日,A公司完成进度的75%,对应成本(归集)为150万元,2020年6月15日收到尾款。A公司相关涉税及会计处理如下:

1. 涉税处理。

(1) A公司收到预付款项时的增值税计算。

销售额:$240 \div (1+6\%) = 226.42$(万元);

销项税额:$226.42 \times 6\% = 13.59$(万元)。

(2) A公司收到尾款时的增值税计算。

销售额:$110 \div (1+6\%) = 103.77$(万元);

销项税额:$103.77 \times 6\% = 6.23$(万元)。

2. 会计处理(单位:万元)。

(1) 2019年3月10日收到预收账款时:

  借:银行存款   240

   贷:应交税费——应交增值税(销项税额)   13.59

     预收账款——B公司   226.42

(2) 2019年12月结转收入。

①按照双方确定的进度结转收入时：

确认收入：350÷(1+6%)×75%＝247.64（万元）

　　借：预收账款——B公司　　　　　　　　　　　　　　　247.64
　　　　贷：主营业务收入　　　　　　　　　　　　　　　　　　247.64

②结转成本时：

　　借：主营业务成本　　　　　　　　　　　　　　　　　　　150
　　　　贷：项目成本（各类相关成本、费用科目）　　　　　　　　150

(3) 2020年6月15日收到尾款时：

　　借：银行存款　　　　　　　　　　　　　　　　　　　　　110
　　　　贷：应交税费——应交增值税（销项税额）　　　　　　　6.23
　　　　　　预收账款——B公司　　　　　　　　　　　　　103.77

(4) 2020年6月结转收入。

①按照双方确定的进度结转收入时：

确认收入：350÷(1+6%)×25%＝82.55（万元）。

　　借：预收账款——B公司　　　　　　　　　　　　　　　　82.55
　　　　贷：主营业务收入　　　　　　　　　　　　　　　　　　82.55

②结转成本时：

　　借：主营业务成本　　　　　　　　　　　　　　　　　　　　50
　　　　贷：项目成本（各类相关成本、费用科目）　　　　　　　　50

问题 3-2-5

企业提供宣传媒介服务的增值税、企业所得税如何处理？

答：宣传媒介是企业用来进行广告活动的承载物，例如图书、报纸、广播、电视、路牌、橱窗等。取得收入的增值税、企业所得税处理如下：

1. 增值税处理。

企业提供宣传媒介服务，属于增值税"广告服务"税目，根据《营业税改征增值税试点实施办法》(财税〔2016〕36号文件附件1)所附《销售服务、无形资产、不动产注释》第一条"销售服务"税目第(六)项"现代服务"第3点"文化创意服务"第(3)则的规定,"广告服务,是指利用图书、报纸、杂志、广播、电视、电影、幻灯、路牌、招贴、橱窗、霓虹灯、灯箱、互联网等各种形式为客户的商品、经营服务项目、文体节目或者通告、声明等委托事项进行宣传和提供相关服务的业务活动。包括广告代理和广告的发布、播映、宣传、展示等"。

根据《营业税改征增值税试点实施办法》第十五条第(一)项的规定,纳税人提供宣传媒介服务,税率为6%。

企业提供宣传媒介服务,增值税纳税义务发生时间根据《营业税改征增值税试点实施办法》第四十五条第(一)项规定的原则确定,即"纳税人发生应税行为并收讫销售款项或者取得索取销售款项凭据的当天;先开具发票的,为开具发票的当天"。

需要注意的是,如果企业提供的仅仅是广告的制作,而没有提供广告发布等相关服务,则属于货物销售,其一般纳税人适用税率为13%。

2. 企业所得税处理。

《国家税务总局关于确认企业所得税收入若干问题的通知》(国税函〔2008〕875号)第二条第(四)项第2点规定:"宣传媒介的收费。应在相关的广告或商业行为出现于公众面前时确认收入。广告的制作费,应根据制作广告的完工进度确认收入。"

根据上述政策规定,企业提供宣传媒介服务的收费时点为"广告或商业行为出现于公众面前时",对于单纯的广告制作费,应根据制作广告的完工进度确认收入,即按照国税函〔2008〕875号文件第二条第一款确定的原则处理。

3. 会计处理。

在企业日常会计处理中,对涉及增值税的,依据《增值税会计处理规定》(财会〔2016〕22号文件发布)第二条第(二)项第1点等的相关规定处理。对于企业所得税(或会计)暂未确认的收入,可以先通过"预收账款"等科目处理,待收入确认后,记入"主营业务收入""其他业务收入"等科目。

案例3-9

企业提供广告发布服务的涉税及会计处理

2018年11月,A广告(视屏)传播公司(一般纳税人)与B公司(一般纳税人）签订合同，由 A 公司承担 B 公司某产品的广告发布，即通过 A 公司拥有的视屏资源发布广告。合同约定：广告发布期间为 2019 年 4 月 1 日至 2019 年 8 月 1 日，金额 22 万元（含税），B 公司应于 2018 年 11 月 30 日前支付发布费用 14 万元（含税），同时 A 公司开具增值税专用发票，2019 年 8 月 1 日发布结束后三日内支付剩余的 8 万元（含税），同时 A 公司开具增值税专用发票。假定 A 公司对应成本、费用为 17 万元，A 公司相关涉税及会计处理如下：

1. 涉税处理。

(1) A 公司收到预付款项时的增值税计算。

销售额：14÷(1+6%)=13.21（万元）；

销项税额：13.21×6%=0.79（万元）。

(2) A 公司收到尾款时的增值税计算。

销售额：8÷(1+6%)=7.55（万元）；

销项税额：7.55×6%=0.45（万元）。

2. 会计处理（单位：万元）。

(1) 2018 年 11 月收到预付款项时：

借：银行存款	14
贷：应交税费——应交增值税（销项税额）	0.79
预收账款——B 公司	13.21

因广告尚未发布，2018 年从企业所得税角度不确认收入。

(2) 2019 年 8 月收到尾款时：

借：银行存款	8
贷：应交税费——应交增值税（销项税额）	0.45
预收账款——B 公司	7.55

(3) 2019 年结转收入时：

借：预收账款——B 公司	22
贷：主营业务收入	22

(4) 2019 年结转成本时：

借：主营业务成本	17
贷：项目成本（各类相关成本、费用科目）	17

问题 3-2-6

企业提供软件服务的增值税、企业所得税如何处理？

答：企业提供软件服务的增值税、企业所得税处理方法如下：

1. 增值税处理。

根据《营业税改征增值税试点实施办法》（财税〔2016〕36号文件附件1）所附《销售服务、无形资产、不动产注释》第一条"销售服务"税目第（六）项"现代服务"第2点"信息技术服务"第（1）则的规定，"软件服务，是指提供软件开发服务、软件维护服务、软件测试服务的业务活动"。

根据《营业税改征增值税试点实施办法》第十五条第（一）项的规定，纳税人提供软件服务，税率为6%。

对于纳税义务时点的确认，依据《营业税改征增值税试点实施办法》第四十五条第（一）项的规定处理，即"纳税人发生应税行为并收讫销售款项或者取得索取销售款项凭据的当天；先开具发票的，为开具发票的当天"。

2. 企业所得税处理。

《国家税务总局关于确认企业所得税收入若干问题的通知》（国税函〔2008〕875号）第二条第（四）项第3点规定："软件费。为特定客户开发软件的收费，应根据开发的完工进度确认收入。"

根据上述政策规定，对于直接销售的软件，在当期处理增值税及企业所得税，对于为特定客户开发软件的收费，如果开发期跨越年度，从企业所得税角度，应根据开发的完工进度确认收入。

3. 会计处理。

在会计处理中，对涉及增值税的，依据《增值税会计处理规定》（财会〔2016〕22号文件发布）第二条第（二）项第1点等的相关规定处理。对于从企业所得税（或会计）角度，需要根据开发的完工进度确认的收入，应先贷记"预收账款"科目，按照确认收入的时点，借记"预收账款"科目，贷记"主营业务收入""其他业务收入"等。

案例 3-10

企业提供软件开发服务的涉税及会计处理

2019年5月30日，A软件开发公司（一般纳税人）与B公司（一般纳税人）签订合同，由A公司承担B公司某项目软件开发。合同约定：开发期间为2019年6月1日至2020年8月1日，金额280万元（含税），B公司应于2019年6月10日支付预付款20万元，同时A公司开具增值税专用发票，以后B公司每半年按项目进度支付预付账款，并开具增值税专用发票，预付款达到95%后剩余款项在项目结束验收后支付，同时A公司开具增值税专用发票。假定截至2019年12月，A公司完成进度的55%，对应成本（归集）为100万元，2020年6月完成进度的98%，2020年7月项目完成，2020年8月完成验收，8月20日收到尾款，剩余相关成本（归集）为80万元。A公司相关涉税及会计处理如下：

1. 涉税处理。

（1）A公司2019年6月10日收到预收款的增值税计算。

销售额：20÷(1+6%)=18.87（万元）；

销项税额：18.87×6%=1.13（万元）。

（2）2019年12月收到预收款的增值税计算。

应收预收款：280×55%=154（万元）；

实收：154-20=134（万元）；

销售额：134÷(1+6%)=126.42（万元）；

销项税额：126.42×6%=7.58（万元）。

（3）2020年6月收到预收款的增值税计算。

应计算增值税含税金额：280×98%=274.40（万元）；

实际应计算增值税含税金额：274.40-154=120.40（万元）；

销售额：120.40÷(1+6%)=113.58（万元）；

销项税额：113.58×6%=6.82（万元）；

实际收款（含税）：280×95%=266（万元）；

企业实际收款：266-154=112（万元）。

（4）A公司收到尾款时的增值税计算。

应计算增值税含税金额：280-274.40=5.60（万元）；

销售额：5.60÷(1+6%)=5.28（万元）；

销项税额：5.28×6%=0.32（万元）；

实际收款：280－266=14（万元）。

2. 会计处理（单位：万元）。

(1) 2019年6月10日收到预收账款时：

 借：银行存款   20

  贷：应交税费——应交增值税（销项税额） 1.13

   预收账款——B公司   18.87

(2) 2019年12月结转收入。

①收到预收款项时：

 借：银行存款   134

  贷：应交税费——应交增值税（销项税额） 7.58

   预收账款——B公司   126.42

②按照双方确定的进度结转收入时：

 借：预收账款——B公司   145.29

  贷：主营业务收入   145.29

③结转成本。

 借：主营业务成本   100

  贷：项目成本（各类相关成本、费用科目） 100

(3) 2020年6月收到预收账款时：

 借：银行存款   112

  贷：应交税费——应交增值税（销项税额） 6.82

   预收账款——B公司   105.18

(4) 2020年8月结转收入（尾款）。

①收到尾款时：

 借：银行存款   14

  贷：应交税费——应交增值税（销项税额） 0.32

   预收账款——B公司   13.68

②结转收入时：

 借：预收账款——B公司   118.86

　　　　贷：主营业务收入　　　　　　　　　　　　　　　　　　　118.86
　　③结转成本时：
　　　　借：主营业务成本　　　　　　　　　　　　　　　　　　　80
　　　　贷：项目成本（各类相关成本、费用科目）　　　　　　　　80

问题 3-2-7

企业收取"服务费"的增值税、企业所得税如何确认？

答：这里所称服务费，主要是指企业在销售商品时附带提供相应服务收取的费用。

1. 增值税处理。

从增值税角度，如果纳税人单纯销售服务，按照《增值税暂行条例》第十九条第（一）项、《营业税改征增值税试点实施办法》（财税〔2016〕36 号文件附件 1）第四十五条的相关规定缴纳增值税。如果纳税人提供的服务是商品销售附带的条件，服务费应在商品销售实现时确认收入，具体依据《增值税暂行条例实施细则》第三十八条规定的原则处理。

上述企业在销售商品时附带提供相应的服务，实际上是一项销售行为既涉及货物又涉及服务，属于混合销售。《营业税改征增值税试点实施办法》第四十条规定："一项销售行为如果既涉及服务又涉及货物，为混合销售。从事货物的生产、批发或者零售的单位和个体工商户的混合销售行为，按照销售货物缴纳增值税；其他单位和个体工商户的混合销售行为，按照销售服务缴纳增值税。

本条所称从事货物的生产、批发或者零售的单位和个体工商户，包括以从事货物的生产、批发或者零售为主，并兼营销售服务的单位和个体工商户在内。"

根据上述政策规定，企业在销售商品时附带提供相应服务并收取费用的，从事货物的生产、批发或者零售的单位和个体工商户的混合销售行为，按照销售货物缴纳增值税；其他单位和个体工商户的混合销售行为，按照销售服务缴纳增值税。

2. 企业所得税处理。

对于企业所得税，《国家税务总局关于确认企业所得税收入若干问题的通知》

(国税函〔2008〕875号)第二条第(四)项第4点规定:"服务费。包含在商品售价内可区分的服务费,在提供服务的期间分期确认收入"。

根据上述政策规定,如果提供的服务是商品销售附带条件的,服务费在确认商品销售实现时确认收入;如果提供的服务包含在商品售价内(可区分的服务费),在提供服务的期间分期确认收入。

3. 会计处理。

在会计处理中,对涉及增值税的,依据《增值税会计处理规定》(财会〔2016〕22号文件发布)第二条第(二)项第1点等的相关规定处理。对属于混合销售的,按政策规定的性质确定其适用的增值税税率;对于从企业所得税角度,需要在提供服务的期间分期确认收入的,如果取得预收账款,应先贷记"预收账款"科目,按照确认收入的时点,借记"预收账款"科目,贷记"主营业务收入""其他业务收入"等。

案例3-11

企业收取"服务费"的涉税及会计处理

2019年4月10日,A机械销售公司(一般纳税人)与B公司(一般纳税人)签订合同,A公司向B公司销售一台机械设备。合同约定:设备价款45万元(不含税)、安装费8万元(含税),假定设备成本30万元,安装消耗辅材等成本费用7万元,2019年4月20日—5月20日设备安装完毕,A公司收到款项,并开具增值税专用发票。A公司相关涉税及会计处理如下:

1. 涉税处理。

销售设备销售额:45万元;

销售设备销项税额:$45 \times 13\% = 5.85$(万元);

安装费销售额:$8 \div (1+13\%) = 7.08$(万元);

安装费销项税额:$7.08 \times 13\% = 0.92$(万元)。

2. 会计处理(单位:万元)。

(1)收到货款。

 借:银行存款   58.85

  贷:应交税费——应交增值税(销项税额)   6.77

    主营业务收入   45

    其他业务收入   7.08

 （2）结转成本。

  借：主营业务成本   30

    其他业务支出   7

    贷：库存商品——设备   30

        ——辅助材料   7

问题 3-2-8

企业提供艺术表演、招待宴会和其他特殊活动等服务的增值税、企业所得税如何确认？

答：在一些大型活动项目中，企业有单纯提供艺术表演、招待宴会等服务的，也有提供包括艺术表演、招待宴会等各类活动在内的综合服务的。

  1. 增值税处理。

根据《营业税改征增值税试点实施办法》（财税〔2016〕36号文件附件1）所附《销售服务、无形资产、不动产注释》第一条"销售服务"税目第（七）项"生活服务"第1点"文化体育服务"第（1）则的规定，"文化服务，是指为满足社会公众文化生活需求提供的各种服务。包括：文艺创作、文艺表演、文化比赛，图书馆的图书和资料借阅，档案馆的档案管理，文物及非物质遗产保护，组织举办宗教活动、科技活动、文化活动，提供游览场所"。

根据《销售服务、无形资产、不动产注释》第一条"销售服务"税目第（七）项"生活服务"第4点"餐饮住宿服务"第（1）则的规定，"餐饮服务，是指通过同时提供饮食和饮食场所的方式为消费者提供饮食消费服务的业务活动"。

根据《销售服务、无形资产、不动产注释》第一条"销售服务"税目第（七）项"现代服务业"第8点"商务辅助服务"第（2）则的规定，"经纪代理服务，是指各类经纪、中介、代理服务"。

根据上述政策规定，在企业承担的活动中，单纯提供艺术表演、招待宴会等服务的，按照适用税目征收增值税；对于提供包括艺术表演、招待宴会等在内的综合服务的，应区别不同项目的收费，按照对应适用的税目征收增值税。

如果企业代理艺术表演、招待宴会等服务及包括艺术表演、招待宴会等服务在内的综合服务，其收取的代理服务费，按照"代理服务"税目征收增值税。其纳税义务发生时间，依据《营业税改征增值税试点实施办法》第四十五条第（一）项的规定处理，即"纳税人发生应税行为并收讫销售款项或者取得索取销售款项凭据的当天；先开具发票的，为开具发票的当天"。

根据《营业税改征增值税试点实施办法》第十五条第（一）项的规定，纳税人提供文化服务、餐饮服务、经纪代理服务，税率为6%。

对于开展综合活动，收费涉及多项活动的，应合理分配给每项活动，有明确价格的按照明确的价格计算销售额，无价格的，按照《营业税改征增值税试点实施办法》第四十四条的规定处理。

2. 企业所得税处理。

《国家税务总局关于确认企业所得税收入若干问题的通知》（国税函〔2008〕875号）第二条第（四）项第5点规定："艺术表演、招待宴会和其他特殊活动的收费。在相关活动发生时确认收入。收费涉及几项活动的，预收的款项应合理分配给每项活动，分别确认收入。"

根据上述政策规定，企业提供艺术表演、招待宴会和其他特殊活动的收费，在相关活动发生时确认收入，涉及多项活动的，应合理分配给每项活动，分别确认收入。所称合理分配，通常是指以公允价值为基础计算，如果企业有公开收费参照标准，可以按照标准收费。

3. 会计处理。

在企业日常会计处理中，涉及增值税的，仍然按照《增值税会计处理规定》（财会〔2016〕22号文件发布）第二条第（二）项第1点等的相关规定处理。但是，在处理增值税时，要区分不同的税目（包括子目）。

案例 3-12

企业提供综合服务的涉税及会计处理

2018年12月，A广告文化传播公司（一般纳税人）与B公司（一般纳税人）签订合同，A公司为B公司提供产品发布服务，包括文艺演出、晚宴、发布会场地租赁，其中文艺演出费用26万元（含税）、晚宴35万元（含税），场地租赁收取代理服务费2

万元（含税）。假定 2018 年 12 月 5 日收到预收账款 40 万元，2019 年 1 月 20 日举办活动，并收取剩余尾款，开具增值税专用发票。A 公司相关涉税及会计处理如下：

1. 涉税处理。

"文艺演出"销售额：26÷(1+6%)＝24.53（万元）；

"文艺演出"销项税额：24.53×6%＝1.47（万元）。

"晚宴"销售额：35÷(1+6%)＝33.02（万元）；

"晚宴"销项税额：33.02×6%＝1.98（万元）。

代理服务销售额：2÷(1+6%)＝1.89（万元）；

代理服务销项税额：1.89×6%＝0.11（万元）。

2. 会计处理（单位：万元）。

(1) 2018 年 12 月收到预收账款时：

 借：银行存款   40

  贷：预收账款   40

(2) 2019 年 1 月 20 日收到尾款时：

 借：银行存款   23

  贷：预收账款   23

(3) 2019 年 1 月 20 日活动开展（开票）确认增值税销售额时：

 借：预收账款   63

  贷：主营业务收入——餐饮   33.02

    ——演出   24.53

   其他业务收入——代理   1.89

   应交税费——应交增值税（销项税额）   3.56

问题 3-2-9

企业提供会员制服务的增值税、企业所得税如何确认？

答：企业提供会员制服务实际上是通过经济手段锁定一定的客户。类似的情形大致有两种形式，一是通过交费或其他限制条件先取得会籍，然后所接受的服务或购买的商品都要另行收费；二是会员通过交费取得会籍后，会员在会员期内不再付费就可以获得相应的服务或得到相应的商品，这类业务实际上具有企业采取预收款形式销售服务或商品的性质。

1. 增值税处理。

（1）对于仅仅销售"会籍"的，根据《营业税改征增值税试点实施办法》（财税〔2016〕36号文件附件1）所附《销售服务、无形资产、不动产注释》第二条"销售无形资产"税目第四款的规定，"其他权益性无形资产，包括基础设施资产经营权、公共事业特许权、配额、经营权（包括特许经营权、连锁经营权、其他经营权）、经销权、分销权、代理权、会员权、席位权、网络游戏虚拟道具、域名、名称权、肖像权、冠名权、转会费等"。

根据上述政策规定，如果企业销售的是"会员权"，即会员仅仅取得会籍的，则收取的会员费属于"销售无形资产"税目。

根据《营业税改征增值税试点实施办法》第十五条第（一）项的规定，纳税人提供会员制服务，税率为6%。

（2）对于具有预收款性质的，根据《增值税暂行条例实施细则》第三十八条第（四）项的规定，"采取预收货款方式销售货物，为货物发出的当天"。

《国家税务总局关于营改增试点若干征管问题的公告》（国家税务总局公告2016年第53号）第三条第（一）项规定，对于单用途商业预付卡（以下简称"单用途卡"）业务，单用途卡发卡企业或者售卡企业（以下统称"售卡方"）销售单用途卡，或者接受单用途卡持卡人充值取得的预收资金，不缴纳增值税；第四条第（一）项规定，对于支付机构预付卡（以下称"多用途卡"）业务，支付机构销售多用途卡取得的等值人民币资金，或者接受多用途卡持卡人充值取得的充值资金，不缴纳增值税。

根据上述政策规定，对于具有预收款性质的"会员"业务，其收取会员卡费用的环节，即会员卡充值环节，不缴纳增值税，等后期会员实际消费（即接受服务或取得实物）时，再确认销售的实现。

上述会员制形式，在确认收入时，如果无法确认合理的价格（销售额），应按照《增值税暂行条例实施细则》第十六条规定及《营业税改征增值税试点实施办法》第四十四条规定的原则处理。

对于持卡会员（不论何种卡）可以打折销售的，《国家税务总局关于折扣额抵减增值税应税销售额问题通知》（国税函〔2010〕56号）规定："《国家税务总局关于印发〈增值税若干具体问题的规定〉的通知》(国税发〔1993〕154 号)第二条第(二)项规定:'纳税人采取折扣方式销售货物,如果销售额和折扣额在同一张发票上分别注明的,可按折扣后的销售额征收增值税'。纳税人采取折扣方式销售货物,销售额和折扣额在同一张发票上分别注明是指销售额和折扣额在同一张发票上的'金额'栏分别注明的,可按折扣后的销售额征收增值税。未在同一张发票'金额'栏注明折扣额,而仅在发票的'备注'栏注明折扣额的,折扣额不得从销售额中减除"。

2. 企业所得税处理。

《国家税务总局关于确认企业所得税收入若干问题的通知》(国税函〔2008〕875 号)第二条第(四)项第 5 点规定:"会员费。申请入会或加入会员,只允许取得会籍,所有其他服务或商品都要另行收费的,在取得该会员费时确认收入。申请入会或加入会员后,会员在会员期内不再付费就可得到各种服务或商品,或者以低于非会员的价格销售商品或提供服务的,该会员费应在整个受益期内分期确认收入。"

3. 会计处理。

在企业的日常会计处理中,对于涉及销售无形资产或货物的,按照《增值税会计处理规定》(财会〔2016〕22 号文件发布)第二条第(二)项第 1 点等的相关规定处理。对于具有"充值"性质的费用,企业在收到会员费时可以记入"预收账款"科目,等后期返还实物时再确认增值税销售额及企业所得税收入。

案例 3-13

企业销售礼品卡的涉税及会计处理

2019 年 1 月,A 公司(一般纳税人)自行销售购物卡 100 万元,委托 B 售卡公司(一般纳税人)代理销售购物卡 180 万元,代理费 5%。假定 2 月份客户(消费者)持 A 公司自行销售的卡刷卡购买商品 80 万元(含税),持委托 B 公司销售的卡刷卡购买商品 120 万元(含税),A 公司相关涉税及会计处理如下(单位:万元):

1. A 公司自行销售购物卡的处理。

A 公司在销售购物卡时,不交增值税,可以开具增值税普通发票。

借:银行存款 100

   贷：其他应付款——预付卡   100

2. A公司委托B公司销售购物卡的处理。

(1) B公司增值税处理。

手续费：180×5％＝9（万元）；

销售额：9÷(1＋6％)＝8.49（万元）；

销项税额：8.49×6％＝0.51（万元）。

B公司开具增值税专用发票。

(2) A公司增值税处理。

A公司取得B公司开具的增值税专用发票，进项税额0.51万元。

  借：银行存款   171

    销售费用   8.49

      应交税费——应交增值税（进项税额）   0.51

   贷：应收账款——预付卡   180

3. 消费者持购物卡消费时（为简化合并计算）。

(1) 消费者持委托B公司销售的卡购买商品120万元（含税），成本75万元。

销售额：120÷(1＋16％)＝103.45（万元）；

销项税额：103.45×16％＝16.55（万元）。

A公司不得开票给顾客，但要按规定缴纳增值税。

  借：应收账款——预付卡   120

   贷：主营业务收入   103.45

     应交税费——应交增值税（销项税额）   16.55

(2) 消费者持A公司自行销售的卡购买商品80万元（含税），成本50万元。

销售额：80÷(1＋16％)＝68.97（万元）；

销项税额：68.97×16％＝11.03（万元）。

A公司不得开票给顾客，但要按规定缴纳增值税。

  借：其他应付款——预付卡   80

   贷：主营业务收入   68.97

     应交税费——应交增值税（销项税额）   11.03

(3) 结转成本时：

当月持卡销售商品成本：75＋50＝125（万元）。

借：主营业务成本　　　　　　　　　　　　　　　　　　　　125
　　贷：库存商品　　　　　　　　　　　　　　　　　　　　　125

问题 3-2-10

企业收取特许权使用费的增值税、企业所得税如何处理？

答：一般特许权包括企业（权利拥有者）拥有的专利权、商标权、版权或非专利技术等各种专有权利。拥有这些权利的企业（权利拥有人）向其他使用者收取的费用，即为特许权使用费。

1. 增值税处理。

根据《营业税改征增值税试点实施办法》（财税〔2016〕36 号文件附件 1）所附《销售服务、无形资产、不动产注释》第二条"销售无形资产"税目第四款的规定，"其他权益性无形资产，包括基础设施资产经营权、公共事业特许权、配额、经营权（包括特许经营权、连锁经营权、其他经营权）、经销权、分销权、代理权、会员权、席位权、网络游戏虚拟道具、域名、名称权、肖像权、冠名权、转会费等"。

根据上述政策规定，纳税人收取的特许权使用费属于"销售无形资产"税目。

根据《营业税改征增值税试点实施办法》第十五条第（一）项的规定，纳税人收取特许权使用费，税率为 6%。

2. 企业所得税处理。

根据《企业所得税法》第六条第（七）项的规定，企业以货币形式和非货币形式从各种来源取得的收入，为收入总额。包括特许权使用费收入。《企业所得税法实施条例》第二十条规定："企业所得税法第六条第（七）项所称特许权使用费收入，是指企业提供专利权、非专利技术、商标权、著作权以及其他特许权的使用权取得的收入。

特许权使用费收入，按照合同约定的特许权使用人应付特许权使用费的日期确认收入的实现。"

3. 会计处理。

营改增后，在企业日常会计处理中，根据《增值税会计处理规定》（财会〔2016〕22 号文件发布）第二条第（二）项第 1 点的规定，对特许权使用费，按应收或已收的金额，借记"应收账款""应收票据""银行存款"等科目，按取得的收入金额，贷记"主营业务收入""其他业务收入"等科目，按现行增值税制度规定计算的销项税额（或采用简易计税方法计算的应纳增值税额），贷记"应交税费——应交增值税（销项税额）"或"应交税费——简易计税"科目（小规模纳税人应贷记"应交税费——应交增值税"科目）。

案例 3-14

企业收取特许权使用费的涉税及会计处理

2019年1月，A公司（一般纳税人）与B公司（一般纳税人）签订合同，A公司向B公司提供某品牌商标使用权，年使用费50万元，期限为1年，即2019年1—12月，合同约定B公司12月份支付费用，同时A公司开具增值税专用发票。A公司相关涉税及会计处理如下：

1. 涉税处理。

销售额：50÷(1+6%)＝47.17（万元）；

销项税额：47.17×6%＝2.83（万元）。

2. 会计处理（单位：万元）。

　　借：银行存款　　　　　　　　　　　　　　　　　　　　50
　　　　贷：主营业务收入　　　　　　　　　　　　　　　　47.17
　　　　　　应交税费——应交增值税（销项税额）　　　　　2.83

问题 3-2-11

企业收取特许权费的增值税、企业所得税如何处理？

答：企业收取的"特许权费"与"特许权使用费"不同，特许权费是指资产的使用者在使用过程中向提供设备和其他有形资产者（提供资产者要提供相应的服务）所支付的使用费，该设备在一段时间内只能由单一使用者来使用，所以叫作特许权费。

1. 增值税处理。

在资产的特许使用行为中，资产的提供方不仅要在一段时间内给使用者提供资产的使用，转移资产的所有权，还要提供相应的服务，因此不属于让渡资产使用权，对于销售货物（转移资产）的部分和前期服务部分（混合销售），应按照销售货物处理，即按照《增值税暂行条例》第二条第（一）项及《增值税暂行条例实施细则》第五条的相关规定确定税率，并按照销售货物的相关政策处理增值税业务事项。对于后期销售服务部分，如果是单纯的销售服务，则根据《增值税暂行条例》第二条第（三）项及《增值税暂行条例实施细则》第五条的相关规定确定税率，并按照销售服务的相关政策处理增值税事项。

2. 企业所得税处理。

《国家税务总局关于确认企业所得税收入若干问题的通知》（国税函〔2008〕875号）第二条第（四）项第6点规定："特许权费。属于提供设备和其他有形资产的特许权费，在交付资产或转移资产所有权时确认收入；属于提供初始及后续服务的特许权费，在提供服务时确认收入。"

3. 会计处理。

在企业日常会计处理中，根据《增值税会计处理规定》（财会〔2016〕22号文件发布）第二条第（二）项第1点的规定，企业销售货物、服务，应当按应收或已收的金额，借记"应收账款""应收票据""银行存款"等科目，按取得的收入金额，贷记"主营业务收入""其他业务收入"等科目，按现行增值税制度规定计算的销项税额（或采用简易计税方法计算的应纳增值税额），贷记"应交税费——应交增值税（销项税额）"或"应交税费——简易计税"科目（小规模纳税人应贷记"应交税费——应交增值税"科目）。

案例 3-15

企业取得特许权费的涉税及会计处理

2018年11月A公司（一般纳税人）与B公司（一般纳税人）签订合同，由A公司提供给B公司一台机器设备，合同约定在三年之内由A公司负责该机器设备的调试、维护。合同约定价款：设备不含税价款45万元（成本32万元），增值税税率16%，后续服务费15万元（含税），服务期间1年，后续服务费支付时间为设备使用后一个月内。假定设备2018年12月完成交付、开具增值税专用发票，收取销售款。假定2018年12月设备交付的同时收取后续服务费，开具增值税专用发票，2019年3月开始正式提供后续服务，A公司相关涉税及会计处理如下：

1. 涉税处理。

(1) 销售设备增值税计算。

销售额：45万元；

销项税额：45×16%＝7.2（万元）。

(2) 销售服务增值税计算。

销售额：15÷(1+6%)＝14.15（万元）；

销项税额：14.15×6%＝0.85（万元）。

2. 会计处理（单位：万元）。

(1) 2018年12月按照合同交付设备或转移设备所有权时：

借：银行存款　　　　　　　　　　　　　　　　　52.2

　　贷：主营业务收入　　　　　　　　　　　　　45

　　　　应交税费——应交增值税（销项税额）　　7.2

(2) 结转设备成本时：

借：主营业务成本　　　　　　　　　　　　　　　32

　　贷：库存商品——设备　　　　　　　　　　　32

(3) 2018年12月收到后续服务费并开具增值税专用发票时：

借：银行存款　　　　　　　　　　　　　　　　　15

　　贷：预收账款　　　　　　　　　　　　　　　14.15

　　　　应交税费——应交增值税（销项税额）　　0.85

(4) 2019年2月开始提供相应服务时：

借：预收账款　　　　　　　　　　　　　　　　　14.15

　　贷：其他业务收入　　　　　　　　　　　　　14.15

【提示】如果初期服务费3万元包含在设备销售中，即性质属于销售设备的同时应提供的服务，则应并入设备款征收增值税。

销售额（服务费部分）：3÷(1+16%)＝2.59（万元）；

设备销售额：45+2.59＝47.59（万元）；

销项税额：47.59×16%＝7.61（万元）。

问题 3-2-12

企业提供经营性租赁服务的增值税、企业所得税如何处理？

答：纳税人提供经营性租赁，主要是指提供有形动产或者不动产的使用权，既不变更租赁资产的所有权，也不转移与资产所有权有关的全部风险和报酬。取得收入的增值税、企业所得税处理如下：

1. 增值税处理。

根据《营业税改征增值税试点实施办法》（财税〔2016〕36号文件附件1）所附《销售服务、无形资产、不动产注释》第一条"销售服务"税目第（六）项"现代服务"第5点"租赁服务"第（2）则第一款的规定，"经营租赁服务，是指在约定时间内将有形动产或者不动产转让他人使用且租赁物所有权不变更的业务活动"。

根据《营业税改征增值税试点实施办法》第十五条第（二）项的规定，纳税人提供不动产租赁服务，税率为11%；根据该办法第十五条第（三）项的规定，纳税人提供有形动产租赁服务，税率为17%。

根据《营业税改征增值税试点实施办法》第四十五条第（二）项及《财政部 税务总局关于建筑服务等营改增试点政策的通知》（财税〔2017〕58号）第二条的规定，纳税人提供租赁服务采取预收款方式的，其纳税义务发生时间为收到预收款的当天。

2. 企业所得税处理。

根据《企业所得税法》第六条第（六）项的规定，企业的收入总包括"租金收入"。《企业所得税法实施条例》第十九条规定："企业所得税法第六条第（六）项所称租金收入，是指企业提供固定资产、包装物或者其他有形资产的使用权取得的收入。"

对于租赁收入的确认，《国家税务总局关于贯彻落实企业所得税法若干税收问题的通知》（国税函〔2010〕79号）第一条第一款规定："根据《实施条例》第十九条的规定，企业提供固定资产、包装物或者其他有形资产的使用权取得的租金收入，应按交易合同或协议规定的承租人应付租金的日期确认收入的实现。其中，如果交易合同或协议中规定租赁期限跨年度，且租金提前一次性支付的，根据《实施条例》第九条规定的收入与费用配比原则，出租人可对上述已确认的收入，在租赁期内，分期均匀计入相关年度收入。"

对于房地产开发企业新建房租赁，《房地产开发经营业务企业所得税处理办法》

（国税发〔2009〕31号文件发布）第十条规定："企业新建的开发产品在尚未完工或办理房地产初始登记、取得产权证前，与承租人签订租赁预约协议的，自开发产品交付承租人使用之日起，出租方取得的预租价款按租金确认收入的实现。"

3. 会计处理。

在会计处理中，如果企业取得的经营性租赁收入与增值税纳税义务相统一，则根据《增值税会计处理规定》（财会〔2016〕22号文件发布）第二条第（二）项第1点第一款的规定处理；如果企业提供租赁服务采取预收款方式，其纳税义务发生时间为收到预收款的当天，根据《增值税会计处理规定》第二条第（二）项第1点第三款的规定，按照增值税制度确认增值税纳税义务发生时间早于按照国家统一的会计制度确认收入或利得的时点的，应将应纳增值税额，借记"应收账款"科目，贷记"应交税费——应交增值税（销项税额）"或"应交税费——简易计税"科目，按照国家统一的会计制度确认收入或利得时，应按扣除增值税销项税额后的金额确认收入。

案例3-16

企业出租房屋的涉税及会计处理

2019年3月31日，A公司（一般纳税人）与B公司（一般纳税人）签订合同，将一层写字楼出租给B公司，租赁期间为2019年4月1日至2020年10月1日，年租金18万元，租金支付时间为每半年租期开始日支付，并开具增值税专用发票。A公司相关涉税及会计处理如下：

1. 涉税处理。

每次支付租金9万元，增值税计算如下：

销售额：9÷(1+9%)＝8.26（万元）；

销项税额：8.26×9%＝0.74（万元）。

2. 会计处理（单位：万元）。

(1) 2019年4月收到租金时：

对应期间为2019年4月至9月。

借：银行存款	9
贷：营业外收入	8.26
应交税费——应交增值税（销项税额）	0.74

(2) 2019 年 10 月收到租金时：

对应期间为 2019 年 10 月至 2020 年 3 月。

2019 年当年确定收入：8.26÷6×3＝4.13（万元）。

  借：银行存款   9

   贷：营业外收入   4.13

     预收账款   4.13

     应交税费——应交增值税（销项税额） 0.74

(3) 2020 年确认收入时：

  借：预收账款   4.13

   贷：营业外收入   4.13

(4) 2020 年 4 月收到租金时：

对应期间为 2020 年 4 月至 9 月。

  借：银行存款   9

   贷：营业外收入   8.26

     应交税费——应交增值税（销项税额） 0.74

> 【提示】根据房产税政策规定，房屋出租的按照从租计征房产税，税率为 12%。

案例 3-17

企业出租设备的涉税及会计处理

2019 年 5 月 3 日，A 建筑公司（一般纳税人）与 B 建筑公司（一般纳税人）签订合同，将 2 台施工机械出租给 B 公司，租赁期间为 2019 年 5 月 5 日至 2019 年 11 月 5 日，租金 14 万元（含税），租金支付时间为租期开始日，并开具增值税专用发票。A 公司相关涉税及会计处理如下：

1. 涉税计算。

销售额：14÷(1＋13%)＝12.39（万元）；

销项税额：12.39×13%＝1.61（万元）。

2. 会计处理（单位：万元）。

借：银行存款　　　　　　　　　　　　　　　　　　　　　14
　　贷：营业外收入　　　　　　　　　　　　　　　　　　12.39
　　　　应交税费——应交增值税（销项税额）　　　　　　 1.61

3.3　销售土地使用权及不动产涉税业务

本节内容主要包括企业销售土地使用权及不动产业务，除基本政策外，以房地产企业销售开发产品涉及的土地使用权及不动产业务为主。

问题 3-3-1

房地产开发企业转让土地使用权的增值税、企业所得税如何处理？

答：1. 增值税处理。

房地产开发企业转让土地使用权时，在增值税处理上与非房地产开发企业有所不同。

（1）房地产开发企业转让 2016 年 4 月 30 日前取得的土地使用权。

《财政部 国家税务总局关于进一步明确全面推开营改增试点有关劳务派遣服务、收费公路通行费抵扣等政策的通知》（财税〔2016〕47 号）第三条第（二）项第二款规定："纳税人转让 2016 年 4 月 30 日前取得的土地使用权，可以选择适用简易计税方法，以取得的全部价款和价外费用减去取得该土地使用权的原价后的余额为销售额，按照 5% 的征收率计算缴纳增值税。"

上述规定与非房地产开发企业的增值税处理相同。

（2）房地产开发企业转让 2016 年 4 月 30 日后取得的土地使用权。

具体根据《房地产开发企业销售自行开发的房地产项目增值税征收管理暂行办法》（国家税务总局公告 2016 年第 18 号发布）第四条、第五条、第六条的规定，对于一般纳税人销售自行开发的房地产项目，适用一般计税方法计税，按照取得的全部价款和价外费用，扣除当期销售房地产项目对应的土地价款后的余额计算销售额。

2. 企业所得税处理。

根据《企业所得税法》第六条第（三）项的规定，企业的收入总包括"转让财产收入"。《企业所得税法实施条例》第十六条规定，《企业所得税法》第六条第（三）项所称转让财产收入，包括企业转让无形资产的收入。

根据《企业所得税法》及《房地产开发经营业务企业所得税处理办法》（国税发〔2009〕31号文件发布）的相关规定精神，房地产开发企业转让未开发的土地，其税前可以扣除的成本、费用，应按照政策规定的方式进行配比分摊。

【提示1】《土地增值税暂行条例》第二条规定："转让国有土地使用权、地上的建筑物及其附着物（以下简称转让房地产）并取得收入的单位和个人，为土地增值税的纳税义务人（以下简称纳税人），应当依照本条例缴纳土地增值税。"

根据上述政策规定，纳税人转让土地使用权还应缴纳土地增值税。

【提示2】对房地产开发企业转让未经开发的土地使用权，在计算增值税时土地价款是否可以从销售额中扣除，目前没有直接的政策规定。《房地产开发企业销售自行开发的房地产项目增值税征收管理暂行办法》（国家税务总局公告2016年第18号发布）的适用范围是房地产开发企业销售自行开发的房地产项目，或房地产开发企业以接盘等形式购入未完工的房地产项目继续开发后，以自己的名义立项销售的项目。虽然税法并没有规定如何认定房地产开发项目，但可以参照民商法的相关规定。依照《中华人民共和国城市房地产管理法》，房地产开发是指在依据该法取得土地使用权的国有土地上进行基础设施、房屋建设的项目。该法第三十八条规定，以出让方式取得土地使用权的，转让房地产时，应当符合以下条件：出让合同约定进行投资开发，属于房屋建设工程的，完成开发投资总额的25%以上，属于成片开发土地的，形成工业用地或者其他建设用地条件。因此，对企业转让尚未开发的土地，其既不属于销售自行开发的房地产项目，也不属于销售未完工的房地产项目，故企业在计算增值税时土地价款不得扣除。[1]

---

[1] 此处参考了《中国税务报》刊登的国家税务总局甘肃省税务局姜新录、张明撰写的《转让未经开发的土地使用权，增值税如何算》，中国税网2018年7月20日发布。

问题 3-3-2

房地产开发企业销售房屋的增值税如何处理?

答:房地产开发企业销售自行开发项目的产品,其增值税与企业所得税处理均有专门规定。根据增值税政策解释口径,自行开发,是指在依法取得土地使用权的土地上进行基础设施和房屋建设。房地产开发企业以接盘等形式购入未完工的房地产项目继续开发后,以自己的名义立项销售的,属于销售自行开发的房地产项目。增值税处理如下:

1. 税目的确定。

《营业税改征增值税试点实施办法》(财税〔2016〕36号文件附件1)所附《销售服务、无形资产、不动产注释》第三条第一款规定:"销售不动产,是指转让不动产所有权的业务活动。不动产,是指不能移动或者移动后会引起性质、形状改变的财产,包括建筑物、构筑物等";第四款规定:"转让建筑物有限产权或者永久使用权的,转让在建的建筑物或者构筑物所有权的,以及在转让建筑物或者构筑物时一并转让其所占土地的使用权的,按照销售不动产缴纳增值税"。

纳税人转让不动产的增值税税率为9%,征收率为3%。

2. 纳税义务的确定。

根据《营业税改征增值税试点实施办法》第四十五条第(一)项"关于增值税纳税义务发生时间"的规定,"纳税人发生应税行为并收讫销售款项或者取得索取销售款项凭据的当天;先开具发票的,为开具发票的当天。

收讫销售款项,是指纳税人销售服务、无形资产、不动产过程中或者完成后收到款项。

取得索取销售款项凭据的当天,是指书面合同确定的付款日期;未签订书面合同或者书面合同未确定付款日期的,为服务、无形资产转让完成的当天或者不动产权属变更的当天"。

3. 具体计算方式。

房地产企业自行开发房地产项目,增值税的缴纳主要执行《房地产开发企业销售自行开发的房地产项目增值税征收管理暂行办法》(国家税务总局公告2016年第18号发布)的规定,具体如下:

房地产开发企业中的一般纳税人销售自行开发的房地产项目，适用一般计税方法计税，按照取得的全部价款和价外费用，扣除当期销售房地产项目对应的土地价款后的余额计算销售额。销售额的计算公式如下：

$$销售额＝(全部价款和价外费用－当期允许扣除的土地价款)÷(1+9\%)$$

当期允许扣除的土地价款按照以下公式计算：

$$当期允许扣除的土地价款 = \left(\frac{当期销售房地产项目建筑面积}{房地产项目可供销售建筑面积} \right) \times 支付的土地价款$$

当期销售房地产项目建筑面积，是指当期进行纳税申报的增值税销售额对应的建筑面积。

房地产项目可供销售建筑面积，是指房地产项目可以出售的总建筑面积，不包括销售房地产项目时未单独作价结算的配套公共设施的建筑面积。

支付的土地价款，是指向政府、土地管理部门或受政府委托收取土地价款的单位直接支付的土地价款。

案例 3-18

一般纳税人销售自行开发的房地产项目增值税销售额的计算

A 房地产开发公司 2019 年 7 月相关数据：甲项目地价款 2 300 万元，销售总建筑面积 4.3 万平方米，当期已销建筑面积 3.2 万平方米，甲项目收取的全部价款为 22 000 万元，A 公司为一般纳税人，适用一般计税方法。销售额计算如下：

当期允许扣除的土地价款：(3.2÷4.3)×2 300＝1 711.63（万元）；

销售额：(22 000－1 711.63)÷(1+9%)＝18 613.18（万元）。

问题 3-3-3

适用一般计税方法计税的一般纳税人（房地产开发企业）采取预收款方式销售自行开发的房地产项目如何计算预缴增值税？

答：根据《房地产开发企业销售自行开发的房地产项目增值税征收管理暂行办

法》(国家税务总局公告 2016 年第 18 号发布)第十条、第十一条及第十二条的规定,房地产开发企业的一般纳税人采取预收款方式销售自行开发的房地产项目,应在收到预收款时按照 3%的预征率预缴增值税。

应预缴税款计算公式为:

$$应预缴税款＝预收款÷(1＋适用税率或征收率)×3\%$$

适用一般计税方法计税的,按照 9%的适用税率计算。

一般纳税人应在取得预收款的次月纳税申报期向主管税务机关预缴税款。

根据上述政策规定,采取预收款方式销售自行开发的房地产项目,以预收账款为预缴税款的计税依据。

> 【提示】在企业销售业务中,预收账款是指企业按照合同规定向购货单位或劳务接受单位预先收取的款项,如收到销货订单时存入的保证金或定金、预收的租金或利息等。房地产开发企业采取的是预售制度,在营销中会收取看房费、诚意金、选房费等各种类型的费用,一般来说这些费用随着合同的签订,会抵充房款甚至给予双倍抵充房款的优惠。对此类费用是否属于预收账款,在实务中,一些地区税务机关会从征管规范上予以明确。
>
> 实际业务中,一般认为以各种名义收取的费用,只要与购买房屋相关,特别是已签订意向性合同或相关协议,且协议中已明确落实到房号的,均具有预收账款性质,为减少风险,对上述各类型的收款均作为预收房款的一部分,预缴增值税。

案例 3-19

适用一般计税方法的纳税人预缴增值税的计算及会计处理

A 房地产开发公司为一般纳税人,开发的甲项目适用一般计税方法计税。甲项目地价款 2 300 万元,销售总建筑面积 4.3 万平方米。2018 年 8 月 1 日甲项目开盘,当期销售可售面积 3.2 平方米,当月收到商品房预售款 22 000 万元。假定当期可抵扣增值税进项税额为 620.97 万元。预缴增值税(含纳税义务发生)计算及会计处理如下(城市维护建设税等附加略):

1. 预缴增值税计算。

不含税销售额：22 000÷(1+10％)＝20 000（万元）；

应缴纳增值税（销项）：20 000×10％＝2 000（万元）；

应预缴增值税：20 000×3％＝600（万元）。

2. 预缴增值税会计处理（单位：万元，下同）。

预收的房款为含税金额（价格），在未来结转记入"主营业务收入"科目的金额为不含税金额。为便于实际操作，在每次确认预收账款时，最好在当期进行价税分离（特别是老项目与新项目同时进行时），即在"预收账款"科目下增设二级明细"待转销项税额"（一般纳税人使用）或"增值税、简易计税"（小规模或简易征收纳税人使用）科目。预缴的增值税税款，可以在当期增值税应纳税额中抵减，抵减不完的，结转下期继续抵减。纳税人以预缴税款抵减应纳税额，应以完税凭证作为合法有效凭证。

(1) 收到预收账款时：

借：银行存款	22 000
贷：预收账款——房款	20 000
——待转销项税额	2 000

(2) 根据预收账款台账计算预缴增值税时：

借：应交税费——预交增值税	600
贷：银行存款	600

(3) 一般企业在月份终了，将当月预缴的增值税额自"应交税费——预交增值税"科目转入"未交增值税"科目，房地产企业预缴后，在纳税义务发生时方可从"应交税费——预交增值税"科目结转至"应交税费——未交增值税"科目。

借：应交税费——未交增值税	600
贷：应交税费——预交增值税	600

3. 土地价款抵减销售额的增值税处理。

(1) 当期允许扣除的土地价款：(3.2÷4.3)×2 300＝1 711.63（万元）；

土地价款抵减销售额对应的增值税：1 711.63÷(1+10％)×10％＝155.60（万元）。

借：应交税费——应交增值税（销项税额抵减）	155.60
贷：主营业务成本（主营业务收入）	155.60

(2) 月份终了，将当月"应交税费——应交增值税（销项税额抵减）"科目转入

"未交增值税"科目。

　　借：应交税费——未交增值税　　　　　　　　　　　　155.60
　　　　贷：应交税费——应交增值税（销项税额抵减）　　　155.60

4. 增值税纳税义务发生时的处理。

当增值税纳税义务发生时，按照取得的全部价款和价外费用，按已售比例扣除当期销售房地产项目对应的土地价款后的余额计算出销售额，按10%的适用税率计算当期应纳税额，抵减已预缴税款后，再扣除当期其他可抵扣增值税进项税额，向税务机关申报纳税。假定本案例当期可抵扣其他经认证的增值税进项税额为620.97万元。

（1）纳税义务实际发生时结转增值税销项税额：

　　借：预收账款——待转销项税额　　　　　　　　　　　2 000
　　　　贷：应交税费——应交增值税（销项税额）　　　　　2 000

（2）结转进项税额：

　　借：应交税费——应交增值税（转出未交增值税）　　　620.97
　　　　贷：应交税费——应交增值税（进项税额）　　　　　620.97

（3）结转销项税额：

　　借：应交税费——应交增值税（销项税额）　　　　　　2 000
　　　　贷：应交税费——应交增值税（转出未交增值税）　　2 000

（4）结转应缴纳增值税（即进、销差额：2 000－620.97＝1 379.03）：

　　借：应交税费——应交增值税（转出未交增值税）　　　1 379.03
　　　　贷：应交税费——未交增值税　　　　　　　　　　　1 379.03

（5）实际缴纳时：

本期应交增值税＝价税分离时入账增值税－土地价抵减销售的增值税额－预缴增值税－当期可抵扣增值税进项税额。

本期应交增值税＝2 000－155.60－600－620.97＝623.43（万元）。

即本期应交增值税＝"应交税费——未交增值税"科目各分录金额的汇总归集：1 379.03－600－155.60＝623.43（万元）。

　　借：应交税费——未交增值税　　　　　　　　　　　　623.43
　　　　贷：银行存款　　　　　　　　　　　　　　　　　　623.43

问题 3-3-4

适用简易计税方法的一般纳税人（房地产开发企业）采取预收款方式销售自行开发的房地产项目如何预缴增值税？

答：根据《房地产开发企业销售自行开发的房地产项目增值税征收管理暂行办法》（国家税务总局公告 2016 年第 18 号发布）第十条、第十一条及第十二条的规定，房地产开发企业的一般纳税人采取预收款方式销售自行开发的房地产项目，应在收到预收款时按照 3% 的预征率预缴增值税。

应预缴税款计算公式为：

应预缴税款＝预收款÷(1＋适用税率或征收率)×3%

适用简易计税方法计税的，按照 5% 的征收率计算。

案例 3-20

适用简易计税方法的纳税人预缴增值税的计算

A 房地产开发公司为一般纳税人，适用简易计税方法计税。2017 年 8 月 5 日甲项目开盘，当月收到商品房预售款 3 200 万元。该项目 2016 年 1 月 30 日开工。预缴增值税计算如下：

不含税销售额：3 200÷(1＋5%)＝3 047.62（万元）；

应预缴增值税税款：3 047.62×3%＝91.43（万元）。

问题 3-3-5

适用一般计税方法的一般纳税人（房地产开发企业）在增值税纳税义务发生时如何处理？

答：《房地产开发企业销售自行开发的房地产项目增值税征收管理暂行办法》（国家税务总局公告 2016 年第 18 号发布）第十四条规定："一般纳税人销售自行开发的房地产项目适用一般计税方法计税的，应按照《营业税改征增值税试点实施办法》（财税〔2016〕36号文件印发，以下简称《试点实施办法》）第四十五条规定的纳税义务发生时间，以当期销售额和9%的适用税率计算当期应纳税额，抵减已预缴税款后，向主管税务机关申报纳税。未抵减完的预缴税款可以结转下期继续抵减。"

根据上述政策规定，房地产的销售采取预售制度，房地产项目达到一定进度后，可以领取预售许可证，应在收到预收款时按照3%的预征率预缴增值税。在纳税义务发生时，以当期销售额和9%的适用税率计算当期应纳税额，抵减已预缴税款后，向主管税务机关申报纳税。房屋竣工验收交付后，即发生纳税义务，因此要按规定计算增值税应纳税额。

案例3-21

适用一般计税方法的纳税人销售商品房纳税义务发生时的税款计算

A房地产开发公司为一般纳税人，适用一般计税方法计税。假定该公司2018年8月5日甲项目开盘，12月31日项目竣工。预缴税款、土地价款抵扣及增值税计算如下：

1. 预缴税款计算。

2018年8月5日甲项目开盘，截至12月31日收到商品房预售款22 000万元。预缴增值税计算如下：

不含税销售额：22 000÷(1+10%)=20 000（万元）；

预缴增值税税款：20 000×3%=600（万元）。

2. 当期允许扣除的土地价款及销售额计算。

2018年12月相关数据：甲项目地价款2 300万元、销售总建筑面积4.3万平方米，当期已销建筑面积3.2万平方米，甲项目收取的全部价款为22 000万元。销售额计算如下：

当期允许扣除的土地价款：(3.2÷4.3)×2 300=1 711.63（万元）；

销售额：(22 000-1 711.63)÷(1+10%)=18 443.97（万元）；

土地价款抵减销售额后的增值税销项税额：18 443.97×10%=1 844.40（万元）。

3. 应缴增值税计算。

2018年12月，当期允许抵扣的进项税额为50万元。

当期销项税额：18 443.97×10%＝1 844.40（万元）；

当期应纳税额：1 844.40－50＝1 794.40（万元）；

当期实际应纳税额：1 794.40－600＝1 194.40（万元）。

4. 各项附加计算。

城市维护建设税：1 194.40×7%＝83.61（万元）；

教育费附加：1 194.40×3%＝35.83（万元）；

地方教育附加（假定当地征收率为2%）：1 194.40×2%＝23.89（万元）。

问题 3-3-6

适用简易计税方法的一般纳税人（房地产开发企业）在纳税义务发生时如何处理？

答：根据《房地产开发企业销售自行开发的房地产项目增值税征收管理暂行办法》（国家税务总局公告2016年第18号发布）第十五条、第二十七条的规定，"一般纳税人销售自行开发的房地产项目适用简易计税方法计税的，应按照《试点实施办法》第四十五条规定的纳税义务发生时间，以当期销售额和5%的征收率计算当期应纳税额，抵减已预缴税款后，向主管国税机关申报纳税。未抵减完的预缴税款可以结转下期继续抵减"；"房地产开发企业以预缴税款抵减应纳税额，应以完税凭证作为合法有效凭证"。

上述政策主要是指一般纳税人销售合同开工日期在2016年4月30日前的房地产项目，且选择适用简易计税方法计税的处理。根据政策规定，一般纳税人销售自行开发的房地产老项目，可以选择适用简易计税方法按照5%的征收率计税。一经选择简易计税方法计税的，在36个月内不得变更为一般计税方法计税。在计算时，以取得的全部价款和价外费用为销售额，不得扣除对应的土地价款。

案例 3-22

适用简易计税方法的纳税人销售商品房纳税义务发生时的税款计算

A房地产开发公司为一般纳税人，适用简易计税方法计税。假定该公司甲项目

2016 年 1 月 31 日开工，2017 年 8 月 5 日甲项目开盘，12 月 31 日项目竣工。预缴税款、土地价款抵扣及增值税计算如下：

1. 预缴税款计算。

2017 年 8 月 5 日甲项目开盘，截至 12 月 31 日收到商品房预售款 22 000 万元。预缴增值税计算如下：

不含税销售额：22 000÷(1+5%)＝20 952.38（万元）；

预缴增值税税款：20 952.38×3%＝628.57（万元）。

2. 应缴增值税计算。

当期应纳税额：20 952.38×5%＝1 047.62（万元）；

当期实际应纳税额：1 047.62－628.57＝419.05（万元）。

3. 各项附加计算。

城市维护建设税：419.05×7%＝29.33（万元）；

教育费附加：419.05×3%＝12.57（万元）；

地方教育附加（假定当地征收率为 2%）：419.05×2%＝8.38（万元）。

问题 3-3-7

房地产开发企业销售自行开发的项目企业所得税如何处理？

答：1. 房地产开发企业销售开发产品收入的范围。

根据《房地产开发经营业务企业所得税处理办法》（国税发〔2009〕31 号文件发布）第五条的规定，"开发产品销售收入的范围为销售开发产品过程中取得的全部价款，包括现金、现金等价物及其他经济利益。企业代有关部门、单位和企业收取的各种基金、费用和附加等，凡纳入开发产品价内或由企业开具发票的，应按规定全部确认为销售收入；未纳入开发产品价内并由企业之外的其他收取部门、单位开具发票的，可作为代收代缴款项进行管理"。

《营业税改征增值税试点实施办法》（财税〔2016〕36 号文件附件 1）第三十七条规定："销售额，是指纳税人发生应税行为取得的全部价款和价外费用，财政部和国家税务总局另有规定的除外。

价外费用，是指价外收取的各种性质的收费，但不包括以下项目：

（一）代为收取并符合本办法第十条规定的政府性基金或者行政事业性收费。

（二）以委托方名义开具发票代委托方收取的款项。"

根据上述政策规定，凡是纳入销售收入的，均要按规定计算预缴增值税、预缴土地增值税及计算企业所得税预计毛利率。

2. 预缴企业所得税处理。

（1）关于企业销售未完工开发产品取得的收入如何确定计税毛利率。

根据《房地产开发经营业务企业所得税处理办法》（国税发〔2009〕31号文件发布）第八条的规定，"企业销售未完工开发产品的计税毛利率由各省、自治、直辖市国家税务局、地方税务局按下列规定进行确定：

（一）开发项目位于省、自治区、直辖市和计划单列市人民政府所在地城市城区和郊区的，不得低于15%。

（二）开发项目位于地及地级市城区及郊区的，不得低于10%。

（三）开发项目位于其他地区的，不得低于5%。

（四）属于经济适用房、限价房和危改房的，不得低于3%"。

上述企业销售未完工开发产品的计税毛利率是指企业在计算企业所得税时，计算预计毛利额使用的毛利率，不是企业实际毛利率。

（2）关于企业销售未完工开发产品取得的收入如何计算计入当期应纳税所得额。

根据《房地产开发经营业务企业所得税处理办法》第九条第一款的规定，"企业销售未完工开发产品取得的收入，应先按预计计税毛利率分季（或月）计算出预计毛利额，计入当期应纳税所得额"。

对于上述"企业销售未完工开发产品取得的收入"在营改增后如何确定，由于企业的预售收入要先预缴增值税，待纳税义务正式发生时再按规定计算增值税并开具增值税专用发票，在计算企业所得税预计毛利额时，是否价税分离，目前国家税务总局没有统一规定，但根据价税分离原则，在实务中按不含税价确定。

3. 完工计算企业所得税处理。

（1）完工的条件。

《房地产开发经营业务企业所得税处理办法》第三条规定："企业房地产开发经营业务包括土地的开发，建造、销售住宅、商业用房以及其他建筑物、附着物、配套设施等开发产品。除土地开发之外，其他开发产品符合下列条件之一的，应视为已经完工：

（一）开发产品竣工证明材料已报房地产管理部门备案。

（二）开发产品已开始投入使用。

（三）开发产品已取得了初始产权证明。"

上述政策规定既是企业所得税判断项目是否完工的依据，也是房地产开发企业预售房屋时判断增值税纳税义务正式发生的重要依据。在实务中，各地从征管角度制定的具体规定有一定差异，一般以房屋实际交付及办理产权证书时确定纳税义务发生。

（2）根据《房地产开发经营业务企业所得税处理办法》第九条第二款的规定，"在年度纳税申报时，企业须出具对该项开发产品实际毛利额与预计毛利额之间差异调整情况的报告以及税务机关需要的其他相关资料"。

根据上述政策规定，房地产开发企业销售（预售）自行开发的项目，应先按预计计税毛利率计算出预计毛利额，计入当期应纳税所得额，按照规定缴纳（预缴）税款，待开发产品完工后再按照政策规定结转成本、收入，清算税款。

【提示】视同销售行为的涉税处理。其中对于企业所得税，根据《房地产开发经营业务企业所得税处理办法》（国税发〔2009〕31号文件发布）第七条的规定，"企业将开发产品用于捐赠、赞助、职工福利、奖励、对外投资、分配给股东或投资人、抵偿债务、换取其他企事业单位和个人的非货币性资产等行为，应视同销售，于开发产品所有权或使用权转移，或于实际取得利益权利时确认收入（或利润）的实现"。

对于增值税，根据《营业税改征增值税试点实施办法》（财税〔2016〕36号文件附件1）第十四条第（二）项的规定，单位或者个人向其他单位或者个人无偿转让无形资产或者不动产的，视同销售服务、无形资产或者不动产，按规定征收增值税，但用于公益事业或者以社会公众为对象的除外。

案例 3-23

房地产开发企业预计毛利额与实际毛利额差额的计算处理

A房地产开发企业2017年1月销售未完工开发产品取得收入2 000万元（不含税），预计计税毛利率为10%。2018年1月，开发产品完工，实际毛利率为12%。

2017年1月，按预计计税毛利率计算出预计毛利额：2 000×10%=200（万元）；

2018年1月，计算出实际毛利额：2 000×12%=240（万元）。

实际毛利额与其对应的预计毛利额之间的差额 40 万元，在所属时期 2018 年企业所得税汇算清缴时，计入当年度应纳税所得额。

问题 3-3-8

房地产开发企业采取一次性全额收款方式销售开发产品的增值税、企业所得税如何处理？

答：根据《房地产开发经营业务企业所得税处理办法》（国税发〔2009〕31 号文件发布）第六条第（一）款的规定，企业通过正式签订《房地产销售合同》或《房地产预售合同》，"采取一次性全额收款方式销售开发产品的，应于实际收讫价款或取得索取价款凭据（权利）之日，确认收入的实现"。

对上述企业采取一次性全额收款方式销售开发产品的，如果销售的是未完工开发产品，根据《房地产开发经营业务企业所得税处理办法》第三条、第九条的规定，要将取得的收入并入预计毛利额的计算中，计入当期应纳税所得额。待开发产品完工后，再按规定计算出应纳税所得额。

对于增值税纳税义务时间的确定，根据《营业税改征增值税试点实施办法》（财税〔2016〕36 号文件附件1）第四十五条第（一）项的规定处理。对于增值税的缴纳（包括预缴），根据《房地产开发企业销售自行开发的房地产项目增值税征收管理暂行办法》（国家税务总局公告 2016 年第 18 号发布）第十条、第十四条、第十五条、第十九条、第二十二条的规定处理。如果收取的款项属于预收性质，即未达到增值税纳税义务发生时间，则先预缴增值税，待达到纳税义务发生时间，再按规定计算增值税（销项税额）。

问题 3-3-9

房地产开发企业采取分期收款方式销售开发产品的增值税、企业所得税如何处理？

答：根据《房地产开发经营业务企业所得税处理办法》（国税发〔2009〕31 号

文件发布）第六条第（二）款的规定，企业通过正式签订《房地产销售合同》或《房地产预售合同》，"采取分期收款方式销售开发产品的，应按销售合同或协议约定的价款和付款日确认收入的实现。付款方提前付款的，在实际付款日确认收入的实现"。

对上述企业采取分期收款方式销售开发产品的，如果销售的是未完工开发产品，根据《房地产开发经营业务企业所得税处理办法》第三条、第九条的规定，要将取得的收入并入预计毛利额的计算中，计入当期应纳税所得额。待开发产品完工后，再按规定计算出应纳税所得额。

对于增值税纳税义务时间的确定，根据《营业税改征增值税试点实施办法》（财税〔2016〕36 号文件附件 1）第四十五条第（一）项的规定处理。对于增值税的缴纳（包括预缴），根据《房地产开发企业销售自行开发的房地产项目增值税征收管理暂行办法》（国家税务总局公告 2016 年第 18 号发布）第十条、第十四条、第十五条、第十九条、第二十二条的规定处理。如果收取的款项属于预收性质，即未达到增值税纳税义务发生时间，则先预缴增值税，待达到纳税义务发生时间，再按规定计算增值税（销项税额）。

对于开发产品（竣工验收）交付时达到增值税纳税义务发生时点，但分期付款尚未结束的，要按规定履行增值税纳税义务。

问题 3-3-10

房地产开发企业采取银行按揭方式销售开发产品的增值税、企业所得税如何处理？

答：根据《房地产开发经营业务企业所得税处理办法》（国税发〔2009〕31 号文件发布）第六条第（三）款的规定，企业通过正式签订《房地产销售合同》或《房地产预售合同》，"采取银行按揭方式销售开发产品的，应按销售合同或协议约定的价款确定收入额，其首付款应于实际收到日确认收入的实现，余款在银行按揭贷款办理转账之日确认收入的实现"。

对上述企业采取银行按揭方式销售开发产品的，如果销售的是未完工开发产品，根据《房地产开发经营业务企业所得税处理办法》第三条、第九条的规定，要将取得的收入并入预计毛利额的计算中，计入当期应纳税所得额。待开发产品完工后，再按规定计算出应纳税所得额。

对于增值税纳税义务时间的确定,根据《营业税改征增值税试点实施办法》(财税〔2016〕36号文件附件1)第四十五条第(一)项的规定处理。对于增值税的缴纳(包括预缴),根据《房地产开发企业销售自行开发的房地产项目增值税征收管理暂行办法》(国家税务总局公告2016年第18号发布)第十条、第十四条、第十五条、第十九条、第二十二条的规定处理。如果收取的款项属于预收性质,即未达到增值税纳税义务发生时间,则先预缴增值税,待达到纳税义务发生时间,再按规定计算增值税(销项税额)。

案例 3-24

房地产开发企业采取银行按揭方式销售开发产品的涉税及会计处理

A公司2017年9月5日与甲(个人)签订房屋销售合同,约定甲项目(适用简易计税方法计税项目)价款为260万元,首付款为总价的20%,即52万元,合同签订3日内首付款到账,其余款项通过银行按揭贷款支付。假定首付款按期到账,银行按揭手续完成,款项于2017年11月5日到账。涉税及会计处理如下(单位:万元):

1. 首付款2017年9月8日到账时。

  借:银行存款(现金)   52

   贷:预收账款——房款   52

2. 首付款预缴增值税。

首付款52万元,预缴增值税:52÷(1+5%)×3%=1.49(万元)。

  借:应交税费——未交增值税(简易计税)   1.49

   贷:银行存款   1.49

3. 银行按揭款2017年11月5日到账。

  借:银行存款(现金)   208

   贷:预收账款——房款   208

4. 银行按揭款预缴增值税。

银行按揭款208万元,预缴增值税:208÷(1+5%)×3%=5.94(万元)。

  借:应交税费——未交增值税(简易计税)   5.94

   贷:银行存款   5.94

问题 3-3-11

房地产开发企业采取支付手续费方式委托销售开发产品的增值税、企业所得税如何处理？

答：根据《房地产开发经营业务企业所得税处理办法》（国税发〔2009〕31号文件发布）第六条第（四）款第1点的规定，"采取支付手续费方式委托销售开发产品的，应按销售合同或协议中约定的价款于收到受托方已销开发产品清单之日确认收入的实现"。

上述企业采取委托方式销售开发产品取得的收入，如果销售的是未完工开发产品，根据《房地产开发经营业务企业所得税处理办法》第三条、第九条的规定，要将取得的收入并入预计毛利额的计算中，计入当期应纳税所得额。待开发产品完工后，再按规定计算出应纳税所得额。

对于上述业务的增值税处理，房地产企业销售开发产品与一般企业销售货物有所不同，不存在发出代销货物的行为，同时销售合同是由房地产开发企业与业主签订，在这种销售模式下，房地产开发企业实际上是把具体销售业务外包，并支付代销企业手续费。因此，对于增值税纳税义务时间的确定，仍然根据《营业税改征增值税试点实施办法》（财税〔2016〕36号文件附件1）第四十五条第（一）项的规定处理。对于增值税的缴纳（包括预缴），根据《房地产开发企业销售自行开发的房地产项目增值税征收管理暂行办法》（国家税务总局公告2016年第18号发布）第十条、第十四条、第十五条、第十九条、第二十二条的规定处理。如果收取的款项属于预收性质，即未达到增值税纳税义务发生时间，则先预缴增值税，待达到纳税义务发生时间，再按规定计算增值税（销项税额）。

对于房地产开发企业支付的代销手续费，根据《营业税改征增值税试点实施办法》第十五条及所附《销售服务、无形资产、不动产注释》的规定，中介机构提供的服务属于税目中的"销售服务——现代服务商务——辅助服务——经纪代理服务"税目，适用税率为6%。因此，企业支付的手续费可以取得增值税专用发票，其进项税额可以抵扣。

案例 3-25

房地产开发企业采取支付手续费方式委托销售开发产品的涉税及会计处理

A 房地产开发公司（一般纳税人）2018 年 5 月 10 日与 B 房产销售公司（一般纳税人）签订代理销售合同，将开发的甲项目（适用一般计税方法项目）委托 B 公司销售，B 公司按房屋销售价格的 5% 收取手续费。假设 2018 年 12 月 25 日，B 公司将房屋销售清单交给 A 公司，房屋销售 6 套，每套平均价格 400 万元。假定合同约定的价格均为含税价，当期可抵扣土地价款 150 万元。A 公司涉税及会计处理如下（单位：万元）：

1. 收到销售清单时。

A 公司确认销售（预收）收入：6×400＝2 400（万元）；

手续费：2 400×5%＝120（万元）；

B 公司不含税销售额：120÷(1+6%)＝113.21（万元）；

B 公司开具的增值税专用发票进项税额：113.21×6%＝6.79（万元）。

　　借：银行存款　　　　　　　　　　　　　　　　　　　　　2 280
　　　　销售费用——委托代理　　　　　　　　　　　　　　　113.21
　　　　应交税费——应交增值税（进项税额）　　　　　　　　　6.79
　　　　贷：预收账款——房款　　　　　　　　　　　　　　　2 400

2. A 公司增值税计算。

(1) 如果未达到增值税纳税义务发生时间，先预缴增值税。

应预缴税款：2 400÷(1+10%)×3%＝65.45（万元）。

(2) 待达到增值税纳税义务发生时间，按规定计算增值税。

不含税销售额：(2 400－150)÷(1+10%)＝2 045.45（万元）；

增值税销项税额：2 045.45×10%＝204.55（万元）。

【提示】上述公式中的税率，根据相关政策，自 2018 年 5 月 1 日起至 2019 年 4 月 1 日，11% 调整为 10%；自 2019 年 4 月 1 日起，调整为 9%。

问题 3-3-12

房地产开发企业采取视同买断方式委托销售开发产品的增值税、企业所得税如何处理?

答:根据《房地产开发经营业务企业所得税处理办法》(国税发〔2009〕31 号文件发布)第六条第(四)款第 2 点的规定,"采取视同买断方式委托销售开发产品的,属于企业与购买方签订销售合同或协议,或企业、受托方、购买方三方共同签订销售合同或协议的,如果销售合同或协议中约定的价格高于买断价格,则应按销售合同或协议中约定的价格计算的价款于收到受托方已销开发产品清单之日确认收入的实现;如果属于前两种情况中销售合同或协议中约定的价格低于买断价格,以及属于受托方与购买方签订销售合同或协议的,则应按买断价格计算的价款于收到受托方已销开发产品清单之日确认收入的实现"。

上述企业采取委托方式销售开发产品取得的收入,如果销售的是未完工开发产品,应根据《房地产开发经营业务企业所得税处理办法》第三条、第九条的规定处理。

对于上述业务的增值税处理,销售合同或协议中约定的价格与买断价格之间的差额处理,实际上是代销手续费的计算处理。因此,对于上述业务的增值税销售额,由于销售合同是由房地产开发企业与业主签订,如果销售合同或协议中约定的价格高于买断价格,增值税销售额应按照合同或协议中约定的价格计算;销售合同或协议中约定的价格低于买断价格的,或者最终合同是由受托方与购买方签订的,则应按买断价格计算。

对于增值税纳税义务时间的确定,根据《营业税改征增值税试点实施办法》(财税〔2016〕36 号文件附件 1)第四十五条第(一)项的规定处理。对于增值税的缴纳(包括预缴),根据《房地产开发企业销售自行开发的房地产项目增值税征收管理暂行办法》(国家税务总局公告 2016 年第 18 号发布)第十条、第十四条、第十五条、第十九条、第二十二条的规定处理。如果收取的款项属于预收性质,即未达到增值税纳税义务发生时间,则先预缴增值税,待达到纳税义务发生时间,再按规定计算增值税(销项税额)。

此外,对于一般纳税人,其按照价格差异计算的手续费,凡是取得增值税专用发票的，其进项税额可以抵扣。

案例 3-26

房地产开发企业采取视同买断方式委托销售开发产品的涉税及会计处理

A房地产开发公司（一般纳税人）2018年8月10日与B房产销售公司（一般纳税人）签订代理销售合同，将开发的甲项目（适用一般计税方法项目）委托B公司销售，B公司采取买断方式代理销售，买断价格为每平方米4 500元。销售时A公司、B公司、购买方三方共同签订销售合同。假定2018年12月25日，B公司将房屋销售清单交给A公司，房屋销售6 000平方米，平均价格为每平方米5 200元。假定合同约定的价格均为含税价，当期可抵扣土地价款180万元。A公司涉税及会计处理如下（单位：万元）：

1. A公司收到销售清单时。

A公司确认销售（预收）收入：6 000×5 200＝3 120（万元）；

手续费：(5 200－4 500)×6 000＝420（万元）；

B公司不含税销售额：420÷(1+6%)＝396.23（万元）；

B公司开具的增值税专用发票进项税额：396.23×6%＝23.77（万元）。

借：银行存款　　　　　　　　　　　　　　　　　　　　　2 700
　　销售费用——委托代理　　　　　　　　　　　　　　　396.23
　　应交税费——应交增值税（进项税额）　　　　　　　　　23.77
　　贷：预收账款——房款　　　　　　　　　　　　　　　3 120

2. A公司增值税计算。

(1) 如果未达到增值税纳税义务发生时间，先预缴增值税。

应预缴税款：3 120÷(1+10%)×3%＝85.09（万元）。

(2) 待达到增值税纳税义务发生时间，按规定计算增值税。

不含税销售额：(3 120－180)÷(1+10%)＝2 672.73（万元）；

增值税销项税额：2 672.73×10%＝267.27（万元）。

问题 3-3-13

房地产开发企业采取基价（保底价）并实行超基价双方分成方式委托销售开发产品的增值税、企业所得税如何处理？

答：根据《房地产开发经营业务企业所得税处理办法》（国税发〔2009〕31号文件发布）第六条第（四）款第3点的规定，"采取基价（保底价）并实行超基价双方分成方式委托销售开发产品的，属于由企业与购买方签订销售合同或协议，或企业、受托方、购买方三方共同签订销售合同或协议的，如果销售合同或协议中约定的价格高于基价，则应按销售合同或协议中约定的价格计算的价款于收到受托方已销开发产品清单之日确认收入的实现，企业按规定支付受托方的分成额，不得直接从销售收入中减除；如果销售合同或协议约定的价格低于基价的，则应按基价计算的价款于收到受托方已销开发产品清单之日确认收入的实现。属于由受托方与购买方直接签订销售合同的，则应按基价加上按规定取得的分成额于收到受托方已销开发产品清单之日确认收入的实现"。

上述企业采取委托方式销售开发产品取得的收入，如果销售的是未完工开发产品，应根据《房地产开发经营业务企业所得税处理办法》第三条、第九条的规定处理。

对于上述销售形式中的增值税处理，销售合同仍然是由房地产开发企业与业主签订，销售价格与基价差额以及超基价双方分成的处理，仅仅是代销手续费的计算处理方式。因此，如果销售合同或协议中约定的价格高于基价，增值税销售额应按照合同确定的价格计算；销售合同或协议中约定的价格低于基价的，按照基价确定。对企业按规定支付受托方的分成额，性质属于代销手续费，不得直接从销售收入中减除。如果受托方与购买方直接签订销售合同，则应按基价加上按规定取得的分成额作为销售额，分成额不得直接从销售额中减除。

对于增值税纳税义务时间的确定，根据《营业税改征增值税试点实施办法》（财税〔2016〕36号文件附件1）第四十五条第（一）项的规定处理。对于增值税的缴纳（包括预缴），根据《房地产开发企业销售自行开发的房地产项目增值税征收管理暂行办法》（国家税务总局公告2016年第18号发布）第十条、第十四条、第十五条、第十九条、第二十二条的规定处理。如果收取的款项属于预收性质，即未达到增值税纳税义务发生时间,则先预缴增值税,待达到纳税义务发生时间,再按规定计算增值税(销项税额)。

此外,对于一般纳税人,其支付的按照"基价(保底价)并实行超基价双方分成"方式计算的手续费,凡是取得增值税专用发票的,其进项税额可以抵扣。

案例 3-27

房地产开发企业采取基价(保底价)并实行超基价双方分成方式委托销售开发产品的涉税及会计处理

A房地产开发公司(一般纳税人)2018年8月10日与B房产销售公司(一般纳税人)签订代理销售合同,将开发的甲项目(适用一般计税方法项目)委托B公司销售,采取基价(保底价)并实行超基价双方分成方式委托代理销售,合同约定保底价为每平方米4 500元。超过保底价的部分受托方和委托方按四六分成,合同由B公司以A公司名义与客户签订。假定2018年12月25日,B公司将房屋销售清单交给A公司,房屋销售6 000平方米,平均价格为每平方米5 000元。假定A公司当期可抵扣土地价款180万元,涉税及会计处理如下(单位:万元):

1. A公司收到销售清单时。

A公司确认销售(预收)收入:6 000×4 500=2 700(万元);

超过保底价部分:(5 000-4 500)×6 000=300(万元);

手续费金额:300×0.4=120(万元)。

B公司不含税销售额:120÷(1+6%)=113.21(万元);

A公司接受B公司开具的增值税专用发票进项税额:113.21×6%=6.79(万元)。

借:银行存款 2 580
　　销售费用——委托代理 113.21
　　应交税费——应交增值税(进项税额) 6.79
　贷:预收账款——房款 2 700

2. A公司增值税计算。

(1)如果未达到增值税纳税义务发生时间,先预缴增值税。

应预缴税款:2 700÷(1+10%)×3%=73.64(万元)。

(2) 待达到增值税纳税义务发生时间，按规定计算增值税。

不含税销售额：(2 700－180)÷(1＋10％)＝2 290.91（万元）；

增值税销项税额：2 290.91×10％＝229.09（万元）。

【提示】上述公式中的税率，根据相关政策，自2018年5月1日起至2019年4月1日，11％调整为10％；自2019年4月1日起，调整为9％。

问题 3-3-14

房地产开发企业采取包销方式委托销售开发产品的增值税、企业所得税如何处理？

答：根据《房地产开发经营业务企业所得税处理办法》（国税发〔2009〕31号文件发布）第六条第（四）款第4点的规定，房地产开发企业采取包销方式委托销售开发产品的，在包销期内可根据包销合同的有关约定，参照文件规定的各种方式确定收入的实现，对于包销期满后尚未出售的开发产品，企业应根据包销合同或协议约定的价款和付款方式确认收入的实现。

上述业务仍然是委托方式销售开发产品，如果销售的是未完工开发产品，取得的收入应根据《房地产开发经营业务企业所得税处理办法》第三条、第九条的规定处理。

对于包销期满后，房地产开发企业将未销售完毕的开发产品销售给包销企业的，其增值税纳税义务时间的确定，应根据包销合同或协议约定的付款方式，依据《营业税改征增值税试点实施办法》（财税〔2016〕36号文件附件1）第四十五条第（一）项的规定处理。相关税款的计算（预交），仍然按照《房地产开发企业销售自行开发的房地产项目增值税征收管理暂行办法》（国家税务总局公告2016年第18号发布）第十条、第十四条、第十五条、第十九条、第二十二条的规定处理。

案例 3-28

房地产开发企业采取包销方式委托销售开发产品的涉税及会计处理

A房地产开发公司（一般纳税人）2018年8月10日与B房产销售公司（一般

纳税人）签订代理销售合同，将开发的甲项目委托B公司销售，采取包销方式，由A公司与客户签订合同。包销房屋面积6 000平方米，平均价格每平方米4 500元。合同约定，截至12月31日没有销售完毕（剩余）的房屋由B公司按照每平方米4 500元购买。假定截至12月31日，完成销售5 000平方米，每平方米价格5 000元。A公司当期可抵扣土地价款180万元。相关涉税及会计处理如下（单位：万元）：

1. A公司收到销售清单时。

确认B公司完成销售部分：5 000×5 000＝2 500（万元）；

确认B公司购买部分：1 000×4 500＝450（万元）；

B公司手续费：(5 000－4 500)×5 000＝250（万元）。

B公司手续费不含税销售额：250÷(1＋6%)＝235.85（万元）；

B公司开具的增值税专用发票进项税额：235.85×6%＝14.15（万元）。

借：银行存款　　　　　　　　　　　　　　　　2 700
　　销售费用——委托代理　　　　　　　　　　235.85
　　应交税费——应交增值税（进项税额）　　　14.15
　　贷：预收账款——房款　　　　　　　　　　2 950

2. 增值税计算。

(1) 如果未达到增值税纳税义务发生时间，先预缴增值税。

应预缴税款：2 950÷(1＋10%)×3%＝80.45（万元）。

(2) 待达到增值税纳税义务发生时间，按规定计算增值税。

不含税销售额：(2 950－180)÷(1＋10%)＝2 518.18（万元）；

增值税销项税额：2 518.18×10%＝251.82（万元）。

【提示】如果上述业务发生在2019年4月1日以后，税率为9%。

3.4 提供建筑安装服务涉税业务

本节内容主要包括"销售服务——建筑业"税目涉及的业务处理，重点在于跨年度的增值税、企业所得税不同的处理方式。

问题 3-4-1

纳税人提供建筑服务的增值税、企业所得税如何处理?

答:1. 增值税处理。

(1) 税目。根据《营业税改征增值税试点实施办法》(财税〔2016〕36号文件附件1) 所附《销售服务、无形资产、不动产注释》第一条第 (四) 项的规定,"建筑服务,是指各类建筑物、构筑物及其附属设施的建造、修缮、装饰,线路、管道、设备、设施等的安装以及其他工程作业的业务活动。包括工程服务、安装服务、修缮服务、装饰服务和其他建筑服务"。

(2) 预征。《财政部 税务总局关于建筑服务等营改增试点政策的通知》(财税〔2017〕58号)第三条规定:"纳税人提供建筑服务取得预收款,应在收到预收款时,以取得的预收款扣除支付的分包款后的余额,按照本条第三款规定的预征率预缴增值税。

按照现行规定应在建筑服务发生地预缴增值税的项目,纳税人收到预收款时在建筑服务发生地预缴增值税。按照现行规定无须在建筑服务发生地预缴增值税的项目,纳税人收到预收款时在机构所在地预缴增值税。

适用一般计税方法计税的项目预征率为2%,适用简易计税方法计税的项目预征率为3%。"

2. 企业所得税处理。

《国家税务总局关于确认企业所得税收入若干问题的通知》(国税函〔2008〕875号)第二条规定:"企业在各个纳税期末,提供劳务交易的结果能够可靠估计的,应采用完工进度(完工百分比)法确认提供劳务收入。

(一) 提供劳务交易的结果能够可靠估计,是指同时满足下列条件:

1. 收入的金额能够可靠地计量;
2. 交易的完工进度能够可靠地确定;
3. 交易中已发生和将发生的成本能够可靠地核算。

(二) 企业提供劳务完工进度的确定,可选用下列方法:

1. 已完工作的测量;
2. 已提供劳务占劳务总量的比例;

3. 发生成本占总成本的比例。

（三）企业应按照从接受劳务方已收或应收的合同或协议价款确定劳务收入总额，根据纳税期末提供劳务收入总额乘以完工进度扣除以前纳税年度累计已确认提供劳务收入后的金额，确认为当期劳务收入；同时，按照提供劳务估计总成本乘以完工进度扣除以前纳税期间累计已确认劳务成本后的金额，结转为当期劳务成本。"

案例 3-29

建筑企业当年完工项目的涉税及会计处理

A 建筑公司（一般纳税人）与 B 公司（一般纳税人）签订合同，由 A 公司承建一个材料仓库。项目工期：2018 年 3 月 10 日至 2018 年 5 月 10 日。合同价款 110 万元（含税），约定开工后 10 天内支付工程款 44 万元，竣工结算（期间不结算），竣工验收后 1 个月内支付款项 61 万元并由 B 公司开具增值税专用发票，约定质保金（尾款）5 万元，待质保期 3 个月结束并经验收后支付。该项目无甲供材。假定项目按期完工，2018 年 5 月竣工结算并验收，假设工程实际发生成本 70 万元，6 月 10 日收到工程款 61 万元。A 公司相关涉税及会计处理如下：

1. 涉税处理。

（1）2018 年 3 月份收到预付工程款 44 万元，没有开具增值税发票，应预缴增值税（增值税附加略）。

销售额：44÷(1+10%)＝40（万元）；

预缴增值税：40×2%＝0.8（万元）。

（2）2018 年 5 月结算价款，增值税纳税义务发生，开具增值税专用发票。

销售额：110÷(1+10%)＝100（万元）；

销项税额：100×10%＝10（万元）。

2. 会计处理（单位：万元）。

（1）2018 年 3 月份收到预付工程款。

  借：银行存款   44

   贷：预收账款   44

（2）3 月收到预付工程款预缴增值税。

  借：应交税费——应交增值税（预交增值税）   0.8

　　　　贷：银行存款　　　　　　　　　　　　　　　　　　　　　　　　0.8

(3) 施工期间实际发生施工成本、费用。

　　　　借：工程施工——合同成本　　　　　　　　　　　　　　　　　70
　　　　　　贷：相关成本费用科目　　　　　　　　　　　　　　　　　70

(4) 5月份工程竣工验收合格，结算价款，增值税纳税义务发生。

　　　　借：预收账款　　　　　　　　　　　　　　　　　　　　　　　44
　　　　　　应收账款　　　　　　　　　　　　　　　　　　　　　　　66
　　　　　　贷：工程结算　　　　　　　　　　　　　　　　　　　　　100
　　　　　　　　应交税费——应交增值税（销项税额）　　　　　　　　10

(5) 5月份确定合同收入。

　　　　借：主营业务成本　　　　　　　　　　　　　　　　　　　　　70
　　　　　　工程施工——合同毛利　　　　　　　　　　　　　　　　　30
　　　　　　贷：主营业务收入　　　　　　　　　　　　　　　　　　　100

(6) 5月份工程完工。

　　　　借：工程结算　　　　　　　　　　　　　　　　　　　　　　　100
　　　　　　贷：工程施工——合同成本　　　　　　　　　　　　　　　70
　　　　　　　　　　　　——合同毛利　　　　　　　　　　　　　　　30

(7) 6月份收到工程款。

　　　　借：银行存款　　　　　　　　　　　　　　　　　　　　　　　61
　　　　　　应收账款——质保金　　　　　　　　　　　　　　　　　　5
　　　　　　贷：应收账款　　　　　　　　　　　　　　　　　　　　　66

(8) 9月份收到质保金。

　　　　借：银行存款　　　　　　　　　　　　　　　　　　　　　　　5
　　　　　　贷：应收账款——质保金　　　　　　　　　　　　　　　　5

问题 3-4-2

建筑企业单独提供安装服务的增值税、企业所得税如何处理？

答：1. 增值税处理。

如果企业提供的安装服务是单独发生的，根据《营业税改征增值税试点实施办法》(财税〔2016〕36号文件附件1)所附《销售服务、无形资产、不动产注释》第一条"销售服务"第(四)项"建筑服务"第2点的规定,"安装服务,是指生产设备、动力设备、起重设备、运输设备、传动设备、医疗实验设备以及其他各种设备、设施的装配、安置工程作业,包括与被安装设备相连的工作台、梯子、栏杆的装设工程作业,以及被安装设备的绝缘、防腐、保温、油漆等工程作业"。

《营业税改征增值税试点实施办法》第四十五条第(一)项规定:"纳税人发生应税行为并收讫销售款项或者取得索取销售款项凭据的当天;先开具发票的,为开具发票的当天。

收讫销售款项,是指纳税人销售服务、无形资产、不动产过程中或者完成后收到款项。

取得索取销售款项凭据的当天,是指书面合同确定的付款日期;未签订书面合同或者书面合同未确定付款日期的,为服务、无形资产转让完成的当天或者不动产权属变更的当天。"

如果企业提供的安装服务是商品销售的附带条件,则不属于提供"建筑服务"劳务,根据《增值税暂行条例》第十九条第(一)项的规定,增值税纳税义务发生时间为,"销售货物或者应税劳务,为收讫销售款项或者取得索取销售款项凭据的当天;先开具发票的,为开具发票的当天"。具体依据《增值税暂行条例实施细则》第三十八条规定处理。

2. 企业所得税处理。

《国家税务总局关于确认企业所得税收入若干问题的通知》(国税函〔2008〕875号)第二条第(四)项第1点规定:"安装费。应根据安装完工进度确认收入。安装工作是商品销售附带条件的,安装费在确认商品销售实现时确认收入。"

根据上述政策规定,如果企业提供的安装服务是单独发生的,则应根据安装完工进度确认收入;如果企业提供的安装服务是商品销售的附带条件,则安装费在确认商品销售实现时确认收入。

问题 3-4-3

建筑企业提供建筑服务跨年度的增值税、企业所得税如何处理?

答:《企业所得税法实施条例》第九条规定:"企业应纳税所得额的计算,以权责发生制为原则，属于当期的收入和费用，不论款项是否收付，均作为当期的收入和费用；不属于当期的收入和费用，即使款项已经在当期收付，也不作为当期的收入和费用。本条例和国务院财政、税务主管部门另有规定的除外。"

对于提供建筑劳务收入的确定，根据《企业所得税法实施条例》第二十三条第（二）款的规定，企业从事建筑、安装、装配工程业务或者提供劳务等，"持续时间超过12个月的，按照纳税年度内完工进度或者完成的工作量确认收入的实现"。对于纳税年度的具体规定，《国家税务总局关于确认企业所得税收入若干问题的通知》（国税函〔2008〕875号）第二条规定："企业在各个纳税期末，提供劳务交易的结果能够可靠估计的，应采用完工进度（完工百分比）法确认提供劳务收入。"

根据上述政策规定，从企业所得税政策角度，建筑企业销售收入的确认，必须遵循权责发生制原则和实质重于形式原则（除《企业所得税法》及其实施条例另有规定外），在按照合同进度确定收入的同时确定对应的成本。

一般大中型建筑项目的周期均跨越一个及以上年度，对于企业所得税收入的确定，主要是从提供劳务交易的结果是否能够可靠估计、提供劳务完工进度是否能够可靠估计两个方面判断。

一是确定提供劳务交易的结果是否能够可靠估计。《国家税务总局关于确认企业所得税收入若干问题的通知》（国税函〔2008〕875号）第二条第（一）项规定："提供劳务交易的结果能够可靠估计，是指同时满足下列条件：

1. 收入的金额能够可靠地计量；
2. 交易的完工进度能够可靠地确定；
3. 交易中已发生和将发生的成本能够可靠地核算。"

二是确定提供劳务完工进度是否能够可靠估计。《国家税务总局关于确认企业所得税收入若干问题的通知》（国税函〔2008〕875号）第二条第（二）项规定："企业提供劳务完工进度的确定，可选用下列方法：

1. 已完工作的测量；
2. 已提供劳务占劳务总量的比例；
3. 发生成本占总成本的比例。"

如果上述提供劳务交易的结果和完工进度能够可靠估计，则可以确认企业所得税收入。对于其具体方法，《国家税务总局关于确认企业所得税收入若干问题的通知》(国税函〔2008〕875号）第二条第（三）项规定："企业应按照从接受劳务方已收或应收的合同或协议价款确定劳务收入总额，根据纳税期末提供劳务收入总额乘以完工进度扣除以前纳税年度累计已确认提供劳务收入后的金额，确认为当期劳务收入；同时，按照提供劳务估计总成本乘以完工进度扣除以前纳税期间累计已确认劳务成本后的金额，结转为当期劳务成本"。

对于建设工程跨年度增值税的处理，企业在实务中不论是否收到款项，对于增值税纳税义务，根据《营业税改征增值税试点实施办法》（财税〔2016〕36号文件附件1）第四十五条第（一）项的规定，"纳税人发生应税行为并收讫销售款项或者取得索取销售款项凭据的当天；先开具发票的，为开具发票的当天"。其中，"收讫销售款项，是指纳税人销售服务、无形资产、不动产过程中或者完成后收到款项"，"取得索取销售款项凭据的当天，是指书面合同确定的付款日期"；未签订书面合同或者书面合同未确定付款日期的，为服务完成的当天。

一些中小企业在日常业务处理中，由于建设单位（发包方）结算资金不到位或者由于其他各种原因，经常导致施工企业无法及时收取结算资金。这造成一些中小企业在会计核算上延迟确认收入，特别是当年完工的项目，跨年度结转收入，同时，在增值税发票开具上，有的按照合同约定已经开具，有的则因种种原因按照实际收款时点开具。中小企业在日常业务处理中遇到这类情况时，应严格按照企业所得税政策规定，在当年纳税期结转收入、成本，不得跨年。

【提示】适用《小企业会计准则》的处理。根据《小企业会计准则》第六十三条的规定，对劳务的开始和完成分属不同会计年度的，应在年度资产负债表日，按照提供劳务收入总额乘以完工进度扣除以前会计年度累计已确认提供劳务收入后的金额，确认本年度的提供劳务收入；同时，按照估计的提供劳务成本总额乘以完工进度扣除以前会计年度累计已确认营业成本后的金额，结转本年度营业成本。

适用《企业会计准则》的处理。根据《企业会计准则第14号——收入》（财会〔2017〕22号）第十二条的规定，对于在某一时段内履行的履约义务，企业应当在该段时间内按照履约进度确认收入，其具体确认收入的方法，从一般建筑项目性质考虑，应采取投入法，即根据企业为履行履约义务的投入确定履约进度。

> 如果上述履约进度不能合理确定，但企业已经发生的成本预计能够得到补偿，应当按照已经发生的成本金额确认收入，直到履约进度能够合理确定为止。
>
> 企业所得税收入确认的具体方法与《小企业会计准则》收入确认的方法基本一致。与《企业会计准则》收入确认处理的主要区别在于，《企业会计准则》按照"履约进度确认收入"，企业所得税则按照实际"完工进度"确定。

案例 3-30

建筑企业跨年度完工项目的涉税及会计处理

A建筑公司（一般纳税人）与B公司（一般纳税人）签订合同，由A公司承建B公司办公大楼。项目工期：2017年10月8日至2019年3月1日。合同价款6 500万元（含税），无甲供材，选择一般计税方法（为突出涉税处理流程，假设税率均为10%，不考虑2018年5月1日前11%税率）。合同约定：预付款支付，开工日期三日内，甲方支付总价款的10%；进度款支付，甲方按照工程进度以双方确认的工程量支付进度款，按季度结算；全部完工付款，项目全部施工完成，经验收合格及工程结算完成后，再支付至结算总价款的95%，同时开具增值税专用发票；质保金支付，质保期结束，经验收合格后支付剩余5%的质保金。

假定2017年10月8日开工，10日收到预付工程款650万元。假定2017年12月底按季度结算价款，完成工程进度的15%；2018年3月底，完成工程进度的35%；2018年6月底，完成工程进度的50%；2018年9月底，完成工程进度的70%；2018年12月底，完成工程进度的88%；2019年3月1日，项目验收合格及工程结算完成。A公司相关涉税及会计处理如下：

1. 2017年10月份收到预付工程款。

（1）增值税处理。

2017年10月份收到预付工程款650万元，没有开具增值税专用发票，应预缴增值税（增值税附加略）。

销售额：650÷(1+10%)=590.91（万元）；

预缴增值税：590.91×2%=11.82（万元）。

【提示】适用简易计税方法计税的项目预征率为3%。

(2) 会计处理（单位：万元，下同）。

①收到预付工程款时：

借：银行存款　　　　　　　　　　　　　　　　　　　　　650

　　贷：预收账款——甲工程　　　　　　　　　　　　　　　650

②预缴增值税时：

借：应交税费——应交增值税（预交增值税）　　　　　　11.82

　　贷：银行存款　　　　　　　　　　　　　　　　　　　11.82

2. 2017年12月底按季度结算价款。

2017年12月底双方确定工程进度为15%。

(1) 增值税处理。

应收取进度款：6 500×15%＝975（万元）；

实收取进度款：975－650＝325（万元）。

销售额：325÷(1＋10%)＝295.45（万元）；

预缴增值税：295.45×2%＝5.91（万元）。

按进度结算销售额：975÷(1＋10%)＝886.36（万元）；

销售额（总）：6 500÷(1＋10%)＝5 909.09（万元）；

按进度结转销售收入：5 909.09×15%＝886.36（万元）；

待转销项税额：886.36×10%＝88.64（万元）。

(2) 会计处理。

2017年12月底按照项目进度结算工程款975万元，实际应收325万元。

①结算进度工程款时：

借：应收账款——甲工程　　　　　　　　　　　　　　　325

　　预收账款——甲工程　　　　　　　　　　　　　　　650

　　贷：工程结算——甲工程　　　　　　　　　　　　　886.36

　　　　应交税费——应交增值税（待转销项税额）　　　88.64

②预缴增值税时：

借：应交税费——应交增值税（预交增值税）　　　　　　5.91

　　贷：银行存款　　　　　　　　　　　　　　　　　　　5.91

③施工期间实际发生施工成本、费用时：

假定当期发生合同成本：753.41万元。

  借：工程施工——甲合同成本   753.41

    贷：成本费用科目   753.41

④结转收入时：

  借：主营业务成本——甲工程   753.41

    工程施工——甲合同毛利   132.95

    贷：主营业务收入   886.36

3. 2018年3月底按季度结算价款。

2018年3月底双方确定工程进度为35%。

(1) 增值税处理。

应收取进度款：6 500×35%=2 275（万元）；

实收取进度款：2 275-975=1 300（万元）。

按进度结转销售收入：5 909.09×35%-886.36=1 181.82（万元）；

预缴增值税：1 181.82×2%=23.64（万元）；

待转销项税额：1 181.82×10%=118.18（万元）。

(2) 会计处理。

2018年3月底按照项目进度结算工程款2 275万元，实际应收1 300万元。

①收到进度结算工程款时：

  借：应收账款——甲工程   1 300

    贷：工程结算——甲工程   1 181.82

      应交税费——应交增值税（待转销项税额）   118.18

②预缴增值税时：

  借：应交税费——应交增值税（预交增值税）   23.64

    贷：银行存款   23.64

③施工期间实际发生施工成本、费用时：

累计发生合同成本：1 757.96万元；

当期发生合同成本：1 757.96-753.41=1 004.55（万元）。

  借：工程施工——甲合同成本   1 004.55

    贷：相关成本费用科目   1 004.55

④结转收入时：

  借：主营业务成本——甲工程   1 004.55

    工程施工——合同毛利   177.27

   贷：主营业务收入——甲工程   1 181.82

4. 2018年6月底按季度结算价款。

2018年6月底双方确定工程进度为50%。

(1) 增值税处理。

应收取进度款：6 500×50%＝3 250（万元）；

实收取进度款：3 250－2 275＝975（万元）；

按进度结转销售收入：5 909.09×50%－886.36－1 181.82＝886.36（万元）；

预缴增值税：886.36×2%＝17.73（万元）；

待转销项税额：886.36×10%＝88.64（万元）。

(2) 会计处理。

2018年6月底按照项目进度结算工程款3 250万元，实际应收975万元。

①收到进度结算工程款时：

  借：应收账款——甲工程   975

   贷：工程结算——甲工程   886.36

    应交税费——应交增值税（待转销项税额）   88.64

②计提预交增值税时：

  借：应交税费——应交增值税（预交增值税）   17.73

   贷：银行存款   17.73

③施工期间实际发生施工成本、费用时：

累计发生合同成本：2 511.37万元；

当期发生合同成本：2 511.37－(753.41＋1 004.55)＝753.41（万元）。

  借：工程施工——甲合同成本   753.41

   贷：相关成本费用科目   753.41

④结转收入时：

  借：主营业务成本——甲工程   753.41

    工程施工——合同毛利   132.95

   贷：主营业务收入——甲工程   886.36

第3章 企业销售服务、无形资产或者不动产等取得收入业务

5. 2018年9月底按季度结算价款。

2018年9月底双方确定工程进度为70%。

（1）增值税处理。

应收取进度款：6 500×70%=4 550（万元）；

实收取进度款：4 550-3 250=1 300（万元）；

按进度结转销售收入：5 909.09×70%-886.36-1 181.82-886.36=1 181.82（万元）；

预缴增值税：1 181.82×2%=23.64（万元）；

待转销项税额：1 181.82×10%=118.18（万元）。

（2）会计处理。

2018年9月底按照项目进度结算工程款4 550万元，实际应收1 300万元。

①收到进度结算工程款时：

借：应收账款——甲工程	1 300
贷：工程结算——甲工程	1 181.82
应交税费——应交增值税（待转销项税额）	118.18

②计提预交增值税时：

借：应交税费——应交增值税（预交增值税）	23.64
贷：银行存款	23.64

③施工期间实际发生施工成本、费用时：

累计发生合同成本：3 515.91万元；

当期发生合同成本：3 515.91-(753.41+1 004.55+753.41)=1 004.55（万元）。

借：工程施工——甲工程	1 004.55
贷：相关成本费用科目	1 004.55

④结转收入时：

借：主营业务成本——甲工程	1004.55
工程施工——合同毛利	177.27
贷：主营业务收入——甲工程	1 181.82

6. 2018年12月底按季度结算价款。

2018年12月底双方确定工程进度为88%。

(1) 增值税处理。

应收取进度款：6 500×88％＝5 720（万元）；

实收取进度款：5 720－4 550＝1 170（万元）；

销售额：1 170÷(1＋10％)＝1 063.64（万元）；

预缴增值税：1 063.64×2％＝21.27（万元）；

待转销项税额：1 063.64×10％＝106.36（万元）。

按进度结转销售收入：

5 909.09×88％－886.36－1 181.82－886.36－1 181.82＝1 063.64（万元）。

(2) 会计处理。

2018年12月底按照项目进度结算工程款5 720万元，实际应收1 170万元。

①收到进度结算工程款时：

借：应收账款——甲工程　　　　　　　　　　　　　　1 170

　贷：工程结算——甲工程　　　　　　　　　　　　　1 063.64

　　　应交税费——应交增值税（待转销项税额）　　　106.36

②计提预交增值税时：

借：应交税费——应交增值税（预交增值税）　　　　　21.27

　贷：银行存款　　　　　　　　　　　　　　　　　　21.27

③施工期间实际发生施工成本、费用时：

累计发生合同成本：4 420万元；

当期发生合同成本：4 420－(753.41＋1 004.55＋753.41＋1 004.55)＝904.08（万元）。

借：工程施工——甲工程　　　　　　　　　　　　　　904.08

　贷：相关成本费用科目　　　　　　　　　　　　　　904.08

④结转收入时：

借：主营业务成本——甲工程　　　　　　　　　　　　904.08

　　工程施工——合同毛利　　　　　　　　　　　　　159.56

　贷：主营业务收入——甲工程　　　　　　　　　　　1 063.64

7. 2019年3月工程完成。

(1) 增值税处理。

2019年3月项目验收合格及工程结算完成，开具增值税专用发票。

销售额（总）：6 500÷(1+10%)＝5 909.09（万元）；

销项税额（总）：5 909.09×10%＝590.91（万元）。

按进度结转销售收入（尾款）：

5 909.09－886.36－1 181.82－886.36－1 181.82－1 063.64＝709.09（万元）。

（2）会计处理。

2019年3月，项目完工验收合格及工程结算完成，开具增值税专用发票。假定结算款仍然为6 500万元，实际应收780万元，其中质保金325万元。

①完工结算工程款计提销项税额时：

借：应收账款——甲工程	455
应收账款——甲工程质保金	325
应交税费——应交增值税（待转销项税额）	520
贷：工程结算	709.09
应交税费——应交增值税（销项税额）	590.91

②施工期间实际发生施工成本、费用时：

累计发生合同成本：5 022.73万元。

当期发生合同成本：

5 022.73－(753.41＋1 004.55＋753.41＋1 004.55＋904.08)＝602.73（万元）。

借：工程施工——甲工程	602.73
贷：相关成本费用科目	602.73

③结转收入时：

借：主营业务成本——甲工程	602.73
工程施工——合同毛利	106.36
贷：主营业务收入——甲工程	709.09

④合同完工时：

借：工程结算	5 909.09
贷：工程施工——合同成本	5 022.73
——合同毛利	886.36

【提示】适用《小企业会计准则》的处理。根据《小企业会计准则》第六十三条的规定，同一会计年度内开始并完成的劳务，应当在提供劳务交易完成且

收到款项或取得收款权利时，确认提供劳务收入；对劳务的开始和完成分属不同会计年度的，应当按照完工进度确认提供劳务收入。

适用《企业会计准则》的处理。根据《企业会计准则第 14 号——收入》（财会〔2017〕22 号）第十二条的规定，对于在某一时段内履行的履约义务，企业应当在该段时间内按照履约进度确认收入。

根据《企业所得税法实施条例》第九条及《国家税务总局关于确认企业所得税收入若干问题的通知》（国税函〔2008〕875 号）等的相关规定，对于在一个纳税期内完工的建筑项目，因为完工验收后，与项目（商品）所有权相关的主要风险和报酬转移给建设方（发包方），既没有保留通常与所有权相联系的继续管理权，也没有实施有效控制，同时，合同收入的金额已经准确计量，已发生的合同成本也可以进行准确可靠地核算，因此，建筑企业在一个纳税期内完工的建筑项目，应在当年确定收入。

"一个纳税期"，一般应按照公历年度确定，即以公历每年 1 月 1 日至 12 月 31 日为一个纳税年度。

◆ 本章思考题

1. 纳税人销售不动产与销售货物的增值税处理有什么不同？
2. 企业销售服务取得的预收账款是否要进行增值税、企业所得税处理？
3. 建筑企业提供建筑服务跨年度的增值税、企业所得税收入确定是否一致？

第 4 章
企业购进货物及各项费用支出业务

- 4.1 购进货物涉税业务
- 4.2 支付员工福利、劳保及劳务费用涉税业务
- 4.3 一般日常费用支出涉税业务

从增值税角度看，企业发生的购进货物及各项费用支出业务均涉及增值税进项税额的处理，而从企业所得税角度看，企业发生的购进货物及各项费用支出，最终要形成企业所得税税前扣除项目，即成本、费用。本章主要涉及增值税进项税额的处理，对于企业所得税，主要是取得货物的计税基础确认。

4.1 购进货物涉税业务

本节内容主要是企业通过外购、投资、捐赠等方式取得存货的涉税处理。其中，增值税主要是进项税额的处理，企业所得税主要是实际成本的确认。

问题 4-1-1

企业外购存货的进项税额及计税价值如何处理？

答：存货是指企业在日常活动中持有的以备出售的产成品或商品、处在生产过程中的在产品、在生产过程中或提供劳务过程中耗用的材料或物料等。存货的取得涉及增值税进项税额的处理。

1. 增值税处理。

《增值税暂行条例》第八条规定："纳税人购进货物、劳务、服务、无形资产、不动产支付或者负担的增值税额，为进项税额。

下列进项税额准予从销项税额中抵扣：

（一）从销售方取得的增值税专用发票上注明的增值税额。

（二）从海关取得的海关进口增值税专用缴款书上注明的增值税额。

（三）购进农产品，除取得增值税专用发票或者海关进口增值税专用缴款书外，按照农产品收购发票或者销售发票上注明的农产品买价和11%的扣除率计算的进项税额，国务院另有规定的除外。进项税额计算公式：

$$进项税额 = 买价 \times 扣除率$$

（四）自境外单位或者个人购进劳务、服务、无形资产或者境内的不动产，从税务机关或者扣缴义务人取得的代扣代缴税款的完税凭证上注明的增值税额。

准予抵扣的项目和扣除率的调整，由国务院决定。"

根据上述政策规定，进项税额是在购进货物时支付（负担）的增值税额。在销售货物计算增值税应纳税额时，进项税额可以从销项税额中扣除。

销项税额的计算公式：

销项税额＝销售额×税率

应纳税额的计算公式：

应纳税额＝当期销项税额－当期进项税额

当期销项税额小于当期进项税额不足抵扣时，其不足部分可以结转下期继续抵扣。

根据上述政策规定，一般纳税人外购存货，应取得增值税专用发票，其进项税额可以抵扣。在实务中，销项税额通常是纳税人在销售货物时计算并向购货方收取的增值税额，其开具的增值税专用发票上要注明收取的增值税金额，也就是销项税额，即价、税要分开填写。而进项税额是纳税人在购买货物时向对方支付的增值税金额，即增值税专用发票上注明的增值税金额。

2. 企业所得税处理。

《企业所得税法》第十五条规定："企业使用或者销售存货，按照规定计算的存货成本，准予在计算应纳税所得额时扣除。"

《企业所得税法实施条例》第五十六条规定："企业的各项资产，包括固定资产、生物资产、无形资产、长期待摊费用、投资资产、存货等，以历史成本为计税基础。

前款所称历史成本，是指企业取得该项资产时实际发生的支出"；第七十二条规定："企业所得税法第十五条所称存货，是指企业持有以备出售的产品或者商品、处在生产过程中的在产品、在生产或者提供劳务过程中耗用的材料和物料等。存货按照以下方法确定成本：（一）通过支付现金方式取得的存货，以购买价款和支付的相关税费为成本；（二）通过支付现金以外的方式取得的存货，以该存货的公允价值和支付的相关税费为成本；（三）生产性生物资产收获的农产品，以产出或者采收过程中发生的材料费、人工费和分摊的间接费用等必要支出为成本"。

根据上述政策规定，从企业所得税角度看，企业购进货物以取得该货物实际发生的支出为成本。根据前述增值税政策，由于增值税销售额与增值税分开，即价、税分离处理，因此，一般情况下，企业购进货物的成本不包括进项税额。

3. 会计处理。

在会计处理中，根据《增值税会计处理规定》（财会〔2016〕22号文件发布）第二条第（一）项第1点的规定，采购等业务进项税额允许抵扣的账务处理如下：一般纳税人购进货物、加工修理修配劳务、服务、无形资产或不动产，按应计入相关成本费用或资产的金额，借记"在途物资"或"原材料""库存商品""生产成本""无形资产""固定资产""管理费用"等科目，按当月已认证的可抵扣增值税额，借记"应交税费——应交增值税（进项税额）"科目，按当月未认证的可抵扣增值税额，借记"应交税费——待认证进项税额"科目，按应付或实际支付的金额，贷记"应付账款""应付票据""银行存款"等科目。发生退货的，如原增值税专用发票已认证，应根据税务机关开具的红字增值税专用发票做相反的会计分录；如原增值税专用发票未认证，应将发票退回并做相反的会计分录。

【提示1】企业所得税政策中"存货"与增值税政策中"货物"的区别。

一般情况下，从销售方角度看，企业销售货物收取的款项是货物的销售额，而结转货物成本时，涉及的就是企业所得税政策中的存货成本概念；从购买方角度看，其购买价格就是未来销售货物的成本。从政策看，增值税政策中的"货物"与企业所得税政策中的"存货"区别如下：

增值税政策中的"货物"，是指有形动产，包括电力、热力、气体。增值税的销售额为纳税人发生应税销售行为收取的全部价款和价外费用，但是不包括收取的销项税额，对于销售价格明显偏低或视同销售等情形，则按照政策规定的顺序确定销售额。增值税政策中"货物"的范围不包括不动产，房屋等建筑物的销售属于"销售不动产"税目。

企业所得税政策中的"存货"，是指企业持有以备出售的产品或者商品、处在生产过程中的在产品、在生产或者提供劳务过程中耗用的材料和物料等，包括房地产企业开发的商品房。企业自行生产的存货，其成本就是企业为生产产品而发生的成本，包括直接材料费、直接工资、其他直接费用以及分配转入的间接费用；企业购入的存货，一般以购买价款和支付的相关税费为成本，对于正常交易下价格偏低的，需要在判断其是否为关联企业交易后进行处理，对于视同销售等情形，按照公允价值确定购入存货的成本。

> **【提示2】** 2019年11月27日发布的《中华人民共和国增值税法（征求意见稿）》第二十条指出："进项税额，是指纳税人购进的与应税交易相关的货物、服务、无形资产、不动产和金融商品支付或者负担的增值税额。"
>
> 请读者密切关注后续政策变化。

案例 4-1

企业购进原材料的涉税及会计处理

A公司（一般纳税人）2018年11月销售某机电产品240万元（不含税价），当月购进机电配件一批，取得增值税专用发票上注明价格60万元、增值税额9.6万元。该发票当月未认证，次月通过认证。A公司当月已认证进项税额7.6万元，且无其他进项税额。A公司相关涉税及会计处理如下：

1. 涉税处理。

11月发生销项税额：240×16%＝38.4（万元）；

11月发生进项税额：9.6万元，未认证，当月暂不抵扣销项税额；

11月可抵扣进项税额：7.6万元。

11月增值税应纳税额：38.4－7.6＝30.8（万元）。

2. 会计处理（单位：万元）。

(1) 11月销售货物时：

借：应收账款	278.4
贷：主营业务收入——某机电产品	240
应交税费——应交增值税（销项税额）	38.4

(2) 11月购进机电配件时：

借：库存材料——某机电配件	60
应交税费——待认证进项税额	9.6
贷：应付账款	69.6

(3) 11月认证通过上月取得增值税发票时：

借：应交税费——应交增值税（进项税额）	7.6

  贷：应交税费——待认证进项税额   7.6

（4）11月计算应交税款（各项附加略）时：

  借：应交税费——应交增值税（转出未交增值税）   30.8

  贷：应交税费——未交增值税   30.8

（5）12月缴纳税款时：

  借：应交税费——未交增值税   30.8

  贷：银行存款   30.8

（6）12月收到货款时：

  借：银行存款   278.4

  贷：应收账款   278.4

（7）12月认证通过时：

  借：应交税费——应交增值税（进项税额）   9.6

  贷：应交税费——待认证进项税额   9.6

> **【提示】**根据《财政部 税务总局关于调整增值税税率的通知》（财税〔2018〕32号）、《财政部 税务总局 海关总署关于深化增值税改革有关政策的公告》（财政部 税务总局 海关总署公告2019年第39号）的规定，自2018年5月1日起至2019年4月1日，纳税人发生增值税应税销售行为，原适用17%和11%税率的，税率分别调整为16%、10%；自2019年4月1日起，增值税一般纳税人发生增值税应税销售行为或者进口货物，原适用16%税率的，税率调整为13%；原适用10%税率的，税率调整为9%。本章后面不再做类似提示。

问题 4-1-2

不得从销项税额中抵扣的进项税额如何处理？

答：不得从销项税额中抵扣的进项税额业务不仅是增值税的重要处理事项，也涉及企业所得税处理。

1. 增值税处理。

根据《增值税暂行条例》第九条的规定,"纳税人购进货物、劳务、服务、无形资产、不动产,取得的增值税扣税凭证不符合法律、行政法规或者国务院税务主管部门有关规定的,其进项税额不得从销项税额中抵扣"。根据该项规定,不得从销项税额中抵扣的进项税额的情形主要由《增值税暂行条例》及《营业税改征增值税试点实施办法》(财税〔2016〕36号文件附件1)列举。

(1)《增值税暂行条例》的规定。

《增值税暂行条例》第十条规定:"下列项目的进项税额不得从销项税额中抵扣:

(一)用于简易计税方法计税项目、免征增值税项目、集体福利或者个人消费的购进货物、劳务、服务、无形资产和不动产;

(二)非正常损失的购进货物,以及相关的劳务和交通运输服务;

(三)非正常损失的在产品、产成品所耗用的购进货物(不包括固定资产)、劳务和交通运输服务;

(四)国务院规定的其他项目。"

(2)《营业税改征增值税试点实施办法》的规定。

《营业税改征增值税试点实施办法》第二十七条规定:"下列项目的进项税额不得从销项税额中抵扣:

(一)用于简易计税方法计税项目、免征增值税项目、集体福利或者个人消费的购进货物、加工修理修配劳务、服务、无形资产和不动产。其中涉及的固定资产、无形资产、不动产,仅指专用于上述项目的固定资产、无形资产(不包括其他权益性无形资产)、不动产。

纳税人的交际应酬消费属于个人消费。

(二)非正常损失的购进货物,以及相关的加工修理修配劳务和交通运输服务。

(三)非正常损失的在产品、产成品所耗用的购进货物(不包括固定资产)、加工修理修配劳务和交通运输服务。

(四)非正常损失的不动产,以及该不动产所耗用的购进货物、设计服务和建筑服务。

(五)非正常损失的不动产在建工程所耗用的购进货物、设计服务和建筑服务。

纳税人新建、改建、扩建、修缮、装饰不动产,均属于不动产在建工程。

(六)购进的旅客运输服务、贷款服务、餐饮服务、居民日常服务和娱乐服务。

（七）财政部和国家税务总局规定的其他情形。

本条第（四）项、第（五）项所称货物，是指构成不动产实体的材料和设备，包括建筑装饰材料和给排水、采暖、卫生、通风、照明、通讯、煤气、消防、中央空调、电梯、电气、智能化楼宇设备及配套设施。"

根据上述政策规定，发生上述情形的业务，其进项税额不得从销项税额中抵扣，如果已经抵扣，应做进项税额转出处理。

2. 企业所得税处理。

《企业所得税法》第八条规定："企业实际发生的与取得收入有关的、合理的支出，包括成本、费用、税金、损失和其他支出，准予在计算应纳税所得额时扣除。"《企业所得税法实施条例》第三十一条规定："企业所得税法第八条所称税金，是指企业发生的除企业所得税和允许抵扣的增值税以外的各项税金及其附加。"

根据上述政策规定，不得从销项税额中抵扣的进项税额，准予在计算应纳税所得额时扣除。

3. 会计处理。

在会计处理中，根据《增值税会计处理规定》（财会〔2016〕22号文件发布）第二条第（一）项第2点的规定，一般纳税人购进货物、加工修理修配劳务、服务、无形资产或不动产，用于简易计税方法计税项目、免征增值税项目、集体福利或个人消费等，其进项税额按照现行增值税制度规定不得从销项税额中抵扣的，取得增值税专用发票时，应借记相关成本费用或资产科目，借记"应交税费——待认证进项税额"科目，贷记"银行存款""应付账款"等科目，经税务机关认证后，应借记相关成本费用或资产科目，贷记"应交税费——应交增值税（进项税额转出）"科目。

【提示】2019年11月27日发布的《中华人民共和国增值税法（征求意见稿）》第二十二条指出："下列进项税额不得从销项税额中抵扣：

（一）用于简易计税方法计税项目、免征增值税项目、集体福利或者个人消费的购进货物、服务、无形资产、不动产和金融商品对应的进项税额，其中涉及的固定资产、无形资产和不动产，仅指专用于上述项目的固定资产、无形资产和不动产；

> （二）非正常损失项目对应的进项税额；
> （三）购进并直接用于消费的餐饮服务、居民日常服务和娱乐服务对应的进项税额；
> （四）购进贷款服务对应的进项税额；
> （五）国务院规定的其他进项税额。"
>
> 请读者密切关注后续政策变化。

案例 4-2

企业购进货物用于集体福利的涉税及会计处理

A 公司（商场，一般纳税人）2018 年 9 月购进 10 台某品牌大型电视机用于销售，取得的增值税专用发票注明价款为 35 万元、增值税 5.6 万元；次月（10 月）该增值税发票通过认证。2018 年 10 月，A 公司将其中 1 台电视机用于职工之家建设。该型号电视机对外销售价格 5 万元/台（含税），10 月份共计销售 9 台，销售额 45 万元（含税）。假设除上述业务外，2018 年 10 月无其他增值税购销业务，且无其他进项税额，则 A 公司相关涉税及会计处理如下：

1. 涉税处理。

9 月发生进项税额：5.6 万元，未认证；

10 月销售额：45÷(1+16%)=38.79（万元）；

10 月发生的销项税额：38.79×16%=6.21（万元）；

10 月已认证可抵扣的进项税额：5.6 万元；

10 月转出进项税额：0.56 万元；

10 月应交增值税：6.21－5.6+0.56=1.17（万元）。

2. 会计处理（单位：万元）。

(1) 9 月购进电视机时：

借：库存商品——某型号电视机　　　　　　　　　　35
　　应交税费——待认证进项税额　　　　　　　　　5.6
　　贷：应付账款——某公司　　　　　　　　　　　40.6

(2) 10月认证通过时：

借：应交税费——应交增值税（进项税额）　　　　　　　　　5.6
　　贷：应交税费——待认证进项税额　　　　　　　　　　　　5.6

(3) 10月销售电视机时：

借：银行存款　　　　　　　　　　　　　　　　　　　　　　45
　　贷：主营业务收入——某机电产品　　　　　　　　　　　38.79
　　　　应交税费——应交增值税（销项税额）　　　　　　　6.21

(4) 10月将其中一台电视机用于职工之家时：

借：固定资产——某型号电视机　　　　　　　　　　　　　　4.06
　　贷：库存商品——某型号电视机　　　　　　　　　　　　　3.5
　　　　应交税费——应交增值税（进项税额转出）　　　　　0.56

(5) 10月计算应交税款（各项附加略）：

借：应交税费——应交增值税（转出未交增值税）　　　　　　1.17
　　贷：应交税费——未交增值税　　　　　　　　　　　　　1.17

(6) 12月缴纳税款时：

借：应交税费——未交增值税　　　　　　　　　　　　　　　1.17
　　贷：银行存款　　　　　　　　　　　　　　　　　　　　1.17

案例 4-3

企业非正常损失货物的涉税及会计处理

A零售公司（一般纳税人）2018年11月购进100台洗衣机用于销售，取得增值税专用发票上注明的价款为100万元，增值税为16万元。次月该增值税发票通过认证；次月月底，由于保管不善，洗衣机损毁报废一台。假设除上述业务外，2018年11月无其他增值税购销业务，且无其他进项税额。A公司相关涉税及会计处理如下：

1. 涉税处理。

11月发生的进项税额：16万元，未认证，暂不能抵扣销项税；

12月通过认证的进项税额：16万元，已认证；

12月转出进项税额：0.16万元；

12月可抵扣的进项税额：16－0.16＝15.84（万元）。

2. 会计处理（单位：万元）。

(1) 11月购进洗衣机时：

 借：库存商品——某型号洗衣机   100
   应交税费——待认证进项税额   16
  贷：应付账款——某公司   116

(2) 12月认证通过时：

 借：应交税费——应交增值税（进项税额）   16
  贷：应交税费——待认证进项税额   16

(3) 12月转出非正常损失进项税额时：

 借：待处理财产损溢——待处理流动资产损溢   1.16
  贷：库存商品——某型号洗衣机   1
   应交税费——应交增值税（进项税额转出）   0.16

(4) 12月结转存货损失：

 借：管理费用   1.16
  贷：待处理财产损溢——待处理流动资产损溢   1.16

允许企业所得税税前扣除的存货损失为1.16万元。

案例 4-4

企业非正常损失产成品所耗用的购进货物的涉税及会计处理

A公司（一般纳税人）2019年1月购进100件A材料用于生产B产品，取得增值税专用发票上注明的价款为80万元，增值税为12.8万元。2月初，该增值税发票通过认证，同时领用50件A材料用于生产B产品。2月底，由于企业保管不善，耗用A材料生产出的B产品（成本为70万元）全部报废。假设生产B产品只耗用A材料，A公司相关涉税及会计处理如下：

1. 涉税处理。

1月发生的进项税额：12.8万元，未认证，暂不能抵扣销项税；

2月通过认证的进项税额：12.8万元，已认证；

12月转出进项税额：（80÷100×50）×16％＝6.4（万元）；

12月可抵扣的进项税额：12.8－6.4＝6.4（万元）。

2. 会计处理（单位：万元）。

(1) 1月购进100件A材料时：

 借：原材料——A材料   80

   应交税费——待认证进项税额   12.8

  贷：应付账款——某公司   92.8

(2) 2月认证通过时：

 借：应交税费——应交增值税（进项税额）   12.8

  贷：应交税费——待认证进项税额   12.8

(3) 2月初领用50件A材料用于生产时：

 借：在产品   40

  贷：原材料——A材料   40

(4) 2月底生产出B产品时：

会计处理略。

(5) 2月底B产品报废时：

 借：待处理财产损溢——待处理流动资产损溢   76.4

  贷：库存商品——B产品   70

   应交税费——应交增值税（进项税额转出）   6.4

(6) 2月底结转存货损失：

 借：管理费用   76.4

  贷：待处理财产损溢——待处理流动资产损溢   76.4

3. 企业所得税汇算清缴处理。

企业所得税当年允许税前扣除的存货损失为76.4万元。

问题 4-1-3

小规模纳税人外购存货增值税、企业所得税如何处理？

答：小规模纳税人外购存货，其增值税、企业所得税处理与一般纳税人处理不同。

1. 增值税处理。

《增值税暂行条例》第十一条规定："小规模纳税人发生应税销售行为，实行按照销售额和征收率计算应纳税额的简易办法，并不得抵扣进项税额。应纳税额计算公式：

$$应纳税额＝销售额×征收率$$

小规模纳税人的标准由国务院财政、税务主管部门规定。"

根据上述政策规定，小规模纳税人是按照征收率计算缴纳增值税，因此，对于小规模纳税人外购的存货，不论是从小规模纳税人处购得，还是从一般纳税人处购得，其进项税额均不得抵扣。

2. 企业所得税处理。

《企业所得税法》第八条规定："企业实际发生的与取得收入有关的、合理的支出，包括成本、费用、税金、损失和其他支出，准予在计算应纳税所得额时扣除。"《企业所得税法实施条例》第三十一条规定："企业所得税法第八条所称税金，是指企业发生的除企业所得税和允许抵扣的增值税以外的各项税金及其附加。"

根据上述政策规定，小规模纳税人外购存货时，其支付的按规定不能抵扣的增值税进项税额应计入存货采购成本，作为存货的计税基础。

3. 会计处理。

会计处理中，根据《增值税会计处理规定》（财会〔2016〕22号文件发布）第二条第（一）项的规定，小规模纳税人购买物资、服务、无形资产或不动产，取得增值税专用发票上注明的增值税应计入相关成本费用或资产，不通过"应交税费——应交增值税"科目核算。

【提示】2019年11月27日发布的《中华人民共和国增值税法（征求意见稿）》没有关于小规模纳税人的条款，其第二十三条指出："简易计税方法的应纳税额，是指按照当期销售额和征收率计算的增值税额，不得抵扣进项税额。应纳税额计算公式：

$$应纳税额＝当期销售额×征收率"$$

请读者密切关注后续政策变化。

案例 4-5

小规模纳税人外购原材料的涉税及会计处理

A 公司（小规模纳税人）2018 年 8 月购进一批包装物用于生产。企业取得增值税专用发票，发票上注明价款为 400 万元，增值税为 64 万元，相关款项尚未支付。假设上述业务没有发生除增值税以外的其他税费，则相关涉税及会计处理如下：

1. 涉税处理。

A 公司为小规模纳税人，故其 8 月取得的进项税额 64 万元不得抵扣销项税额，而应计入包装物的成本。

2. 会计处理（单位：万元）。

取得包装物时：

借：周转材料——包装物　　　　　　　　　　　　　　　　　　464
　　贷：应付账款——××公司　　　　　　　　　　　　　　　464

8 月购进包装物企业所得税的计税基础为 464 万元。

问题 4-1-4

企业委托加工取得存货的增值税、企业所得税如何处理？

答：企业委托加工取得的存货涉及增值税、企业所得税的处理。

1. 增值税处理。

《增值税暂行条例》第一条规定，"在中华人民共和国境内销售货物或者提供加工、修理修配劳务以及进口货物的单位和个人，为增值税的纳税义务人，应当依照本条例缴纳增值税。"《增值税暂行条例实施细则》第二条第二款规定："条例第一条所称加工，是指受托加工货物，即委托方提供原料及主要材料，受托方按照委托方的要求，制造货物并收取加工费的业务。"

根据上述政策规定，提供委托加工劳务要按照规定缴纳增值税。因此，对于一般纳税人委托加工物资支付的加工费（及增值税），其增值税进项税可以抵扣销项税额。

2. 企业所得税处理。

《企业所得税法》第十五条规定："企业使用或者销售存货，按照规定计算的存货成本，准予在计算应纳税所得额时扣除。"

《企业所得税法实施条例》第七十二条第（二）项规定："通过支付现金方式取得的存货，以购买价款和支付的相关税费为成本。"

根据上述政策规定，委托加工取得的存货以耗用的材料、支付的加工费以及相关税费为成本（计税基础）。

3. 会计处理。

在会计处理中，委托加工业务的核算流程包括：拨付加工物资，即将委托加工的原材料由"原材料"科目转入"委托加工物资"科目；支付加工费用，即将支付的加工费用记入"委托加工物资"科目，增值税（进项税）记入"应交税费——应交增值税——待认证进项税额"科目；收回加工物资、剩余原材料，即将归集的加工物资（成本）及剩余的原材料，由"委托加工物资"科目转入"原材料——委托加工材料""原材料——剩余材料"等科目。

上述业务涉及增值税进项税额的，根据《增值税会计处理规定》（财会〔2016〕22号文件发布）第二条第（一）项第1点的规定处理。

案例 4-6

企业委托加工货物的涉税及会计处理

2018年3月，A制造公司（一般纳税人）委托B公司（一般纳税人）加工包装物一批，发出的材料实际成本30万元。2018年5月A公司取得B公司开具的加工费增值税专用发票（发票上注明的加工费为10万元，增值税额为1.6万元），并用银行存款支付了全部价款。2018年6月，A公司收到已完成加工的包装物并验收入库；收到B公司退回的材料并验收入库，退回材料的实际成本为5万元；6月底对收到的B公司开具的加工费增值税专用发票进行了认证。A公司相关涉税（其他税费略）及会计处理如下：

1. 涉税处理。

5月发生的进项税额：1.6万元，未认证，暂不能抵扣销项税；

6月已认证可抵扣的进项税额：1.6万元。

2. 会计处理（单位：万元）。

(1) 3月发出委托加工材料时：

借：委托加工物资——材料　　　　　　　　　　　　　　　　　　30

　　贷：原材料　　　　　　　　　　　　　　　　　　　　　　　30

(2) 5月收到B公司开具的专用发票并付款时：

借：委托加工物资——加工费　　　　　　　　　　　　　　　　10

　　应交税费——待认证进项税额　　　　　　　　　　　　　　1.6

　　贷：银行存款　　　　　　　　　　　　　　　　　　　　　11.6

(3) 6月收回委托加工物资和材料时：

借：周转材料　　　　　　　　　　　　　　　　　　　　　　　25

　　原材料　　　　　　　　　　　　　　　　　　　　　　　　5

　　贷：委托加工物资——材料　　　　　　　　　　　　　　　30

借：周转材料　　　　　　　　　　　　　　　　　　　　　　　10

　　贷：委托加工物资——加工费　　　　　　　　　　　　　　10

(4) 6月进项税认证通过时：

借：应交税费——应交增值税（进项税额）　　　　　　　　　　1.6

　　贷：应交税费——待认证进项税额　　　　　　　　　　　　1.6

3. 取得委托加工物资企业所得税的计税基础。

A公司取得的委托加工的包装物的计税基础为35万元（25万元材料费和10万元加工费）。

问题 4-1-5

投资者投入货物的增值税、企业所得税如何处理？

答：接受投资者投入的货物涉及增值税进项税额的处理以及企业所得税计税基础的确认。

1. 增值税处理。

《增值税暂行条例实施细则》第四条规定："单位或者个体工商户将自产、委托加工或者购进的货物作为投资，提供给其他单位或者个体工商户的行为，视同销售

货物";第十六条规定:"纳税人有视同销售货物行为而无销售额者,按下列顺序确定销售额:

(一) 按纳税人最近时期同类货物的平均销售价格确定;

(二) 按其他纳税人最近时期同类货物的平均销售价格确定;

(三) 按组成计税价格确定。组成计税价格的公式为:

$$组成计税价格=成本\times(1+成本利润率)$$

属于应征消费税的货物,其组成计税价格中应加计消费税额。

公式中的成本是指:销售自产货物的为实际生产成本,销售外购货物的为实际采购成本。公式中的成本利润率由国家税务总局确定。"

根据上述政策规定,投资者以货物作为投资的业务,在增值税上要视同销售,投资者要计算销项税额;对于接受投资的一方,如其为增值税一般纳税人,在收到增值税专用发票时,其进项税额可以抵扣销项税额。

2. 企业所得税处理。

《企业所得税法实施条例》第七十二条第(二)项规定:"通过支付现金以外的方式取得的存货,以该存货的公允价值和支付的相关税费为成本。"

根据上述政策规定,投资者投入的存货,应按其公允价值和支出的相关税费作为其计税基础。对于增值税一般纳税人,其增值税进项税额可以抵扣的,不包括在存货的原始价值中。

3. 会计处理。

在会计处理中,对于投资者投入货物的增值税进项税额,应根据《增值税会计处理规定》(财会〔2016〕22号文件发布)第二条第(一)项第1点的规定处理。即按照确定的货物金额,借记"原材料"或"库存商品"等科目,按当月已认证的可抵扣增值税额,借记"应交税费——应交增值税(进项税额)"科目,按当月未认证的可抵扣增值税额,借记"应交税费——待认证进项税额"科目。

【提示】根据《企业会计准则第1号——存货》第十一条的规定,"投资者投入的存货的成本,应当按照投资合同或协议约定的价值确定,但合同或协议约定价值不公允的除外"。

案例 4-7

企业取得投资者投入存货的涉税及会计处理

2019 年 6 月，A 企业（一般纳税人）将生产的 100 台空调投资于 B 企业（一般纳税人），投资合同约定的价值为 90 万元；约定 A 企业的出资额为 60 万元。A 企业 7 月同类空调的平均销售价格为 1 万元/台；B 企业取得 A 企业开具的增值税专用发票，增值税税率为 13%。次月，上述增值税发票进行了认证。假设 B 企业取得空调用于出售目的，上述业务没有发生除增值税以外的其他税费。相关涉税及会计处理如下：

1. 涉税处理。

根据规定，A 企业将自产的产品用于投资，在增值税上应视同销售，销售额按照最近时期同类货物的平均销售价格确定，为 100 万元（100×1）。A 企业发生的销项税额为 13 万元。

B 企业收到 A 企业开具的增值税专用发票，认证后可抵扣的进项税额为 13 万元。

2. B 企业的会计处理（单位：万元）。

（1）7 月取得 A 企业投入的空调时：

借：库存商品——某型号空调　　　　　　　　　　　　　　　90
　　应交税费——待认证进项税额　　　　　　　　　　　　　13
　　贷：实收资本——A 企业　　　　　　　　　　　　　　　60
　　　　资本公积——资本溢价　　　　　　　　　　　　　　43

（2）8 月发票通过认证时：

借：应交税费——应交增值税（进项税额）　　　　　　　　　13
　　贷：应交税费——待认证进项税额　　　　　　　　　　　13

3. B 企业取得存货的企业所得税计税基础。

从企业所得税角度，对支付现金以外的方式取得的存货，以该存货的公允价值和支付的相关税费为计税基础。一般情况下，基于理性经济人的假设，交易的双方如果没有关联关系，双方交易的价格应为公允价格。假设 A 企业与 B 企业无任何关联关系，此时投资合同约定的价值应为该批空调的公允价值。因此 B 企业取得空调企业所得税的计税基础为 90 万元。

问题 4-1-6

企业债务重组取得存货的增值税、企业所得税如何处理？

答：企业通过债务重组取得存货，涉及增值税进项税额的处理以及企业所得税计税基础的确认。

1. 增值税处理。

根据《增值税暂行条例》第一条、《增值税暂行条例实施细则》第三条的相关规定，纳税人在债务重组中，以存货抵销债务的行为属于取得了"其他经济利益"，且该行为有偿转让了存货的所有权，因此属于增值税的应税行为。

根据上述政策规定，对于在债务重组中取得存货的一般纳税人，如果取得增值税专用发票，其进项税额可以抵扣销项税额。

以存货抵销债务行为的增值税计税销售额，应为从接受方（购买方）取得的经济利益。因此，一般情况下，销售额应当按照债务重组合同或协议约定的价值等确定，但是确定的增值税计税价格明显偏低并无正当理由的，应根据《增值税暂行条例》第七条、《增值税暂行条例实施细则》第十六条的规定处理。

2. 企业所得税处理。

根据《企业所得税法实施条例》第七十二条的规定，"通过支付现金以外的方式取得的存货，以该存货的公允价值和支付的相关税费为成本"。

根据上述政策规定，企业在债务重组行为中取得的存货，按其公允价值和支出的相关税费作为其计税基础。

3. 会计处理。

在会计处理中，企业通过债务重组取得存货，债权人应当对受让的存货按照其公允价值（不含税）入账，重组债权的账面余额与受让的存货的公允价值（含税）之间的差额，记入"营业外支出"科目。债权人已对债权计提减值准备的，应当先将该差额冲减减值准备，减值准备不足以冲减的部分，记入"营业外支出"科目。涉及增值税的，根据《增值税会计处理规定》（财会〔2016〕22号文件发布）第二条第（一）项第1点的规定处理。

【提示1】《财政部 国家税务总局关于企业重组业务企业所得税处理若干问

题的通知》（财税〔2009〕59号）第四条规定："以非货币资产清偿债务，应当分解为转让相关非货币性资产、按非货币性资产公允价值清偿债务两项业务，确认相关资产的所得或损失。债务人应当按照支付的债务清偿额低于债务计税基础（公允价值）的差额，确认债务重组所得；债权人应当按照收到的债务清偿额低于债权计税基础的差额，确认债务重组损失。"

【提示2】《企业会计准则第12号——债务重组》第十一条规定："以非现金资产清偿债务的，债权人应当对受让的非现金资产按其公允价值入账，重组债权的账面余额与受让的非现金资产的公允价值之间的差额，计入当期损益。债权人已对债权计提减值准备的，应当先将该差额冲减减值准备，减值准备不足以冲减的部分，计入当期损益。"

案例 4-8

企业通过债务重组取得存货的涉税及会计处理

2019年6月，A公司（一般纳税人）将一批生产的100台洗衣机抵债给B企业（一般纳税人）。债务重组协议并未约定100台洗衣机的价值；约定抵债金额为90万元。A公司7月同类洗衣机的平均售价为0.6万元/台。100台洗衣机的公允价值为60万元。B公司取得A公司开具的增值税专用发票，增值税税率为13%。次月，上述增值税发票进行了认证。假设上述业务没有发生除增值税以外的其他税费。相关涉税及会计处理如下：

1. 涉税处理。

A公司将自产的商品用于抵债，属于销售货物的行为，应计算增值税销项税额，销售额按其取得的经济利益确定。因协议未约定空调的价值，因此按抵债金额90万元作为其销售额，发生的销项税额为11.7（90×13%）万元。

B公司取得A公司开具的增值税专用发票，认证后可抵扣的进项税额为11.7万元。

2. 接受方的会计处理（单位：万元）。

(1) 6月B公司收到洗衣机时：

借：库存商品

    应交税费——待认证进项税额　　　　　　　　　　　11.7

    营业外支出——债务重组损失　　　　　　　　　　　18.3

     贷：应收账款——A 公司　　　　　　　　　　　　　　90

（2）7月发票通过认证时：

    借：应交税费——应交增值税（进项税额）　　　　　11.7

     贷：应交税费——待认证进项税额　　　　　　　　　11.7

3. B 公司取得存货的企业所得税计税基础。

  从企业所得税角度，对支付现金以外的方式取得的存货，以该存货的公允价值和支付的相关税费为计税基础。因此 B 公司通过债务重组方式取得的洗衣机，企业所得税的计税基础为 60 万元。

问题 4-1-7

企业非货币性资产交换取得存货的增值税、企业所得税如何处理？

  答：企业通过非货币性资产交换取得存货的，涉及增值税进项税额的处理以及企业所得税计税基础的确认。

1. 增值税处理。

  根据《增值税暂行条例》第一条、《增值税暂行条例实施细则》第三条的相关规定，企业在"非货币性资产交换"业务中，发生了"有偿转让货物的所有权"行为，需要进行增值税处理。

  一般纳税人在企业非货币性资产交换行为中取得存货，如果取得增值税专用发票，其进项税额可以抵扣销项税额。

  对于以"非货币性资产交换"取得存货的价值明显偏低的，应根据《增值税暂行条例》第七条、《增值税暂行条例实施细则》第十六条的规定处理。

2. 企业所得税处理。

（1）一般情况处理规定。

  《企业所得税法实施条例》第十三条规定："企业所得税法第六条所称企业以非货币形式取得的收入，应当按照公允价值确定收入额"；第二十五条规定："企业发生非货币性资产交换，应当视同销售货物，但国务院财政、税务主管部门另有规定的除外";第七十二条第(二)项规定:"通过支付现金以外的方式取得的存货,以该存货的公允价值和支付的相关税费为成本"。

根据上述政策规定,企业发生非货币性资产交换,应当视同销售货物,其价值按照公允价值确定,因此,一般纳税人(企业)通过非货币性资产交换方式取得的存货,其进项税额可以抵扣销项税额,不计入存货价值。小规模纳税人则计入存货的价值,不得抵扣增值税额。

(2) 特殊情况处理规定。

对适用特殊性税务处理的非货币性资产交换情形,根据《财政部 国家税务总局关于企业重组业务企业所得税处理若干问题的通知》(财税〔2009〕59号)第六条第(三)项第2点的规定,企业发生非货币性资产交换的,对"受让企业取得转让企业资产的计税基础,以被转让资产的原有计税基础确定"。

适用特殊性税务处理的具体条件,依据财税〔2009〕59号文件第五条、第六条及《财政部 国家税务总局关于促进企业重组有关企业所得税处理问题的通知》(财税〔2014〕109号)第二条的规定确定。

根据上述政策规定,对适用(符合)企业所得税特殊性处理情形的,以股权交换获得的货物(存货)以其原有计税基础为计税基础。

3. 会计处理。

在会计处理中,企业通过非货币性资产交换取得存货,应根据《增值税会计处理规定》(财会〔2016〕22号文件发布)第二条第(一)项第1点的规定处理,即:企业取得非货币性资产(存货)交换利得,借记"原材料""库存商品"等科目,借记"应交税费——应交增值税(进项税额)"科目,贷记"营业外收入"科目,期末,应将"营业外收入"科目余额转入"本年利润"科目,结转后本科目无余额。

【提示】企业会计准则的处理,具体见《企业会计准则第7号——非货币性资产交换》第四条、第七条、第八条及第九条的规定。

案例 4-9

企业通过非货币性资产交换取得存货的涉税及会计处理

2018年10月,A公司(一般纳税人)用自产的某型号洗衣机1000台换取B公司（一般纳税人）生产的某型号空调500台，同时A公司用银行存款向B公司支付了10万元的补价（换入的资产双方都做存货处理）。交换前，1 000台洗衣机和500台空调在原公司账上的账面价值分别为300万元和400万元。A公司最近时期生产的同一型号洗衣机的平均销售价格为3 500元/台，B公司最近时期生产的同型号空调的平均销售价格为7 200元/台。上述交易中，A公司和B公司各自取得了增值税专用发票并在当月通过认证，税率16％。假设当月除上述业务外，A公司和B公司无其他增值税购销业务，无其他进项税额，并且上述业务没有发生除增值税以外的其他税费。相关涉税及会计处理如下：

1. 涉税处理。

根据政策规定，上述的非货币性资产交换交易的双方都涉及销售货物的行为，应计算增值税的销项税额，各自的销售额按照最近时期同类货物的平均销售价格确定。

A公司销售额：1 000×0.35＝350（万元）；

A公司销项税额：350×16％＝56（万元）。

B公司销售额：500×0.72＝360（万元）；

B公司销项税额：360×16％＝57.6（万元）。

因双方都取得对方开具的增值税专用发票并在当月认证通过，故对应的进项税额在认证后均可以抵扣。

A公司当月应缴纳增值税为0，留抵：57.6－56＝1.6（万元）。

B公司当月应缴纳增值税：57.6－56＝1.6（万元）。

2. 会计处理（单位：万元）。

（1）假设该笔非货币性资产交换不具有商业实质或换入、换出资产的公允价值均无法可靠计量。

①A公司会计处理。

借：库存商品——空调　　　　　　　　　　　　　　　308.4
　　应交税费——应交增值税（进项税额）　　　　　　57.6
　　贷：库存商品——洗衣机　　　　　　　　　　　　300
　　　　应交税费——应交增值税（销项税额）　　　　56
　　　　银行存款　　　　　　　　　　　　　　　　　10

②B 公司会计处理。

借：库存商品——洗衣机 391.6
　　应交税费——应交增值税（进项税额） 56
　　银行存款 10
　贷：库存商品——空调 400
　　　应交税费——应交增值税（销项税额） 57.6

（2）假设该笔非货币性资产交换同时满足具有商业实质和换入资产或换出资产的公允价值能够可靠计量的条件。

假设 A 公司某型号 1 000 台洗衣机的公允价值为 370 万元，B 公司某型号 500 台空调的公允价值为 380 万元。

①A 公司会计处理。

结转 1 000 台洗衣机销售收入时：

借：库存商品——空调 380
　　应交税费——应交增值税（进项税额） 57.6
　贷：主营业务收入——洗衣机 370
　　　应交税费——应交增值税（销项税额） 56
　　　营业外收入——非货币性资产交换利得 1.6
　　　银行存款 10

结转 1 000 台洗衣机销售成本时：

借：主营业务成本——洗衣机 300
　贷：库存商品——洗衣机 300

②B 公司会计处理。

结转 500 台空调销售收入时：

借：库存商品——洗衣机 370
　　应交税费——应交增值税（进项税额） 56
　　银行存款 10
　　营业外支出——非货币性资产交换损失 1.6
　贷：主营业务收入——空调 380
　　　应交税费——应交增值税（销项税额） 57.6

结转 500 台空调销售成本时：

借：主营业务成本——空调　　　　　　　　　　　　　　400
　　贷：库存商品——空调　　　　　　　　　　　　　　　　400

3. 企业所得税处理。

从企业所得税角度看，非货币性资产交换的双方都涉及视同销售和购进两个行为。

对支付现金以外的方式取得的存货，以该存货的公允价值和支付的相关税费为计税基础。因此 A 公司换回空调的企业所得税计税基础为 370 万元；B 公司换回洗衣机的企业所得税计税基础为 380 万元。

根据《国家税务总局关于企业处置资产所得税处理问题的通知》（国税函〔2008〕828 号）第三条的规定，对视同销售的行为，"属于企业自制的资产，应按企业同类资产同期对外销售价格确定销售收入"。

因此，A 公司应确认 350 万元的洗衣机销售收入，B 公司应确认 360 万元的空调销售收入。这时出现了确认收入金额与公允价值金额不一致的情形。对应地，此时销售方确认收入金额与购买方购入产品的计税基础也不一致。产生这种情形的原因是按企业同类资产同期对外销售价格确定销售收入只是对商品公允价值的近似描述，虽然大多数情况下两者非常接近，但也可能存在不一致的情形。

问题 4-1-8

企业通过（吸收）合并或分立取得存货的增值税及企业所得税如何处理？

答：企业通过（吸收）合并或分立取得存货的，一般情况下不涉及增值税处理，企业所得税处理涉及计税基础的确认。

1. 增值税处理。

《国家税务总局关于纳税人资产重组有关增值税问题的公告》（国家税务总局公告 2011 年第 13 号）规定："纳税人在资产重组过程中，通过合并、分立、出售、置换等方式，将全部或者部分实物资产以及与其相关联的债权、负债和劳动力一并转让给其他单位和个人，不属于增值税的征税范围，其中涉及的货物转让，不征收增值税。"

《国家税务总局关于纳税人资产重组有关增值税问题的公告》（国家税务总局公

告2013年第66号）规定："自2013年12月1日起，纳税人在资产重组过程中，通过合并、分立、出售、置换等方式，将全部或者部分实物资产以及与其相关联的债权、负债经多次转让后，最终的受让方与劳动力接收方为同一单位和个人的，仍适用《国家税务总局关于纳税人资产重组有关增值税问题的公告》（国家税务总局公告2011年第13号）的相关规定，其中货物的多次转让行为均不征收增值税。资产的出让方需将资产重组方案等文件资料报其主管税务机关。"

根据上述政策规定，企业（吸收）合并或分立如符合上述规定条件，货物的转让行为不征收增值税；如不符合上述规定，则应征收增值税。

2. 企业所得税处理。

根据《财政部 国家税务总局关于企业重组业务企业所得税处理若干问题的通知》（财税〔2009〕59号）的规定，企业重组业务（包括合并、分立业务）的企业所得税处理分为一般性税务处理和特殊性税务处理。

在一般性税务处理下，"合并企业应按公允价值确定接受被合并企业各项资产和负债的计税基础；被分立企业对分立出去资产应按公允价值确认资产转让所得或损失；分立企业应按公允价值确认接受资产的计税基础"。

企业重组业务满足一定条件可以适用特殊性税务处理。在特殊性税务处理下，"合并企业接受被合并企业资产和负债的计税基础，以被合并企业的原有计税基础确定；分立企业接受被分立企业资产和负债的计税基础，以被分立企业的原有计税基础确定"。

根据上述政策规定，企业因合并或分立而取得存货，如该项合并或分立适用一般性税务处理，则按公允价值确认取得存货的计税基础；如该项合并或分立适用特殊性税务处理，则按原计税基础确定取得存货的计税基础。

【提示】对于同一控制下的企业合并，根据《企业会计准则第20号——企业合并》第六条的规定，"合并方在企业合并中取得的资产和负债，应当按照合并日在被合并方的账面价值计量。合并方取得的净资产账面价值与支付的合并对价账面价值（或发行股份面值总额）的差额，应当调整资本公积；资本公积不足冲减的，调整留存收益"。

对于非同一控制下的企业合并，根据《企业会计准则第20号——企业合并》第十四条的规定，"合并中取得的被购买方除无形资产以外的其他各项资产

（不仅限于被购买方原已确认的资产），其所带来的经济利益很可能流入企业且公允价值能够可靠地计量的，应当单独予以确认并按照公允价值计量。合并中取得的无形资产，其公允价值能够可靠地计量的，应当单独确认为无形资产并按照公允价值计量"。

问题 4-1-9

企业发生存货损失的增值税、企业所得税如何处理？

答：企业发生存货损失的，涉及增值税进项税额以及企业所得税损失税前扣除的处理。

1. 增值税处理。

《增值税暂行条例》第十条规定："非正常损失的购进货物，以及相关的劳务和交通运输服务；非正常损失的在产品、产成品所耗用的购进货物（不包括固定资产）、劳务和交通运输服务的进项税额不得从销项税额中抵扣。"

《营业税改征增值税试点实施办法》（财税〔2016〕36 号文件附件 1）第二十七条"关于不得从销项税额中抵扣的进项税额项目"第（二）项、第（三）项规定："非正常损失的购进货物，以及相关的加工修理修配劳务和交通运输服务"，"非正常损失的在产品、产成品所耗用的购进货物（不包括固定资产）、加工修理修配劳务和交通运输服务"，其进项税额不得从销项税额中抵扣；第二十八条第三款规定："非正常损失，是指因管理不善造成货物被盗、丢失、霉烂变质，以及因违反法律法规造成货物或者不动产被依法没收、销毁、拆除的情形"。

根据上述政策规定，企业购进的货物发生非正常损失的，已经抵扣的进项税额要做转出处理。

2. 企业所得税处理。

《企业所得税法》第八条规定："企业实际发生的与取得收入有关的、合理的支出，包括成本、费用、税金、损失和其他支出，准予在计算应纳税所得额时扣除。"

《企业所得税法实施条例》第三十二条规定："企业所得税法第八条所称损失，是指企业在生产经营活动中发生的固定资产和存货的盘亏、毁损、报废损失，转让财产损失，呆账损失，坏账损失，自然灾害等不可抗力因素造成的损失以及其他损失。

企业发生的损失，减除责任人赔偿和保险赔款后的余额，依照国务院财政、税务主管部门的规定扣除。

企业已经作为损失处理的资产，在以后纳税年度又全部收回或者部分收回时，应当计入当期收入。"

根据上述政策规定，企业购进的货物发生非正常损失的，其确认的损失与转出的进项税额，准予在计算应纳税所得额时扣除。

3. 会计处理。

在会计处理中，企业购进的货物发生非正常损失的，其进项税额，根据《增值税会计处理规定》（财会〔2016〕22号文件发布）第二条第（五）项的规定处理，即：因发生非正常损失，原已计入进项税额、待抵扣进项税额或待认证进项税额，但按现行增值税制度规定不得从销项税额中抵扣的，借记"待处理财产损溢"等科目，贷记"应交税费——应交增值税（进项税额转出）""应交税费——待抵扣进项税额"或"应交税费——待认证进项税额"科目。

> 【提示】根据《企业会计准则第1号——存货》第二十一条的规定，"企业发生的存货毁损，应当将处置收入扣除账面价值和相关税费后的金额计入当期损益。存货的账面价值是存货成本扣减累计跌价准备后的金额。存货盘亏造成的损失，应当计入当期损益"。

案例 4-10

企业发生非正常损失的购进货物的涉税及会计处理

2019年6月，A公司因管理不善丢失材料一批，该批材料购买时，取得增值税专用发票，票面注明价格100万元，增值税额13万元，该笔进项税额已抵扣。假设无相关责任人赔偿。A公司相关涉税及会计处理如下：

1. 涉税处理。

A公司因管理不善丢失材料一批，因此该批材料进项税额要做转出处理。

2. 会计处理（单位：万元）。

(1) 发生损失时：

　　借：待处理财产损溢——待处理流动资产损溢　　　　　　113

　　　　贷：原材料　　　　　　　　　　　　　　　　　　　100

　　　　　　应交税费——应交增值税（进项税额转出）　　　 13

(2) 查明原因并进行处理时：

　　借：管理费用　　　　　　　　　　　　　　　　　　　　113

　　　　贷：待处理财产损溢——待处理流动资产损溢　　　　113

3. 企业所得税处理。

企业所得税当年允许税前扣除的存货损失为113万元。

4.2　支付员工福利、劳保及劳务费用涉税业务

本节涉及的业务主要是企业支付员工福利、劳保以及企业劳务费用支出业务，增值税角度涉及进项税额的处理，企业所得税角度主要涉及税前列支政策。

问题 4-2-1

企业支付劳务用工费用的增值税、企业所得税如何处理？

答：企业的劳务用工一般有两种情形：一是委托劳务（人力资源）公司提供人力资源；二是自行招聘人员。如果委托劳务（人力资源）公司提供人员劳务，则企业与人力资源公司签订劳务提供合同，由人力资源公司提供企业需要的各类人员，而这些人员与人力资源公司签订用工合同。用工企业每个月按合同支付劳务费用，然后由人力资源公司再支付劳务人员的工资薪金及福利等。

1. 增值税处理。

提供人力资源的劳务公司应按"现代服务——商务辅助服务——人力资源服务"税目缴纳增值税。根据《营业税改征增值税试点实施办法》（财税〔2016〕36号文件附件1）所附《销售服务、无形资产、不动产注释》注释的规定，该税目是指提

供公共就业、劳务派遣、人才委托招聘、劳动力外包等服务的业务活动。

根据《财政部 国家税务总局关于进一步明确全面推开营改增试点有关劳务派遣服务、收费公路通行费抵扣等政策的通知》（财税〔2016〕47号）第一条的规定，"劳务派遣服务，是指劳务派遣公司为了满足用工单位对于各类灵活用工的需求，将员工派遣至用工单位，接受用工单位管理并为其工作的服务"。纳税人提供劳务派遣服务的，增值税处理及发票开具规定如下：

一般纳税人提供劳务派遣服务，"可以按照《财政部 国家税务总局关于全面推开营业税改征增值税试点的通知》（财税〔2016〕36号）的有关规定，以取得的全部价款和价外费用为销售额，按照一般计税方法计算缴纳增值税；也可以选择差额纳税，以取得的全部价款和价外费用，扣除代用工单位支付给劳务派遣员工的工资、福利和为其办理社会保险及住房公积金后的余额为销售额，按照简易计税方法依5%的征收率计算缴纳增值税"。

"选择差额纳税的纳税人，向用工单位收取用于支付给劳务派遣员工工资、福利和为其办理社会保险及住房公积金的费用，不得开具增值税专用发票，可以开具普通发票"。

小规模纳税人提供劳务派遣服务，"可以按照《财政部 国家税务总局关于全面推开营业税改征增值税试点的通知》（财税〔2016〕36号）的有关规定，以取得的全部价款和价外费用为销售额，按照简易计税方法依3%的征收率计算缴纳增值税；也可以选择差额纳税，以取得的全部价款和价外费用，扣除代用工单位支付给劳务派遣员工的工资、福利和为其办理社会保险及住房公积金后的余额为销售额，按照简易计税方法依5%的征收率计算缴纳增值税"。

用工企业支付劳务费用的增值税处理业务，主要是获取提供人力资源服务企业开具的增值税发票及进项税额的处理。根据上述政策规定，如果劳务（人力资源）公司是一般纳税人，且选择"以取得的全部价款和价外费用为销售额，按照一般计税方法计算缴纳增值税"，可以开具增值税专用发票，其他方式不得开具增值税专用发票，可以开具增值税普通发票。用工企业支付劳务派遣公司费用时，取得增值税专用发票的，其票面注明的增值税税额（进项）可以抵扣销项税额。

2. 企业所得税处理。

根据《国家税务总局关于企业工资薪金和职工福利费等支出税前扣除问题的公

告》（国家税务总局公告2015年第34号）第三条的规定，企业接受外部劳务派遣用工所实际发生的费用，应分两种情况按规定在税前扣除：按照协议（合同）约定直接支付给劳务派遣公司的费用，应作为劳务费支出；直接支付给员工个人的费用，应作为工资薪金支出和职工福利费支出。其中属于工资薪金支出的费用，准予计入企业工资薪金总额的基数，作为计算其他各项相关费用扣除的依据。

3. 会计处理。

营改增后，在会计处理中，根据《增值税会计处理规定》（财会〔2016〕22号文件发布）第二条第（一）项第1点的规定，一般纳税人购进货物服务，按应计入相关成本费用或资产的金额，借记"生产成本""管理费用""销售费用"等科目，按当月已认证的可抵扣增值税额，借记"应交税费——应交增值税（进项税额）"科目，按当月未认证的可抵扣增值税额，借记"应交税费——待认证进项税额"科目，按应付或实际支付的金额，贷记"应付账款""应付票据""银行存款"等科目。

对于小规模纳税人或采取简易计税方法的，其取得的增值税普通发票，按照发票金额直接计入相关成本费用或资产，如果取得增值税专用发票，则发票上注明的增值税也应计入相关成本费用或资产，不通过"应交税费——应交增值税"科目核算。

案例 4-11

企业将劳务费按约定直接支付给劳务派遣公司的涉税及会计处理

A公司2017年8月20日与B人力资源（劳务）公司签订劳务服务合同，约定从9月1日起B公司提供劳务用工10人（销售人员），每人平均费用（工资）9 000元，B公司按每人100元收取管理费用（含税）。假定B公司为增值税一般纳税人，按照一般计税方法计算缴纳增值税，则每月增值税计算及会计处理如下：

1. 增值税计算。

B公司应按照全额开具增值税专用发票。

不含税销售额：9 100×10÷(1+6%)＝85 849.06（元）；

B公司增值税销项税额：85 849.06×6%＝5 150.94（元）；

A公司按规定取得增值税专用发票，进项税额5 150.94元。

2. A 公司会计处理。

借：销售费用——劳务费　　　　　　　　　　　　　　　85 849.06

　　应交税费——应交增值税（进项税额）　　　　　　　　5 150.94

　　贷：银行存款　　　　　　　　　　　　　　　　　　　　91 000

案例 4-12

企业支付劳务用工费用选择差额处理的涉税及会计处理

A 公司 2017 年 8 月 20 日与 B 人力资源（劳务）公司签订劳务服务合同，约定从 9 月 1 日起 B 公司提供劳务用工 10 人（销售人员），每人平均费用（工资）9 000 元，B 公司按每人 100 元收取管理费用（含税）。假定 B 公司为增值税一般纳税人，按照差额纳税方法计算缴纳增值税，相关涉税处理如下：

1. B 公司处理。

B 人力资源（劳务）公司选择"以取得的全部价款和价外费用，扣除代用工单位支付给劳务派遣员工的工资、福利和为其办理社会保险及住房公积金后的余额为销售额"。

B 公司手续费：100×10＝1 000（元）。

B 公司不含税销售额：1 000÷(1＋5％)＝952.38（元）；

B 公司应缴增值税：952.38×5％＝47.62（元）。

> 【提示】B 公司可以通过三种方式开票：一是通过差额开票功能开具增值税专用发票（该方法未普遍推广）；二是全部价款和价外费用减去允许差额扣除的部分开具增值税专用发票，差额扣除部分开具增值税普通发票；三是全额开具增值税普通发票。

2. A 公司处理。

(1) A 公司接受（B 公司开具）增值税普通发票。

发票金额 91 000 元，完税以 1 000 元为计税依据。

①计提劳务费时：

借：销售费用——劳务费　　　　　　　　　　　　　　　　91 000

　　贷：应付职工薪酬——劳务费　　　　　　　　　　　　　91 000

②支付劳务费时：

借：应付职工薪酬——劳务费　　　　　　　　　　　　91 000
　　贷：银行存款　　　　　　　　　　　　　　　　　　91 000

（2）A公司接受（B公司开具）增值税专用发票。

通过系统中差额征税开票功能开票，或者分开开票，分别为增值税专用发票金额1 000元（含税），普通发票90 000元，完税以1 000元为计税依据。

①计提劳务费时：

借：销售费用——劳务费　　　　　　　　　　　　　　952.38
　　应交税费——应交增值税（进项税额）　　　　　　 47.62
　　贷：应付职工薪酬——劳务费　　　　　　　　　　 1 000

②支付劳务费时：

借：应付职工薪酬——劳务费　　　　　　　　　　　　91 000
　　贷：银行存款　　　　　　　　　　　　　　　　　　91 000

问题 4-2-2

企业支付临时劳务用工费用的增值税、企业所得税如何处理？

答：临时劳务用工主要是指企业自行招聘的临时用工人员，如保洁员等。支付劳务费用时，一般直接到税务机关代开劳务用工发票。

《税务机关代开增值税专用发票管理办法（试行）》（国税发〔2004〕153号文件发布）第二条规定："本办法所称代开专用发票是指主管税务机关为所辖范围内的增值税纳税人代开专用发票，其他单位和个人不得代开。"

根据上述政策规定，保洁员等临时用工人员用工费用只能代开增值税普通发票，而不能代开增值税专用发票。因此，支付保洁员等临时用工人员工资，可以取得增值税普通发票，不得计算抵扣进项税额。

案例 4-13

企业支付临时劳务用工费用的涉税及会计处理

A公司2018年9月20日与甲签订临时劳务服务合同，从10月1日起从事保洁工作，费用（工资）6 000元/月。每月涉税及会计处理如下：

1. 涉税计算及代开发票。

个人到税务机关代开增值税普通发票（假定不考虑优惠政策及其他税费）。

不含税销售额：6 000÷(1+3%)＝5 825.24（元）；

应缴增值税：5 825.24×3%＝174.76（元）；

应缴个人所得税：5 825.24×(1－20%)×20%＝932.04（元）。

2. 会计处理。

(1) 计提相关代扣代缴税款时：

借：其他应收款——甲　　　　　　　　　　　　　　1 106.8
　　贷：应交税费——个人所得税　　　　　　　　　　　932.04
　　　　　　　　——增值税　　　　　　　　　　　　　174.76

(2) 支付劳务费时：

借：管理费用——劳务费　　　　　　　　　　　　　6 000
　　贷：银行存款　　　　　　　　　　　　　　　　4 893.2
　　　　其他应收款——甲　　　　　　　　　　　　1 106.8

问题 4-2-3

企业发放劳保用品的增值税、企业所得税如何处理？

答：企业发放劳保用品涉及增值税进项税额以及企业所得税税前扣除的处理。

1. 增值税处理。

根据《增值税暂行条例》第八条、第九条、第十条的相关规定，只要纳税人购买的货物不是"用于集体福利或者个人消费的"，其进项税额可以抵扣销项税额。

根据《营业税改征增值税试点实施办法》（财税〔2016〕36号文件附件1）第二十七条的规定，用于简易计税方法计税项目、免征增值税项目、集体福利或者个人消费的购进货物，其进项税额不得从销项税额中抵扣。企业依据政策规定购买的合理的劳保用品，不属于上述政策列举的项目，其取得的增值税专用发票上注明的进项税额，可以抵扣销项税额。

对于销售方开具的劳保用品发票，《增值税专用发票使用规定》（国税发2006

156号文件发布）第十条规定："商业企业一般纳税人零售的烟、酒、食品、服装、鞋帽（不包括劳保专用部分）、化妆品等消费品不得开具专用发票"。

根据上述政策规定，对按照规定用途购买和使用的劳保用品，可以取得（开具）增值税专用发票，其进项税额可以抵扣销项税额。

2. 企业所得税处理。

《企业所得税法实施条例》第四十八条规定："企业发生的合理的劳动保护支出，准予扣除。"

所称合理的劳动保护支出，是指企业为员工提供各种劳动保护措施、用品等发生的支出，因此必须是合理、真实发生的，并取得合法的票据。例如，江苏省地方税务局发布的《企业所得税税前扣除凭证管理办法》（苏地税规〔2011〕13号文件发布）第二十二条规定："企业发生的劳动保护支出，包括购买工作服、手套、安全保护用品、防暑降温用品等，以发票和付款单据为税前扣除凭证。

劳动保护支出应符合以下条件：

（一）用品提供或配备的对象为本企业任职或者受雇的员工；

（二）用品具有劳动保护性质，因工作需要而发生；

（三）数量上能满足工作需要即可；

（四）以实物形根据上述政策规定，只要是合理的劳动保护支出，就可以税前扣除。"

3. 会计处理。

在会计处理中，应根据使用劳保用品员工的不同工作性质分别记入相关会计科目，并按规定进行税前扣除。例如管理人员的劳动保护支出记入"管理费用"科目，销售人员的劳动保护支出记入"销售费用"科目，生产人员的劳动保护支出记入"制造费用"科目等。

【提示】 对于不合理的劳动保护支出，即企业发放的劳保用品属于集体福利性质，则进项税额不得抵扣，同时计入个人所得，征收个人所得税。

案例4-14

企业劳保用品支出的涉税及会计处理

2019年4月，A房地产开发公司为保障工作人员在项目现场的安全，为10名工程部人员配备专门的工地服装、鞋帽等，取得增值税专用发票，票面注明价格3 000元、进项税额390元。A公司相关涉税及会计处理如下：

1. 涉税处理。

该公司取得增值税专用发票，其为工程人员配备的工地服装、鞋帽等符合劳保用品范围，其进项税额可以抵扣销项税额。

2. 会计处理。

借：开发成本——开发费用　　　　　　　　　　　　　　　3 000
　　应交税费——应交增值税（进项税额）　　　　　　　　 390
　　贷：银行存款　　　　　　　　　　　　　　　　　　　3 390

【提示】各地为规范劳保用品的涉税政策（征管），对劳保用品的认定、标准及票据进行了规范，在实际操作中，要注意当地的征管规定。

问题 4-2-4

企业福利性支出的增值税、企业所得税如何处理？

答：企业福利性支出属于职工薪酬范围。属于增值税应税范围的非货币福利性支出，不仅涉及企业所得税的处理，还涉及增值税进项税额的处理。

1. 增值税处理。

（1）视同销售的规定。

对于将自产、委托加工的货物用于集体福利或者个人消费的，根据《增值税暂行条例实施细则》第四条第（五）款的规定，企业"将自产、委托加工的货物用于集体福利或者个人消费"的，视同销售货物。其视同销售货物价格的确定，按照该实施细则第十六条规定的顺序确定。

对于向其他单位或者个人无偿提供服务的，根据《营业税改征增值税试点实施办法》（财税〔2016〕36号文件附件1）第十四条第（一）项的规定，单位或者个体工商户向其他单位或者个人无偿提供服务的，应视同销售服务。其视同销售服务价格的确定，按照该实施办法第四十四条规定的顺序确定。

根据上述政策规定，纳税人将"自产、委托加工的货物用于集体福利或者个人消费"及"向其他单位或者个人无偿提供服务的",应视同销售货物,按规定计算缴纳增值税(销项税额)。

(2)纳税人用于集体福利或者个人消费的购进货物、劳务、服务、无形资产和不动产的进项税额处理。

《增值税暂行条例》第十条第(一)项规定,纳税人用于集体福利或者个人消费的购进货物、劳务、服务、无形资产和不动产的,其进项税额不得从销项税额中抵扣。

《营业税改征增值税试点实施办法》第二十七条第(一)项规定,进项税额不得从销项税额中抵扣的项目,包括纳税人用于"集体福利或者个人消费的购进货物、加工修理修配劳务、服务、无形资产和不动产。其中涉及的固定资产、无形资产、不动产,仅指专用于上述项目的固定资产、无形资产(不包括其他权益性无形资产)、不动产。

纳税人的交际应酬消费属于个人消费"。

根据上述政策规定,纳税人将购进货物、加工修理修配劳务、服务、无形资产和不动产用于集体福利或者个人消费的,进项税额不得从销项税额中抵扣。

2. 企业所得税处理。

根据《企业所得税法实施条例》第二十五条的规定,企业将货物、财产、劳务用于职工福利的,应当视同销售货物、转让财产和提供劳务,但国务院财政、税务主管部门另有规定的除外。

根据上述政策规定,凡是企业将货物、财产、劳务用于职工福利的,应当视同销售货物、转让财产和提供劳务。

对于福利费支出的扣除,《企业所得税法实施条例》第四十条规定:"企业发生的职工福利费支出,不超过工资薪金总额14%的部分,准予扣除。"

3. 会计处理。

在会计处理中,企业向员工支付福利费的,借记"应付职工薪酬——职工福利"科目,贷记"银行存款""库存现金""其他应收款""应交税费——应交个人所得税"等科目。对于将"自产、委托加工的货物用于集体福利或者个人消费"及"向其他单位或者个人无偿提供服务"涉及增值税的,根据《增值税会计处理规定》(财会〔2016〕22号文件发布)第二条第(二)项第2点的规定处理;对纳税人用于集体福利或者个人消费的购进货物、劳务、服务、无形资产和不动产的,按照《增值税会计处理规定》第二条第（一）项第 2 点的规定处理。

> **【提示】**2019 年 11 月 27 日发布的《中华人民共和国增值税法（征求意见稿）》第十六条指出："视同发生应税交易以及销售额为非货币形式的，按照市场公允价格确定销售额。"请读者密切关注后续政策变化。

案例 4-15

企业组织员工旅游及发放福利用品的涉税及会计处理

A 公司 2019 年 5 月组织员工 18 人外出旅游，共计支出旅游费 108 000 元，平均每人 6 000 元。委托某商务（旅游）公司全权代办，支付款项后，收到某商务（旅游）公司开具的增值税发票。2019 年 4 月将自产的电动牙刷发放给员工，共计 35 支，成本 164 元/支，该电动牙刷当月平均售价 240 元/支，增值税税率 13%。A 公司相关涉税及会计处理如下：

1. 涉税处理。

（1）A 公司组织员工外出旅游属于"集体福利或者个人消费"，其购进服务的进项税额不得从销项税额中抵扣，因此，A 公司组织员工外出旅游支出如果取得增值税专用发票，其进项税额也不得抵扣销项税额。

（2）A 公司将自产的电动牙刷发放给员工属于"集体福利或者个人消费"，应视同销售，其价格可以按照当月平均售价确定。

销售额：240×35＝8 400（元）；

销项税额：8 400×13%＝1 092（元）；

成本：164×35＝5 740（元）。

2. 会计处理。

（1）支付旅游费时：

借：管理费用——职工福利费　　　　　　　　　　　　　108 000
　　贷：银行存款（或现金）　　　　　　　　　　　　　　108 000

（2）发放福利用品时：

借：管理费用——职工福利费　　　　　　　　　　　　　　9 492

贷：主营业务收入　　　　　　　　　　　　　　　　　　8 400
　　　　　应交税费——应交增值税（销项税额）　　　　　　1 092
　（3）结转成本时：
　　借：主营业务成本　　　　　　　　　　　　　　　　　　5 740
　　　贷：库存商品　　　　　　　　　　　　　　　　　　　5 740
　3. 企业所得税处理。
　A 公司组织员工外出旅游及发放福利用品均属于福利费支出，在年度企业所得税汇算清缴时，根据福利费税前扣除标准计算扣除。
　4. 预扣预缴个人所得税处理。
　根据个人所得税相关政策，A 公司组织员工外出旅游及发放福利用品均属于个人所得，按规定计算预扣预缴个人所得税。

4.3　一般日常费用支出涉税业务

　本节内容主要涉及企业日常管理发生的费用支出业务，包括企业在日常运行中支付的咨询费、差旅费、租赁费等各项费用，涉及日常费用中的购进货物、服务等进项税额的处理，同时还涉及企业所得税税前列支的处理。

问题 4-3-1

企业支付咨询费的增值税、企业所得税如何处理？

　答：企业购买的各类咨询服务，主要是指企业因经营需求向有关咨询机构（包括个人）进行的管理咨询、技术咨询、项目可行性咨询等，所支付的费用名目包括项目咨询费、技术咨询费、法律咨询费、财税咨询费等。
　1. 增值税处理。
　企业支付各类咨询费用涉及的增值税业务主要是进项税额的处理。根据《增值税暂行条例》第八条第（一）项、第（四）项的规定，纳税人购进货物、劳务、服务、无形资产、不动产支付或者负担的增值税额，为进项税额。准予从销项税额中抵扣的进项税额，包括："从销售方取得的增值税专用发票上注明的增值税额"、"自境外单位或者个人购进劳务、服务、无形资产或者境内的不动产，从税务机关或者扣缴义务人取得的代扣代缴税款的完税凭证上注明的增值税额"。

根据上述政策规定，销售咨询服务的企业如果是一般纳税人，其按政策规定开具的增值税专用发票，对于购进咨询服务的企业（一般纳税人），可以按照票面注明的增值税（进项）额抵扣销项税额。

2. 企业所得税处理。

《企业所得税法》第八条规定："企业实际发生的与取得收入有关的、合理的支出，包括成本、费用、税金、损失和其他支出，准予在计算应纳税所得额时扣除。"

《企业所得税法实施条例》第二十七条规定："企业所得税法第八条所称有关的支出，是指与取得收入直接相关的支出。

企业所得税法第八条所称合理的支出，是指符合生产经营活动常规，应当计入当期损益或者有关资产成本的必要和正常的支出。"

根据上述政策规定，只要企业支付的各类咨询服务费，与取得的相应收入有关且合理的，准予在计算应纳税所得额时扣除。但是，在扣除时要区分"收益性支出"和"资本性支出"。《企业所得税法实施条例》第二十八条第一款规定："企业发生的支出应当区分收益性支出和资本性支出。收益性支出在发生当期直接扣除；资本性支出应当分期扣除或者计入有关资产成本，不得在发生当期直接扣除。"

根据上述政策规定，如果支付的咨询服务费属于某个"资本性项目"，则应计入该资本性项目的成本，按规定摊销（折旧），不得在当期计算应纳税所得额时扣除。例如，房地产开发项目咨询费，如果项目成立，则计入开发成本，按规定结转，如果项目不成立，则计入当期费用。

3. 日常会计处理。

在会计处理中，企业（一般纳税人）购进咨询服务，其进项税额允许抵扣的，应根据《增值税会计处理规定》（财会〔2016〕22号文件发布）第二条第（一）项第1点的规定处理，一般纳税人支付咨询费用（购进服务），按照应计入相关成本费用的金额，借记"管理费用"等科目，按照当月已认证的可抵扣增值税额，借记"应交税费——应交增值税（进项税额）"科目，按照当月未认证的可抵扣增值税额，借记"应交税费——待认证进项税额"科目，按照应付或实际支付的金额，贷记"应付账款""应付票据""银行存款"等科目。

案例 4-16

企业支付咨询费的涉税及会计处理

A公司2019年1月5日支付B会计咨询公司咨询费120 000元（含税），咨询服务内容为2019年全年日常会计处理指导业务。A公司相关涉税及会计处理如下：

1. 涉税处理。

（1）增值税处理。

B公司销售额：120 000÷(1+6%)=113 207.55（元）；

B公司销项税额：113 207.55×6%=6 792.45（元）。

A公司取得B公司开具的增值税发票，票面注明增值税额（进项）6 792.45元，可以抵扣销项税额。

（2）企业所得税处理。

A公司支付的该项咨询费用属于2019年日常经营性质，可以在2019年当期计算应纳税所得额时扣除。

2. 会计处理。

借：管理费用　　　　　　　　　　　　　　　　　113 207.55
　　应交税费——应交增值税（进项税额）　　　　　　6 792.45
　　贷：银行存款　　　　　　　　　　　　　　　　120 000

【提示】如果支付的咨询费涵盖的服务期间为3年，则应先记入"待摊费用——咨询费"科目，按对应的年度结转至"管理费用"科目；如果支付的咨询费用服务对象为某个房地产开发项目，则应先记入"开发成本——开发费用"科目，后续按规定结转。

案例 4-17

企业（小规模纳税人）购买咨询服务的涉税及会计处理

A公司（小规模纳税人）2019年3月10日支付B销售咨询工作室（小规模纳

税人）相关咨询费用10 000元（含税），内容为"五一"劳动节促销活动咨询。A公司相关涉税及会计处理如下：

1. 涉税计算。

（1）增值税处理。

B公司销售额：10 000÷(1+6%)＝9 433.96（元）；

B公司应缴增值税：9 433.96×6%＝566.04（元）。

如果A公司取得B公司开具的增值税普通发票，按照含税销售额10 000元入账，不得抵扣销项税额；如果A公司索取增值税专用发票，则B公司可以向主管税务机关申请代开增值税专用发票，票面增值税金额为实际缴纳的增值税566.04元，A公司可以按照566.04元（进项）抵扣销项税额。

（2）企业所得税处理。

A公司支付的该项咨询费用属于日常咨询费支出，在当年度计算应纳税所得额时扣除。

2. 会计处理。

(1) 假定A公司接受B公司开具的增值税普通发票。

借：销售费用——咨询费　　　　　　　　　　　　　　　　　　　10 000

　　贷：银行存款　　　　　　　　　　　　　　　　　　　　　　　10 000

(2) 假定A公司向B公司索取增值税专用发票（税务机关代开）。

借：管理费用　　　　　　　　　　　　　　　　　　　　　　　9 433.96

　　应交税费——应交增值税（进项税额）　　　　　　　　　　　566.04

　　贷：银行存款　　　　　　　　　　　　　　　　　　　　　　　10 000

问题 4-3-2

企业支付自然人咨询费（劳务费）的增值税、企业所得税如何处理？

答：企业支付自然人咨询费，包括各项劳务费，不仅涉及增值税、企业所得税处理，还涉及个人相关税收的处理。

1. 增值税处理。

根据《营业税改征增值税试点实施办法》（财税〔2016〕36号文件附件1）第三

条的规定，个人不属于一般纳税人。对于个人提供劳务，在一般情况下，需要向经营地税务机关申请代开发票。根据《中华人民共和国发票管理办法》第十六条的规定，需要临时使用发票的个人，可以凭购销商品、提供或者接受服务以及从事其他经营活动的书面证明、经办人身份证明，直接向经营地税务机关申请代开发票。禁止非法代开发票。

税务机关对个人提供劳务代开发票时，要按照政策规定扣缴相应税款，根据《中华人民共和国发票管理办法实施细则》第二十六条的规定，凡需向税务机关申请开具发票的个人，均应提供发生购销业务，提供接受服务或者其他经营活动的书面证明，对税法规定应当缴纳税款的，税务机关应当在开具发票的同时征税。

根据上述政策规定，企业支付自然人劳务费，应取得自然人到税务机关申请代开增值税普通发票，而个人在申请开具发票时，应按照规定缴纳增值税。除出租不动产外，一般情况下，个人不得申请代开增值税专用发票。

2. 企业所得税处理。

企业所得税仍然按照《企业所得税法》第八条、《企业所得税法实施条例》第三十一条的规定等处理。

【提示1】个人缴纳增值税的起征点。根据《营业税改征增值税试点实施办法》第四十九条的规定，个人发生应税行为的销售额未达到增值税起征点的，免征增值税；达到起征点的，应全额计算缴纳增值税。一般情况下，起征点的调整由财政部和国家税务总局规定。省、自治区、直辖市财政厅（局）和国家税务局应当在规定的幅度内，根据实际情况确定本地区适用的起征点，并报财政部和国家税务总局备案。

【提示2】个人可以向税务机关申请代开增值税专用发票的例外情况。根据《国家税务总局关于营业税改征增值税委托地税局代征税款和代开增值税发票的通知》（税总函〔2016〕145号）第二条第（四）项的规定，其他个人出租不动产，承租方不属于其他个人的，纳税人缴纳增值税后可以向税务局申请代开增值税专用发票。

【提示3】根据《增值税暂行条例》第十一条、《增值税暂行条例实施细则》第三十条及《营业税改征增值税试点实施办法》第三十四条、第三十五条的规定，个人在提供劳务时，实行按照销售额和征收率计算应纳税额的简易办法，并不得抵扣进项税额。应纳税额计算公式为：应纳税额＝销售额×征收率。

对于纳税人采用销售额和应纳税额合并定价方法的，计算销售额的公式为：销售额＝含税销售额÷(1＋征收率)。

【提示4】关于个人所得税。根据《国家税务总局关于全面实施新个人所得税法若干征管衔接问题的公告》(国家税务总局公告2018年第56号)第一条第(二)项的规定，扣缴义务人向居民个人支付劳务报酬所得，按次或者按月预扣预缴个人所得税。具体预扣预缴方法为：劳务报酬所得以收入减除费用后的余额为收入额。

减除费用为：劳务报酬所得每次收入不超过4 000元的，减除费用按800元计算；每次收入4 000元以上的，减除费用按20%计算。

应纳税所得额为：劳务报酬所得以每次收入额为预扣预缴应纳税所得额。劳务报酬所得适用20%~40%的超额累进预扣率。

劳务报酬所得应预扣预缴税额＝预扣预缴应纳税所得额×预扣率－速算扣除数。

案例4-18

企业支付个人（自然人）劳务费的涉税及会计处理

A公司2019年2月25日支付某专家咨询费10 000元，当地城市维护建设税税率为7%，教育费附加与地方教育附加征收率合计为5%，假设个人委托A公司代为办理。A公司相关涉税及会计处理如下：

1. 代扣税款计算。

（1）增值税计算。

销售额：10 000÷(1＋3%)＝9 708.74（元）；

应缴增值税：9 708.74×3%＝291.26（元）；

城市维护建设税：291.26×7%＝20.39（元）；

教育费附加：291.26×3%＝8.74（元）；

地方教育附加：291.26×2%＝5.82（元）。

企业取得增值税普通发票（向税务机关申请代开），如果达不到增值税起征点，则不缴纳增值税。

(2) 个人所得税计算。

销售额：9 708.74 元；

减除费用：9 708.74×20%＝1 941.75（元）；

应纳税所得额：9 708.74－1 941.75＝7 766.99（元）；

应预扣预缴税额：7 766.99×20%＝1 553.40（元）。

2. 会计处理。

(1) 代个人支付税款时：

借：应收账款——代交增值税　　　　　　　　　　　　291.26
　　　　　　——代交城市维护建设税　　　　　　　　　20.39
　　　　　　——代交教育费附加　　　　　　　　　　　8.74
　　　　　　——代交地方教育附加　　　　　　　　　　5.82
　　　　　　——代交个人所得税　　　　　　　　　　　1 553.40
　　贷：银行存款　　　　　　　　　　　　　　　　　　1 879.61

(2) 支付个人劳务费时：

借：管理费用　　　　　　　　　　　　　　　　　　　10 000
　　贷：银行存款　　　　　　　　　　　　　　　　　　8 120.39
　　　　应收账款——代交增值税　　　　　　　　　　　291.26
　　　　　　　　——代交城市维护建设税　　　　　　　20.39
　　　　　　　　——代交教育费附加　　　　　　　　　8.74
　　　　　　　　——代交地方教育附加　　　　　　　　5.82
　　　　　　　　——代交个人所得税　　　　　　　　　1 553.40

问题 4-3-3

企业外出考察支付费用的增值税、企业所得税如何处理？

答：企业外出考察主要是指企业在经营中到异地考察项目的可行性、项目合作以及项目洽谈等活动。

1. 增值税处理。

企业在外出考察等活动中支付的各类费用涉及的增值税业务主要是进项税额的

处理。

在 2019 年 4 月 1 日之前,根据《营业税改征增值税试点实施办法》(财税〔2016〕36 号文件附件 1)第二十七条第(六)项的规定,"购进的旅客运输服务、贷款服务、餐饮服务、居民日常服务和娱乐服务",其进项税额不得从销项税额中抵扣。

根据《营业税改征增值税试点有关事项的规定》(财税〔2016〕36 号文件附件 2)第二条第(一)项第 5 点第(6)则的规定,纳税人"购进的旅客运输服务、贷款服务、餐饮服务、居民日常服务和娱乐服务",其进项税额不得从销项税额中抵扣。

自 2019 年 4 月 1 日起,《财政部 税务总局 海关总署关于深化增值税改革有关政策的公告》(财政部 税务总局 海关总署公告 2019 年第 39 号)第六条规定:"纳税人购进国内旅客运输服务,其进项税额允许从销项税额中抵扣。

(一)纳税人未取得增值税专用发票的,暂按照以下规定确定进项税额:

1. 取得增值税电子普通发票的,为发票上注明的税额;

2. 取得注明旅客身份信息的航空运输电子客票行程单的,为按照下列公式计算进项税额:

$$航空旅客运输进项税额 = (票价 + 燃油附加费) \div (1 + 9\%) \times 9\%$$

3. 取得注明旅客身份信息的铁路车票的,为按照下列公式计算的进项税额:

$$铁路旅客运输进项税额 = 票面金额 \div (1 + 9\%) \times 9\%$$

4. 取得注明旅客身份信息的公路、水路等其他客票的,按照下列公式计算进项税额:

$$公路、水路等其他旅客运输进项税额 = 票面金额 \div (1 + 3\%) \times 3\%$$

(二)《营业税改征增值税试点实施办法》(财税〔2016〕36 号印发)第二十七条第(六)项和《营业税改征增值税试点有关事项的规定》(财税〔2016〕36 号印发)第二条第(一)项第 5 点中'购进的旅客运输服务、贷款服务、餐饮服务、居民日常服务和娱乐服务'修改为'购进的贷款服务、餐饮服务、居民日常服务和娱乐服务'"。

根据上述政策规定,在 2019 年 4 月 1 日之前,企业在外出考察等活动中,支出的交通费用(旅客运输服务)、伙食费用(餐饮服务),其进项税额不得从销项税额中抵扣。自 2019 年 4 月 1 日起,"纳税人购进国内旅客运输服务,其进项税额允许从销项税额中抵扣"。

2. 企业所得税处理。

根据《企业所得税法》第八条、《企业所得税法实施条例》第二十七条的规定，企业在外出考察等活动中支付的各类费用，凡是属于与企业取得收入有关的、合理的支出，准予在计算应纳税所得额时扣除。

3. 会计处理。

在会计处理中，对于允许抵扣的进项税额，按照《增值税会计处理规定》（财会〔2016〕22号文件发布）第二条第（一）项第1点、第2点的规定处理，即按照增值税专用发票上注明的可抵扣的增值税额，借记"应交税费——应交增值税（进项税额）"科目，按照支付的不含税金额借记"管理费用"等科目，按照合计金额贷记"银行存款""现金"等科目。如果取得的是增值税普通发票（或者抵扣凭证不符合政策规定），则按照实际支付的金额借记"管理费用"科目，贷记"银行存款""现金"等科目。

案例 4-19

企业外出考察支付费用的涉税及会计处理

A公司（一般纳税人）为扩展外地业务，2019年4月组织外出考察，发生（乘坐）高铁费用12 000元、住宿费用15 000元、餐饮费用4 500元，其中住宿费取得增值税专用发票，票面注明价格14 150.94元、增值税849.06元。A公司涉税及会计处理如下：

1. 涉税处理。

（1）增值税处理。

A公司支付住宿费15 000元，取得的增值税专用发票，票面注明价格14 150.94元、增值税849.06元，其进项税额849.06元可以抵扣销项税额。

A公司支付（乘坐）高铁费用12 000元，铁路旅客运输进项税额＝票面金额÷$(1+9\%)\times9\%$。

销售额：$12\,000\div(1+9\%)=11\,009.17$（元）；

进项税额：$11\,009.17\times9\%=990.83$（元）。

（2）企业所得税处理。

如果该项考察活动发生的支出与企业取得收入有关且合理，则（乘坐）高铁费用、住宿费用等均可按规定准予在计算应纳税所得额时扣除。

2. 会计处理。

借：管理费用 313 160.11
　　应交税费——应交增值税（进项税额） 1 839.89
　贷：银行存款 315 000

问题 4-3-4

企业支付融资费用的增值税、企业所得税如何处理？

答：企业支付融资费用，涉及的增值税进项税额不得抵扣，主要涉及企业所得税处理业务。

1. 增值税处理。

根据《营业税改征增值税试点实施办法》（财税〔2016〕36 号文件附件 1）第二十七条第（六）项的规定，购进的贷款服务，其进项税额不得从销项税额中抵扣。

《营业税改征增值税试点有关事项的规定》（财税〔2016〕36 号文件附件 2）第一条第（四）项第 3 点规定："纳税人接受贷款服务向贷款方支付的与该笔贷款直接相关的投融资顾问费、手续费、咨询费等费用，其进项税额不得从销项税额中抵扣。"

根据上述政策规定，企业在日常购进的贷款服务中，其进项税额不得从销项税额中抵扣，包括向贷款方支付的与该笔贷款直接相关的投融资顾问费、手续费、咨询费等费用，其进项税额均不得从销项税额中抵扣。因此，在此种不能抵扣进项税额的情形下，接受贷款服务的企业一般索要增值税普通发票即可。

2. 企业所得税。

《企业所得税法实施条例》第三十七条规定："企业在生产经营活动中发生的合理的不需要资本化的借款费用，准予扣除。企业为购置、建造固定资产、无形资产和经过 12 个月以上的建造才能达到预定可销售状态的存货发生借款的，在有关资产购置、建造期间发生的合理的借款费用，应当作为资本性支出计入有关资产的成本，并按照本条例有关规定扣除。"

《国家税务总局关于企业所得税应纳税所得额若干税务处理问题的公告》（国家

税务总局公告 2012 年第 15 号）第二条规定："企业通过发行债券、取得贷款、吸收保户储金等方式融资而发生的合理的费用支出，符合资本化条件的，应计入相关资产成本；不符合资本化条件的，应作为财务费用，准予在企业所得税前据实扣除。"

对于房地产开发企业，《房地产开发经营业务企业所得税处理办法》（国税发〔2009〕31 号文件发布）第二十一条第（一）项规定："企业为建造开发产品借入资金而发生的符合税收规定的借款费用，可按企业会计准则的规定进行归集和分配，其中属于财务费用性质的借款费用，可直接在税前扣除"。

根据上述政策规定，凡是不符合资本化条件的借款费用，应计入当期损益，直接按规定在税前扣除。对于项目完工后，专项借款如果继续在下一个项目使用，则应继续资本化处理。

符合资本化条件的资产，是指需要经过相当长时间的购建或者生产活动才能达到预定可使用或者可销售状态的固定资产、投资性房地产和存货等资产。

3. 会计处理。

在会计处理中，融资费用一般通过"财务费用"科目核算，企业发生的不需要资本化的财务费用，借记"财务费用"科目，贷记"银行存款"等科目。为购建或生产满足资本化条件的资产发生的应予资本化的借款费用，则应在"在建工程""制造费用"等科目核算。涉及增值税的，依据《增值税会计处理规定》（财会〔2016〕22 号文件发布）处理。

> 【提示 1】《营业税改征增值税试点实施办法》所附《销售服务、无形资产、不动产注释》规定："金融服务，是指经营金融保险的业务活动。包括贷款服务、直接收费金融服务、保险服务和金融商品转让。"
>
> 【提示 2】根据《企业会计准则第 17 号——借款费用》的规定，企业发生的借款费用及专门借款发生的辅助费用，在所购建或者生产的符合资本化条件的资产达到预定可使用或者可销售状态之前发生的，应当在发生时根据其发生额予以资本化，计入符合资本化条件的资产的成本；在所购建或者生产的符合资本化条件的资产达到预定可使用或者可销售状态之后发生的，应当在发生时根据其发生额确认为费用，计入当期损益。其他借款费用，应当在发生时根据其发生额确认为费用，计入当期损益。

案例 4-20

企业支付金融机构利息取得增值税发票的处理

A 房地产开发公司 2016 年 7 月 28 日向 B 银行贷款 3 000 万元，用于甲项目，贷款期限 1 年，年利息 180 万元（含税），同时发生相关辅助费用 80 万元（含税）。A 房地产开发公司与 B 银行相关处理如下：

1. B 银行处理。

(1) B 银行收取利息的增值税计算。

不含税销售额：180÷(1+6%)＝169.81（万元）；

应缴增值税：169.81×6%＝10.19（万元）。

B 银行开具增值税普通发票，票面金额 180 万元（假定利息一次性支付）。

(2) B 银行收取辅助费用的增值税计算。

不含税销售额：80÷(1+6%)＝75.47（万元）；

应缴增值税：75.47×6%＝4.53（万元）。

B 银行开具增值税普通发票，票面金额 80 万元。

2. A 房地产开发公司处理。

A 房地产开发公司支付利息、相关辅助费用，因根据政策，其进项税额均不得从销项税额中抵扣，因此可以取得增值税普通发票。

案例 4-21

企业支付借款费用的涉税及会计处理

A 房地产开发公司 2016 年 7 月 28 日向 B 银行贷款 3 000 万元，用于甲项目，贷款期限 1 年，年利率为 6%，同时发生相关辅助费用 80 万元。则 A 房地产开发公司相关涉税及会计处理如下（单位：万元）：

1. 收到贷款时：

借：银行存款　　　　　　　　　　　　　　　　　　　　　　3 000

　　贷：短期借款　　　　　　　　　　　　　　　　　　　　　　3 000

2. 计算印花税：

假定是新增加贷款，应缴印花税：3 000×0.000 05＝0.15（万元）。

借：税金及附加	0.15
贷：应交税费——应交印花税	0.15

3. 计算 2016 年融资费用：

年利息：3 000×6%＝180（万元）；

2016 年应计入开发成本利息：180×5÷12＝75（万元）。

借：开发间接费用——甲项目利息	75
——辅助费用	80
贷：应付利息	155

案例 4-22

企业支付借款费用按性质不同分别处理

A 房地产开发公司 2016 年 7 月 31 日向 B 银行贷款 3 000 万元，用于甲项目，贷款期限 1 年，2017 年 5 月 31 日甲项目完工（竣工），A 公司除甲项目外，没有其他项目。假定年利率为 6%，则 A 房地产开发公司相关涉税及会计处理如下（单位：万元）：

1. 2016 年会计处理。

资本化利息费用：(3 000×6%)×(5÷12)＝75（万元）。

借：开发间接费用——利息	75
贷：银行存款	75

2. 2017 年会计处理。

资本化利息费用：(3 000×6%)×(5÷12)＝75（万元）；

费用化利息费用：(3 000×6%)×(2÷12)＝30（万元）。

(1) 资本化：

借：开发间接费用——利息	75
贷：银行存款	75

(2) 当期费用化：

借：财务费用——利息	30
贷：银行存款	30

【提示】假定 A 公司在 2017 年 5 月 31 日甲项目完工（竣工）后，将贷款用于乙项目，则该笔贷款利息继续进行资本化处理。

问题 4-3-5

企业支付业务招待费的增值税、企业所得税如何处理？

答：企业的业务招待费是指企业因业务经营的合理需要招待客人而支出的费用。合理的业务招待费支出，是企业开展正常经营活动所必需的一项成本费用。

1. 增值税处理。

企业在日常的各项活动中经常发生赠送礼品的业务。根据《增值税暂行条例实施细则》第四条第（八）项的规定，企业"将自产、委托加工或者购进的货物无偿赠送其他单位或者个人"的行为，视同销售货物。对于已经进行进项税额处理的购买货物等情形，用于招待赠送的，根据《增值税暂行条例》第十条第（一）项的规定，进项税额不得从销项税额中抵扣的项目包括"用于简易计税方法计税项目、免征增值税项目、集体福利或者个人消费的购进货物、劳务、服务、无形资产和不动产"。

对于宴请等业务招待支出，根据《营业税改征增值税试点实施办法》（财税〔2016〕36 号文件附件 1）第二十七条第（一）项的规定，用于个人消费的购进货物、加工修理修配劳务、服务、无形资产和不动产，进项税额不得从销项税额中抵扣。纳税人的交际应酬消费属于个人消费。

根据上述政策规定，企业购买物品的支出，如果是用于销售业务，且取得符合规定的增值税专用发票，其进项税额可以抵扣；企业在宴请、招待等活动中取得的餐饮发票、住宿发票、旅游发票或其他增值税普通发票等，则不能计算进项税额抵扣。如果企业购买物品取得了增值税专用发票，但最终用于业务招待，则其进项税额应做转出处理，即不得抵扣。

2. 企业所得税处理。

根据《国家税务总局关于企业处置资产所得税处理问题的通知》（国税函〔2008〕828 号）第二条第 1 点的规定，企业发生将资产移送他人"用于交际应酬"

等情形，因资产所有权属已发生改变而不属于内部处置资产，应按规定视同销售确定收入。《国家税务总局关于企业所得税有关问题的公告》（国家税务总局公告 2016 年第 80 号）第二条规定："企业发生《国家税务总局关于企业处置资产所得税处理问题的通知》（国税函〔2008〕828 号）第二条规定情形的，除另有规定外，应按照被移送资产的公允价值确定销售收入。"

根据上述政策规定，企业在各类业务招待活动中，将货物（或物品）无偿赠送其他单位或者个人，在增值税处理上应视同销售货物。同时，因资产所有权属已发生改变而不属于内部处置资产，还应按规定视同销售确定收入，进行企业所得税处理。

对企业有关的赠送物品行为，如果确定属于"业务招待费"性质，在年度企业所得税汇算清缴时，还要按照规定的比例计算税前扣除数额。

《企业所得税法实施条例》第四十三条规定，企业发生的与生产经营活动有关的业务招待费，按照发生额的 60% 扣除，但最高不得超过当年销售（营业）收入的 5‰。

业务招待费是企业为了联系业务或促销、处理社会关系等因生产、经营的需要而经常发生的业务所支出的费用。目前在税收政策中没有具体的列举条款，在实务中，一般情况下业务招待费的范围包括在招待活动中发生的餐饮、香烟、食品、礼品、娱乐活动等费用。企业申报扣除的业务招待费，税务机关要求提供证明资料的，应提供证明真实发生的、足够的有效凭证或资料。不能提供的，不得在税前扣除。其证明资料内容包括支出金额、商业目的、与被招待人的业务关系、招待的时间地点。企业投资者或雇员的个人娱乐支出和业余爱好支出不得作为业务招待费申报扣除。

3. 会计处理。

在企业的日常会计处理中，赠送的礼品要根据具体情况记入不同科目。如果属于营销活动，记入"销售费用——业务招待费"科目；如果是企业日常运行开展的活动，则记入"管理费用——业务招待费"科目。涉及增值税的，依据《增值税会计处理规定》（财会〔2016〕22 号文件发布）处理。

【提示1】有一些特殊性行业，业务招待费的扣除计算与一般行业不同。根据《国家税务总局关于贯彻落实企业所得税法若干税收问题的通知》（国税函〔2010〕79 号）第八条的规定，对从事股权投资业务的企业（包括集团公司总部、创业投资企业等），其从被投资企业所分配的股息、红利以及股权转让收入，可以按规定的比例计算业务招待费扣除限额。

【提示 2】《财政部 税务总局关于租入固定资产进项税额抵扣等增值税政策的通知》(财税〔2017〕90 号)第一条规定:"自 2018 年 1 月 1 日起,纳税人租入固定资产、不动产,既用于一般计税方法计税项目,又用于简易计税方法计税项目、免征增值税项目、集体福利或者个人消费的,其进项税额准予从销项税额中全额抵扣。"

案例 4-23

企业业务招待费支出标准的计算

A 公司 2017 年全年发生业务招待费 118 000 元,2017 年销售(营业)收入为 128 000 000 元。相关计算如下:

发生额标准:118 000×60%=70 800(元);

最高标准限额:128 000 000×5‰=640 000(元)。

因发生额标准为 70 800 元,低于最高标准限额 640 000 元,因此 A 公司 2017 年业务招待费税前扣除限额为 70 800 元。

案例 4-24

企业业务招待费中礼品支出的涉税及会计处理

A 公司(一般纳税人)2017 年春节年会、座谈会上,赠送给外单位人员价值 80 元的小型电暖器,取得增值税专用发票上注明价格为 68.38 元,增值税额为 11.62 元。A 公司涉税及会计处理如下:

1. 购进小型电暖器时:

    借:库存商品　　　　　　　　　　　　　　　　　　　　68.38
    　　应交税费——应交增值税(进项税额)　　　　　　　11.62
    　　贷:银行存款　　　　　　　　　　　　　　　　　　　　80

2. 赠送小型电暖器时:

    借:销售费用——业务招待费　　　　　　　　　　　　　80

贷：其他业务收入——视同销售　　　　　　　　　　　　　　　68.38
　　　　应交税费——应交增值税（销项税额）　　　　　　　　　11.62
3. 结转小型电暖器成本时：
　　借：其他业务成本——视同销售　　　　　　　　　　　　　　68.38
　　贷：库存商品　　　　　　　　　　　　　　　　　　　　　　68.38

案例 4-25

企业购买礼品支出的涉税及会计处理

A公司（一般纳税人）2019年6月25日购买了100个电动剃须刀，以备将来组织业务活动使用。市场零售价为339元/个，企业取得增值税专用发票，进项税额为39元，不含税价格为300元。A公司相关涉税及会计处理如下：

1. 购买礼品时：
　　借：库存商品——礼品　　　　　　　　　　　　　　　　　30 000
　　　　应交税费——应交增值税（进项税额）　　　　　　　　　3 900
　　贷：银行存款　　　　　　　　　　　　　　　　　　　　　33 900
2. 假设未来将30个电动剃须刀作为礼品用于庆典赠送外单位人员。
　　借：管理费用——业务招待费　　　　　　　　　　　　　　10 170
　　贷：库存商品　　　　　　　　　　　　　　　　　　　　　 9 000
　　　　应交税费——应交增值税（进项税额转出）　　　　　　　1 170

【提示】购买时，因最终用途无法确定，其进项税额先记入"应交税费——应交增值税（进项税额）"科目，待未来用于非应税项目或免税项目时，再做进项税额转出处理。

案例 4-26

企业在日常工作中支付外单位人员礼品费用的涉税及会计处理

A公司（一般纳税人）在日常业务活动中赠送客户礼品，于2019年5月20日购买30个单位价值339元的电动剃须,增值税发票注明价格为300元、增值税为39元。礼品在2019年6月赠送完毕。A公司涉税及会计处理如下:

1. 涉税处理。

A公司将购买的货物用于赠送客户(礼品),应做增值税进项税额转出处理。

个人所得税:$339 \times 30 \times 20\% = 2\,034$(元)。

2. 会计处理。

  借:管理费用——业务招待费   10 170

    营业外支出(其他应收款)——个人所得税 2 034

   贷:库存商品   9 000

    应交税费——应交增值税(进项税额转出) 1 170

      ——应交个人所得税   2 034

上述企业发生的与生产经营有关的业务招待费,日常核算时正常记入"管理费用——业务招待费"科目,到年度汇算清缴时,再按照发生额的60%扣除,但最高不得超过当年销售(营业)收入的5‰。

> 【提示】《财政部 税务总局关于个人取得有关收入适用个人所得税应税所得项目的公告》(财政部 税务总局公告2019年第74号)第三条规定:"企业在业务宣传、广告等活动中,随机向本单位以外的个人赠送礼品(包括网络红包,下同),以及企业在年会、座谈会、庆典以及其他活动中向本单位以外的个人赠送礼品,个人取得的礼品收入,按照'偶然所得'项目计算缴纳个人所得税,但企业赠送的具有价格折扣或折让性质的消费券、代金券、抵用券、优惠券等礼品除外。
>
> 前款所称礼品收入的应纳税所得额按照《财政部 国家税务总局关于企业促销展业赠送礼品有关个人所得税问题的通知》(财税〔2011〕50号)第三条规定计算。"
>
> 在实际业务中,企业赠送实物时应代扣代缴的个人所得税,并不能从纳税义务人(接受赠送人)处取得应缴纳的个人所得税额,因此上述应由被赠送人承担的个人所得税2 088元,最终由扣缴义务人A公司实际负担。上述个人所得税金额若能从纳税义务人处收回,则记入"其他应收款"科目,否则记入"营业外支出"科目。但需要注意,该笔支出2 088元属于与生产经营无关的支出,不得在企业所得税税前扣除,在年末所得税汇算清缴时应做纳税调增处理。

问题 4-3-6

企业购买礼品卡支出的增值税、企业所得税如何处理？

答：企业购买礼品卡支出涉及增值税、企业所得税的处理。

1. 增值税处理。

《国家税务总局关于营改增试点若干征管问题的公告》（国家税务总局公告 2016 年第 53 号）第三条规定："单用途商业预付卡（以下简称'单用途卡'）业务按照以下规定执行：

（一）支付机构销售多用途卡取得的等值人民币资金，或者接受多用途卡持卡人充值取得的充值资金，不缴纳增值税。支付机构可按照本公告第九条的规定，向购卡人、充值人开具增值税普通发票，不得开具增值税专用发票。单用途卡，是指发卡企业按照国家有关规定发行的，仅限于在本企业、本企业所属集团或者同一品牌特许经营体系内兑付货物或者服务的预付凭证。发卡企业，是指按照国家有关规定发行单用途卡的企业。售卡企业，是指集团发卡企业或者品牌发卡企业指定的，承担单用途卡销售、充值、挂失、换卡、退卡等相关业务的本集团或同一品牌特许经营体系内的企业。

（二）售卡方因发行或者销售单用途卡并办理相关资金收付结算业务取得的手续费、结算费、服务费、管理费等收入，应按照现行规定缴纳增值税。

（三）持卡人使用单用途卡购买货物或服务时，货物或者服务的销售方应按照现行规定缴纳增值税，且不得向持卡人开具增值税发票。

（四）销售方与售卡方不是同一个纳税人的，销售方在收到售卡方结算的销售款时，应向售卡方开具增值税普通发票，并在备注栏注明'收到预付卡结算款'，不得开具增值税专用发票。售卡方从销售方取得的增值税普通发票，作为其销售单用途卡或接受单用途卡充值取得预收资金不缴纳增值税的凭证，留存备查。"

该公告第四条规定："支付机构预付卡（以下称'多用途卡'）业务按照以下规定执行：

（一）支付机构销售多用途卡取得的等值人民币资金，或者接受多用途卡持卡人充值取得的充值资金，不缴纳增值税。支付机构可按照本公告第九条的规定，向购卡人、充值人开具增值税普通发票，不得开具增值税专用发票。支付机构，是指取得中国人民银行核发的《支付业务许可证》，获准办理'预付卡发行与受理'业务的发卡机构和获准办理'预付卡受理'业务的受理机构。多用途卡，是指发卡机构以特定载体和形式发行的，可在发卡机构之外购买货物或服务的预付价值。

（二）支付机构因发行或者受理多用途卡并办理相关资金收付结算业务取得的手续费、结算费、服务费、管理费等收入，应按照现行规定缴纳增值税。

（三）持卡人使用多用途卡，向与支付机构签署合作协议的特约商户购买货物或服务，特约商户应按照现行规定缴纳增值税，且不得向持卡人开具增值税发票。

（四）特约商户收到支付机构结算的销售款时，应向支付机构开具增值税普通发票，并在备注栏注明'收到预付卡结算款'，不得开具增值税专用发票。支付机构从特约商户取得的增值税普通发票，作为其销售多用途卡或接受多用途卡充值取得预收资金不缴纳增值税的凭证，留存备查。"

根据上述政策规定，企业购买单用途卡、多用途卡可以取得增值税普通发票，但无法取得增值税专用发票，因此没有进项税额。

2. 企业所得税处理。

《企业所得税法》第八条规定："企业实际发生的与取得收入有关的、合理的支出，包括成本、费用、税金、损失和其他支出，准予在计算应纳税所得额时扣除。"

根据上述政策规定，企业使用单用途卡、多用途卡，如果其支出是"企业实际发生的与取得收入有关的、合理的支出"，准予在计算应纳税所得额时扣除，其中属于业务招待费、职工福利费等项目性质的，按照政策规定的比例计算税前扣除金额。

3. 会计处理。

在会计处理中，对于购卡企业来说，购入的卡如果没有实际使用不得税前扣除。可以暂时记入"其他应收款——购物卡"科目，实际使用时按规定记入"管理费用""销售费用"及"开发间接费用"科目。其中用于福利的，记入福利费明细科目；用于业务招待的，记入业务招待费科目。

案例 4-27

企业购买礼品卡支出的涉税及会计处理

C 企业 2017 年 11 月购入 AB 超市购物卡 10 000 元，取得增值税普通发票。

2017年12月将其中8 000元赠送给外单位人员，2 000元作为职工福利。C企业涉税及会计处理如下：

1. 购入预付卡时：

    借：预付账款——AB超市　　　　　　　　　　　　　　　　10 000
      贷：银行存款　　　　　　　　　　　　　　　　　　　　10 000

2. 使用预付卡时：

    借：管理费用——业务招待费　　　　　　　　　　　　　　8 000
      应付职工薪酬——职工福利费　　　　　　　　　　　　2 000
      贷：预付账款——AB超市　　　　　　　　　　　　　　10 000

3. 核算职工福利费时：

    借：管理费用——职工福利费　　　　　　　　　　　　　　2 000
      贷：应付职工薪酬——职工福利费　　　　　　　　　　2 000

案例4-28

企业用购物卡购物的涉税及会计处理

A公司（一般纳税人）2017年8月20日购买2张B超市购物卡，每张卡1 000元，交给行政部门购买办公用品。A公司涉税及会计处理如下：

1. 购入购物卡时：

    借：预付账款（其他应收款）——购物卡　　　　　　　　　2 000
      贷：银行存款　　　　　　　　　　　　　　　　　　　　2 000

B超市开具增值税普通发票，发票开具时需采取编码开票，选择601"预付卡销售和充值"，发票税率栏应填写"不征税"。

2. 行政部门购买办公用品时：

行政部门购买的办公用品在报销时，需要提供购物时取得的货物小票作为实际业务发生的证明附件。

借：管理费用——办公用品　　　　　　　　　　　　　　　　2 000
  贷：其他应收款——购物卡　　　　　　　　　　　　　　　2 000

问题 4-3-7

企业发放广告宣传物品的增值税、企业所得税如何处理？

答：企业发放广告宣传物品，涉及增值税、企业所得税的处理。

1. 增值税处理。

根据《增值税暂行条例实施细则》第四条第（八）项的规定，企业"将自产、委托加工或者购进的货物无偿赠送其他单位或者个人"的行为，视同销售货物。

根据《国家税务总局关于企业处置资产所得税处理问题的通知》（国税函〔2008〕828号）第二条第1点的规定，企业将资产移送他人"用于市场推广或销售"的情形，因资产所有权属已发生改变而不属于内部处置资产，应按规定视同销售确定收入。

根据上述政策规定，企业发放的广告宣传物品，要视同销售货物，缴纳增值税。

2. 企业所得税处理。

《国家税务总局关于企业所得税有关问题的公告》（国家税务总局公告2016年第80号）第二条规定："企业发生《国家税务总局关于企业处置资产所得税处理问题的通知》（国税函〔2008〕828号）第二条规定情形的，除另有规定外，应按照被移送资产的公允价值确定销售收入。"

根据上述政策规定，企业在广告宣传活动中，将货物（或物品）无偿赠送其他单位或者个人，在增值税处理上应视同销售货物。同时，因资产所有权属已发生改变而不属于内部处置资产，还应按规定视同销售确定收入，进行企业所得税处理。

3. 会计处理

在会计处理中，企业支出的广告费，通过"销售费用——广告费"科目核算，企业在销售商品过程中发生的广告费，借记"销售费用——广告费"科目，贷记"库存现金""银行存款"等科目。对于视同销售涉及增值税的，依据《增值税会计处理规定》（财会〔2016〕22号文件发布）处理。

案例 4-29

企业广告宣传物品（礼品）支出的涉税及会计处理

甲商场（一般纳税人）2017年5月借助"五一"劳动节开展促销活动，一次性消费满 1 000 元赠送给市民价值 80 元的小型电暖器，取得增值税专用发票上注明价格为 68.38 元，增值税额为 11.62 元。相关涉税及会计处理如下：

1. 购进小型电暖器时：

  借：库存商品   68.38

    应交税费——应交增值税（进项税额）   11.62

   贷：银行存款   80

2. 赠送小型电暖器时：

  借：销售费用——广告宣传费   80

   贷：其他业务收入——视同销售   68.38

    应交税费——应交增值税（销项税额）   11.62

3. 结转小型电暖器成本时：

  借：其他业务成本——视同销售   68.38

   贷：库存商品   68.38

问题 4-3-8

企业将自产、委托加工或购买的货物用于对外公益性捐赠的增值税、企业所得税如何处理？

答：企业将自产、委托加工或购买的货物用于对外公益性捐赠的，涉及增值税、企业所得税处理。

1. 增值税处理。

（1）将自产、委托加工或购买的货物进行公益性捐赠的处理。

根据《财政部 海关总署 国家税务总局关于支持汶川地震灾后恢复重建有关税收政策问题的通知》（财税〔2008〕104 号）第四条第 1 点的规定，"自 2008 年 5 月 12 日起，对单位和个体经营者将自产、委托加工或购买的货物通过公益性社会团体、县级以上人民政府及其部门捐赠给受灾地区的，免征增值税、城市维护建设税及教育费附加"。

根据《关于支持鲁甸地震灾后恢复重建有关税收政策问题的通知》（财税〔2015〕27 号）第四条第 1 点的规定，"自 2014 年 8 月 3 日起，对单位和个体经营者将自产、委托加工或购买的货物，通过公益性社会团体、县级以上人民政府及其部门捐赠给受灾地区的，免征增值税、城市维护建设税及教育费附加"。

除以上专项规定外，企业将自产、委托加工或购买的货物进行对外公益性捐赠的视同销售处理。

（2）无偿提供服务，无偿转让无形资产或者不动产的处理。

根据《营业税改征增值税试点实施办法》（财税〔2016〕36号文件附件1）第十四条的规定，单位或者个体工商户向其他单位或者个人无偿提供服务，无偿转让无形资产或者不动产，视同销售服务、无形资产或者不动产，但用于公益事业或者以社会公众为对象的除外。

根据上述政策规定，用于公益事业或者以社会公众为对象的"无偿提供服务，无偿转让无形资产或者不动产"不视同销售，不征收增值税。

2. 企业所得税处理。

（1）捐赠支出的税前扣除规定。

根据《企业所得税法实施条例》第二十五条的规定，企业发生非货币性资产交换，以及将货物、财产、劳务用于捐赠等用途的，应当视同销售货物、转让财产和提供劳务，但国务院财政、税务主管部门另有规定的除外。

对企业发生的公益性捐赠支出，应根据《企业所得税法》第九条及《企业所得税法实施条例》第五十一条、第五十二条、第五十三条的规定计算扣除。

《财政部 税务总局关于公益性捐赠支出企业所得税税前结转扣除有关政策的通知》（财税〔2018〕15号）规定：

"一、企业通过公益性社会组织或者县级（含县级）以上人民政府及其组成部门和直属机构，用于慈善活动、公益事业的捐赠支出，在年度利润总额12%以内的部分，准予在计算应纳税所得额时扣除；超过年度利润总额12%的部分，准予结转以后三年内在计算应纳税所得额时扣除。

本条所称公益性社会组织，应当依法取得公益性捐赠税前扣除资格。

本条所称年度利润总额，是指企业依照国家统一会计制度的规定计算的大于零的数额。

二、企业当年发生及以前年度结转的公益性捐赠支出，准予在当年税前扣除的部分，不能超过企业当年年度利润总额的12%。

三、企业发生的公益性捐赠支出未在当年税前扣除的部分，准予向以后年度结转扣除，但结转年限自捐赠发生年度的次年起计算最长不得超过三年。

四、企业在对公益性捐赠支出计算扣除时，应先扣除以前年度结转的捐赠支出，再扣除当年发生的捐赠支出。

五、本通知自 2017 年 1 月 1 日起执行。2016 年 9 月 1 日至 2016 年 12 月 31 日发生的公益性捐赠支出未在 2016 年税前扣除的部分，可按本通知执行。"

根据上述政策规定，从企业所得税角度看，纳税人的公益性捐赠在处理时需要分两步：一是按照销售处理（涉及增值税的需要计算销项税额）；二是计算捐赠支出的税前扣除金额。

（2）捐赠支出全额扣除规定。

财税〔2008〕104 号文件第四条第 2 点规定："自 2008 年 5 月 12 日起，对企业、个人通过公益性社会团体、县级以上人民政府及其部门向受灾地区的捐赠，允许在当年企业所得税前和当年个人所得税前全额扣除。"

《国家税务总局关于企业所得税执行中若干税务处理问题的通知》（国税函〔2009〕202 号）第三条"关于特定事项捐赠的税前扣除问题"规定："企业发生为汶川地震灾后重建、举办北京奥运会和上海世博会等特定事项的捐赠，按照《财政部 海关总署 国家税务总局关于支持汶川地震灾后恢复重建有关税收政策问题的通知》（财税〔2008〕104 号）、《财政部 国家税务总局 海关总署关于 29 届奥运会税收政策问题的通知》（财税〔2003〕10 号）、《财政部 国家税务总局关于 2010 年上海世博会有关税收政策问题的通知》（财税〔2005〕180 号）等相关规定，可以据实全额扣除。"

财税〔2015〕27 号文件第四条第 2 点规定："自 2014 年 8 月 3 日起，对企业、个人通过公益性社会团体、县级以上人民政府及其部门向受灾地区的捐赠，允许在当年企业所得税前和当年个人所得税前全额扣除。"

【提示】根据《财政部 国家税务总局关于促进公共租赁住房发展有关税收优惠政策的通知》（财税〔2014〕52 号）第五条的规定，"企事业单位、社会团体以及其他组织捐赠住房作为公共租赁住房，符合税收法律法规规定的，对其公益性捐赠支出在年度利润总额 12% 以内的部分，准予在计算应纳税所得额时扣除"。

3. 会计处理。

根据上述政策规定，在会计处理中，对于企业为捐赠资产提供运输、保管以及举办捐赠仪式等所发生的费用，记入"营业外支出"科目；对于国有企业将修建的交通、通信、供水、供电等社会公共设施无偿移交当地人民政府或者有关部门的，记入"资本公积"科目；对于由于战争、自然灾害等不可抗力原因，企业所拥有的财产被当地政府征用的，扣除当地政府或人民武装组织依法补偿金后的差额，记入"营业外支出"科目。

> 【提示】根据《财政部关于加强企业对外捐赠财务管理的通知》（财企〔2003〕95号）第六条的相关规定，"企业对外捐赠应当控制在当年企业财务预算幅度内，按照批准的方案执行，并按照国家税收法律法规的规定申报纳税扣除"。
>
> "企业为捐赠资产提供运输、保管以及举办捐赠仪式等所发生的费用，应当作为期间费用处理，不得挂账。企业负责对外捐赠的主管人员和其他直接责任人员，不得以任何借口向受赠人或者受益人索要或者收受回扣、佣金、信息费、劳务费等财物。
>
> 企业经过董事会或者经理（厂长）办公会审议，并且国有及国有控股企业上报国有资本持有单位批准，公司制企业按照《中华人民共和国公司法》以及公司章程等有关规定批准，将修建的交通、通信、供水、供电等社会公共设施无偿移交当地人民政府或者有关部门的，可以核减资本公积金，并应当与接受方签订相关协议，双方办理资产交接手续。
>
> 由于战争、自然灾害等不可抗力原因，企业所拥有的财产被当地县级及县级以上人民政府或人民武装组织征用的，扣除当地政府或人民武装组织依法补偿金后的差额，应当作为资产损失处理。"

案例 4-30

企业公益性捐赠支出税前扣除计算（1）

A公司（一般纳税人）2017年向B儿童基金会捐赠一批自产货物，成本21万元，按当月销售均价计算销售额为30万元，增值税税率17%。B儿童基金会在

2017年度财政、税务、民政部门联合公布的公益性社会团体名单中。A 公司 2017 年年度会计利润总额为 800 万元（假定无纳税调整事项，应纳税所得额也为 800 万元），假定没有其他调整项目。相关涉税及会计处理如下：

1. 涉税处理。

（1）销售额可以选择当月销售均价：30 万元；

（2）销项税额：30×17％＝5.1（万元）；

（3）捐赠限额：800×12％＝96（万元）；

（4）捐赠金额 30 万元低于限额，可以全额在税前扣除；

（5）扣除捐赠后应缴企业所得税：(800－30)×25％＝192.5（万元）；

（6）成本：21 万元。

2. 会计处理（单位：万元）。

（1）捐赠时：

借：营业外支出——对外捐赠　　　　　　　　　　　35.1

　　贷：主营业务收入　　　　　　　　　　　　　　　30

　　　　应交税费——应交增值税（销项税额）　　　　5.1

（2）结转成本时：

借：主营业务成本　　　　　　　　　　　　　　　　21

　　贷：库存商品　　　　　　　　　　　　　　　　　21

3. 企业所得税年度汇算清缴处理。

企业所得税年度汇算清缴时，因视同销售业务已经按照销售处理，不涉及调整销售业务内容，只计算扣除限额数据，捐赠限额为 96 万元。

案例 4-31

企业公益性捐赠支出税前扣除计算（2）

A 公司 2017—2020 年的利润总额均为 1 000 万元，该企业 2017 年公益性捐赠额为 400 万元，2018—2020 年未发生公益性捐赠。

根据《财政部 国家税务总局关于公益性捐赠支出企业所得税税前结转扣除有关政策的通知》（财税〔2018〕15 号）的相关规定，各年公益性捐赠税前扣除限额如下：

该企业 2017 年公益性捐赠税前扣除限额：1 000×12%＝120（万元），当年应调增应纳税所得额 280 万元；

该企业 2018 年公益性捐赠税前扣除限额：1 000×12%＝120（万元），当年应调减应纳税所得额 120 万元；

该企业 2019 年公益性捐赠税前扣除限额：1 000×12%＝120（万元），当年应调减应纳税所得额 120 万元；

该企业 2020 年公益性捐赠税前扣除限额：1 000×12%＝120（万元），年初剩余 40 万元尚未调减应纳税所得额，因此，当年可调减应纳税所得额 40 万元。

问题 4-3-9

企业支付手续费及佣金的增值税、企业所得税如何处理？

答：企业支付手续费及佣金涉及增值税进项税额以及企业所得税税前扣除的处理。

1. 增值税处理。

根据《营业税改征增值税试点实施办法》（财税〔2016〕36 号文件附件 1）所附《销售服务、无形资产、不动产注释》等规定，中介机构提供的服务属于"经纪代理服务"税目，适用税率为 6%。

根据上述政策规定，一般纳税人企业支付的手续费可以取得增值税专用发票，其进项税额可以抵扣。

此外，对于企业所得税（入账时），《财政部 国家税务总局关于企业手续费及佣金支出税前扣除政策的通知》（财税〔2009〕29 号）第六条规定："企业应当如实向当地主管税务机关提供当年手续费及佣金计算分配表和其他相关资料，并依法取得合法真实凭证。"

因此，企业支付中介机构手续费及佣金，必须取得增值税发票（专用发票或普通发票）及其他相关资料。

2. 企业所得税处理。

根据财税〔2009〕29 号文件第一条第 2 点的规定，企业发生与生产经营有关的手续费及佣金支出，不超过规定计算限额以内的部分，准予扣除；超过部分不得扣除。其限额计算,除保险企业以外的"其他企业:按与具有合法经营资格中介服务机构或个人(不含交易双方及其雇员、代理人和代表人等)所签订服务协议或合同确认的收入金额的5%计算限额"。

对于企业支付的手续费及佣金的具体(入账)处理,财税〔2009〕29号文件第三条规定,"企业不得将手续费及佣金支出计入回扣、业务提成、返利、进场费等费用";第四条规定,"企业已计入固定资产、无形资产等相关资产的手续费及佣金支出,应当通过折旧、摊销等方式分期扣除,不得在发生当期直接扣除";第五条规定,"企业支付的手续费及佣金不得直接冲减服务协议或合同金额,并如实入账"。

根据上述政策规定,企业支付的手续费及佣金不得直接冲减或混入其他相关费用,应据实入账。具有资本化性质的手续费及佣金支出,应进行资本化处理。

案例 4-32

企业支付手续费及佣金的涉税及会计处理

A企业(一般纳税人)委托B公司(一般纳税人)销售商品,手续费(佣金)为成交价格的5.2%(含税)。2017年11月5日成交一批商品,价格为400万元(含税),销售合同由A企业与客户签订。A企业的涉税及会计处理如下:

1. 涉税处理。

手续费(佣金)税前扣除限额:400×5%=20(万元);

支付手续费(佣金)含税金额:400×5.2%=20.8(万元);

支付手续费(佣金)不含税金额:20.8÷(1+6%)=19.62(万元);

支付手续费(佣金)进项税额:19.62×6%=1.18(万元)。

因A企业支付的手续费及佣金不含税数额低于20万元,可以全部税前扣除。

2. 会计处理(单位:万元)。

借:销售费用——佣金手续费　　　　　　　　　　　　19.62
　　应交税费——应交增值税(进项税额)　　　　　　　1.18
　贷:银行存款　　　　　　　　　　　　　　　　　　20.8

问题 4-3-10

企业支付个人中介手续费及佣金的增值税、企业所得税如何处理?

答:企业支付个人中介手续费及佣金,同样涉及增值税进项税额以及企业所得税税前扣除的处理。

1. 增值税处理。

根据《营业税改征增值税试点实施办法》(财税〔2016〕36号文件附件1)第一条、第三条、第十六条、第十九条、第三十四条及第三十五条的规定,个人为小规模纳税人,发生增值税纳税行为,按照简易计税方法计算应纳税额,即按照销售额和增值税征收率计算增值税额,不得抵扣进项税额。应纳税额计算公式为:应纳税额＝销售额×征收率。其销售额不包括其应纳税额,如果纳税人采用销售额和应纳税额合并定价方法,则销售额 ＝含税销售额 ÷(1＋征收率)。增值税征收率为3%。

根据上述政策规定,一般纳税人支付个人中介费的可以取得增值税普通发票。

2. 企业所得税处理。

对于企业所得税,仍然根据《财政部 国家税务总局关于企业手续费及佣金支出税前扣除政策的通知》(财税〔2009〕29号)的规定处理,即对于企业支付给个人中介手续费及佣金的,也是按照所签订服务协议或合同确认的收入金额的5%计算限额。

> 【提示】《营业税改征增值税试点实施办法》第四十九条规定:"个人发生应税行为的销售额未达到增值税起征点的,免征增值税;达到起征点的,全额计算缴纳增值税";第五十条规定:"增值税起征点幅度如下:
>
> (一)按期纳税的,为月销售额5 000—20 000元(含本数)。
>
> (二)按次纳税的,为每次(日)销售额300—500元(含本数)。
>
> 起征点的调整由财政部和国家税务总局规定。省、自治区、直辖市财政厅(局)和国家税务局应当在规定的幅度内,根据实际情况确定本地区适用的起征点,并报财政部和国家税务总局备案"。
>
> 根据上述政策规定,个人收取的中介手续费及佣金,达到当地规定的起征点的,全额以3%的征收率计算缴纳增值税。

> 自2019年1月1日起,《财政部 税务总局关于实施小微企业普惠性税收减免政策的通知》(财税〔2019〕13号)第一条规定:"对月销售额10万元以下(含本数)的增值税小规模纳税人,免征增值税。"具体规定细则见《国家税务总局关于小规模纳税人免征增值税政策有关征管问题的公告》(国家税务总局公告2019年第4号)。

案例4-33

企业支付个人中介手续费及佣金的涉税及会计处理

A企业(一般纳税人)委托B个人销售房屋,手续费(佣金)为成交价格的1%。2017年10月15日成交一套房屋,价格为340万元(含税),销售合同由A企业与客户签订,支付手续费(佣金)3.40万元。假定不考虑其他税费(劳务报酬所得税前扣除、城市维护建设税与教育费附加等),相关处理如下:

1. A企业涉税处理。

手续费(佣金)税前扣除限额:340×5%=17(万元);

支付手续费(佣金):340×1%=3.40(万元)。

因A企业支付的手续费及佣金数额低于17万元,可以全部税前扣除。

2. B个人增值税及发票开具。

发票不含税销售额:3.40÷(1+3%)=3.30(万元);

发票税额:3.30×3%=0.10(万元)。

根据《税务机关代开增值税专用发票管理办法(试行)》(国税发〔2004〕153号文件发布)第二条的规定,"本办法所称代开专用发票是指主管税务机关为所辖范围内的增值税纳税人代开专用发票,其他单位和个人不得代开",B个人只能向税务机关申请代开增值税普通发票,无法抵扣进项税额。

问题4-3-11

企业支付房屋租赁费的增值税、企业所得税如何处理?

答:企业因运转或经营需要,经常发生租用房屋的行为,其房租支出涉及取得增值税发票及企业所得税收入确认的处理。

1. 增值税处理。

《纳税人提供不动产经营租赁服务增值税征收管理暂行办法》(国家税务总局公告2016年第16号发布)第三条第(一)项第一款规定："一般纳税人出租其2016年4月30日前取得的不动产,可以选择适用简易计税方法,按照5%的征收率计算应纳税额";第三条第(一)项第二款规定："一般纳税人出租其2016年5月1日后取得的不动产,适用一般计税方法计税";第四条第(一)项规定,小规模纳税人出租不动产,按照5%的征收率计算应纳税额。个体工商户和其他个人出租住房,按照5%的征收率减按1.5%计算应纳税额。

根据上述政策规定,一般纳税人支付房租,可以根据不同情况取得增值税发票,对按照政策可以取得增值税专用发票的,其进项税额可以抵扣。

2. 企业所得税处理。

根据《企业所得税法实施条例》第四十七条的规定,企业根据生产经营活动的需要以经营租赁方式租入固定资产发生的租赁费,按照租赁期限均匀扣除。

3. 会计处理。

在会计处理中,企业支付房屋租赁费,如果租赁的房屋是作为企业本身日常办公使用,记入"管理费用"科目;如果租赁的房屋是作为销售使用,记入"销售费用"科目;如果租赁的房屋是作为生产厂房使用,则记入"制造费用"科目。

案例 4-34

企业支付房屋租金的涉税及会计处理

A公司(一般纳税人)于2018年7月25日与B公司签订租赁合同,租赁某房屋用于办公,租期3年,每年租金60万元(含税),A公司一次性支付租金180万元;租赁C公司某门面用于销售,租期1年,支付年租金20万元;租赁D公司某厂房,租期1年,支付年租金30万元。假设B、C、D公司为一般纳税人,其中B公司出租的房屋为2016年5月1日后取得,适用一般计税方法;C公司出租的房屋为2016年4月30日前取得,选择适用一般计税方法;D公司出租的房屋为2016年4月30日前取得,选择适用简易计税方法。A公司相关涉税及会计处理如下:

1. 涉税处理。

(1) 进项税额。

B公司取得租金收入，适用一般计税方法计税，应开具专用发票。A公司进项税额：180÷(1+10%)×10%=16.36（万元），A公司可以抵扣。

C公司取得租金收入，选择适用一般计税方法，可以开具增值税专用发票。A公司进项税额：20÷(1+10%)×10%=1.82（万元），可以抵扣。

D公司取得租金收入，选择适用简易计税方法，按照5%的征收率计算应纳税额，应开具增值税普通发票。A公司没有进项税额抵扣。

(2) 不含税租金计算。

支付B公司3年租金，开具的发票注明进项税额16.36万元、不含税租金163.64万元。每年不含税租金54.55万元，根据配比原则，2018年度可税前扣除金额为：54.55×(5÷12)=22.73（万元）。

C公司开具的发票注明进项税额1.82万元、不含税租金18.18万元。根据配比原则，2018年度可税前扣除金额为：18.18×(5÷12)=7.58（万元）。

D公司开具的发票注明进项税额1.43万元［30÷(1+5%)×5%］、不含税租金28.57万元。根据配比原则，2018年度可税前扣除金额为：28.57×(5÷12)=11.90（万元）。

2. 会计处理（单位：万元）。

(1) 支付租金取得发票时：

借：长期待摊费用——B公司	163.64
——C公司	18.18
——D公司	28.57
应交税费——应交增值税（进项税额）	19.61
贷：银行存款	230

(2) 配比结转成本：

借：管理费用——B公司	22.73
销售费用——C公司	7.58
制造费用——D公司	11.90
贷：长期待摊费用——B公司	22.73
——C公司	7.58
——D公司	11.90

> **【提示】** 企业因业务需要有时会与个人（自然人）签订合同租赁房屋。在房屋租赁业务中，单位与个人之间及单位与单位之间业务所涉及的税收政策无重大区别，不同之处在于出租房屋的个人涉税处理。同时，根据《国家税务总局关于营业税改征增值税委托地税局代征税款和代开增值税发票的通知》（税总函〔2016〕145号）第二条第（四）项的规定，其他个人出租不动产，承租方不属于其他个人的，纳税人缴纳增值税后可以向税务局申请代开增值税专用发票。其他个人出租不动产，可以向税务局申请代开增值税普通发票。因此，企业租赁个人房屋，可以取得增值税专用发票，其进项税额可以抵扣。

问题 4-3-12

企业支付汽车租赁费的增值税、企业所得税如何处理？

答：企业在运营中，根据需要会发生租赁设备等业务，如租赁小型汽车用于生产经营等，涉及印花税、企业所得税及增值税进项税额的处理等。

1. 增值税处理。

对于出租方，根据《营业税改征增值税试点实施办法》（财税〔2016〕36号文件附件1）所附《销售服务、无形资产、不动产注释》的规定，企业在约定时间内将有形动产转让他人使用且租赁物所有权不变更的业务活动，其收取的租赁费适用"有形动产经营租赁服务"税目。

根据上述政策规定，对于承租方，如果汽车租赁公司是一般纳税人，则可以开具增值税专用发票，其进项税额可以抵扣；如果汽车租赁公司是小规模纳税人，其发生应税行为适用简易计税方法计税，则只能开具增值税普通发票。

2. 企业所得税处理。

根据《企业所得税法实施条例》第四十七条的规定，企业根据生产经营活动的需要以经营租赁方式租入固定资产发生的租赁费，按照租赁期限均匀扣除。

3. 会计处理。

在会计处理中，汽车租赁公司（一般纳税人）开具增值税专用发票，票面注明的增值税进项税额记入"应交税费——应交增值税（进项税额）"科目。企业支付的汽车租赁费，如果租用的汽车是为接送职工上下班使用的，则记入"管理费用"科目。

案例 4-35

企业支付汽车租赁费的涉税及会计处理

A 公司（一般纳税人）因业务需要，于 2018 年 7 月 25 日与 F 汽车租赁公司签订合同，从 2018 年 8 月 1 日开始租用一辆小型面包车，用于职工班车等各项活动，期限 3 年，按年支付租金，年租金 5 万元（含税）。合同约定，因汽车使用产生的各项费用，包括汽油费、过路过桥费等由 A 公司支付，其他费用由 F 公司支付。F 公司为增值税一般纳税人。A 公司相关涉税及会计处理如下：

1. 涉税处理。

假定 2018 年 7 月 A 公司支付租赁费并取得专用发票。

进项税额计算：$5÷(1+16\%)×16\%=0.69$（万元）。

2. 会计处理（单位：万元）。

　　借：管理费用　　　　　　　　　　　　　　　　　　　4.31
　　　　应交税费——应交增值税（进项税额）　　　　　　0.69
　　　贷：银行存款　　　　　　　　　　　　　　　　　　　　5

问题 4-3-13

企业统一着装费支出的增值税、企业所得税如何处理？

答：企业为提升自身形象，由企业统一制作并要求员工工作时统一着装。有的企业统一制作服装，有的企业采取报销形式，还有的企业直接发放服装补贴，这些在税收处理上均有不同的政策规定。

1. 增值税处理。

根据《营业税改征增值税试点实施办法》（财税〔2016〕36 号文件附件 1）第二十七条的规定，用于简易计税方法计税项目、免征增值税项目、集体福利或者个人消费的购进货物，其进项税额不得从销项税额中抵扣。

企业因工作需要，为员工统一制作购买的服装（司服、工作服），不属于上述政策列举的项目，其取得的增值税专用发票上注明的进项税额，可以抵扣销项税额。

2. 企业所得税处理。

《国家税务总局关于企业所得税若干问题的公告》（国家税务总局公告2011年第34号）第二条规定："企业根据其工作性质和特点，由企业统一制作并要求员工工作时统一着装所发生的工作服饰费用，根据《实施条例》第二十七条的规定，可以作为企业合理的支出给予税前扣除。"

根据上述政策规定，只有符合"企业统一制作并要求员工工作时统一着装所发生的工作服饰费用"，才可以作为企业合理的支出给予税前扣除。在实务中，一般有着装要求的企业，均制定有相应的着装及费用支出制度。

3. 会计处理。

在会计处理中，上述服装费支出，只要企业制定出合理的着装规范要求，并与企业日常形象规范相统一，就可以根据员工工作岗位性质的不同，在"管理费用""销售费用""制造费用"等科目列支，并在年度企业所得税汇算清缴时税前扣除。

案例 4-36

企业统一着装费支出的涉税及会计处理

A公司（一般纳税人）于2019年6月20日为公司员工统一定制购买一批司服，取得增值税专用发票，其中价格50 000元、增值税（进项）6 500元。服装共计25套，发放给销售部8人，项目部5人，其他各管理部门12人。A公司涉税及会计处理如下：

1. 根据人员工作性质分配记入各科目金额。

每套服装价格：50 000÷25＝2 000（元）；

管理费用：12×2 000＝24 000（元）；

销售费用：8×2 000＝16 000（元）；

制造费用：5×2 000＝10 000（元）。

2. 会计处理。

（1）购买时：

借：库存商品　　　　　　　　　　　　　　　　　　　　　　　　50 000

　　　　应交税费——应交增值税（进项税额）　　　　6 500
　　　贷：银行存款　　　　56 500
（2）发放时：
　　借：管理费用　　　　24 000
　　　　销售费用　　　　16 000
　　　　制造费用　　　　10 000
　　　贷：库存商品　　　　50 000

【提示】如果企业没有相应的制度规范着装要求，即没有成文的制度，则对于发放的服装，在实务中很可能要归入福利费进行核算，并计入个人所得征收个人所得税。

问题 4-3-14

企业私车公用的增值税、企业所得税如何处理？

答：企业因工作需要，对一些员工的用车采取私车公用的方式，即员工用自己的车为公司业务服务。这种形式的用车需要企业与员工之间签订私车公用合同或协议，相关费用才能入账报销，并进行企业所得税处理。

1. 增值税处理。

《营业税改征增值税试点实施办法》（财税〔2016〕36 号文件附件1）所附《销售服务、无形资产、不动产注释》规定："经营租赁服务，是指在约定时间内将有形动产或者不动产转让他人使用且租赁物所有权不变更的业务活动。"

根据上述政策规定，企业员工将车辆租赁给企业使用，收取的费用要按照"有形动产租赁"税目计算缴纳增值税及附加。

对于发票的开具，根据《国家税务总局关于纳税人申请代开增值税发票办理流程的公告》（国家税务总局公告 2016 年第 59 号）的规定，个人发生增值税纳税事项，需要开具增值税发票的，可以向税务机关申请代开，申请代开发票时，需要提供的资料主要有两项：（1）提交《代开增值税发票缴纳税款申报单》；（2）自然人申请代开发票，提交身份证件及复印件。

根据上述政策规定，企业发生私车公用业务，应在支付员工汽车租赁（使用）费时取得发票，并按"有形动产租赁"税目计算缴纳增值税及附加、个人所得税。增值税发票由员工到税务机关申请代开，代开的发票就是企业入账的合法凭据。

2. 企业所得税处理。

《企业所得税法》第八条规定："企业实际发生的与取得收入有关的、合理的支出，包括成本、费用、税金、损失和其他支出，准予在计算应纳税所得额时扣除。"

私车公用业务的实质是公司员工在处理公司业务时使用自己的车辆。为体现这种业务，需要公司与员工（车主）签订租借合同（协议），并在合同中注明租借时间、金额、双方权利与义务等事项，由此发生的租车及日常使用费用，凭真实、合法、有效凭据，准予在税前扣除。也就是说，凡未明确应由个人（车主）承担且合同中明确由企业承担的费用，例如汽油费、过路费、停车费等，凭真实、合法、有效凭据准予在税前扣除。凡明确应由个人（车主）承担的费用，例如年检费、车辆购置税、折旧费及保险费等，不得税前扣除。

目前我国大多数地区对私车公用行为有具体的规范。例如，《江苏省国家税务局关于企业所得税若干具体业务问题的通知》（苏国税发〔2004〕97号）第四条规定，"私车公用"发生的费用应凭真实、合理、合法凭据，准予税前扣除，对应由个人承担的车辆购置税、折旧费以及保险费等不得税前扣除。

根据上述政策规定，只要企业租用员工的车辆用于生产、管理等日常业务，就准予在计算应纳税所得额时扣除。

3. 会计处理。

在会计处理中，企业私车公用支出属于财产租赁支出，在具体科目上要根据使用情况确定。如果属于管理部门使用，记入"管理费用"科目；如果属于某车间使用，记入"制造费用"科目；如果属于销售部门使用，则记入"销售费用"科目。

【提示1】在实务操作中，一般由企业代办申请开具发票，即由企业以员工名义到税务机关申请代开发票。

【提示2】个人缴纳增值税规定。根据《营业税改征增值税试点实施办法》的规定，"个人缴纳增值税按照简易计税方法，应纳税额计算公式：应纳税额＝

销售额×征收率,增值税征收率为3%。上述按照销售额和增值税征收率计算的增值税额,不得抵扣进项税额"。同时,需要注意个人缴纳增值税的起征点。根据《营业税改征增值税试点实施办法》第四十九条、第五十条的规定,个人发生应税行为的销售额未达到增值税起征点的,免征增值税;达到起征点的,全额计算缴纳增值税。增值税起征点幅度如下:

按期纳税的,为月销售额5 000～20 000元(含本数);按次纳税的,为每次(日)销售额300～500元(含本数)。起征点的调整由财政部和国家税务总局规定。省、自治区、直辖市财政厅(局)和国家税务局应当在规定的幅度内,根据实际情况确定本地区适用的起征点,并报财政部和国家税务总局备案。

根据上述政策规定,在私车公用业务中,个人收取的费用,凡是达到增值税起征点的,要全额按照增值税简易计税方法计算应纳税额。

自2019年1月1日起,《财政部 税务总局关于实施小微企业普惠性税收减免政策的通知》(财税〔2019〕13号)第一条规定:"对月销售额10万元以下(含本数)的增值税小规模纳税人,免征增值税"。具体规定细则见《国家税务总局关于小规模纳税人免征增值税政策有关征管问题的公告》(国家税务总局公告2019年第4号)。

案例 4-37

企业私车公用业务的涉税及会计处理

A公司因经营需要,2016年12月25日与车间员工签订私车公用合同,合同约定:公司每月支付租车费5 200元,在租赁期内因汽车使用而发生的汽油费、过路过桥费、停车费等由公司支付,其他由汽车本身承担的费用由员工(车主)自行承担。2017年全年发生汽油费、过路过桥费、停车费等32 000元,相关汽车年检费用、修车费9 600元。相关涉税及会计处理如下:

1. 员工个人涉税处理。

企业支付租车费用,员工要开具发票,员工个人承担的税收计算如下(城市维护建设税等附加计算略)。

每月扣缴增值税：5 200÷(1+3%)×3%＝151.46（元）；

全年扣缴增值税：151.46×12＝1 817.52（元）；

应纳税所得额：(5 200－151.46－800)×(1－20%)＝3 398.83（元）（修缮费用以 800 元为扣除限额）；

每月扣缴个人所得税：3 398.83×20%＝679.77（元）；

全年扣缴个人所得税：679.77×12＝8 157.24（元）。

2. 因员工是车间人员，租车费计入制造费用。

  借：制造费用   62 400

   贷：库存现金   62 400

3. 工作中发生的汽油费、过路过桥费、停车费处理。

  借：制造费用   32 000

   贷：库存现金   32 000

4. 个人费用的处理。

相关汽车年检费用、修车费 9 600 元，此类支出应由员工个人承担。

> 【提示 1】对于汽车维修费，各地掌握的尺度不同。有的地区规定属于个人（车主）费用，不得在企业报销；有的地区规定汽车维修费可以归属为使用当中的费用，在企业报销。企业在实际操作中，要咨询当地税务机关的具体规定。
>
> 【提示 2】应税行为如果在享受优惠政策（小微企业）的期间，按政策规定执行，一般在代开发票时自动处理。

问题 4-3-15

企业支付员工通讯费的增值税、企业所得税如何处理？

答：员工通讯费属于日常公务费用，有的企业采取报销形式，有的企业采取发放补贴形式。

1. 增值税处理。

根据《营业税改征增值税试点实施办法》（财税〔2016〕36 号文件附件 1）所附《销售服务、无形资产、不动产注释》的相关规定，提供通讯服务的企业，要按照

"基础电信服务""增值电信服务"等缴纳增值税。

根据上述政策规定，企业支付电信服务费用，取得增值税专用发票，其进项税额可以抵扣销项税额。对于取得增值税普通发票的，则不得计算抵扣进项税额。

对于企业员工个人支付电信服务费用取得的发票，不得计算抵扣进项税额。

2. 企业所得税处理。

《企业所得税法》第八条规定："企业实际发生的与取得收入有关的、合理的支出，包括成本、费用、税金、损失和其他支出，准予在计算应纳税所得额时扣除。"

根据《国家税务总局关于企业工资薪金和职工福利费等支出税前扣除问题的公告》（国家税务总局公告2015年第34号）第一条的规定，对于直接发放的通讯费用补贴，凡是"列入企业员工工资薪金制度、固定与工资薪金一起发放的，符合《国家税务总局关于企业工资薪金及职工福利费扣除问题的通知》（国税函〔2009〕3号）第一条规定的，可作为企业发生的工资薪金支出，按规定在税前扣除。不能同时符合上述条件的福利性补贴，应作为国税函〔2009〕3号文件第三条规定的职工福利费，按规定计算限额税前扣除"。

在实务中，对于实际发生的通讯费用列支问题，有的地区规定了企业所得税税前扣除的最高限额。

根据上述政策规定，员工因工作需要使用企业提供的通讯工具，其产生的费用，属于企业的日常管理、生产或经营费用，准予在计算应纳税所得额时扣除。

3. 会计处理。

员工因工作需要使用企业提供的通讯工具，由于通讯工具登记在企业名下，且是为企业工作所需使用，因此，在会计处理中，支出的费用要根据使用情况记入不同科目，例如管理人员使用的记入"管理费用"科目，销售人员使用的记入"销售费用"科目，车间人员使用的记入"制造费用"科目等。

【提示】《营业税改征增值税试点实施办法》所附《销售服务、无形资产、不动产注释》第一条第（三）项规定："电信服务，是指利用有线、无线的电磁系统或者光电系统等各种通信网络资源，提供语音通话服务，传送、发射、接收或者应用图像、短信等电子数据和信息的业务活动。包括基础电信服务和增值电信服务。

1. 基础电信服务。

基础电信服务，是指利用固网、移动网、卫星、互联网，提供语音通话服务的业务活动，以及出租或者出售带宽、波长等网络元素的业务活动。

2. 增值电信服务。

增值电信服务，是指利用固网、移动网、卫星、互联网、有线电视网络，提供短信和彩信服务、电子数据和信息的传输及应用服务、互联网接入服务等业务活动。

卫星电视信号落地转接服务，按照增值电信服务缴纳增值税。"

根据《营业税改征增值税试点实施办法》第十六条的规定，纳税人提供电信服务，增值税征收率为3%（小规模纳税人）。

对增值电信服务，根据《营业税改征增值税试点实施办法》第十五条第（一）项的规定，增值电信服务，税率为6%。

对基础电信服务，根据增值税税率调整变化，2018年5月1日之前税率为11%，自2018年5月1日起至2019年4月1日，11%的税率调整为10%，自2019年4月1日起，10%的税率调整为9%。

案例 4-38

企业支付员工通讯费的涉税及会计处理

A公司（一般纳税人）2018年每月给销售部门人员支付通讯费（实报实销），手机为公司资产，假定销售部甲每月支付费用取得增值税专用发票，金额820元，增值税82元；每月给财务人员发放通讯费补贴300元，每人全年共发放通讯费补贴3 600元，假定财务部会计乙每月工资计税所得（已扣除社保、公积金等其他扣除项目）15 500元。

根据当地税务机关制定的标准，直接发放的通讯费补贴应并入当月工资征收个人所得税，对于实报实销的，可不并入当月工资征收个人所得税。当地税务机关同时规定，不论采取何种支付方式，企业所得税税前扣除的最高限额为平均每人每月300元。A公司涉税及会计处理如下：

1. 某月支付销售部门人员甲费用的处理。

借：销售费用　　　　　　　　　　　　　　　　　　　　　　820
　　应交税费——应交增值税（进项税额）　　　　　　　　　　82
　　贷：银行存款　　　　　　　　　　　　　　　　　　　　　902

2. 某月财务部门会计乙取得补贴处理。

（1）发生补贴时：

借：管理费用——工资　　　　　　　　　　　　　　　　　　300
　　贷：应付职工薪酬——工资　　　　　　　　　　　　　　　300

（2）补贴发放时：

借：应付职工薪酬——工资　　　　　　　　　　　　　　　　300
　　贷：库存现金　　　　　　　　　　　　　　　　　　　　　300

3. 2018年1—9月期间，会计乙应缴个人所得税计算。

(15 500＋300－3 500)×25％－1 005＝2 070（元）。

4. 企业所得税汇算清缴处理。

由于当地规定企业所得税税前扣除的通讯费最高限额为平均每人每月300元，全年为3 600元，因此，当年（销售部门）应调增应纳税所得额（以一人数据为例）：820×12－3 600＝6 240（元）。

问题 4-3-16

企业支付员工差旅费的增值税、企业所得税如何处理？

答：员工差旅费主要是指员工因工出差发生的住宿、伙食及交通费用，涉及的增值税、企业所得税政策如下：

1. 增值税处理。

2019年4月1日之前，根据《营业税改征增值税试点实施办法》（财税〔2016〕36号文件附件1）第二十七条第（六）项的规定，纳税人"购进的旅客运输服务、贷款服务、餐饮服务、居民日常服务和娱乐服务"，其进项税额不得从销项税额中抵扣。

自2019年4月1日起，《财政部 税务总局 海关总署关于深化增值税改革有关政策的公告》（财政部 税务总局 海关总署公告2019年第39号）第六条规定："纳税人购进国内旅客运输服务,其进项税额允许从销项税额中抵扣。

(一)纳税人未取得增值税专用发票的,暂按照以下规定确定进项税额:

1. 取得增值税电子普通发票的,为发票上注明的税额;

2. 取得注明旅客身份信息的航空运输电子客票行程单的,为按照下列公式计算进项税额:

$$航空旅客运输进项税额=(票价+燃油附加费)\div(1+9\%)\times 9\%$$

3. 取得注明旅客身份信息的铁路车票的,为按照下列公式计算的进项税额:

$$铁路旅客运输进项税额=票面金额\div(1+9\%)\times 9\%$$

4. 取得注明旅客身份信息的公路、水路等其他客票的,按照下列公式计算进项税额:

$$公路、水路等其他旅客运输进项税额=票面金额\div(1+3\%)\times 3\%"$$

根据上述政策规定,2019年4月1日之前,企业员工出差,乘坐的火车、飞机等交通工具,其进项税额不得从销项税额中抵扣。自2019年4月1日起,"纳税人购进国内旅客运输服务,其进项税额允许从销项税额中抵扣",但是,购进的餐饮等服务,其进项税额仍然不得从销项税额中抵扣。

2. 企业所得税处理。

《企业所得税法》第八条规定:"企业实际发生的与取得收入有关的、合理的支出,包括成本、费用、税金、损失和其他支出,准予在计算应纳税所得额时扣除。"

根据上述政策规定,员工因工作需要出差,发生的合理支出,准予在计算应纳税所得额时扣除。

本章思考题

1. 企业外购存货的成本一定不包括增值税吗?

2. 企业支付的超出企业所得税标准限额的中介手续费(佣金),其增值税进项税额是否可以抵扣?

3. 企业购买的礼品卡如何入账?

第 5 章
企业固定资产、无形资产及生产性生物资产取得、处置业务

- 5.1 固定资产（非不动产）购进（取得）、处置涉税业务
- 5.2 不动产取得、处置涉税业务
- 5.3 无形资产取得、处置涉税业务
- 5.4 生产性生物资产取得、处置涉税业务

企业在运营中需要购进（或取得）所需的固定资产、无形资产以及生物资产，从增值税角度看，购进这些资产主要涉及增值税进项税额的处理，同时还要涉及企业所得税资产计价的处理。本章涉及业务主要是固定资产、无形资产及生产性生物资产购进（取得）中涉及的增值税、企业所得税处理。同时，对于企业取得使用的固定资产、无形资产及生产性生物资产在日后处置过程中发生的销售业务，也在本章分析。

5.1　固定资产（非不动产）购进（取得）、处置涉税业务

本节内容主要包括企业取得设备等固定资产的涉税业务以及后期处置这些固定资产过程中的相关业务，不包括房屋、建筑物等不动产的涉税业务。

问题 5-1-1

企业外购固定资产的增值税、企业所得税如何处理？

答：《企业所得税法实施条例》第五十七条规定："企业所得税法第十一条所称固定资产，是指企业为生产产品、提供劳务、出租或者经营管理而持有的、使用时间超过12个月的非货币性资产，包括房屋、建筑物、机器、机械、运输工具以及其他与生产经营活动有关的设备、器具、工具等。"

企业外购的固定资产主要涉及增值税进项税额的处理及企业所得税计税基础的确定。

1. 增值税处理。

根据《增值税暂行条例》第八条第（一）项、第（二）项的规定，"纳税人购进货物、劳务、服务、无形资产、不动产支付或者负担的增值税额，为进项税额"。准予从销项税额中抵扣的进项税额包括"从销售方取得的增值税专用发票上注明的增值税额"及"从海关取得的海关进口增值税专用缴款书上注明的增值税额"。

《营业税改征增值税试点实施办法》（财税〔2016〕36号文件附件1）第二十四

条规定:"进项税额,是指纳税人购进货物、加工修理修配劳务、服务、无形资产或者不动产,支付或者负担的增值税额。"

根据该办法第二十五条第(一)项、第(二)项的规定,从销售方取得的增值税专用发票(含税控机动车销售统一发票,下同)上注明的增值税额、从海关取得的海关进口增值税专用缴款书上注明的增值税额,准予从销项税额中抵扣。

根据上述政策规定,从 2016 年 5 月 1 日起,一般纳税人外购的固定资产,只要取得规定的抵扣票据且不属于不得抵扣的项目,其进项税额可以从销项税额中抵扣。

2. 企业所得税处理。

(1) 外购固定资产的入账价值(计税基础)。

《企业所得税法实施条例》第五十八条第(一)项规定:"外购的固定资产,以购买价款和支付的相关税费以及直接归属于使该资产达到预定用途发生的其他支出为计税基础"。

由于增值税是价外税,根据上述政策规定,企业外购的固定资产,凡是进项税额可以从销项税额中抵扣的,不计入固定资产入账价值(计税基础)。

(2) 固定资产折旧的一般处理。

根据该条例第五十九条的规定,企业的固定资产按照直线法计算的折旧,准予扣除。

企业应当从固定资产使用月份的次月起计算折旧;停止使用的固定资产,应当从停止使用月份的次月起停止计算折旧。

企业应当根据固定资产的性质和使用情况,合理确定固定资产的预计净残值。固定资产的预计净残值一经确定,不得变更。

对于折旧的最低年限,该条例第六十条规定:"除国务院财政、税务主管部门另有规定外,固定资产计算折旧的最低年限如下:

(一) 房屋、建筑物,为 20 年;

(二) 飞机、火车、轮船、机器、机械和其他生产设备,为 10 年;

(三) 与生产经营活动有关的器具、工具、家具等,为 5 年;

(四) 飞机、火车、轮船以外的运输工具,为 4 年;

(五) 电子设备,为 3 年"。

上述固定资产的折旧处理为一般性处理,对于一些重点或特殊行业,制定有加速折旧的政策。

（3）固定资产加速折旧的处理。

《企业所得税法》第三十二条规定："企业的固定资产由于技术进步等原因，确需加速折旧的，可以缩短折旧年限或者采取加速折旧的方法。"《企业所得税法实施条例》第九十八条规定："企业所得税法第三十二条规定可以采取缩短折旧年限或者采取加速折旧的方法的固定资产，包括：

（一）由于技术进步，产品更新换代较快的固定资产；

（二）常年处于强震动、高腐蚀状态的固定资产。

采取缩短折旧年限方法的，最低折旧年限不得低于本条例第六十条规定折旧年限的60%；采取加速折旧方法的，可以采取双倍余额递减法或者年数总和法。"

根据上述政策规定，对于符合条件的固定资产，可以采取双倍余额递减法或者年数总和法进行折旧。

（4）用于研发的仪器、设备折旧处理。

①单位价值不超过100万元的仪器、设备。根据《财政部 国家税务总局关于完善固定资产加速折旧企业所得税政策的通知》（财税〔2014〕75号）第二条的规定，"对所有行业企业2014年1月1日后新购进的专门用于研发的仪器、设备，单位价值不超过100万元的，允许一次性计入当期成本费用在计算应纳税所得额时扣除，不再分年度计算折旧"。

②单位价值超过100万元的仪器、设备。根据财税〔2014〕75号文件第二条、第四条的规定，单位价值超过100万元的，可缩短折旧年限或采取加速折旧的方法。其缩短折旧的年限，"最低折旧年限不得低于企业所得税法实施条例第六十条规定折旧年限的60%；采取加速折旧方法的，可采取双倍余额递减法或者年数总和法"。该通知还规定，"第一至三条规定之外的企业固定资产加速折旧所得税处理问题，继续按照企业所得税法及其实施条例和现行税收政策规定执行"。

③单位价值不超过5 000元的固定资产。该通知第三条规定："对所有行业企业持有的单位价值不超过5 000元的固定资产，允许一次性计入当期成本费用在计算应纳税所得额时扣除，不再分年度计算折旧。"

（5）固定资产加速折旧优惠政策。

关于固定资产加速折旧的优惠，分为三个步骤。

一是六个行业固定资产加速折旧的确定。财税〔2014〕75号文件第一条规定："对生物药品制造业，专用设备制造业，铁路、船舶、航空航天和其他运输设备制造业，计算机、通信和其他电子设备制造业，仪器仪表制造业，信息传输、软件和信息技术服务业等 6 个行业的企业 2014 年 1 月 1 日后新购进的固定资产，可缩短折旧年限或采取加速折旧的方法。"

对上述 6 个行业的小型微利企业 2014 年 1 月 1 日后新购进的研发和生产经营共用的仪器、设备，单位价值不超过 100 万元的，允许一次性计入当期成本费用在计算应纳税所得额时扣除，不再分年度计算折旧；单位价值超过 100 万元的，可缩短折旧年限或采取加速折旧的方法。"

二是四个行业固定资产加速折旧的确定。《财政部 国家税务总局关于进一步完善固定资产加速折旧企业所得税政策的通知》（财税〔2015〕106 号）第一条规定："对轻工、纺织、机械、汽车等四个领域重点行业（具体范围见附件）的企业 2015 年 1 月 1 日后新购进的固定资产，可由企业选择缩短折旧年限或采取加速折旧的方法"；第二条规定："对上述行业的小型微利企业 2015 年 1 月 1 日后新购进的研发和生产经营共用的仪器、设备，单位价值不超过 100 万元的，允许一次性计入当期成本费用在计算应纳税所得额时扣除，不再分年度计算折旧；单位价值超过 100 万元的，可由企业选择缩短折旧年限或采取加速折旧的方法"。

三是全部制造业领域固定资产加速折旧的确定。《财政部 税务总局关于扩大固定资产加速折旧优惠政策适用范围的公告》（财政部 税务总局公告 2019 年第 66 号）第一条规定："自 2019 年 1 月 1 日起，适用《财政部 国家税务总局关于完善固定资产加速折旧企业所得税政策的通知》（财税〔2014〕75 号）和《财政部 国家税务总局关于进一步完善固定资产加速折旧企业所得税政策的通知》（财税〔2015〕106 号）规定固定资产加速折旧优惠的行业范围，扩大至全部制造业领域。"

对于上述最低折旧年限的确定，根据财政部、税务总局公告 2019 年第 66 号第四条、财税〔2015〕106 号文件第三条的规定，其缩短的折旧年限，最低折旧年限不得低于《企业所得税法实施条例》第六十条规定折旧年限的 60%；采取加速折旧方法的，可采取双倍余额递减法或者年数总和法。

根据《企业所得税法》及其实施条例有关规定，企业根据自身生产经营需要，也可选择实行加速折旧政策。

2. 固定资产一次性计入当期成本费用的处理。

一是单位价值不超过 5 000 元的固定资产。财税〔2014〕75 号文件第三条规定："对所有行业企业持有的单位价值不超过 5 000 元的固定资产，允许一次性计入当期成本费用在计算应纳税所得额时扣除，不再分年度计算折旧。"

二是单位价值不超过500万元的固定资产。

①固定资产一次性计入当期成本费用在计算应纳税所得额时扣除。《财政部 税务总局关于设备、器具扣除有关企业所得税政策的通知》（财税〔2018〕54号）第一条规定："企业在2018年1月1日至2020年12月31日期间新购进的设备、器具，单位价值不超过500万元的，允许一次性计入当期成本费用在计算应纳税所得额时扣除，不再分年度计算折旧；单位价值超过500万元的，仍按企业所得税法实施条例、《财政部 国家税务总局关于完善固定资产加速折旧企业所得税政策的通知》（财税〔2014〕75号）、《财政部 国家税务总局关于进一步完善固定资产加速折旧企业所得税政策的通知》（财税〔2015〕106号）等相关规定执行。"

《国家税务总局关于设备 器具扣除有关企业所得税政策执行问题的公告》（国家税务总局公告2018年第46号）第一条规定："企业在2018年1月1日至2020年12月31日期间新购进的设备、器具，单位价值不超过500万元的，允许一次性计入当期成本费用在计算应纳税所得额时扣除，不再分年度计算折旧（以下简称一次性税前扣除政策）。"

②固定资产一次性税前扣除的范围。财税〔2018〕54号文件第二条规定："本通知所称设备、器具，是指除房屋、建筑物以外的固定资产。"

国家税务总局公告2018年第46号第一条第（一）项规定："所称设备、器具，是指除房屋、建筑物以外的固定资产（以下简称固定资产）；所称购进，包括以货币形式购进或自行建造，其中以货币形式购进的固定资产包括购进的使用过的固定资产；以货币形式购进的固定资产，以购买价款和支付的相关税费以及直接归属于使该资产达到预定用途发生的其他支出确定单位价值，自行建造的固定资产，以竣工结算前发生的支出确定单位价值。"

③一次性税前扣除的固定资产计价。国家税务总局公告2018年第46号第一条第（二）项规定："固定资产购进时点按以下原则确认：以货币形式购进的固定资产，除采取分期付款或赊销方式购进外，按发票开具时间确认；以分期付款或赊销方式购进的固定资产，按固定资产到货时间确认；自行建造的固定资产，按竣工结算时间确认。"

④固定资产一次性税前扣除的时点。国家税务总局公告2018年第46号第二条规定："固定资产在投入使用月份的次月所属年度一次性税前扣除。"

⑤固定资产一次性税前扣除的选择。国家税务总局公告 2018 年第 46 号第四条规定："企业根据自身生产经营核算需要，可自行选择享受一次性税前扣除政策。未选择享受一次性税前扣除政策的，以后年度不得再变更。"

3. 会计处理。

在会计处理中，企业购入不需要安装的固定资产，按照应计入固定资产成本的金额，借记"固定资产"科目，贷记"银行存款"等科目。购入需要安装的固定资产，先记入"在建工程"科目，待达到预定可使用状态时再转入"固定资产"科目。

对购入固定资产超过正常信用条件延期支付价款、实质上具有融资性质的，按应付购买价款的现值，借记"固定资产"科目或"在建工程"科目，按应支付的金额，贷记"长期应付款"科目，按其差额，借记"未确认融资费用"科目。

上述业务涉及增值税的，对于一般纳税人的处理。根据《增值税会计处理规定》（财会〔2016〕22 号文件发布）第二条第（一）项第 1 点、第 4 点、第 5 点的规定，纳税人购入固定资产，按应计入固定资产的金额，借记"固定资产"科目，按当月已认证的可抵扣增值税额，借记"应交税费——应交增值税（进项税额）"科目，按当月未认证的可抵扣增值税额，借记"应交税费——待认证进项税额"科目，按应付或实际支付的金额，贷记"应付账款""应付票据""银行存款"等科目。

对于购进的固定资产已到达并验收入库，但尚未收到增值税扣税凭证且未付款的，应在月末按货物清单或相关合同协议上的价格暂估入账，不需要将增值税的进项税额暂估入账。下月初，用红字冲销原暂估入账金额，待取得相关增值税扣税凭证并经认证后，按应计入相关成本费用或资产的金额，借记"固定资产"等科目，按可抵扣的增值税额，借记"应交税费——应交增值税（进项税额）"科目，按应付金额，贷记"应付账款"等科目。

小规模纳税人取得增值税专用发票上注明的增值税应计入相关成本费用或资产，不通过"应交税费——应交增值税"科目核算。

对于固定资产折旧的会计处理，一般设置"累计折旧"科目核算固定资产折旧，"累计折旧"科目可按固定资产的类别或项目进行明细核算。企业按期（月）计提固定资产的折旧时，贷记"累计折旧"科目，借记"制造费用""销售费用""管理费用""研发支出""其他业务成本"等科目。"累计折旧"科目期末贷方余额，反映企业固定资产的累计折旧额。处置固定资产还应同时结转累计折旧。

【提示】《企业会计准则第 4 号——固定资产》第三条规定:"固定资产,是指同时具有下列特征的有形资产:

(一)为生产商品、提供劳务、出租或经营管理而持有的;

(二)使用寿命超过一个会计年度。

使用寿命,是指企业使用固定资产的预计期间,或者该固定资产所能生产产品或提供劳务的数量。"

对于固定资产的计价,该准则第七条规定:"固定资产应当按照成本进行初始计量";第八条规定:"外购固定资产的成本,包括购买价款、相关税费、使固定资产达到预定可使用状态前所发生的可归属于该项资产的运输费、装卸费、安装费和专业人员服务费等。

以一笔款项购入多项没有单独标价的固定资产,应当按照各项固定资产公允价值比例对总成本进行分配,分别确定各项固定资产的成本。

购买固定资产的价款超过正常信用条件延期支付,实质上具有融资性质的,固定资产的成本以购买价款的现值为基础确定。实际支付的价款与购买价款的现值之间的差额,除按照《企业会计准则第 17 号——借款费用》应予资本化的以外,应当在信用期间内计入当期损益"。

《小企业会计准则》第二十八条第(一)项规定,固定资产应当按照成本进行计量。其中"外购固定资产的成本包括:购买价款、相关税费、运输费、装卸费、保险费、安装费等,但不含按照税法规定可以抵扣的增值税进项税额。

以一笔款项购入多项没有单独标价的固定资产,应当按照各项固定资产或类似资产的市场价格或评估价值比例对总成本进行分配,分别确定各项固定资产的成本"。

案例 5-1

企业外购设备的涉税及会计处理

A 公司(一般纳税人)2019 年 4 月 20 日外购一台车床用于生产,取得增值税专用发票,价格 34 万元,增值税(进项)4.42 万元。假定当月 A 公司销项税额

19.98万元，进项税额已认证可以抵扣，A公司相关涉税及会计处理如下：

1. 相关涉税计算。

(1) 增值税等计算。

A公司外购的车床用于生产，进项税额可以从销项税额中抵扣，不计入固定资产初始价值。

应交增值税：19.98－4.42＝15.56（万元）；

城市维护建设税：15.56×7%＝1.09（万元）；

教育费附加：15.56×3%＝0.47（万元）；

地方教育附加：15.56×2%＝0.31（万元）。

(2) 折旧计算。

假定折旧年限为10年，无残值。

月折旧额：34÷10÷12＝0.28（万元）。

【提示】根据国家税务总局公告2018年第46号的规定，企业在2018年1月1日至2020年12月31日期间新购进符合条件的固定资产，可以选择在投入使用月份的次月所属年度一次性税前扣除。

2. 会计处理（单位：万元）。

(1) 购进固定资产时：

借：固定资产——车床　　　　　　　　　　　　　　　　34
　　应交税费——应交增值税（进项税额）　　　　　　　4.42
　　贷：银行存款　　　　　　　　　　　　　　　　　　38.42

(2) 次月开始每月计提折旧时：

借：制造费用　　　　　　　　　　　　　　　　　　　0.28
　　贷：累计折旧　　　　　　　　　　　　　　　　　0.28

(3) 当月计算增值税时：

借：应交税费——应交增值税（转出未交增值税）　　　15.56
　　税金及附加——应交城市维护建设税　　　　　　　1.09
　　　　　　——应交教育费附加　　　　　　　　　　0.47
　　　　　　——应交地方教育附加　　　　　　　　　0.31

         贷：应交税费——未交增值税　　　　　　　　　　15.56
　　　　　　　　——应交城市维护建设税　　　　　　　　1.09
　　　　　　　　——应交教育费附加　　　　　　　　　　0.47
　　　　　　　　——应交地方教育附加　　　　　　　　　0.31
　　（4）次月缴纳税款时：
　　　　借：应交税费——未交增值税　　　　　　　　　　15.56
　　　　　　　　——应交城市维护建设税　　　　　　　　1.09
　　　　　　　　——应交教育费附加　　　　　　　　　　0.47
　　　　　　　　——应交地方教育附加　　　　　　　　　0.31
　　　　　　贷：银行存款　　　　　　　　　　　　　　　17.43

问题 5-1-2

企业外购固定资产进项税额不得抵扣的增值税、企业所得税如何处理？

答：在增值税业务中，除发票因素外，对于已经是最终消费或免税的情形，增值税进项税额一般不得抵扣。

1. 增值税处理。

《营业税改征增值税试点实施办法》（财税〔2016〕36 号文件附件 1）第二十七条第一款规定："用于简易计税方法计税项目、免征增值税项目、集体福利或者个人消费的购进货物、加工修理修配劳务、服务、无形资产和不动产。其中涉及的固定资产、无形资产、不动产，仅指专用于上述项目的固定资产、无形资产（不包括其他权益性无形资产）、不动产。"

根据《增值税暂行条例》第十条第（一）项的规定，"用于简易计税方法计税项目、免征增值税项目、集体福利或者个人消费的购进货物、劳务、服务、无形资产和不动产"的进项税额不得从销项税额中抵扣。

根据上述政策规定，纳税人购进固定资产，用于简易计税方法计税项目、免征增值税项目、集体福利或者个人消费的，其进项税额不得从销项税额中抵扣。

2. 企业所得税处理。

根据《企业所得税法实施条例》第五十八条第（一）项的相关规定，企业外购的固定资产，如果属于增值税政策规定的"进项税额不得从销项税额中抵扣"的情形，则"以购买价款和支付的相关税费以及直接归属于使该资产达到预定用途发生的其他支出为计税基础"。

根据上述政策规定，应将不得抵扣的进项税额计入固定资产的初始入账价值（计税基础）。

3. 会计处理。

在会计处理中，根据《增值税会计处理规定》（财会〔2016〕22号文件发布）第二条第（一）项第2点的规定，一般纳税人外购的固定资产，用于简易计税方法计税项目、免征增值税项目、集体福利或个人消费等，其进项税额按照现行增值税制度规定不得从销项税额中抵扣的，取得增值税专用发票时，应借记"固定资产"等相关成本费用或资产科目，借记"应交税费——待认证进项税额"科目，贷记"银行存款""应付账款"等科目，经税务机关认证后，应借记相关成本费用或资产科目，贷记"应交税费——应交增值税（进项税额转出）"科目。

案例 5-2

企业购进设备用于集体福利的涉税及会计处理

A公司（一般纳税人）2019年5月购进一台暖风机用于职工浴室，取得增值税专用发票，发票上注明价款为15万元，增值税（进项税额）为1.95万元，当月以银行存款进行结算。A公司相关涉税及会计处理如下：

1. 涉税处理。

（1）涉税计算。

A公司外购的暖风机用于职工浴室使用，在使用性质上属于集体福利，其进项税额不得从销项税额中抵扣，因此，进项税额应计入该设备的入账价值（计税基础）。

进项税额1.95万元，不得从销项税额中抵扣。

暖风机入账价值：15＋1.95＝16.95（万元）。

【提示】如果购进的设备因在购入时用途未明确是职工福利，进项税额已经从销项税额中抵扣，则应做进项税额转出处理。

(2) 折旧计算。

假定折旧年限为 5 年，无残值。

月折旧额：16.95÷5÷12＝0.28（万元）。

2. 会计处理（单位：万元）。

(1) 购进暖风机时：

　　借：固定资产——暖风机　　　　　　　　　　　　　　16.95
　　　　贷：银行存款　　　　　　　　　　　　　　　　　　16.95

(2) 次月开始每月计提折旧时：

　　借：应付福利费　　　　　　　　　　　　　　　　　　0.28
　　　　贷：累计折旧　　　　　　　　　　　　　　　　　　0.28

问题 5-1-3

企业自行建造的固定资产的增值税、企业所得税如何处理？

答：企业自行建造的固定资产，其发生的成本、费用支出涉及增值税进项税额的处理。企业所得税处理主要是计税基础的确认。

1. 增值税处理。

根据《增值税暂行条例》第八条、《营业税改征增值税试点实施办法》（财税〔2016〕36 号文件附件 1）第二十四条的规定精神，对于一般纳税人，在自行建造的固定资产当中，其购买的材料、设备等，只要按规定取得增值税专用发票，其进项税额可以从销项税额中抵扣。

2. 企业所得税处理。

《企业所得税法实施条例》第五十八条第（二）项规定，"自行建造的固定资产，以竣工结算前发生的支出为计税基础"。

根据上述政策规定，企业在自行建造固定资产时，可以计入计税基础的成本、费用，以竣工（完工）结算为节点，竣工结算点前发生的费用，应该计入成本，竣工结算点后发生的费用，应该计入其他资产成本或当期费用。对于根据增值税政策不能抵扣的进项税额，应计入自行建造固定资产的成本。

3. 会计处理。

在会计处理中，自行建造达到预定可使用状态的固定资产，应借记"固定资产"科目，贷记"在建工程"科目。已达到预定可使用状态、但尚未办理竣工决算手续的固定资产，应按估计价值入账，待确定实际成本后再进行调整。因购买材料等涉及增值税进项税额的，根据《增值税会计处理规定》（财会〔2016〕22号文件发布）第二条第（一）项第1点的规定处理。

> 【提示】《企业会计准则第4号——固定资产》第九条规定："自行建造固定资产的成本，由建造该项资产达到预定可使用状态前所发生的必要支出构成。"
>
> 《小企业会计准则》第二十八条第（二）项规定，固定资产应当按照成本进行计量。其中"自行建造固定资产的成本，由建造该项资产在竣工决算前发生的支出（含相关的借款费用）构成。
>
> 小企业在建工程在试运转过程中形成的产品、副产品或试车收入冲减在建工程成本"。

案例 5-3

企业自行建造设备的涉税及会计处理

A机械制造厂（一般纳税人）2019年1月10日至2019年3月15日安装一台龙门吊车，购买设备、安装材料等均取得增值税专用发票。其中购入安装设备所需各种材料价格15万元、增值税（进项）2.4万元，购买龙门吊车50万元、增值税（进项）8万元，支付运输费用1万元、增值税（进项）0.16万元，此外，自制配套设备成本12万元，结转各项费用（人工等）16万元。各项款项已经支付。A厂相关涉税及会计处理如下（单位：万元）：

1. 购入建筑及安装设备材料时：

借：在建工程——工程物资　　　　　　　　　　　　　　　　15
　　应交税费——应交增值税（进项税额）　　　　　　　　　2.4
　　贷：银行存款　　　　　　　　　　　　　　　　　　　　17.4

2. 自制辅助设备完工时：

  借：在建工程——工程物资   12

    贷：生产成本   12

3. 购入主设备时：

  借：在建工程——工程物资   50

      ——运费   1

    应交税费——应交增值税（进项税额）   8.16

    贷：银行存款   59.16

4. 设备开始安装时：

设备成本：$50+1+12=63$（万元）。

  借：在建工程——龙门吊工程   63

    贷：在建工程——工程物资   63

5. 工程领用各种安装材料时：

  借：在建工程——龙门吊工程   10

    贷：在建工程——工程物资   10

6. 应负担工资等各项其他费用 16 万元：

  借：在建工程——龙门吊工程   16

    贷：银行存款、应付职工薪酬等费用科目   16

7. 安装工程完毕时：

龙门吊总成本：$50+1+12+10+16=89$（万元）。

  借：固定资产——龙门吊   89

    贷：在建工程——龙门吊工程   89

8. 处理多余建筑及安装设备材料时：

  借：库存材料   5

    贷：在建工程——工程物资   5

9. 每月计提折旧时：

假定固定资产折旧年限为 10 年，无残值。

每月计提折旧：$89\div10\div12=0.74$（万元）。

  借：生产成本   0.74

    贷：累计折旧——仓库   0.74

【提示】 根据《财政部 税务总局关于调整增值税税率的通知》(财税〔2018〕32 号)、《财政部 税务总局 海关总署关于深化增值税改革有关政策的公告》(财政部 税务总局 海关总署公告 2019 年第 39 号)的规定,自 2018 年 5 月 1 日起至 2019 年 4 月 1 日,纳税人发生增值税应税销售行为,原适用 17% 和 11% 税率的,税率分别调整为 16%、10%;自 2019 年 4 月 1 日起,增值税一般纳税人发生增值税应税销售行为或者进口货物,原适用 16% 税率的,税率调整为 13%;原适用 10% 税率的,税率调整为 9%。本章后面不再做类似提示。

案例 5-4

企业委托(发包)建造房屋的涉税及会计处理

A 贸易公司(一般纳税人)拟建造仓库一幢,项目预算 140 万元(含税),土地为 2018 年 7 月份购入的国有土地(工业),占地面积 2 000 平方米,原值 36 万元。假定该仓库项目发包给 B 建筑公司(一般纳税人)承建,约定先预付工程款 60 万元,工程竣工交付使用时,支付剩余 80 万元,并开具增值税专用发票。A 公司相关涉税及会计处理如下(单位:万元):

1. 支付预付工程款时:

  借:在建工程——发包工程   60
    贷:银行存款   60

2. 工程完工时:

B 公司销售额:140÷(1+10%)=127.27(万元);

B 公司销项税额:127.27×16%=20.36(万元)。

A 公司取得的增值税专用发票注明的税款(进项)为 20.36 万元。

  借:在建工程——出包工程   59.64
    应交税费——应交增值税(进项税额)   20.36
    贷:银行存款   80

3. 结转交付使用时:

  借:固定资产——经营用固定资产   127.27

贷：在建工程——出包工程 127.27

4. 每月计提折旧时：

假定固定资产折旧年限为20年，无残值。

每月计提折旧：127.27÷20÷12＝0.53（万元）。

借：生产成本 0.53

贷：累计折旧——仓库 0.53

5. 购入土地使用权时：

借：无形资产——经营用土地 36

贷：银行存款 36

6. 土地每月摊销时：

假定土地使用年限剩余30年，企业按照30年摊销。

每月计提摊销：36÷30÷12＝0.10（万元）。

借：生产成本 0.10

贷：累计摊销——土地 0.10

问题 5-1-4

企业融资租入固定资产的增值税、企业所得税如何处理？

答：企业融资租入固定资产支付的费用涉及增值税、企业所得税处理。

1. 增值税处理。

《营业税改征增值税试点实施办法》（财税〔2016〕36号文件附件1）所附《销售服务、无形资产、不动产注释》第一条第（六）项第5点第（1）则规定："融资租赁服务，是指具有融资性质和所有权转移特点的租赁活动。即出租人根据承租人所要求的规格、型号、性能等条件购入有形动产或者不动产租赁给承租人，合同期内租赁物所有权属于出租人，承租人只拥有使用权，合同期满付清租金后，承租人有权按照残值购入租赁物，以拥有其所有权。不论出租人是否将租赁物销售给承租人，均属于融资租赁。

按照标的物的不同，融资租赁服务可分为有形动产融资租赁服务和不动产融资租赁服务。"

自 2019 年 4 月 1 日起，有形动产融资租赁税率为 13%，不动产融资租赁税率为 9%。

根据上述政策规定，对于一般纳税人融资租入固定资产的，要区分有形动产、不动产，其支付租赁费用取得增值税专用发票，发票注明的增值税额（进项税额）可以抵扣销项税额。

2. 企业所得税处理。

《企业所得税法实施条例》第四十七条第（二）项规定，企业"以融资租赁方式租入固定资产发生的租赁费，按照规定构成融资租入固定资产价值的部分应当提取折旧费用，分期扣除"；第五十八条第（三）项规定，"融资租入的固定资产，以租赁合同约定的付款总额和承租人在签订租赁合同过程中发生的相关费用为计税基础，租赁合同未约定付款总额的，以该资产的公允价值和承租人在签订租赁合同过程中发生的相关费用为计税基础"。

根据上述政策规定，企业以融资租赁方式租入固定资产的，可以提取折旧。

3. 会计处理。

在会计处理中，企业融资租入的固定资产，在租赁期开始日，按照应计入固定资产成本的金额（租赁开始日租赁资产公允价值与最低租赁付款额现值两者中较低者，加上初始直接费用），借记"固定资产"科目或"在建工程"科目，按照最低租赁付款额，贷记"长期应付款"科目，按照发生的初始直接费用，贷记"银行存款"等科目，按其差额，借记"未确认融资费用"科目。

租赁期届满，企业取得该项固定资产所有权的，应将该项固定资产从"融资租入固定资产"明细科目转入有关明细科目。

【提示】《企业会计准则第 21 号——租赁》第六条规定："符合下列一项或数项标准的，应当认定为融资租赁：

（一）在租赁期届满时，租赁资产的所有权转移给承租人。

（二）承租人有购买租赁资产的选择权，所订立的购买价款预计将远低于行使选择权时租赁资产的公允价值，因而在租赁开始日就可以合理确定承租人将会行使这种选择权。

（三）即使资产的所有权不转移，但租赁期占租赁资产使用寿命的大部分。

（四）承租人在租赁开始日的最低租赁付款额现值，几乎相当于租赁开始租赁资产公允价值；出租人在租赁开始日的最低租赁收款额现值，几乎相当于租赁开始日租赁资产公允价值。

（五）租赁资产性质特殊，如果不作较大改造，只有承租人才能使用。"

对于租赁资产的计价，该准则第十一条规定："在租赁期开始日，承租人应当将租赁开始日租赁资产公允价值与最低租赁付款额现值两者中较低者作为租入资产的入账价值，将最低租赁付款额作为长期应付款的入账价值，其差额作为未确认融资费用。

承租人在租赁谈判和签订租赁合同过程中发生的，可归属于租赁项目的手续费、律师费、差旅费、印花税等初始直接费用，应当计入租入资产价值。

租赁期开始日，是指承租人有权行使其使用租赁资产权利的开始日"。

《小企业会计准则》第二十八条第（四）项规定："融资租入的固定资产的成本，应当按照租赁合同约定的付款总额和在签订租赁合同过程中发生的相关税费等确定。"

根据上述会计准则规定，对融资租入固定资产的初始计量，企业所得税与小企业会计准则的规定相一致，与会计准则的规定则有差异。对适用会计准则的企业，企业所得税的计税基础是付款总额，往往大于会计计量中的付款额现值（假设最低租赁付款额现值＜资产的公允价值）。在以后期间计提折旧时，需要对应纳税所得额进行调减。对以后各期计入财务费用的未确认融资费用，也不能税前扣除，需要进行纳税调整。

问题 5-1-5

企业租入（经营性租赁）固定资产的增值税、企业所得税如何处理？

答：企业租入固定资产支付的费用涉及增值税进项税额的处理以及企业所得税费用的按期分摊。

1. 增值税处理。

《营业税改征增值税试点实施办法》（财税〔2016〕36号文件附件1）所附《销售服务、无形资产、不动产注释》第一条第（六）项第5点第（2）则第一款规定：

"经营租赁服务,是指在约定时间内将有形动产或者不动产转让他人使用且租赁物所有权不变更的业务活动。"

根据《营业税改征增值税试点实施办法》第四十五条第(二)项的规定,纳税人提供租赁服务采取预收款方式的,其纳税义务发生时间为收到预收款的当天。

根据上述政策规定,企业租入固定资产,支付租赁费,取得增值税专用发票的,其进项税额可以抵扣销项税额,对于预付租金的,也可以要求开具增值税专用发票。

2. 企业所得税处理。

根据《企业所得税法实施条例》第四十七条的规定,企业根据生产经营活动的需要,"以经营租赁方式租入固定资产发生的租赁费,按照租赁期限均匀扣除"。

根据上述政策规定,企业租入固定资产支付的租赁费,应按照租赁期均匀扣除。对于提前(预付款)支付的租赁费,按照租赁期限均匀分摊扣除。

3. 会计处理。

在企业的日常会计处理中,支付的租赁费一般按照企业使用租入资产部门的性质,记入"管理费用""销售费用""生产成本"等科目,涉及增值税进项税额的,根据《增值税会计处理规定》(财会〔2016〕22号文件发布)第二条第(一)项第1点、第5点的规定处理。

案例 5-5

企业支付租入设备租赁费的涉税及会计处理

A公司(一般纳税人)2019年6月租入一台机床用于生产,租期为6个月,每月租赁费10万元。A公司当月预付3个月租金30万元,并取得增值税专用发票,注明进项税款为3.9万元。A公司当月相关涉税及会计处理如下(单位:万元):

  借:生产成本   10
    预付账款   20
    应交税费——应交增值税(进项税额) 3.9
   贷:银行存款   33.9

问题 5-1-6

企业盘盈固定资产的增值税、企业所得税如何处理？

答：企业盘盈的固定资产，不涉及增值税（进项税额）的处理。企业所得税处理包括两个方面，一是收入的确定；二是盘盈固定资产的计价。

《企业所得税法实施条例》第二十二条规定："企业所得税法第六条第（九）项所称其他收入，是指企业取得的除企业所得税法第六条第（一）项至第（八）项收入外的其他收入，包括企业资产溢余收入、逾期未退包装物押金收入、确实无法偿付的应付款项、已作坏账损失处理后又收回的应收款项、债务重组收入、补贴收入、违约金收入、汇兑收益等"；第五十八条第（四）项规定："盘盈的固定资产，以同类固定资产的重置完全价值为计税基础"。

根据上述政策规定，企业固定资产的盘盈应当作为资产的溢余收入计入当期应纳税所得额，其价值计算以同类固定资产的重置完全价值为计税基础。

在会计处理上，企业在盘盈固定资产时，首先，根据盘盈固定资产的重置价值确定固定资产的原值、累计折旧和固定资产净值，借记"固定资产"科目，贷记"累计折旧"科目，将两者的差额贷记"以前年度损益调整"科目；其次，根据确定的价值，确定溢余收入，调整企业所得税应纳税所得额。

除上述处理之外，企业还应根据具体情况，补提盈余公积以及调整利润分配等。

【提示】盘盈的固定资产是企业前期差错的一种。《企业会计准则第28号——会计政策、会计估计变更和差错更正》第十一条规定："前期差错，是指由于没有运用或错误运用下列两种信息，而对前期财务报表造成省略漏或错报。

（一）编报前期财务报表时预期能够取得并加以考虑的可靠信息。

（二）前期财务报告批准报出时能够取得的可靠信息。

前期差错通常包括计算错误、应用会计政策错误、疏忽或曲解事实以及舞弊产生的影响以及存货、固定资产盘盈等。"

对于前期差错及其更正，根据《〈企业会计准则第28号——会计政策、会计估计变更和差错更正〉应用指南》第三条的规定，"前期差错应当采用追溯重述法进行更正,视同该项前期差错从未发生过,从而对财务报表相关项目进行重新列示和披露。追溯重述法的会计处理与追溯调整法相同"。

案例 5-6

企业盘盈设备的涉税及会计处理

A 公司 2019 年 3 月在固定资产盘点时发现一台打印机未在账面记载。该打印机重置价值为 1 万元,折旧为 4 000 元。假设 A 公司每年按照利润的 10% 计提盈余公积。A 公司相关涉税及会计处理如下:

1. 按照资产重置价值确认固定资产及折旧:

借:固定资产　　　　　　　　　　　　　　　　　　　10 000
　　贷:累计折旧　　　　　　　　　　　　　　　　　　4 000
　　　　以前年度损益调整　　　　　　　　　　　　　　6 000

2. 计算应交企业所得税:6 000×25%＝1 500(元)。

借:以前年度损益调整　　　　　　　　　　　　　　　1 500
　　贷:应交税费——应交所得税　　　　　　　　　　　1 500

3. 计提盈余公积,转入未分配利润:

借:以前年度损益调整　　　　　　　　　　　　　　　4 500
　　贷:盈余公积　　　　　　　　　　　　　　　　　　450
　　　　利润分配——未分配利润　　　　　　　　　　　4 050

问题 5-1-7

企业通过捐赠方式取得固定资产的增值税、企业所得税如何处理?

答:企业通过捐赠方式取得固定资产涉及增值税进项税额的处理以及企业所得税计税基础、收入的确认。

1. 增值税处理。

根据《增值税暂行条例实施细则》第四条第(八)项的规定,纳税人"将自产、委托加工或者购进的货物无偿赠送其他单位或者个人",视同销售货物。

上述视同销售货物无销售价格的,按照该实施细则第十六条的规定确定销售价格。

根据《营业税改征增值税试点实施办法》(财税〔2016〕36 号文件附件 1)第十四条第(二)项的规定,单位或者个人向其他单位或者个人无偿转让无形资产或者不动产的,视同销售无形资产或者不动产,但用于公益事业或者以社会公众为对象的除外。

上述视同销售无形资产或者不动产无销售价格的,按照该办法第四十四条的规定确定销售价格。

根据上述政策规定,除政策规定的不征税情形外,企业无偿赠送、投资、分配等情形,均视同销售,要进行增值税处理。对于一般纳税人,要计算销项税额,对于接受固定资产的企业,可以取得增值税专用发票,其符合政策规定的进项税额可以抵扣销项税额。

2. 企业所得税处理。

企业所得税的处理包括两个方面:一是接受捐赠的固定资产计价;二是接受捐赠固定资产收入的确认。

(1) 接受捐赠的固定资产计价。根据《企业所得税法实施条例》第五十八条第(五)项的规定,企业"通过捐赠、投资、非货币性资产交换、债务重组等方式取得的固定资产,以该资产的公允价值和支付的相关税费为计税基础"。

根据上述政策及相关增值税政策规定,一般纳税人(企业)通过捐赠方式取得的固定资产,其进项税额应抵扣销项税额,不计入固定资产价值。小规模纳税人,则计入固定资产价值,不得抵扣销项税额。

(2) 接受捐赠固定资产收入的确认。根据《企业所得税法》第六条第(八)项的规定,企业以货币形式和非货币形式从各种来源取得的收入,为收入总额,包括接受捐赠收入。

《企业所得税法实施条例》第二十一条规定:"企业所得税法第六条第(八)项所称接受捐赠收入,是指企业接受的来自其他企业、组织或者个人无偿给予的货币性资产、非货币性资产。

接受捐赠收入,按照实际收到捐赠资产时确认收入的实现。"

对于上述捐赠收入额的确认,《企业所得税法实施条例》第十三条规定:"企业所得税法第六条所称企业以非货币形式取得的收入，应当按照公允价值确定收入额。

前款所称公允价值，是指按照市场价格确定的价值"。

3. 会计处理。

在会计处理中，企业通过捐赠取得的固定资产，借记"固定资产"科目，贷记"营业外收入"科目。涉及增值税进项税额的，根据《增值税会计处理规定》（财会〔2016〕22号文件发布）第二条第（一）项第1点的规定处理，借记"固定资产"科目，按票面注明的进项税额，借记"应交税费——应交增值税（进项税额）"科目，贷记"营业外收入"科目。

案例 5-7

企业接受捐赠设备的涉税及会计处理

2019年6月，A公司将自产的1台电机赠送给B公司，电机成本为50 000元，当月平均售价80 000元，增值税税率13%。B公司取得该电机以固定资产进行核算。A、B公司均为增值税一般纳税人。A公司开具了增值税专用发票。A、B公司相关涉税及会计处理如下：

1. 涉税处理。

A公司将自产货物无偿赠送他人，增值税上视同销售，价格可以按照当月平均售价计算。

销项税额：80 000×13%＝10 400（元）；

B公司取得增值税专用发票，注明进项税额10 400元。

2. A公司会计处理。

在会计处理上，捐赠不确认收入。

借：营业外支出	60 400
贷：库存商品	50 000
应交税费——应交增值税（销项税额）	10 400

上述捐赠，企业所得税上视同销售，因此在企业所得税汇算清缴时，要按照规定进行纳税调整。

3. B公司会计处理。

借：固定资产　　　　　　　　　　　　　　　　　　　　　　　　80 000

应交税费——应交增值税（进项税额）　　　　　　　　　　10 400
　　　贷：营业外收入　　　　　　　　　　　　　　　　　　　　90 400

问题 5-1-8

企业通过投资方式取得固定资产的增值税、企业所得税如何处理？

答：企业通过投资方式取得固定资产涉及增值税进项税额的处理以及企业所得税计税基础的确认。

1. 增值税处理。

《增值税暂行条例实施细则》第四条第（六）项规定："将自产、委托加工或者购进的货物作为投资，提供给其他单位或者个体工商户"，视同销售货物。

上述视同销售无销售价格的，按照该实施细则第十六条的规定确认销售价格。

根据《营业税改征增值税试点实施办法》（财税〔2016〕36号文件附件1）第十四条第（二）项的规定，单位或者个人向其他单位或者个人无偿转让无形资产或者不动产的，视同销售无形资产或者不动产，但用于公益事业或者以社会公众为对象的除外。

上述视同销售无形资产或者不动产无销售价格的，按照该办法第四十四条的规定确定销售价格。

根据上述政策规定，企业用固定资产投资应视同销售进行增值税处理。对于一般纳税人，要计算销项税额，对于接受固定资产的企业，可以取得增值税专用发票，其符合增值税政策规定的进项税额可以抵扣销项税额。

2. 企业所得税处理。

对于通过投资方式取得固定资产的，不涉及收入的确定，主要业务是固定资产价值的确定。根据《企业所得税法实施条例》第五十八条第（五）项的规定，"通过捐赠、投资、非货币性资产交换、债务重组等方式取得的固定资产，以该资产的公允价值和支付的相关税费为计税基础"。

根据上述政策规定，一般纳税人（企业）通过投资方式取得的固定资产，其进项税额应抵扣销项税额，不计入固定资产价值。小规模纳税人，则计入固定资产价值，不得抵扣销项税额。

3. 会计处理。

在会计处理中，企业接受投资者作为投资投入的固定资产，借记"固定资产"科目和"应交税费——应交增值税（进项税额）"科目，按其在注册资本或股本中所占份额，贷记"实收资本"科目，按其差额，贷记"资本公积——资本溢价或股本溢价"科目。涉及增值税进项税额处理的，根据《增值税会计处理规定》（财会〔2016〕22号文件发布）第二条第（一）项第1点的规定处理。

> 【提示】《企业会计准则第4号——固定资产》第十一条规定："投资者投入固定资产的成本，应当按照投资合同或协议约定的价值确定，但合同或协议约定价值不公允的除外。"
>
> 《小企业会计准则》第二十八条第（三）项规定，固定资产应当按照成本进行计量。其中"投资者投入固定资产的成本，应当按照评估价值和相关税费确定"。

案例 5-8

企业接受投资取得固定资产的涉税及会计处理

2019年6月，A公司（一般纳税人）将自产的100台电机投资于B公司（一般纳税人），每台电机成本为5 000元，售价为6 000元。A公司取得B公司30%的股权，B公司实收资本为100万元。B公司取得该电机计入固定资产，A公司开具了增值税专用发票。A、B公司相关涉税及会计处理如下：

1. 涉税处理。

A公司将自产货物投资于其他公司，增值税上视同销售。

销项税额：100×6 000×13%＝78 000（元）。

2. A公司会计处理。

（1）投资时：

借：长期股权投资　　　　　　　　　　　　　　　　　　678 000
　　贷：主营业务收入　　　　　　　　　　　　　　　　600 000
　　　　应交税费——应交增值税（销项税额）　　　　　 78 000

（2）结转成本时：

借：主营业务成本　　　　　　　　　　　　　　　　　　　　　500 000
　　贷：库存商品　　　　　　　　　　　　　　　　　　　　　　　500 000

3. B公司会计处理。

借：固定资产　　　　　　　　　　　　　　　　　　　　　　　600 000
　　应交税费——应交增值税（进项税额）　　　　　　　　　　　 78 000
　　贷：实收资本　　　　　　　　　　　　　　　　　　　　　　　300 000
　　　　资本公积——资本溢价　　　　　　　　　　　　　　　　　378 000

问题 5-1-9

企业通过非货币性资产交换方式取得固定资产的增值税、企业所得税如何处理？

答：非货币性资产交换，是指交易双方主要以存货、固定资产、无形资产和长期股权投资等非货币性资产进行的交换，该交换一般不涉及货币性资产，或只涉及少量货币性资产，即补价。

1. 增值税处理。

《增值税暂行条例实施细则》第三条第一款规定："条例第一条所称销售货物，是指有偿转让货物的所有权"；第三款规定："本细则所称有偿，是指从购买方取得货币、货物或者其他经济利益"。《营业税改征增值税试点实施办法》（财税〔2016〕36号文件附件1）第十一条规定："有偿，是指取得货币、货物或者其他经济利益。"

因为有偿包括"货币、货物或者其他经济利益"，因此，纳税人取得非货币性资产收入应按照规定征收增值税，其价格的确定，可以参照《增值税暂行条例实施细则》第十六条、《营业税改征增值税试点实施办法》第四十四条的规定处理。

根据上述政策规定，纳税人在非货币性资产交换业务中，要进行增值税处理，对于涉及转让固定资产的一般纳税人，要计算销项税额，对于接受固定资产的企业，可以取得增值税专用发票，其进项税额可以抵扣销项税额。

2. 企业所得税处理。

（1）一般规定。

《企业所得税法实施条例》第十三条规定，"企业所得税法第六条所称企业以非货币形式取得的收入，应当按照公允价值确定收入额"；第二十五条规定，企业发生非货币性资产交换，应当视同销售货物，但国务院财政、税务主管部门另有规定的除外；第五十八条第（五）项规定，"通过捐赠、投资、非货币性资产交换、债务重组等方式取得的固定资产，以该资产的公允价值和支付的相关税费为计税基础"。

根据上述政策规定，企业发生非货币性资产交换，应当视同销售货物，其价值按照公允价值确定，因此，一般纳税人（企业）通过非货币性资产交换方式取得的固定资产，其进项税额可以抵扣销项税额，不计入固定资产价值。小规模纳税人，则计入固定资产的价值，不得抵扣增值税额。

（2）特殊规定。

根据《财政部 国家税务总局关于企业重组业务企业所得税处理若干问题的通知》（财税〔2009〕59号）第五条、第六条及《财政部 国家税务总局关于促进企业重组有关企业所得税处理问题的通知》（财税〔2014〕109号）第二条的规定，资产收购同时符合下列条件的，适用特殊性税务处理规定：

"（一）具有合理的商业目的，且不以减少、免除或者推迟缴纳税款为主要目的。

（二）企业重组后的连续12个月内不改变重组资产原来的实质性经营活动。

（三）企业重组中取得股权支付的原主要股东，在重组后连续12个月内，不得转让所取得的股权。

（四）受让企业收购的资产不低于转让企业全部资产的50%，且受让企业在该资产收购发生时的股权支付金额不低于其交易支付总额的85%"。

财税〔2009〕59号文件第六条第（三）项第2点规定："受让企业取得转让企业资产的计税基础，以被转让资产的原有计税基础确定。"

根据上述政策规定，对适用（符合）企业所得税特殊性处理情形的，以股权交换获得的固定资产以其原有计税基础为计税基础。

3. 会计处理。

在会计处理中，根据相关会计处理规定及《增值税会计处理规定》（财会〔2016〕22号文件发布）第二条第（一）项第1点的相关规定，企业取得非货币性资产（固定资产）交换利得，借记"固定资产"等科目，借记"应交税费——应交增值税（进项税额）"科目，贷记"营业外收入"科目；期末，应将"营业外收入"

科目余额转入"本年利润"科目。

【提示】《企业会计准则第 7 号——非货币性资产交换》第四条规定："非货币性资产交换同时满足下列条件的，应当以公允价值和应支付的相关税费作为换入资产的成本，公允价值与换出资产账面价值的差额计入当期损益：

（一）该项交换具有商业实质；

（二）换入资产或换出资产的公允价值能够可靠计量。

换入资产和换出资产公允价值均能够可靠计量的，应当以换出资产的公允价值作为确定换入资产成本的基础，除非有确凿证据表明换入资产的公允价值更加可靠。"

《企业会计准则第 7 号——非货币性资产交换》第七条规定："未同时满足本准则第四条规定条件的，应当以换出资产的账面价值和应支付的相关税费作为换入资产的成本，不确认损益。"

《企业会计准则第 7 号——非货币性资产交换》第八条规定："企业在按照公允价值和应支付的相关税费作为换入资产成本的情况下，发生补价的，应当分别下列情况处理：

（一）支付补价的，换入资产成本与换出资产账面价值加支付补价、应支付的相关税费之和的差额，应当计入当期损益。

（二）收到补价的，换入资产成本加收到补价之和与换出资产账面价值加应支付的相关税费之和的差额，应当计入当期损益。"

《企业会计准则第 7 号——非货币性资产交换》第九条规定："企业在按照换出资产的账面价值和应支付的相关税费作为换入资产成本的情况下，发生补价的，应当分别下列情况处理：

（一）支付补价的，应当以换出资产的账面价值，加上支付的补价和应支付的相关税费，作为换入资产的成本，不确认损益。

（二）收到补价的，应当以换出资产的账面价值，减去收到的补价并加上应支付的相关税费，作为换入资产的成本，不确认损益。"

案例 5-9

企业通过非货币性资产交换方式取得固定资产的增值税、企业所得税处理

C 公司为一般纳税人，拥有某条生产线，购置成本为 800 万元（不含税），已提折旧 300 万元，目前公允价值为 600 万元（不含税）。A 公司与 C 公司于 2019 年 6 月 25 日达成协议，A 公司以本公司的股权交换 C 公司拥有的生产线。相关涉税及会计处理如下：

1. 税款计算。

C 公司计算增值税销项税额：600×13％＝78（万元）；

A 公司取得的资产计税基础为 600 万元；如果符合企业所得税特殊性处理条件，A 公司取得的资产计税基础为：800－300＝500（万元）。

2. 会计处理（单位：万元）。

A 公司：

借：固定资产　　　　　　　　　　　　　　　　　　　　　　600
　　应交税费——应交增值税（进项税额）　　　　　　　　　　78
　　贷：实收资本——B 公司　　　　　　　　　　　　　　　　678

问题 5-1-10

企业通过债务重组等方式取得固定资产的增值税、企业所得税如何处理？

答：企业通过债务重组等方式取得固定资产涉及增值税进项税额的处理以及企业所得税收入、计税基础的确认。

1. 增值税处理。

根据《增值税暂行条例实施细则》第三条第一款、第三款及《营业税改征增值税试点实施办法》（财税〔2016〕36 号文件附件 1）第十一条的规定，企业在债务重组业务中，凡是涉及增值税应税行为的均要缴纳增值税。其价格的确定，应参照《增值税暂行条例实施细则》第十六条、《营业税改征增值税试点实施办法》第四十四条的规定处理。

根据上述政策规定，纳税人在债务重组业务中，要进行增值税处理，对于涉及转让固定资产的一般纳税人，要计算销项税额，对于接受固定资产的一般纳税人，可以取得增值税专用发票，其进项税额可以抵扣销项税额。

2. 企业所得税处理。

根据《企业所得税法实施条例》第五十八条第（五）项的规定，企业"通过捐赠、投资、非货币性资产交换、债务重组等方式取得的固定资产，以该资产的公允价值和支付的相关税费为计税基础"。

根据《企业所得税法实施条例》第二十二条的规定，"企业所得税法第六条第（九）项所称其他收入，是指企业取得的除企业所得税法第六条第（一）项至第（八）项收入外的其他收入"，包括企业的"债务重组收入"。

根据上述政策规定，一般纳税人（企业）通过债务重组等方式取得的固定资产，其进项税额应抵扣销项税额，不计入固定资产价值。小规模纳税人，则计入固定资产价值，不得抵扣增值税额。

3. 会计处理。

在会计处理中，债权人应当按放弃债权的公允价值扣除取得的进项税后的余额，借记"固定资产"科目，放弃债权的公允价值与账面价值之间的差额，记入"营业外收入"或"营业外支出"科目。

> 【提示】根据《企业会计准则第12号——债务重组》的规定，以资产清偿债务方式进行债务重组的，债权人初始确认受让的金融资产以外的资产时，应当按照下列原则以成本计量：
>
> 固定资产的成本，包括放弃债权的公允价值和使该资产达到预定可使用状态前所发生的可直接归属于该资产的税金、运输费、装卸费、安装费、专业人员服务费等其他成本。

案例 5-10

企业通过债务重组方式取得设备的涉税及会计处理

A 公司于 2019 年 6 月 25 日与债务人 B 公司达成重组协议，B 公司以一台机器抵偿债务 100 万元，机器原价 150 万元（不含税），已提折旧 90 万元，评估价为 70 万元（不含税）。该债权的公允价值与 A 公司的账面价值相同。B 公司为一般纳税人。不考虑城市维护建设税与教育费附加等，相关涉税及会计处理如下：

1. 涉税处理。

B公司：

增值税销项税额：70×13％＝9.1（万元）；

A公司确认债务重组损失：100－（70＋9.1）＝20.9（万元）。

2. 会计处理（单位：万元）。

A公司：

借：固定资产	90.9
应交税费——应交增值税（进项税额）	9.1
贷：应收账款	100

问题 5-1-11

企业改建固定资产的增值税、企业所得税如何处理？

答：企业改建固定资产发生的各项成本、费用支出涉及增值税进项税额以及企业所得税税前扣除的处理。

1. 增值税处理。

对于固定资产的改建支出，根据《营业税改征增值税试点实施办法》（财税〔2016〕36号附件1）第二十四条、《增值税暂行条例》第八条等的规定，对于一般纳税人，在固定资产的改建过程中，其购买的材料、设备等，只要按规定取得增值税专用发票，其进项税额可以从销项税额中抵扣。

2. 企业所得税处理。

固定资产改建支出的企业所得税处理主要涉及以下方面：

（1）固定资产计价。《企业所得税法实施条例》第五十八条第（六）项规定："除企业所得税法第十三条第（一）项和第（二）项规定的支出外，以改建过程中发生的改建支出增加计税基础"；第六十八条第一款规定："企业所得税法第十三条第（一）项和第（二）项所称固定资产的改建支出，是指改变房屋或者建筑物结构、延长使用年限等发生的支出。"

根据上述政策规定，在固定资产的改建过程中发生的改建支出，对于一般纳税人，进项税额可以从销项税额中抵扣，对于小规模纳税人，购买的材料、设备的进项税额则计入固定资产价值。

(2) 固定资产改建支出的折旧（摊销）。

固定资产改建支出的折旧（摊销）分为以下三种情况：

一是作为长期待摊费用处理。根据《企业所得税法》第十三条第（一）项和第（二）项的规定，企业发生的"已足额提取折旧的固定资产的改建支出"和"租入固定资产的改建支出"，在计算应纳税所得额时，作为长期待摊费用，按照规定摊销的，准予扣除。

二是作为约定的剩余租赁期限分期摊销。《企业所得税法实施条例》第六十八条第二款规定："企业所得税法第十三条第（一）项所规定的支出，按照固定资产预计尚可使用年限分期摊销；第（二）项所规定的支出，按照合同约定的剩余租赁期限分期摊销。"

三是适当延长折旧年限。《企业所得税法实施条例》第六十八条第三款规定："改建的固定资产延长使用年限的，除企业所得税法第十三条第（一）项和第（二）项规定外，应当适当延长折旧年限。"

3. 会计处理。

在会计处理中，对于企业改建固定资产的支出，应根据不同的改建性质，记入"长期待摊费用""固定资产"等科目，在改建过程中购进服务、货物等涉及增值税进项税额的，根据《增值税会计处理规定》（财会〔2016〕22号文件发布）第二条第（一）项第1点的规定处理。

> 【提示】《小企业会计准则》第三十三条规定："固定资产的改建支出，应当计入固定资产的成本，但已提足折旧的固定资产和经营租入的固定资产发生的改建支出应当计入长期待摊费用。
>
> 前款所称固定资产的改建支出，是指改变房屋或者建筑物结构、延长使用年限等发生的支出。"

案例 5-11

企业改建设备的涉税及会计处理

A公司有一台大型机械设备，由于年限较长，于2018年12月进行改建。该设备账面原值为 500 万元，按照 20 年计提折旧，截至 2018 年 12 月，已使用 8 年，计提折旧 200 万元。在改建过程中，购买了材料 60 万元，均取得增值税专用发票，票面注明税款为 9.6 万元。2019 年 6 月 30 日，改建工程结束。经过重新评估，该设备还可使用 15 年。A 公司相关涉税及会计处理如下（单位：万元）：

1. 将机械设备转入在建工程时：

    借：在建工程　　　　　　　　　　　　　　　　　　　　　300
    　　累计折旧　　　　　　　　　　　　　　　　　　　　　200
    　　贷：固定资产　　　　　　　　　　　　　　　　　　　500

2. 购买材料时：

    借：原材料　　　　　　　　　　　　　　　　　　　　　　60
    　　应交税费——应交增值税（进项税额）　　　　　　　　9.6
    　　贷：银行存款　　　　　　　　　　　　　　　　　　　69.6

3. 领用材料时：

    借：在建工程　　　　　　　　　　　　　　　　　　　　　60
    　　贷：原材料　　　　　　　　　　　　　　　　　　　　60

4. 改建结束转入固定资产时：

    借：固定资产　　　　　　　　　　　　　　　　　　　　　360
    　　贷：在建工程　　　　　　　　　　　　　　　　　　　360

5. 自 2019 年 7 月每月计提折旧时：

    每月折旧：360÷15÷12＝2（万元）。

    借：制造成本　　　　　　　　　　　　　　　　　　　　　2
    　　贷：累计折旧　　　　　　　　　　　　　　　　　　　2

问题 5-1-12

企业融资性售后回租资产的增值税、企业所得税如何处理？

答：融资性售后回租是指承租方以融资为目的将资产出售给经批准从事融资租赁业务的企业后，又将该项资产从该融资租赁企业租回的行为。在融资性售后回租业务中，承租方出售资产时，资产所有权以及与资产所有权有关的全部报酬和风险并未完全转移。相关增值税、企业所得税处理如下：

1. 增值税处理。

根据《营业税改征增值税试点实施办法》（财税〔2016〕36号文件附件1）所附《销售服务、无形资产、不动产注释》第一条第（五）项第1点第三款的规定，"融资性售后回租，是指承租方以融资为目的，将资产出售给从事融资性售后回租业务的企业后，从事融资性售后回租业务的企业将该资产出租给承租方的业务活动"，按照"金融服务——贷款服务"缴纳增值税。

根据上述政策规定，企业采取"融资性售后回租"方式出售资产的，按照"金融服务——贷款服务"缴纳增值税。

2. 企业所得税处理。

《企业所得税法》第八条规定："企业实际发生的与取得收入有关的、合理的支出，包括成本、费用、税金、损失和其他支出，准予在计算应纳税所得额时扣除。"

《国家税务总局关于融资性售后回租业务中承租方出售资产行为有关税收问题的公告》（国家税务总局公告2010年第13号）第二条规定："根据现行企业所得税法及有关收入确定规定，融资性售后回租业务中，承租人出售资产的行为，不确认为销售收入，对融资性租赁的资产，仍按承租人出售前原账面价值作为计税基础计提折旧。租赁期间，承租人支付的属于融资利息的部分，作为企业财务费用在税前扣除。"

根据上述政策规定，在租赁期间，承租人支付的属于融资利息的部分，可作为企业财务费用在税前扣除。

3. 会计处理。

在会计处理中，对于企业融资性售后回租的固定资产，承租人应当将租赁开始日租赁资产公允价值与最低租赁付款额现值两者中较低者，借记"固定资产"科目，以最低租赁付款额贷记"长期应付款"科目，二者差额借记"未确认融资费用"科目。未确认融资费用应当在租赁期内各个期间进行分摊。承租人应当采用实际利率法计算确认当期的融资费用。

【提示】根据《企业会计准则第21号——租赁》的规定，承租人和出租人应当将售后租回交易认定为融资租赁或经营租赁并进行相应会计处理。售后租回交易认定为融资租赁的，售价与资产账面价值之间的差额应当予以递延，并按照该项租赁资产的折旧进度进行分摊，作为折旧费用的调整。

问题 5-1-13

企业销售使用过的固定资产（非不动产）的增值税、企业所得税如何处理？

答：企业销售使用过的机器设备等固定资产涉及增值税、企业所得税处理。

1. 增值税处理。

根据《财政部 国家税务总局关于全国实施增值税转型改革若干问题的通知》（财税〔2008〕170号）、《财政部 国家税务总局关于部分货物适用增值税低税率和简易办法征收增值税政策的通知》（财税〔2009〕9号）以及《财政部 国家税务总局关于简并增值税征收率政策的通知》（财税〔2014〕57号）规定，纳税人销售使用过的固定资产增值税处理如下：

（1）一般纳税人销售自己使用过的固定资产的处理。

①一般纳税人销售自己使用过的属于《增值税暂行条例》第十条规定不得抵扣且未抵扣进项税额的固定资产，按照简易计税方法依照3%征收率减按2%征收增值税。

②2008年12月31日以前未纳入扩大增值税抵扣范围试点的纳税人，销售自己使用过的2008年12月31日以前购进或者自制的固定资产，按照简易计税方法依照3%征收率减按2%征收增值税。

③2008年12月31日以前已纳入扩大增值税抵扣范围试点的纳税人，销售自己使用过的在本地区扩大增值税抵扣范围试点以前购进或者自制的固定资产，按照简易计税方法依照3%征收率减按2%征收增值税；销售自己使用过的在本地区扩大增值税抵扣范围试点以后购进或者自制的固定资产，按照适用税率征收增值税。

④销售自己使用过的2009年1月1日以后购进或者自制的固定资产，按照适用税率征收增值税。

（2）小规模纳税人销售自己使用过的固定资产的处理。

小规模纳税人（除其他个人外）销售自己使用过的固定资产，减按2%征收率征收增值税。

已使用过的固定资产，是指纳税人根据财务会计制度已经计提折旧的固定资产。

(3) 纳税人销售自己使用过的固定资产发票开具。

根据《国家税务总局关于增值税简易征收政策有关管理问题的通知》(国税函〔2009〕90号)的规定，一般纳税人销售自己使用过的固定资产，适用简易计税方法依照3%征收率减按2%征收增值税政策的，应开具普通发票，不得开具增值税专用发票。

小规模纳税人销售自己使用过的固定资产，应开具普通发票，不得由税务机关代开增值税专用发票。

2. 企业所得税处理。

(1) 收入的确认。根据《企业所得税法》第六条第(三)项、《企业所得税法实施条例》第十六条的规定，企业转让固定资产取得的收入，应计入企业所得税收入总额。

(2) 固定资产的摊销、结转。《企业所得税法》第十一条规定："在计算应纳税所得额时，企业按照规定计算的固定资产折旧，准予扣除。"如果企业转让固定资产，则按照实际折旧后的净值计算转让成本。

3. 会计处理。

在会计处理中，企业销售使用过的固定资产应通过"固定资产清理"科目处理。出售时，按该项固定资产的账面价值，借记"固定资产清理"科目，按已计提的累计折旧，借记"累计折旧"科目，按其账面原价，贷记"固定资产"科目。已计提减值准备的，还应同时结转减值准备。

对于出售过程中应支付的相关税费及其他费用，借记"固定资产清理"科目，贷记"银行存款""应交税费——应交增值税"等科目。收回出售固定资产的价款、残料价值和变价收入等，借记"银行存款""原材料"等科目，贷记"固定资产清理"科目。

出售业务完成后，如果亏损，借记"资产处置损益"科目，贷记"固定资产清理"科目。如为贷方余额，借记"固定资产清理"科目，贷记"资产处置损益"科目。

上述业务涉及增值税的，根据《增值税会计处理规定》(财会〔2016〕22号文件发布)第二条第(二)项第1点的规定处理。

案例 5-12

企业销售使用过的固定资产（2009年1月1日前购入）的涉税及会计处理

A、B公司均为增值税一般纳税人。2012年6月，A公司将一台设备以20 000元的价格卖给了B公司。该设备2007年12月底以12万元购入，增值税进项税2.04万元，预计无残值，按照10年平均计提折旧，当时购入时进项税额并未抵扣。B公司取得该设备后按照固定资产进行核算。相关涉税及会计处理如下：

1. A公司涉税及会计处理。

（1）2007年12月购入固定资产时：

  借：固定资产   140 400

    贷：银行存款   140 400

（2）2012年6月转入固定资产清理时：

截至2012年6月已提折旧：(120 000＋20 400)÷10×4.5＝63 180（元）。

  借：固定资产清理   77 220

    累计折旧   63 180

    贷：固定资产   140 400

（3）变卖固定资产（计算增值税）时：

应缴纳增值税：20 000÷(1＋3%)×2%＝388.35（元）。

  借：银行存款   20 000

    贷：固定资产清理   19 611.65

      应交税费——应交增值税（销项税额）   388.35

由于该笔销售不得开具增值税专用发票，只能开具普通发票，因此B公司取得该设备时的入账价值为20 000元，无增值税抵扣项。

（4）结转固定资产处置损益时：

  借：资产处置损益   57 608.35

    贷：固定资产清理   57 608.35

2. B公司购入固定资产时的会计处理。

  借：固定资产   20 000

    贷：银行存款   20 000

案例 5-13

企业销售使用过的设备（2009 年 1 月 1 日后购入）的涉税及会计处理

2015 年 6 月，A 公司（一般纳税人）将一台设备以 20 000 元的价格卖给了 B 公司（一般纳税人），开具增值税专用发票。该设备 2010 年 12 月底以 12 万元购入，增值税进项税 2.04 万元，购入时取得增值税专用发票，并进行了抵扣。假定无残值，按照 10 年平均计提折旧。B 公司取得该设备后按照固定资产进行核算。相关涉税及会计处理如下：

1. A 公司涉税及会计处理。

(1) 2010 年 12 月购入固定资产时：

借：固定资产	120 000
应交税费——应交增值税（进项税额）	20 400
贷：银行存款	140 400

(2) 2015 年 6 月转入固定资产清理时：

截至 2015 年 6 月已提折旧：120 000÷10×4.5＝54 000（元）。

借：固定资产清理	66 000
累计折旧	54 000
贷：固定资产	120 000

(3) 变卖固定资产（计算增值税）时：

销项税额：20 000÷(1+17%)×17%＝2 905.98（元）。

借：银行存款	20 000
贷：固定资产清理	17 094.02
应交税费——应交增值税（销项税额）	2 905.98

(4) 结转固定资产处置损益时：

借：资产处置损益	48 905.98
贷：固定资产清理	48 905.98

2. B 公司涉税及会计处理。

固定资产入账价值：20 000－2 905.98＝17 094.02（元）；

进项税额：2 905.98 元。

借：固定资产	17 094.02
应交税费——应交增值税（进项税额）	2 905.98
贷：银行存款	20 000

问题 5-1-14

企业发生固定资产非正常损失的增值税、企业所得税如何处理？

答：企业发生设备等固定资产非正常损失涉及增值税进项税额转出以及企业所得税税前扣除的处理。

1. 增值税处理。

（1）固定资产非正常损失进项税额的处理。《增值税暂行条例》第十条第（二）项规定，"非正常损失的购进货物，以及相关的劳务和交通运输服务"的进项税额不得从销项税额中抵扣。

《增值税暂行条例实施细则》第二十四条规定："条例第十条第（二）项所称非正常损失，是指因管理不善造成被盗、丢失、霉烂变质的损失。"

《营业税改征增值税试点实施办法》（财税〔2016〕36 号文件附件 1）第二十七条第（二）项规定，"非正常损失的购进货物，以及相关的加工修理修配劳务和交通运输服务"，其进项税额不得从销项税额中抵扣；第二十八条第三款规定："非正常损失，是指因管理不善造成货物被盗、丢失、霉烂变质，以及因违反法律法规造成货物或者不动产被依法没收、销毁、拆除的情形"。

（2）不得抵扣的进项税额计算。《财政部 国家税务总局关于全国实施增值税转型改革若干问题的通知》（财税〔2008〕170 号）第五条规定："纳税人已抵扣进项税额的固定资产发生条例第十条（一）至（三）项所列情形的，应在当月按下列公式计算不得抵扣的进项税额：

不得抵扣的进项税额＝固定资产净值×适用税率

本通知所称固定资产净值，是指纳税人按照财务会计制度计提折旧后计算的固定资产净值。"

《营业税改征增值税试点实施办法》第三十一条规定："已抵扣进项税额的固定资产、无形资产或者不动产，发生本办法第二十七条规定情形的，按照下列公式计算不得抵扣的进项税额：

不得抵扣的进项税额＝固定资产、无形资产或者不动产净值×适用税率

固定资产、无形资产或者不动产净值，是指纳税人根据财务会计制度计提折旧或摊销后的余额。"

根据上述政策规定，企业发生固定资产非正常损失的，其相关的进项税额不得从销项税额中抵扣。

2. 企业所得税处理。

《财政部 国家税务总局关于企业资产损失税前扣除政策的通知》（财税〔2009〕57号）第八条规定："对企业毁损、报废的固定资产或存货，以该固定资产的账面净值或存货的成本减除残值、保险赔款和责任人赔偿后的余额，作为固定资产或存货毁损、报废损失在计算应纳税所得额时扣除"；第九条规定："对企业被盗的固定资产或存货，以该固定资产的账面净值或存货的成本减除保险赔款和责任人赔偿后的余额，作为固定资产或存货被盗损失在计算应纳税所得额时扣除"。

根据上述政策规定，企业发生固定资产非正常损失的，其净损失可以在计算应纳税所得额时扣除。

3. 会计处理。

在会计处理中，对发生的固定资产非正常损失，要按照一定的程序批准处理，对毁损的固定资产，先借记"待处理财产损溢"科目，贷记"固定资产"科目。待批准处理后，一般按照固定资产残料价值，借记"原材料"等科目，贷记"待处理财产损溢"科目；按可收回的保险赔偿或过失人赔偿，借记"其他应收款"科目，贷记"待处理财产损溢"科目。最后，按"待处理财产损溢"科目借方余额（借贷方差额）结转损溢，贷记"待处理财产损溢"科目，借记"营业外支出"科目。

【提示】《企业会计准则第4号——固定资产》第二十三条第二款规定："企业出售、转让、报废固定资产或发生固定资产毁损，应当将处置收入扣除账面价值和相关税费后的金额计入当期损益。固定资产的账面价值是固定资产成本扣减累计折旧和累计减值准备后的金额。

固定资产盘亏造成的损失，应当计入当期损益。"

> 《小企业会计准则》第三十四条规定:"处置固定资产,处置收入扣除其账面价值、相关税费和清理费用后的净额,应当计入营业外收入或营业外支出。
>
> 前款所称固定资产的账面价值,是指固定资产原价(成本)扣减累计折旧后的金额。
>
> 盘亏固定资产发生的损失应当计入营业外支出。"

案例 5-14

企业购入的设备发生非正常损失的涉税及会计处理

A 公司(一般纳税人)2012 年 12 月购入一台机器设备,取得增值税专用发票,标明价款为 60 万元,增值税 10.2 万元。A 公司按照 10 年平均摊销,预计净残值为 0。2017 年 12 月,由于管理不善,导致该设备报废,无残值,取得保险赔款 2 万元。A 公司相关涉税及会计处理如下:

1. 会计处理(单位:万元)。

(1)购入设备时:

借:固定资产　　　　　　　　　　　　　　　　　　　　　60
　　应交税费——应交增值税(进项税额)　　　　　　　　10.2
　　贷:银行存款　　　　　　　　　　　　　　　　　　　70.2

(2)提取折旧时:

2013—2017 年每年计提折旧,分录如下:

借:制造费用　　　　　　　　　　　　　　　　　　　　　6
　　贷:累计折旧　　　　　　　　　　　　　　　　　　　　6

到 2017 年底,该固定资产账面净值为:60-6×5=30(万元)。

不得抵扣的进项税额:30×17%=5.1(万元)。

(3)进项税额转出处理:

借:待处理财产损溢　　　　　　　　　　　　　　　　　33.1
　　累计折旧　　　　　　　　　　　　　　　　　　　　　30

银行存款	2
贷：固定资产	60
应交税费——应交增值税（进项转出）	5.1

（4）结转损益：

借：营业外支出	33.1
贷：待处理财产损溢	33.1

2. 企业所得税处理。

营业外支出 33.1 万元允许在企业所得税税前扣除。

问题 5-1-15

小规模纳税人取得固定资产的增值税、企业所得税如何处理？

答：小规模纳税人取得固定资产的增值税、企业所得税处理与一般纳税人的处理有一定的区别。

1. 增值税处理。

根据《增值税暂行条例》第十一条的规定，"小规模纳税人发生应税销售行为，实行按照销售额和征收率计算应纳税额的简易办法，并不得抵扣进项税额"。

由于小规模纳税人不得抵扣进项税额，对于购买固定资产的小规模纳税人，在会计处理上，根据《增值税会计处理规定》（财会〔2016〕22 号文件发布）第二条第（一）项第 5 点的规定，"小规模纳税人购买物资、服务、无形资产或不动产，取得增值税专用发票上注明的增值税应计入相关成本费用或资产，不通过'应交税费——应交增值税'科目核算"。

根据上述政策及增值税会计处理规定，由于不得抵扣进项税额，因此，小规模纳税人通过购买或其他视同销售方式取得的固定资产的进项税额应计入资产的计税基础。

2. 企业所得税处理。

小规模纳税人取得固定资产的计税基础，仍然依据《企业所得税法实施条例》第五十八条的相关规定处理，与增值税一般纳税人的区别是，如果取得的发票是专用发票，则进项税额不得抵扣增值税，应计入资产的计税基础（初始价值）。

3. 会计处理。

在会计处理中，企业购入不需要安装的固定资产，按应计入固定资产成本的金额，借记"固定资产"科目，贷记"银行存款"等科目。购入需要安装的固定资产，先记入"在建工程"科目，达到预定可使用状态时再转入本科目。

案例 5-15

小规模纳税人取得固定资产的涉税及会计处理

A公司是小规模纳税人，2019年3月购入5台电脑，单价为1万元，取得了增值税专用发票，注明税款为0.8万元。

由于A公司是小规模纳税人，即使取得了增值税专用发票，进项税款仍然不能抵扣，需要计入资产原值，即5×1+0.8=5.8（万元）。会计处理如下：

借：固定资产　　　　　　　　　　　　　　　　　　　58 000
　　贷：银行存款　　　　　　　　　　　　　　　　　　58 000

5.2 不动产取得、处置涉税业务

企业的不动产主要是指企业拥有的房屋、建筑物等固定资产。本节内容主要包括企业取得不动产及后期处置不动产过程中的涉税业务。本节分析的内容不包括房地产开发企业销售自行开发的项目涉及的税收处理。

问题 5-2-1

纳税人取得不动产（房屋）的增值税、企业所得税如何处理？

答：纳税人取得不动产（房屋）涉及增值税进项税额的处理以及企业所得税计税基础的确认。

1. 增值税进项税额的处理。

根据《增值税暂行条例》第八条第（一）项的规定，纳税人购进不动产支付或者负担的增值税额，为进项税额。准予从销项税额中抵扣的包括"从销售方取得的增值税专用发票上注明的增值税额"。

根据上述政策规定，从 2016 年 5 月 1 日起，一般纳税人购进的不动产，只要取得规定的抵扣票据且不属于不得抵扣的项目，其进项税额可以从销项税额中抵扣。

根据政策规定，进项税额的抵扣分为两个阶段。

（1）在 2019 年 4 月 1 日之前，分两年抵扣。

2019 年 4 月 1 日之前，根据《不动产进项税额分期抵扣暂行办法》（国家税务总局公告 2016 年第 15 号发布）第二条的规定，"增值税一般纳税人（以下称纳税人）2016 年 5 月 1 日后取得并在会计制度上按固定资产核算的不动产，以及 2016 年 5 月 1 日后发生的不动产在建工程，其进项税额应按照本办法有关规定分 2 年从销项税额中抵扣，第一年抵扣比例为 60%，第二年抵扣比例为 40%。

取得的不动产，包括以直接购买、接受捐赠、接受投资入股以及抵债等各种形式取得的不动产。

纳税人新建、改建、扩建、修缮、装饰不动产，属于不动产在建工程"。

该办法第四条规定："纳税人按照本办法规定从销项税额中抵扣进项税额，应取得 2016 年 5 月 1 日后开具的合法有效的增值税扣税凭证。

上述进项税额中，60% 的部分于取得扣税凭证的当期从销项税额中抵扣；40% 的部分为待抵扣进项税额，于取得扣税凭证的当月起第 13 个月从销项税额中抵扣。"

（2）自 2019 年 4 月 1 日起，一次性抵扣。

《财政部 税务总局 海关总署关于深化增值税改革有关政策的公告》（财政部 税务总局 海关总署公告 2019 年第 39 号）第五条规定："自 2019 年 4 月 1 日起，《营业税改征增值税试点有关事项的规定》（财税〔2016〕36 号印发）第一条第（四）项第 1 点、第二条第（一）项第 1 点停止执行，纳税人取得不动产或者不动产在建工程的进项税额不再分 2 年抵扣。此前按照上述规定尚未抵扣完毕的待抵扣进项税额，可自 2019 年 4 月税款所属期起从销项税额中抵扣。"

（3）不得抵扣的情形。

根据《营业税改征增值税试点实施办法》（财税〔2016〕36 号文件附件 1）第二十七条的规定，用于简易计税方法计税项目、免征增值税项目、集体福利或者个人消费的购进不动产，其中涉及的不动产，仅指专用于上述项目的不动产，其进项税额不得从销项税额中抵扣。

根据上述政策规定，对于增值税一般纳税人来说，自 2016 年 5 月 1 日起，只要其取得的不动产不是用于简易计税方法计税项目、免征增值税项目、集体福利或者个人消费等项目，则其增值税进项税额可以分两年进行抵扣，不计入资产的账面原值和计税基础。对于房地产开发企业，《不动产进项税额分期抵扣暂行办法》第二条第四款规定："房地产开发企业自行开发的房地产项目，融资租入的不动产，以及在施工现场修建的临时建筑物、构筑物，其进项税额不适用上述分 2 年抵扣的规定。"

2. 企业所得税处理。

（1）对于计入固定资产的不动产（房屋）的入账价值。

根据《企业所得税法实施条例》第五十八条第（一）项的规定："外购的固定资产，以购买价款和支付的相关税费以及直接归属于使该资产达到预定用途发生的其他支出为计税基础"。

由于增值税是价外税，根据上述政策规定，企业购入的不动产，凡是进项税额可以从销项税额中抵扣的，不计入固定资产入账价值（计税基础）。

（2）对于计入固定资产的不动产（房屋）的折旧处理。

根据《企业所得税法实施条例》第五十九条、第六十条的规定，计入固定资产的房屋按照直线法计算的折旧，准予扣除。

企业应当从固定资产使用月份的次月起计算折旧；停止使用的固定资产，应当从停止使用月份的次月起停止计算折旧。

企业应当根据固定资产的性质和使用情况，合理确定固定资产的预计净残值。固定资产的预计净残值一经确定，不得变更。

除国务院财政、税务主管部门另有规定外，房屋、建筑物，计算折旧的最低年限为 20 年。

3. 会计处理。

根据《增值税会计处理规定》（财会〔2016〕22 号文件发布）第二条第（一）项的规定，企业购进不动产或不动产在建工程按规定进项税额分年抵扣的账务处理为：一般纳税人自 2016 年 5 月 1 日后取得并按固定资产核算的不动产或者 2016 年 5 月 1 日后取得的不动产在建工程，其进项税额按现行增值税制度规定自取得之日起分 2 年从销项税额中抵扣的，应当按取得成本，借记"固定资产""在建工程"等科目，按当期可抵扣的增值税额，借记"应交税费——应交增值税（进项税额）"科目，按以后期间可抵扣的增值税额，借记"应交税费——待抵扣进项税额"科目，按应付或实际支付的金额,贷记"应付账款""应付票据""银行存款"等科目。尚未抵扣的进项税额待以后期间允许抵扣时,按允许抵扣的金额,借记"应交税费——应交增值税(进项税额)"科目,贷记"应交税费——待抵扣进项税额"科目。

一般纳税人自2019年4月1日后取得并按固定资产核算的不动产或者2019年4月1日后取得的不动产在建工程,应当按取得成本,借记"固定资产""在建工程"等科目,按可抵扣的增值税额,借记"应交税费——应交增值税(进项税额)"科目,按应付或实际支付的金额,贷记"应付账款""应付票据""银行存款"等科目。

案例 5-16

企业 2019 年 4 月 1 日前取得不动产的涉税及会计处理

A公司(一般纳税人)于2018年6月购入一处生产用厂房,并按照固定资产进行核算,取得增值税专用发票,价款为500万元(不含税)。A公司相关涉税及会计处理如下(单位:万元):

1. 2018年6月,购入固定资产时。

该房产增值税进项税额:500×10%＝50(万元);

可于当年抵扣的进项税额:50×60%＝30(万元);

可于第二年抵扣的进项税额:50×40%＝20(万元)。

借:固定资产　　　　　　　　　　　　　　　　　　500
　　应交税费——应交增值税(进项税额)　　　　　　30
　　　　　　——待抵扣进项税额　　　　　　　　　　20
　　贷:银行存款　　　　　　　　　　　　　　　　　　550

2. 2019年4月,由于政策变化,将待抵扣进项税额转入进项税额。

借:应交税费——应交增值税(进项税额)　　　　　20
　　贷:应交税费——待抵扣进项税额　　　　　　　　20

案例 5-17

企业 2019 年 4 月 1 日后取得不动产的涉税及会计处理

A公司(一般纳税人)于2019年4月购入一处生产用厂房,并按照固定资产进行核算，取得增值税专用发票，价款为500万元（不含税）。A公司相关涉税及会计处理如下（单位：万元）：

该厂房增值税进项税额：500×9%＝45（万元）。

借：固定资产　　　　　　　　　　　　　　　　　　　　　500
　　应交税费——应交增值税（进项税额）　　　　　　　　　45
　　贷：银行存款　　　　　　　　　　　　　　　　　　　　545

问题 5-2-2

企业转让不动产的增值税、企业所得税如何处理？

答：纳税人转让不动产主要是指转让自己使用过的房屋等建筑物，不包括房地产开发公司销售自行开发的项目。

1. 增值税处理。

《营业税改征增值税试点实施办法》（财税〔2016〕36号文件附件1）所附《销售服务、无形资产、不动产注释》第三条第一款规定："销售不动产，是指转让不动产所有权的业务活动。不动产，是指不能移动或者移动后会引起性质、形状改变的财产，包括建筑物、构筑物等"；第四款规定："转让建筑物有限产权或者永久使用权的，转让在建的建筑物或者构筑物所有权的，以及在转让建筑物或者构筑物时一并转让其所占土地的使用权的，按照销售不动产缴纳增值税"。

纳税人转让不动产增值税税率为9%，征收率为3%。

（1）一般纳税人转让其2016年4月30日前取得（不含自建）不动产的增值税处理。

《纳税人转让不动产增值税征收管理暂行办法》（国家税务总局公告2016年第14号发布）第三条第（一）项规定："一般纳税人转让其2016年4月30日前取得（不含自建）的不动产，可以选择适用简易计税方法计税，以取得的全部价款和价外费用扣除不动产购置原价或者取得不动产时的作价后的余额为销售额，按照5%的征收率计算应纳税额。纳税人应按照上述计税方法向不动产所在地主管税务机关预缴税款，向机构所在地主管税务机关申报纳税"；第（三）项规定："一般纳税人转让其2016年4月30日前取得（不含自建）的不动产，选择适用一般计税方法计的，以取得的全部价款和价外费用为销售额计算应纳税额。纳税人应以取得的全部价款和价外费用扣除不动产购置原价或者取得不动产时的作价后的余额，按照5%的预征率向不动产所在地主管税务机关预缴税款，向机构所在地主管税务机关申报纳税"。

根据上述政策规定，对纳税人转让其2016年4月30日前取得（不含自建）的不动产，可以自行选择适用简易计税方法计税或适用一般计税方法计税。在实务中，若当初取得时无增值税进项税额抵扣，则会选择简易计税方法。

（2）一般纳税人转让其2016年4月30日前自建不动产的增值税处理。

《纳税人转让不动产增值税征收管理暂行办法》第三条第（二）项规定："一般纳税人转让其2016年4月30日前自建的不动产，可以选择适用简易计税方法计税，以取得的全部价款和价外费用为销售额，按照5%的征收率计算应纳税额。纳税人应按照上述计税方法向不动产所在地主管税务机关预缴税款，向机构所在地主管税务机关申报纳税"；第（四）项规定："一般纳税人转让其2016年4月30日前自建的不动产，选择适用一般计税方法计税的，以取得的全部价款和价外费用为销售额计算应纳税额。纳税人应以取得的全部价款和价外费用，按照5%的预征率向不动产所在地主管税务机关预缴税款，向机构所在地主管税务机关申报纳税"。

根据上述政策规定，对纳税人转让其2016年4月30日前自建的不动产，可以自行选择适用简易计税方法计税或适用一般计税方法计税。在实务中，因为2016年4月30日前自建的不动产，并没有增值税进项抵扣，所以企业会选择简易计税方法。

（3）一般纳税人转让其2016年5月1日后取得（不含自建）不动产的增值税处理。

《纳税人转让不动产增值税征收管理暂行办法》第三条第（五）项规定："一般纳税人转让其2016年5月1日后取得（不含自建）的不动产，适用一般计税方法，以取得的全部价款和价外费用为销售额计算应纳税额。纳税人应以取得的全部价款和价外费用扣除不动产购置原价或者取得不动产时的作价后的余额，按照5%的预征率向不动产所在地主管税务机关预缴税款，向机构所在地主管税务机关申报纳税。"

根据上述政策规定，一般纳税人转让其2016年5月1日后取得（不含自建）的不动产，只能适用一般计税方法，不得选择简易计税方法计税。

(4) 一般纳税人转让其2016年5月1日后自建不动产的增值税处理。

《纳税人转让不动产增值税征收管理暂行办法》第三条第（六）项规定："一般纳税人转让其2016年5月1日后自建的不动产，适用一般计税方法，以取得的全部价款和价外费用为销售额计算应纳税额。纳税人应以取得的全部价款和价外费用，按照5%的预征率向不动产所在地主管税务机关预缴税款，向机构所在地主管税务机关申报纳税。"

根据上述政策规定，一般纳税人转让其2016年5月1日后自建的不动产，只能适用一般计税方法，不得选择简易计税方法计税。

(5) 纳税人转让其取得的不动产或者不动产在建工程时，尚未抵扣完毕的待抵扣进项税额的处理。

对于转让在2019年4月1日之前购入的不动产或者不动产在建工程。根据《不动产进项税额分期抵扣暂行办法》（国家税务总局公告2016年第15号发布）第二条的规定，"增值税一般纳税人2016年5月1日后取得并在会计制度上按固定资产核算的不动产，以及2016年5月1日后发生的不动产在建工程，其进项税额应按照本办法有关规定分2年从销项税额中抵扣，第一年抵扣比例为60%，第二年抵扣比例为40%"。对于尚未抵扣完毕再销售的，根据该办法第六条的规定，"纳税人销售其取得的不动产或者不动产在建工程时，尚未抵扣完毕的待抵扣进项税额，允许于销售的当期从销项税额中抵扣"。

根据上述政策规定，尚未抵扣完毕的待抵扣进项税额，允许于销售的当期从销项税额中抵扣。

对于自2019年4月1日起购入的不动产。根据《财政部 税务总局 海关总署关于深化增值税改革有关政策的公告》（财政部 税务总局 海关总署公告2019年第39号）第五条的规定，"自2019年4月1日起，《营业税改征增值税试点有关事项的规定》（财税〔2016〕36号印发）第一条第（四）项第1点、第二条第（一）项第1点停止执行，纳税人取得不动产或者不动产在建工程的进项税额不再分2年抵扣。此前按照上述规定尚未抵扣完毕的待抵扣进项税额，可自2019年4月税款所属期起从销项税额中抵扣"。

根据上述政策规定，自2019年4月1日起购入的不动产或者不动产在建工程，不再进行分年抵扣的处理。

2. 企业所得税处理。

（1）收入的确认。不动产属于企业的财产，转让不动产取得的收入属于转让财产收入，根据《企业所得税法》第六条第（三）项、《企业所得税法实施条例》第十六条的规定，企业的总收入，应包括转让不动产取得的收入。

（2）固定资产的摊销。根据《企业所得税法》第十一条的规定，"在计算应纳税所得额时，企业按照规定计算的固定资产折旧，准予扣除"。根据《企业所得税法实施条例》第六十条第（一）项的规定，固定资产计算折旧的最低年限，房屋、建筑物为 20 年。

因此，企业的不动产在持有期间可以根据政策进行折旧摊销，在企业转让不动产时，准予扣除的成本为不动产的净值，即按照实际折旧后的净值为基础计算转让成本。

3. 会计处理。

在企业会计处理中，企业转让使用过的不动产，一般是通过"固定资产清理"科目处理。企业转出不动产时，应按该项不动产的账面价值，借记"固定资产清理"科目，按已计提的累计折旧，借记"累计折旧"科目，按其账面原价，贷记"固定资产"科目。

在清理过程中涉及增值税的，根据《增值税会计处理规定》（财会〔2016〕22 号文件发布）第二条第（二）项第 1 点的规定处理。借记"固定资产清理"科目，贷记"银行存款""应交税费——应交增值税"等科目。收回出售固定资产的价款、残料价值和变价收入等，借记"银行存款""原材料"等科目，贷记"固定资产清理"科目。

固定资产清理完成后，如果造成损失的，借记"资产处置损益"科目，贷记"固定资产清理"科目。如果有盈余的（贷方余额），借记"固定资产清理"科目，贷记"资产处置损益"科目。

【提示】《中华人民共和国土地增值税暂行条例》第二条规定："转让国有土地使用权、地上的建筑物及其附着物（以下简称转让房地产）并取得收入的单位和个人，为土地增值税的纳税义务人（以下简称纳税人），应当依照本条例缴纳土地增值税。"

根据上述政策规定，纳税人转让土地使用权还应缴纳土地增值税。

案例 5-18

企业销售 2016 年 4 月 30 日前自建房屋的增值税计算

A 公司 2019 年 7 月转让于 2010 年自建的一处办公房,转让价款为 200 万元（含税）。A 公司为一般纳税人,增值税计算如下:

选择简易计税方法应缴增值税:200÷(1+5%)×5%=9.52（万元）;

选择一般计税方法增值税销项税额:200÷(1+9%)×9%=16.51（万元）。

案例 5-19

企业销售 2016 年 4 月 30 日前取得（非自行开发的）房屋的增值税计算

B 公司 2019 年 7 月转让于 2010 年购置的一处办公房,转让价款为 200 万元（含税）,购置原价为 100 万元。B 公司为一般纳税人,增值税计算如下:

选择简易计税方法应缴增值税:(200-100)÷(1+5%)×5%=4.76（万元）;

选择一般计税方法增值税销项税额:200÷(1+9%)×9%=16.51（万元）。

案例 5-20

企业销售 2016 年 5 月 1 日以后自建房屋的增值税计算

C 公司 2019 年 6 月转让于 2016 年 6 月自建的一处办公房,转让价款为 200 万元（含税）。C 公司为一般纳税人,增值税计算如下:

增值税销项税额:200÷(1+9%)×9%=16.51（万元）。

案例 5-21

企业销售 2016 年 5 月 1 日后取得（非自行开发的）房屋的增值税计算

D 公司 2019 年 5 月转让于 2016 年 6 月购置的一处办公房,转让价款为 200 万元（含税）,购置原价为 100 万元（含税）。D 公司为一般纳税人,增值税计算如下:

增值税销项税额:200÷(1+9%)×9%=16.51（万元）。

案例 5-22

企业转让不动产的综合涉税及会计处理

E公司2015年5月外购取得一幢房屋，2018年5月20日转让，发票记载购买价格为500万元（为简化，不考虑可计入计税成本的其他税费），房屋转让价格为700万元（含税），E公司相关涉税及会计处理如下（单位：万元）：

1. 增值税等计算。

该不动产是2016年4月30日之前取得的，根据《营业税改征增值税试点有关事项的规定》（财税〔2016〕36号文件附件2）第一条第（八）项相关规定，可以选择简易计税方法适用5%的征收率。

应缴增值税：$(700-500) \div (1+5\%) \times 5\% = 9.52$（万元）。

城市维护建设税及教育费附加：$9.52 \times (7\% + 3\% + 2\%) = 1.14$（万元）。

（假定地方教育附加征收率为2%）

2. 印花税计算。

不动产所有权的转移，应当按"产权转移书据"税目征收印花税。[合同未标明价税分离金额，以合同金额（含税）作为计税基数。]

应缴印花税：$700 \times 0.5‰ = 0.35$（万元）。

3. 土地增值税处理。

假设上述不动产属于没有评估价格而有原始发票的情形，因此土地增值税计算如下：

① 转让不动产不含税收入：$700 - 9.52 = 690.48$（万元）；

② 与转让房地产有关的税金（城市维护建设税、教育费附加、印花税）：$1.14 + 0.35 = 1.49$（万元）；

③ 土地增值税扣除项目＝发票所载金额×[1+（转让年度－购买年度）×5%]＋与房地产转让有关税金＋与房地产转让有关费用：$500 \times (1 + 3 \times 5\%) + 1.49 + 0 = 576.49$（万元）；

④ 增值额为：$700 - 9.52 - 576.49 = 113.99$（万元）；

⑤ 增值率为：$113.99 \div 576.49 = 19.77\%$；

⑥ 应纳土地增值税税额为：$113.99 \times 30\% = 34.20$（万元）。

4. 企业所得税计算。

该房屋转让前无论是作为固定资产核算还是作为投资性房地产核算，假定已按

20 年折旧年限税前列支折旧合计 75 万元，其他涉及固定资产清理业务略。

转让所得＝收入－成本－税金：690.48－(500－75)－1.49－34.20＝229.79（万元）；

每个纳税年度确认所得＝229.79÷5＝45.96（万元）。

该所得并入企业当年应纳税所得额一并计算缴纳企业所得税。

问题 5-2-3

企业发生不动产非正常损失的增值税、企业所得税如何处理？

答：企业发生不动产非正常损失涉及增值税进项税额以及企业所得税税前扣除的处理。

1. 增值税处理。

根据《营业税改征增值税试点实施办法》（财税〔2016〕36 号文件附件 1）第二十七条第（四）项、第（五）项的规定，进项税额不得从销项税额中抵扣的项目包括"非正常损失的不动产，以及该不动产所耗用的购进货物、设计服务和建筑服务"；"非正常损失的不动产在建工程所耗用的购进货物、设计服务和建筑服务。纳税人新建、改建、扩建、修缮、装饰不动产，均属于不动产在建工程"。

该办法第二十八条第三款规定："非正常损失，是指因管理不善造成货物被盗、丢失、霉烂变质，以及因违反法律法规造成货物或者不动产被依法没收、销毁、拆除的情形。"

根据上述政策，非正常损失的不动产（含在建工程）所耗用的购进货物、设计服务和建筑服务相关的进项税额不得抵扣，已抵扣的应做转出处理。

上述政策规定中已抵扣的进项税额的具体处理，根据该办法第三十一条规定，"已抵扣进项税额的固定资产、无形资产或者不动产，发生本办法第二十七条规定情形的，按照下列公式计算不得抵扣的进项税额：

不得抵扣的进项税额＝固定资产、无形资产或者不动产净值×适用税率

固定资产、无形资产或者不动产净值，是指纳税人根据财务会计制度计提折旧或摊销后的余额"。

自 2019 年 4 月 1 日起，按照"不动产净值率"计算。《国家税务总局关于深化

增值税改革有关事项的公告》（国家税务总局公告 2019 年第 14 号）第六条规定："已抵扣进项税额的不动产，发生非正常损失，或者改变用途，专用于简易计税方法计税项目、免征增值税项目、集体福利或者个人消费的，按照下列公式计算不得抵扣的进项税额，并从当期进项税额中扣减：

$$不得抵扣的进项税额＝已抵扣进项税额 \times 不动产净值率$$

$$不动产净值率＝（不动产净值 \div 不动产原值） \times 100\%"$$

2. 企业所得税处理。

《财政部 国家税务总局关于企业资产损失税前扣除政策的通知》（财税〔2009〕57 号）第八条规定："对企业毁损、报废的固定资产或存货，以该固定资产的账面净值或存货的成本减除残值、保险赔款和责任人赔偿后的余额，作为固定资产或存货毁损、报废损失在计算应纳税所得额时扣除。"

对上述扣除所需要的证据材料，该通知第三十条规定："固定资产报废、毁损损失，为其账面净值扣除残值和责任人赔偿后的余额，应依据以下证据材料确认：

（一）固定资产的计税基础相关资料；

（二）企业内部有关责任认定和核销资料；

（三）企业内部有关部门出具的鉴定材料；

（四）涉及责任赔偿的，应当有赔偿情况的说明；

（五）损失金额较大的或自然灾害等不可抗力原因造成固定资产毁损、报废的，应有专业技术鉴定意见或法定资质中介机构出具的专项报告等"；第三十二条规定："在建工程停建、报废损失，为其工程项目投资账面价值扣除残值后的余额，应依据以下证据材料确认：

（一）工程项目投资账面价值确定依据；

（二）工程项目停建原因说明及相关材料；

（三）因质量原因停建、报废的工程项目和因自然灾害和意外事故停建、报废的工程项目，应出具专业技术鉴定意见和责任认定、赔偿情况的说明等"。

3. 会计处理。

在会计处理中，不动产的非正常损失一般通过"待处理财产损溢"科目处理，不动产的损失记入"营业外支出"科目，涉及增值税的，将转出的进项税额借记"待处理财产损溢"科目，贷记"应交税费——应交增值税（进项税额）"科目。

案例 5-23

企业发生不动产非正常损失的涉税及会计处理

A 公司于 2018 年 6 月购入一处生产用厂房,并按照固定资产进行核算,取得增值税专用发票,价款为 500 万元。2019 年 12 月,该地发生地震,致使厂房倒塌。假设 A 公司按照 20 年对厂房进行折旧。A 公司的相关涉税及会计处理如下(单位:万元):

1. 购入厂房时:

    借:固定资产　　　　　　　　　　　　　　　　　　　500
    　　应交税费——应交增值税(进项税额)　　　　　　　30
    　　　　　　——待抵扣进项税额　　　　　　　　　　20
    　　贷:银行存款　　　　　　　　　　　　　　　　　　550

2. 2019 年 4 月,将 20 万元待抵扣进项税额转入进项税额:

    借:应交税费——应交增值税(进项税额)　　　　　　　20
    　　贷:应交税费——待抵扣进项税额　　　　　　　　　20

3. 截至 2019 年年底累计计提折旧:500÷20÷12×18=37.5(万元)。

    发生地震,转入待处理财产损溢时:

    借:待处理财产损溢　　　　　　　　　　　　　　　462.5
    　　累计折旧　　　　　　　　　　　　　　　　　　 37.5
    　　贷:固定资产　　　　　　　　　　　　　　　　　500

4. 计算转出的增值税时:

    不动产净值:500-37.5=462.5(万元);

    不动产净值率:(462.5÷500)×100%=92.5%;

    不得抵扣的进项税额:50×92.5%=46.25(万元)。

    借:待处理财产损溢　　　　　　　　　　　　　　　46.25
    　　贷:应交税费——应交增值税(进项税额转出)　　 46.25

5. 结转损益时:

    借:营业外支出　　　　　　　　　　　　　　　　508.75
    　　贷:待处理财产损溢　　　　　　　　　　　　　508.75

508.75 万元的营业外支出属于固定资产的专项损失,允许在企业所得税税前扣除。

问题 5-2-4

企业 2016 年 5 月 1 日后发生的不动产在建工程的增值税、企业所得税如何处理?

答:企业发生的不动产在建工程涉及增值税进项税额以及企业所得税税前扣除(摊销)的处理。

1. 增值税处理。

(1) 2016 年 5 月 1 日后发生的不动产在建工程进项税额的处理。根据《不动产进项税额分期抵扣暂行办法》(国家税务总局公告 2016 年第 15 号发布)第二条第一款、第三款的规定,"增值税一般纳税人 2016 年 5 月 1 日后发生的不动产在建工程,其进项税额应按照本办法有关规定分 2 年从销项税额中抵扣,第一年抵扣比例为 60%,第二年抵扣比例为 40%";"纳税人新建、改建、扩建、修缮、装饰不动产,属于不动产在建工程"。

(2) 2016 年 5 月 1 日后购进货物和设计服务、建筑服务,用于新建不动产在建工程进项税额的处理。根据《不动产进项税额分期抵扣暂行办法》第三条的规定,"纳税人 2016 年 5 月 1 日后购进货物和设计服务、建筑服务,用于新建不动产,或者用于改建、扩建、修缮、装饰不动产并增加不动产原值超过 50% 的,其进项税额依照本办法有关规定分 2 年从销项税额中抵扣。

不动产原值,是指取得不动产时的购置原价或作价。

上述分 2 年从销项税额中抵扣的购进货物,是指构成不动产实体的材料和设备,包括建筑装饰材料和给排水、采暖、卫生、通风、照明、通讯、煤气、消防、中央空调、电梯、电气、智能化楼宇设备及配套设施"。

(3) 2019 年 4 月 1 日后购进货物和设计服务、建筑服务,用于新建不动产在建工程进项税额的处理。《财政部 税务总局 海关总署关于深化增值税改革有关政策的公告》(财政部 税务总局 海关总署公告 2019 年第 39 号)第五条规定:"自 2019 年 4 月 1 日起,《营业税改征增值税试点有关事项的规定》(财税〔2016〕36 号印发)第一条第(四)项第 1 点、第二条第(一)项第 1 点停止执行,纳税人取得不动产或者不动产在建工程的进项税额不再分 2 年抵扣。此前按照上述规定尚未抵扣完毕的待抵扣进项税额,可自 2019 年 4 月税款所属期起从销项税额中抵扣。"

(4) 已全额抵扣进项税额的货物和服务,转用于不动产在建工程的处理。根据

《不动产进项税额分期抵扣暂行办法》第五条的规定,"购进时已全额抵扣进项税额的货物和服务,转用于不动产在建工程的,其已抵扣进项税额的40％部分,应于转用的当期从进项税额中扣减,计入待抵扣进项税额,并于转用的当月起第13个月从销项税额中抵扣"。

（5）销售不动产在建工程时,尚未抵扣完毕的待抵扣进项税额处理。根据《不动产进项税额分期抵扣暂行办法》第六条的规定,纳税人销售其取得的不动产在建工程时,尚未抵扣完毕的待抵扣进项税额,允许于销售的当期从销项税额中抵扣。

2. 企业所得税处理。

根据《不动产进项税额分期抵扣暂行办法》第二条第三款的规定,纳税人新建、改建、扩建、修缮、装饰不动产,属于不动产在建工程。对于企业所得税,主要涉及以下业务的处理。

（1）固定资产大修理业务的摊销。

根据《企业所得税法》第十三条第（三）项的规定,在计算应纳税所得额时,企业发生的固定资产的大修理支出,作为长期待摊费用,按照规定摊销的,准予扣除。

《企业所得税法实施条例》第六十九条规定:"企业所得税法第十三条第（三）项所称固定资产的大修理支出,是指同时符合下列条件的支出：

（一）修理支出达到取得固定资产时的计税基础50％以上；

（二）修理后固定资产的使用年限延长2年以上。

企业所得税法第十三条第（三）项所规定的支出,按照固定资产尚可使用年限分期摊销。"

在固定资产大修理业务中发生的增值税应税范围内的业务（购进),符合政策规定的进项税额可以抵扣销项税额,否则应记入"在建工程"科目,工程完工结转固定资产成本。

（2）固定资产改建支出的计税基础及摊销。

《企业所得税法实施条例》第五十八条第（六）项规定:"改建的固定资产,除企业所得税法第十三条第（一）项、第（二）项规定外,以改建过程中发生的改建支出增加计税基础。"

《国家税务总局关于企业所得税若干问题的公告》（国家税务总局公告2011年第34号）第四条"关于房屋、建筑物固定资产改扩建的税务处理问题"规定:"企业对房屋、建筑物固定资产在未足额提取折旧前进行改扩建的，如属于推倒重置的，该资产原值减除提取折旧后的净值，应并入重置后的固定资产计税成本，并在该固定资产投入使用后的次月起，按照税法规定的折旧年限，一并计提折旧；如属于提升功能、增加面积的，该固定资产的改扩建支出，并入该固定资产计税基础，并从改扩建完工投入使用后的次月起，重新按税法规定的该固定资产折旧年限计提折旧，如该改扩建后的固定资产尚可使用的年限低于税法规定的最低年限的，可以按尚可使用的年限计提折旧。"

《企业所得税法实施条例》第六十八条第三款规定："改建的固定资产延长使用年限的，除企业所得税法第十三条第（一）项和第（二）项规定外，应当适当延长折旧年限。"

在固定资产改建业务中发生的增值税应税范围内的业务（购进），符合政策规定的进项税额可以抵扣销项税额，否则应记入"在建工程"科目，工程完工结转至"固定资产"科目，即计入固定资产成本。

对于已足额提取折旧和租入固定资产的改建支出，根据《企业所得税法》第十三条第（一）项、第（二）项的规定，在计算应纳税所得额时，企业发生的"（一）已足额提取折旧的固定资产的改建支出""（二）租入固定资产的改建支出"，作为长期待摊费用，按照规定摊销的，准予扣除。

《企业所得税法实施条例》第六十八条第一款规定："企业所得税法第十三条第（一）项和第（二）项所称固定资产的改建支出，是指改变房屋或者建筑物结构、延长使用年限等发生的支出"；第二款规定："企业所得税法第十三条第（一）项所规定的支出，按照固定资产预计尚可使用年限分期摊销；第（二）项所规定的支出，按照合同约定的剩余租赁期限分期摊销"。

在已足额提取折旧和租入固定资产的改建业务中发生的增值税应税范围内的业务（购进），符合政策规定的进项税额可以抵扣销项税额，否则应记入"在建工程"科目，工程完工结转至"长期待摊费用"科目。

（3）新建固定资产（包括外购需要通过"在建工程"交付的固定资产）的计税基础。

《企业所得税法实施条例》第五十八条第（一）项规定："外购的固定资产，以购买价款和支付的相关税费为计税基础"；第（二）项规定："自行建造的固定资产，以竣工结算前发生的支出为计税基础"。

（4）其他在建工程的摊销。

根据《企业所得税法》第十三条第（四）项的规定，在计算应纳税所得额时，企业发生的除第（一）项、第（二）项、第（三）项以外的其他应当作为长期待摊费用的支出，按照规定摊销的，准予扣除。

《企业所得税法实施条例》第七十条规定："企业所得税法第十三条第（四）项所称其他应当作为长期待摊费用的支出，从支出发生月份的次月起，分期摊销，摊销年限不得低于3年。"

3. 会计处理。

在企业日常会计核算中，通过"在建工程"科目核算，对企业自营的在建工程，其在建工程领用工程物资、原材料或库存商品的，借记"在建工程"科目，贷记"工程物资""原材料""库存商品"等科目。采用计划成本核算的，应同时结转应分摊的成本差异。涉及增值税的，还应进行相应的处理。

在建工程应负担的职工薪酬，借记"在建工程"科目，贷记"应付职工薪酬"科目。

辅助生产部门为工程提供的水、电、设备安装、修理、运输等劳务，借记"在建工程"科目，贷记"生产成本——辅助生产成本"等科目。

在建工程发生的借款费用满足借款费用资本化条件的，借记"在建工程"科目，贷记"长期借款""应付利息"等科目。

对于在建工程进行负荷联合试车发生的费用，借记"在建工程"科目（待摊支出），贷记"银行存款""原材料"等科目；试车形成的产品或副产品对外销售或转为库存商品的，借记"银行存款""库存商品"等科目，贷记"在建工程"科目（待摊支出）。

在建工程达到预定可使用状态时，应计算分配待摊支出，借记"在建工程"科目（××工程），贷记本科目（待摊支出）；结转在建工程成本，借记"固定资产"等科目，贷记"在建工程"科目（××工程）。

在建工程完工已领出的剩余物资应办理退库手续，借记"工程物资"科目，贷记"在建工程"科目。

在建工程建设期间发生的工程物资盘亏、报废及毁损净损失，借记"在建工程"科目，贷记"工程物资"科目；盘盈的工程物资或处置净收益做相反的会计分录。

对企业在建工程发生的管理费、征地费、可行性研究费、临时设施费、公证费、监理费及应负担的税费等,借记"在建工程"科目(待摊支出),贷记"银行存款"等科目。工程完成时,按合同规定补付的工程款,借记"在建工程"科目,贷记"银行存款"科目。

一般情况下,"在建工程"科目的期末借方余额,反映企业尚未达到预定可使用状态的在建工程的成本。

对于上述在建工程建设期间,购进货物(材料)、服务等涉及增值税进项税额的,根据《增值税会计处理规定》(财会〔2016〕22号文件发布)第二条第(一)项第1点的规定处理。

案例 5-24

企业不动产在建工程的涉税及会计处理

A公司(一般纳税人)2016年8月,自行建造一栋办公楼,2017年8月竣工。2016年9月一次性购入原料200万元,均取得增值税专用发票,进项税额为34万元。共发生建筑成本300万元,于2017年7月支付,并取得增值税专用发票,进项税额为33万元。假设除了购入原料以及建筑成本没有其他成本。A公司相关涉税及会计处理如下(单位:万元):

1. 2016年9月购入原料时:

    借:原材料　　　　　　　　　　　　　　　　　　　　　　200
    　　应交税费——应交增值税(进项税额)　　　　　　　　20.4
    　　　　　　——待抵扣进项税额　　　　　　　　　　　　13.6
    　　贷:银行存款　　　　　　　　　　　　　　　　　　　234

2. 领用原料时:

    借:在建工程　　　　　　　　　　　　　　　　　　　　200
    　　贷:原材料　　　　　　　　　　　　　　　　　　　　200

3. 2017年7月支付建筑成本(费用)时:

    借:在建工程　　　　　　　　　　　　　　　　　　　　300
    　　应交税费——应交增值税(进项税额)　　　　　　　　19.8
    　　　　　　——待抵扣进项税额　　　　　　　　　　　　13.2
    　　贷:银行存款　　　　　　　　　　　　　　　　　　　333

4. 2017年8月，工程竣工转入固定资产时：

借：固定资产　　　　　　　　　　　　　　　　　　　　500

　　贷：在建工程　　　　　　　　　　　　　　　　　　　　500

A公司从下月开始计提折旧。

5. 2017年9月，结转13.6万元的待抵扣进项税额时：

借：应交税费——应交增值税（进项税额）　　　　　　13.6

　　贷：应交税费——待抵扣进项税额　　　　　　　　　　13.6

6. 2018年7月，结转13.2万元的待抵扣进项税额时：

借：应交税费——应交增值税（进项税额）　　　　　　13.2

　　贷：应交税费——待抵扣进项税额　　　　　　　　　　13.2

问题 5-2-5

企业发生不动产在建工程损失的增值税、企业所得税如何处理？

答：企业不动产在建工程损失涉及增值税进项税额以及企业所得税税前扣除的处理。

1. 增值税处理。

根据《增值税暂行条例》第十条第（三）项的规定，"非正常损失的购进货物，以及相关的劳务和交通运输服务"，其进项税额不得从销项税额中抵扣。

根据《营业税改征增值税试点实施办法》（财税〔2016〕36号文件附件1）第二十七条第（五）项的规定，"非正常损失的不动产在建工程所耗用的购进货物、设计服务和建筑服务"，其进项税额不得从销项税额中抵扣。不动产在建工程包括"纳税人新建、改建、扩建、修缮、装饰不动产"；根据该办法第二十八条第三款的规定，"非正常损失，是指因管理不善造成货物被盗、丢失、霉烂变质，以及因违反法律法规造成货物或者不动产被依法没收、销毁、拆除的情形"。

《不动产进项税额分期抵扣暂行办法》（国家税务总局公告2016年第15号发布）第八条规定："不动产在建工程发生非正常损失的，其所耗用的购进货物、设计服务和建筑服务已抵扣的进项税额应于当期全部转出；其待抵扣进项税额不得抵扣。"

根据上述政策规定，发生正常损失的不动产在建工程所耗用的购进货物、设计服务和建筑服务，进项税额仍然按照规定处理。进项税额不得从销项税额中抵扣的，仅限于政策规定的"非正常损失"范围。

2. 企业所得税处理。

《企业资产损失所得税税前扣除管理办法》（国家税务总局公告 2011 年第 25 号发布）第三十二条规定："在建工程停建、报废损失，为其工程项目投资账面价值扣除残值后的余额，应依据以下证据材料确认：

（一）工程项目投资账面价值确定依据；

（二）工程项目停建原因说明及相关材料；

（三）因质量原因停建、报废的工程项目和因自然灾害和意外事故停建、报废的工程项目，应出具专业技术鉴定意见和责任认定、赔偿情况的说明等。"

根据上述政策规定，从企业所得税角度，不区分正常损失和非正常损失，但是，根据《企业所得税法》第十条第（四）项的规定，企业因违反法律法规，接受相关处罚的"罚金、罚款和被没收财物的损失"，不得税前扣除。

3. 会计处理。

对于自然灾害等原因造成的在建工程报废或毁损，减去残料价值和过失人或保险公司等赔款后的净损失，借记"营业外支出——非常损失"科目，贷记"在建工程"科目。

对于发生非正常损失涉及增值税进项税额转出的，根据《增值税会计处理规定》（财会〔2016〕22 号文件发布）第二条第（五）项的规定，原已计入进项税额、待抵扣进项税额或待认证进项税额，但按现行增值税制度规定不得从销项税额中抵扣的，借记"待处理财产损溢""应付职工薪酬""固定资产""在建工程"等科目，贷记"应交税费——应交增值税（进项税额转出）""应交税费——待抵扣进项税额"或"应交税费——待认证进项税额"科目。

一般纳税人购进时已全额计提进项税额的货物或服务等转用于不动产在建工程的，对于结转以后期间的进项税额，应借记"应交税费——待抵扣进项税额"科目，贷记"应交税费——应交增值税（进项税额转出）"科目。

案例 5-25

企业发生不动产在建工程损失的涉税及会计处理

A 公司（一般纳税人）2016 年 8 月，自行建造一栋厂房。2016 年 9 月一次性购入原料200万元，均取得专用发票，进项税额为34万元。发生建筑成本300万元，于2017年7月支付，并取得专用发票，进项税额为33万元。假定2017年8月，因厂房建于水源保护地附近，产品对水源有一定的污染，没有通过环保评估，被责令拆除。A公司相关涉税及会计处理如下（单位：万元）：

1. 2016年9月购入原料时：

　　借：原材料　　　　　　　　　　　　　　　　　　　　　　200
　　　　应交税费——应交增值税（进项税额）　　　　　　　　20.4
　　　　　　　　——待抵扣进项税额　　　　　　　　　　　　13.6
　　　贷：银行存款　　　　　　　　　　　　　　　　　　　　234

2. 领用原料时：

　　借：在建工程　　　　　　　　　　　　　　　　　　　　　200
　　　贷：原材料　　　　　　　　　　　　　　　　　　　　　200

3. 2017年7月支付建筑成本（费用）时：

　　借：在建工程　　　　　　　　　　　　　　　　　　　　　300
　　　　应交税费——应交增值税（进项税额）　　　　　　　　19.8
　　　　　　　　——待抵扣进项税额　　　　　　　　　　　　13.2
　　　贷：银行存款　　　　　　　　　　　　　　　　　　　　333

4. 发生损失时：

　　借：营业外支出——非常损失　　　　　　　　　　　　　　500
　　　贷：在建工程　　　　　　　　　　　　　　　　　　　　500

5. 转出不能抵扣的进项税额时：

　　借：营业外支出　　　　　　　　　　　　　　　　　　　　67
　　　贷：应交税费——应交增值税（进项税额转出）　　　　　40.2
　　　　　　　　　——待抵扣进项税额　　　　　　　　　　　26.8

5.3　无形资产取得、处置涉税业务

企业的无形资产主要是指企业拥有的没有实物形态的非货币性长期资产。本节内容主要包括企业取得无形资产及后期处置无形资产过程中的涉税业务，本节分析的

内容不包括房地产开发企业转让土地使用权业务涉及的税收处理。

问题 5-3-1

纳税人外购无形资产的增值税、企业所得税如何处理?

答：根据《企业所得税法实施条例》第六十五条的规定，无形资产，是指企业为生产产品、提供劳务、出租或者经营管理而持有的、没有实物形态的非货币性长期资产，包括专利权、商标权、著作权、土地使用权、非专利技术、商誉等。企业外购无形资产的涉税处理如下：

1. 增值税处理。

根据《增值税暂行条例》第二条第（三）项、《营业税改征增值税试点实施办法》（财税〔2016〕36号文件附件1）第十五条的规定，一般纳税人销售无形资产（转让土地使用权除外），适用税率为6%。

对于企业外购无形资产，根据《营业税改征增值税试点实施办法》第二十五条、《增值税暂行条例》第八条的规定，纳税人购进无形资产支付或者负担的增值税额，为进项税额。准予从销项税额中抵扣的进项税额，包括"从销售方取得的增值税专用发票上注明的增值税额""自境外单位或者个人购进劳务、服务、无形资产或者境内的不动产，从税务机关或者扣缴义务人取得的代扣代缴税款的完税凭证上注明的增值税额"。

根据《增值税暂行条例》第十条第（一）项、《营业税改征增值税试点实施办法》第二十七条第（一）项的规定，用于简易计税方法计税项目、免征增值税项目、集体福利或者个人消费的购进无形资产，其进项税额不得从销项税额中抵扣。前述涉及的无形资产仅指专用于上述项目的无形资产（不包括其他权益性无形资产）。

2. 企业所得税处理。

根据《企业所得税法实施条例》第六十六条第（一）项的规定，企业"外购的无形资产，以购买价款、支付的相关税费以及直接归属于使该资产达到预定用途发生的其他支出为计税基础"。

根据上述政策规定，营改增后，企业外购的无形资产，对于进项税额可以从销项税额中抵扣的，按照不含税价格计入无形资产的计税基础，对于进项税额不得从销项税额中抵扣的，则按照价税合计金额计入无形资产的计税基础。

3. 会计处理。

在会计处理中，根据《增值税会计处理规定》（财会〔2016〕22号文件发布）第二条第（一）项第1点、第2点的规定，一般纳税人购进无形资产，按应计入相关成本费用或资产的金额，借记"无形资产"科目，按当月已认证的可抵扣增值税额，借记"应交税费——应交增值税（进项税额）"科目，按当月未认证的可抵扣增值税额，借记"应交税费——待认证进项税额"科目，按应付或实际支付的金额，贷记"应付账款""应付票据""银行存款"等科目。

对于一般纳税人购进无形资产，用于简易计税方法计税项目、免征增值税项目、集体福利或个人消费等，其进项税额按照现行增值税制度规定不得从销项税额中抵扣的，取得增值税专用发票时，应借记相关成本费用或资产科目，借记"应交税费——待认证进项税额"科目，贷记"银行存款""应付账款"等科目，经税务机关认证后，应借记"无形资产"科目，贷记"应交税费——应交增值税（进项税额转出）"科目。

对于小规模纳税人，按照该处理规定第二条第（一）项第5点的规定，小规模纳税人购买无形资产，取得增值税专用发票上注明的增值税应计入相关成本费用或资产，不通过"应交税费——应交增值税"科目核算。

> 【提示】《企业会计准则第6号——无形资产》第十二条规定："无形资产应当按照成本进行初始计量。
>
> 　　外购无形资产的成本，包括购买价款、相关税费以及直接归属于使该项资产达到预定用途所发生的其他支出。
>
> 　　购买无形资产的价款超过正常信用条件延期支付，实质上具有融资性质的，无形资产的成本以购买价款的现值为基础确定。实际支付的价款与购买价款的现值之间的差额，除按照《企业会计准则第17号——借款费用》应予资本化的以外，应当在信用期间内计入当期损益。"

案例 5-26

企业外购无形资产的涉税及会计处理

A公司（一般纳税人）2019年2月购入一项著作权，价款为100万元，取得增值税专用发票，注明增值税税款为 6 万元，A 公司以银行存款进行了支付。相关涉税及会计处理如下（单位：万元）：

借：无形资产——著作权　　　　　　　　　　　　　　　100
　　应交税费——应交增值税（进项税额）　　　　　　　　6
　贷：银行存款　　　　　　　　　　　　　　　　　　　106

问题 5-3-2

企业自行开发的无形资产的增值税、企业所得税如何处理？

答：自行开发的无形资产涉及的增值税处理，主要是为开发无形资产支付成本、费用的增值税进项税额的处理，企业所得税处理主要是计税基础的确认。

1. 增值税处理。

自行开发的无形资产涉及的增值税处理，主要是在开发过程中购入货物（材料）、劳务等涉及的进项税额的处理。《营业税改征增值税试点实施办法》（财税〔2016〕36 号文件附件 1）第二十四条规定："进项税额，是指纳税人购进货物、加工修理修配劳务、服务、无形资产或者不动产，支付或者负担的增值税额"；第二十五条规定："（一）从销售方取得的增值税专用发票（含税控机动车销售统一发票，下同）上注明的增值税额""（四）从境外单位或者个人购进服务、无形资产或者不动产，自税务机关或者扣缴义务人取得的解缴税款的完税凭证上注明的增值税额"，准予从销项税额中抵扣。

2. 企业所得税处理。

《企业所得税法实施条例》第六十六条第（二）项规定："自行开发的无形资产，以开发过程中符合资本化条件后至达到预定用途前发生的支出为计税基础"。

自行开发的无形资产，在开发阶段领取的材料、购买的服务等若取得增值税专用发票，需要区分该项无形资产是否免征增值税进行不同处理。根据《增值税暂行条例》第十条的规定，用于免征增值税项目的购进货物、劳务、服务，其进项税额不得从销项税额中抵扣。因此，若该无形资产免征增值税，则进项税不允许抵扣，需要计入无形资产成本，否则可以抵扣，计税基础不包括增值税。

3. 会计处理。

在会计处理中，企业自行开发的无形资产，按照应予资本化支出的部分，借记"无形资产"科目，贷记"研发支出"科目。在自行开发无形资产过程中，如果发生购进货物、服务等涉及增值税的，依据《增值税会计处理规定》（财会〔2016〕22号文件发布）的相关规定处理。

> 【提示】《企业会计准则第 6 号——无形资产》第十三条规定："自行开发的无形资产，其成本包括自满足本准则第四条和第九条规定后至达到预定用途前所发生的支出总额，但是对于以前期间已经费用化的支出不再调整。"

案例 5-27

企业内部研发非免增值税无形资产的涉税及会计处理

A 公司为增值税一般纳税人。2018 年开发一项新商标，2018 年 6 月开始转入开发阶段，且符合资本化条件。2018 年 12 月完成商标的开发并转入无形资产进行核算。期间，购买原材料 10 万元，增值税 1.6 万元，并取得增值税专用发票。发生科研人员人工费用 20 万元。款项均已支付。A 公司相关涉税及会计处理如下（单位：万元）：

1. 购买原材料时：

借：原材料　　　　　　　　　　　　　　　　　　　　　　10
　　应交税费——应交增值税（进项税额）　　　　　　　　1.6
　　贷：银行存款　　　　　　　　　　　　　　　　　　　11.6

2. 领用原材料、支付人工费时：

借：研发支出——资本化支出　　　　　　　　　　　　　　30
　　贷：原材料　　　　　　　　　　　　　　　　　　　　10
　　　　应付职工薪酬　　　　　　　　　　　　　　　　　20

3. 商标开发完成时，结转无形资产：

借：无形资产——商标权　　　　　　　　　　　　　　　　30
　　贷：研发支出——资本化支出　　　　　　　　　　　　30

该商标权账面价值与计税基础为 30 万元，不包含增值税进项税额。

问题 5-3-3

纳税人接受捐赠的无形资产的增值税、企业所得税如何处理?

答:纳税人接受捐赠的无形资产,增值税涉及进项税额的处理,企业所得税处理涉及计税基础及收入的确认。

1. 增值税处理。

接受捐赠的无形资产涉及的增值税处理,主要是进项税额的处理。根据《营业税改征增值税试点实施办法》(财税〔2016〕36号文件附件1)第十四条第(二)项的规定,单位或者个人向其他单位或者个人无偿转让无形资产或者不动产,视同销售无形资产或者不动产,但用于公益事业或者以社会公众为对象的除外。

因此,根据该办法第二十四条、第二十五条等的规定,对一般纳税人,接受捐赠的无形资产时,凡是取得符合政策规定的增值税专用发票的,其票面注明的增值税(进项)可以抵扣销项税额。

2. 企业所得税处理。

企业接受捐赠的无形资产企业所得税处理主要包括两个方面,一是价值的确定;二是收入的确定。

(1) 价值的确定。根据《企业所得税法实施条例》第六十六条第(三)项的规定,企业通过捐赠方式取得的无形资产,以该资产的公允价值和支付的相关税费为计税基础。

(2) 收入的确定。根据《企业所得税法》第六条第(八)项的规定,企业以货币形式和非货币形式从各种来源取得的收入,为收入总额,包括接受捐赠收入。

《企业所得税法实施条例》第二十一条规定:"企业所得税法第六条第(八)项所称接受捐赠收入,是指企业接受的来自其他企业、组织或者个人无偿给予的货币性资产、非货币性资产。

接受捐赠收入,按照实际收到捐赠资产时确认收入的实现。"

3. 会计处理。

在会计处理中,通过捐赠取得的无形资产,借记"无形资产"科目,贷记"营业外收入"科目。涉及增值税进项税额的,借记"无形资产"科目,按票面注明的进项税额,借记"应交税费——应交增值税(进项税额)"科目,贷记"营业外收入"科目。

案例 5-28

企业接受捐赠的无形资产的涉税及会计处理

2019 年 1 月，A 公司将一项自有商标无偿赠送给 B 公司，该商标原值为 100 万元，已摊销 20 万元。目前市场上公允价值为 300 万元。A、B 公司均为增值税一般纳税人。A 公司开具了增值税专用发票。A 公司、B 公司相关涉税及会计处理如下：

1. 涉税处理。

A 公司将商标权无偿赠送他人，增值税上视同销售。

销项税额：300×6％＝18（万元）；

B 公司取得增值税专用发票，注明进项税额 18 万元。

2. A 公司会计处理（单位：万元）。

A 公司在会计处理上，捐赠不确认收入。

借：营业外支出	98
累计摊销	20
贷：无形资产——商标权	100
应交税费——应交增值税（销项税额）	18

上述捐赠，企业所得税上视同销售，因此在企业所得税汇算清缴时，要按照规定进行纳税调整。

3. B 公司会计处理（单位：万元）。

借：无形资产——商标权	300
应交税费——应交增值税（进项税额）	18
贷：营业外收入	318

问题 5-3-4

企业通过投资者投入获取的无形资产的增值税、企业所得税如何处理？

答：企业通过投资者投入获取无形资产的，涉及增值税进项税额的处理以及企业所得税计税基础的确认。

1. 增值税处理。

《营业税改征增值税试点实施办法》（财税〔2016〕36号文件附件1）第十四条第（二）项规定，单位或者个人向其他单位或者个人无偿转让无形资产或者不动产的，视同销售无形资产或者不动产，但用于公益事业或者以社会公众为对象的除外。

上述视同销售无形资产或者不动产无销售价格的，按照该办法第四十四条的规定确定销售价格。

根据上述政策规定，企业用无形资产投资应视同销售进行增值税处理，对于一般纳税人，要计算销项税额。因此，对于接受无形资产的企业，可以取得增值税专用发票，其进项税额可以抵扣销项税额。

2. 企业所得税处理。

根据《企业所得税法实施条例》第六十六条第（三）项的规定，企业通过投资方式取得的无形资产，以该资产的公允价值和支付的相关税费为计税基础。

根据上述政策规定，对于一般纳税人，通过投资方式获取的无形资产，如果取得政策规定的增值税专用发票，则票面注明的增值税（进项）可以抵扣销项税额；如果无法取得政策规定的抵扣凭证，则进项税额不得抵扣销项税额，应直接计入无形资产的入账（初始）价值。对小规模纳税人，则计入无形资产价值，不得抵扣销项税额。

3. 会计处理。

在会计处理中，通过投资人投入的无形资产，从增值税角度，应视同销售，因此，对于接受方，其进项税额可以抵扣销项税额。入账价值（计税基础）为该资产的公允价值和支付的相关税费，包括不得抵扣的进项税额。

【提示】《企业会计准则第6号——无形资产》第十四条规定："投资者投入无形资产的成本，应当按照投资合同或协议约定的价值确定，但合同或协议约定价值不公允的除外。"

案例 5-29

企业通过投资者投入取得无形资产的涉税及会计处理

2018年6月，B公司以一项商标权投资入股A公司，该商标权评估作价500万元，各股东约定 B 公司占 A 公司 40％的股权。A 公司实收资本为 1 000 万元。A、B 公司均为增值税一般纳税人，且 B 公司开具了增值税专用发票。相关涉税及会计处理如下：

1. 涉税处理。

由于 B 公司以商标权投资入股属于视同销售行为，因此，B 公司增值税销项税额为：500×6％＝30（万元）。

2. A 公司会计处理（单位：万元）。

借：无形资产——商标权　　　　　　　　　　　　　500
　　应交税费——应交增值税（进项税额）　　　　　　30
　　贷：实收资本　　　　　　　　　　　　　　　　　400
　　　　资本公积——资本溢价　　　　　　　　　　　130

由于 A 公司是一般纳税人，且该商标权不属于免税项目，因此，该商标权在 A 公司的计税基础及账面价值为 500 万元，30 万元的进项税额允许从销项税额中抵扣。

问题 5-3-5

企业通过非货币性资产交换获取的无形资产的增值税、企业所得税如何处理？

答：非货币性资产交换涉及增值税处理以及企业所得税计税基础的确认。

1. 增值税处理。

《增值税暂行条例实施细则》第三条第三款规定："本细则所称有偿，是指从购买方取得货币、货物或者其他经济利益。"《营业税改征增值税试点实施办法》（财税〔2016〕36 号文件附件 1）第十一条规定："有偿，是指取得货币、货物或者其他经济利益。"

上述"有偿"价格的确认，依据《增值税暂行条例实施细则》第十六条、《营业税改征增值税试点实施办法》第四十四条的规定处理。

根据上述政策规定，除政策规定的除外情形，其他各种形式的交易均要按照销售进行增值税处理。对于一般纳税人，要计算销项税额，对于接受无形资产的企业，取得增值税专用发票，其进项税额可以抵扣销项税额。

2. 企业所得税处理。

（1）一般性税务处理。

《企业所得税法实施条例》第六十六条第（三）项规定："通过捐赠、投资、非货币性资产交换、债务重组等方式取得的无形资产，以该资产的公允价值和支付的相关税费为计税基础"；第十三条规定："企业所得税法第六条所称企业以非货币形式取得的收入，应当按照公允价值确定收入额"；第二十五条规定："企业发生非货币性资产交换，应当视同销售货物，但国务院财政、税务主管部门另有规定的除外"。

根据上述政策规定，一般纳税人（企业）通过非货币性资产交换方式取得的无形资产，如果取得政策规定的增值税专用发票，则票面注明的增值税（进项）可以抵扣销项税额，不计入无形资产价值。对小规模纳税人，则计入无形资产价值，不得抵扣销项税额。

（2）特殊性税务处理。

《财政部 国家税务总局关于企业重组业务企业所得税处理若干问题的通知》（财税〔2009〕59号）第五条、第六条及《财政部 国家税务总局关于促进企业重组有关企业所得税处理问题的通知》（财税〔2014〕109号）第二条规定，资产收购同时符合下列条件的，适用特殊性税务处理规定：

"（一）具有合理的商业目的，且不以减少、免除或者推迟缴纳税款为主要目的。

（二）企业重组后的连续12个月内不改变重组资产原来的实质性经营活动。

（三）企业重组中取得股权支付的原主要股东，在重组后连续12个月内，不得转让所取得的股权。

（四）受让企业收购的资产不低于转让企业全部资产的50%，且受让企业在该资产收购发生时的股权支付金额不低于其交易支付总额的85%"。

财税〔2009〕59号文件第六条第（三）项第2点规定："受让企业取得转让企业资产的计税基础，以被转让资产的原有计税基础确定。"

根据上述政策规定，适用企业所得税特殊性处理的，以股权交换的无形资产以原有计税基础为计税基础。

3. 会计处理。

在会计处理中，企业通过非货币性资产交换获取的无形资产，根据《增值税会计处理规定》（财会〔2016〕22号文件发布）第二条第（一）项第1点的规定处理。

对于企业取得的非货币性资产交换利得，借记"无形资产"科目，贷记"营业外收入"科目，期末，应将"营业外收入"科目余额转入"本年利润"科目。

> 【提示】非货币性资产交换取得的无形资产的成本，应当按照《企业会计准则第7号——非货币性资产交换》确定。

案例 5-30

企业通过非货币性资产交换获取的无形资产的涉税及会计处理

C公司为一般纳税人，拥有某项专利权，购置成本为100万元（不含税），已摊销30万元，目前公允价值为90万元（不含税）。A公司与C公司于2018年9月25日达成协议，A公司以持有的D公司的股权交换C公司拥有的专利权，股权的公允价值为85万元，账面价值为70万元。相关涉税及会计处理如下：

1. 涉税处理。

C公司计算增值税销项税额：$90 \times 6\% = 5.4$（万元）；

A公司取得的专利权计税基础为90万元；如果符合企业所得税特殊性处理条件，A公司取得的专利权计税基础为：$100-30=70$（万元）。

2. 会计处理（单位：万元）。

A公司：

借：无形资产	79.6
应交税费——应交增值税（进项税额）	5.4
贷：长期股权投资——B公司	70
投资收益	15

问题 5-3-6

企业通过债务重组方式获取的无形资产的增值税、企业所得税如何处理？

答：企业通过债务重组方式获取无形资产涉及增值税进项税额的处理以及企业所得税收入、计税基础的确认。

1. 增值税处理。

根据《增值税暂行条例》第二条、《营业税改征增值税试点实施办法》(财税〔2016〕36号文件附件1)第一条、第九条的规定及相关税目注释,"在中华人民共和国境内销售货物或者加工、修理修配劳务(以下简称劳务),销售服务、无形资产、不动产以及进口货物的单位和个人,为增值税的纳税人,应当依照本条例缴纳增值税"。

根据上述政策规定,股权转让不在税目列举范围之内,不属于增值税征税范围,不缴纳增值税。

《增值税暂行条例实施细则》第三条第三款规定:"本细则所称有偿,是指从购买方取得货币、货物或者其他经济利益。"《营业税改征增值税试点实施办法》第十一条规定:"有偿,是指取得货币、货物或者其他经济利益。"

上述"有偿"价格的确认,依据《增值税暂行条例实施细则》第十六条、《营业税改征增值税试点实施办法》第四十四条的规定处理。

根据上述政策规定,在债务重组业务中,股权转让不属于增值税征税范围,除此,对于一般纳税人,凡是取得政策规定的计税收入的,要计算销项税额,对于接受无形资产的企业,凡是取得增值税专用发票的,其进项税额可以抵扣销项税额。

2. 企业所得税处理。

根据《企业所得税法实施条例》第六十六条第(三)项的规定,企业通过债务重组方式取得的无形资产,以该资产的公允价值和支付的相关税费为计税基础。

根据《企业所得税法实施条例》第二十二条的规定,"企业所得税法第六条第(九)项所称其他收入,是指企业取得的除企业所得税法第六条第(一)项至第(八)项收入外的其他收入",包括企业的"债务重组收入"。

根据上述政策规定,一般纳税人(企业)通过债务重组等方式取得的无形资产,其进项税额应抵扣销项税额,不计入无形资产价值。对小规模纳税人,则计入无形资产价值,不得抵扣销项税额。

3. 会计处理。

在会计处理中,债权人应当按放弃债权的公允价值扣除取得的进项税后的余额,借记"无形资产"科目,放弃债权的公允价值与账面价值之间的差额,记入"营业外收入"或"营业外支出"科目。

> **【提示】**根据《企业会计准则第 12 号——债务重组》的规定，以资产清偿债务方式进行债务重组的，债权人初始确认受让的金融资产以外的资产时，应当按照下列原则以成本计量：无形资产的成本，包括放弃债权的公允价值和可直接归属于使该资产达到预定用途所发生的税金等其他成本。

案例 5-31

企业通过债务重组方式取得无形资产的增值税、企业所得税处理

A 公司于 2018 年 12 月 25 日与债务人 B 公司达成重组协议，B 公司以专利权抵偿债务 100 万元，专利权评估价为 70 万元（不含税）。该债权的公允价值与 A 公司的账面价值相同。B 公司为一般纳税人。不考虑城市维护建设税与教育费附加等，相关涉税及会计处理如下：

1. 涉税处理。

B 公司处理：

增值税销项税额：70×6％＝4.2（万元）；

A 公司确认债务重组损失：100－(70＋4.2)＝25.8（万元）。

2. A 公司会计处理（单位：万元）。

借：无形资产	70
应交税费——应交增值税（进项税额）	4.2
营业外支出	25.8
贷：应收账款	100

问题 5-3-7

企业购进无形资产不得抵扣进项税额的增值税、企业所得税如何处理？

答：企业购进无形资产不得抵扣进项税额的增值税、企业所得税处理如下：

1. 增值税处理。

不得抵扣进项税额的情形主要包括两个方面：

一是扣税凭证。根据《增值税暂行条例》第九条的规定，纳税人购进无形资产、不动产取得的增值税扣税凭证不符合法律、行政法规或者国务院税务主管部门有关规定的，其进项税额不得从销项税额中抵扣。

二是抵扣项目。根据《增值税暂行条例》第十条第一款的规定，用于简易计税方法计税项目、免征增值税项目、集体福利或者个人消费的购进无形资产和不动产，其进项税额不得从销项税额中抵扣。

根据《营业税改征增值税试点实施办法》（财税〔2016〕36号文件附件1）第二十七条第（一）项的规定，用于简易计税方法计税项目、免征增值税项目、集体福利或者个人消费的购进无形资产和不动产。其中涉及的无形资产、不动产，仅指专用于上述项目的无形资产（不包括其他权益性无形资产）、不动产。其进项税额不得从销项税额中抵扣。

2. 企业所得税处理。

根据《企业所得税法实施条例》第六十六条第（一）项的规定，企业"外购的无形资产，以购买价款、支付的相关税费以及直接归属于使该资产达到预定用途发生的其他支出为计税基础"。

根据上述政策规定，对于一般纳税人，购进无形资产不得抵扣的进项税额应直接计入无形资产的入账（初始）价值。

3. 会计处理。

在会计处理中，凡是涉及不得抵扣进项税额的，根据《增值税会计处理规定》（财会〔2016〕22号文件发布）第二条第（一）项第2点的规定，一般纳税人购进无形资产，用于简易计税方法计税项目、免征增值税项目、集体福利或个人消费等，其进项税额按照现行增值税制度规定不得从销项税额中抵扣的，取得增值税专用发票时，应借记相关成本费用或资产科目，借记"应交税费——待认证进项税额"科目，贷记"银行存款""应付账款"等科目，经税务机关认证后，应借记相关成本费用或资产科目，贷记"应交税费——应交增值税（进项税额转出）"科目。

案例 5-32

企业取得免税无形资产的涉税及会计处理

A公司（一般纳税人）2018年6月购入一项500万元的专利权，用于生产核心产品对外销售。A 公司的涉税及会计处理如下：

1. 涉税处理。

由于转让专利权免征增值税，因此 A 公司在取得时并未支付进项税额，该无形资产的入账价值（计税基础）为 500 万元，不涉及增值税的进项税额。

2. 会计处理（单位：万元）。

借：无形资产——专利权　　　　　　　　　　　　　　　　500
　　贷：银行存款　　　　　　　　　　　　　　　　　　　　500

案例 5-33

企业内部研发无形资产免征增值税的涉税及会计处理

（承上例）假设 A 公司开发的是一项专利技术。由于转让专利技术免征增值税，因此，A 公司的涉税及会计处理如下（单位：万元）：

1. 购买原材料时：

借：原材料　　　　　　　　　　　　　　　　　　　　　　10
　　应交税费——应交增值税（进项税额）　　　　　　　　　1.6
　　贷：银行存款　　　　　　　　　　　　　　　　　　　　11.6

2. 领用原材料、支付人工费时：

借：研发支出——资本化支出　　　　　　　　　　　　　　31.6
　　贷：原材料　　　　　　　　　　　　　　　　　　　　　10
　　　　应交税费——应交增值税（进项税额转出）　　　　　1.6
　　　　应付职工薪酬　　　　　　　　　　　　　　　　　　20

3. 专利技术开发完成时，结转无形资产：

借：无形资产——专利技术　　　　　　　　　　　　　　　31.6
　　贷：研发支出——资本化支出　　　　　　　　　　　　　31.6

该专利技术账面价值与计税基础为 31.6 万元，包含原材料的增值税进项税额。

问题 5-3-8

企业对外转让无形资产的增值税、企业所得税如何处理？

答：企业对外转让无形资产涉及增值税缴纳及企业所得税收入的确认。

1. 增值税处理。

根据《营业税改征增值税试点实施办法》(财税〔2016〕36号文件附件1)第十五条的规定,一般纳税人销售无形资产(转让土地使用权除外),适用税率为6%。

根据上述政策规定,企业对外转让无形资产的,要按照规定缴纳增值税。

2. 企业所得税处理。

《企业所得税法》第六条第(三)项规定,企业以货币形式和非货币形式从各种来源取得的收入,为收入总额。其中包括转让财产收入。

《企业所得税法实施条例》第十六条规定:"企业所得税法第六条第(三)项所称转让财产收入,是指企业转让固定资产、生物资产、无形资产、股权、债权等财产取得的收入。"

对于收入的确认方式,依据《国家税务总局关于确认企业所得税收入若干问题的通知》(国税函〔2008〕875号)相关规定处理。

对于无形资产的摊销及成本结转,《企业所得税法》第十二条第一款规定:"在计算应纳税所得额时,企业按照规定计算的无形资产摊销费用,准予扣除。"如果企业转让无形资产,则按照实际摊销后的净值计算转让成本。

3. 会计处理。

在会计处理中,企业对外转让无形资产的,应按照实际收到的金额等,借记"银行存款"等科目,按照已计提的累计摊销,借记"累计摊销"科目,按应支付的相关税费及其他费用,贷记"应交税费""银行存款"等科目,按照其账面余额,贷记"无形资产"科目,按其差额,记入"资产处置损益"科目,涉及增值税的,还要依据《增值税会计处理规定》(财会〔2016〕22号文件发布)第二条第(二)项第1点的规定,即按照现行增值税制度规定计算的销项税额(或采用简易计税方法计算的应纳增值税额),贷记"应交税费——应交增值税(销项税额)"或"应交税费——简易计税"科目(小规模纳税人应贷记"应交税费——应交增值税"科目)。已计提减值准备的,还应同时结转减值准备。

案例 5-34

企业对外转让商标权的涉税及会计处理

A公司是增值税一般纳税人。2018年6月,A公司将一项商标权对外转让,并开具增值税专用发票,注明价款 50 万元,款项已存入银行。该商标权初始成本为 30 万元,出售时已摊销 10 万元。A 公司相关涉税及会计处理如下(单位:万元):

1. 转让商标权时。

增值税:50×6%=3(万元)。

借:银行存款　　　　　　　　　　　　　　　　　　　53
　　累计摊销　　　　　　　　　　　　　　　　　　　10
　　贷:无形资产　　　　　　　　　　　　　　　　　　30
　　　　应交税费——应交增值税(销项税额)　　　　　 3
　　　　资产处置损益　　　　　　　　　　　　　　　　30

2. 若 A 公司转让的是专利权,则会计处理如下:

借:银行存款　　　　　　　　　　　　　　　　　　　50
　　累计摊销　　　　　　　　　　　　　　　　　　　10
　　贷:无形资产　　　　　　　　　　　　　　　　　　30
　　　　资产处置损益　　　　　　　　　　　　　　　　30

【提示】《企业会计准则第 6 号——无形资产》第二十二条规定:"企业出售无形资产,应当将取得的价款与该无形资产账面价值的差额计入当期损益";第二十三条规定:"无形资产预期不能为企业带来经济利益的,应当将该无形资产的账面价值予以转销"。

问题 5-3-9

企业视同销售无形资产的增值税、企业所得税如何处理?

答:企业发生视同销售无形资产的情形,涉及增值税计算以及企业所得税收入的确认。

1. 增值税处理。

《营业税改征增值税试点实施办法》(财税〔2016〕36 号文件附件 1)第十四条第(二)项规定,单位或者个人向其他单位或者个人无偿转让无形资产或者不动产,视同销售服务、无形资产或者不动产,但用于公益事业或者以社会公众为对象的除外。

根据上述政策规定,单位或者个人向其他单位或者个人无偿转让无形资产的,应视同销售,无法确定销售价格的,根据《营业税改征增值税试点实施办法》第四十四条的规定,纳税人"发生本办法第十四条所列行为而无销售额的,主管税务机关有权按照下列顺序确定销售额:

(一)按照纳税人最近时期销售同类服务、无形资产或者不动产的平均价格确定。

(二)按照其他纳税人最近时期销售同类服务、无形资产或者不动产的平均价格确定。

(三)按照组成计税价格确定。组成计税价格的公式为:

$$组成计税价格=成本\times(1+成本利润率)$$

成本利润率由国家税务总局确定。

不具有合理商业目的,是指以谋取税收利益为主要目的,通过人为安排,减少、免除、推迟缴纳增值税税款,或者增加退还增值税税款"。

2. 企业所得税处理。

《企业所得税法实施条例》第二十五条规定:"企业发生非货币性资产交换,以及将货物、财产、劳务用于捐赠、偿债、赞助、集资、广告、样品、职工福利和利润分配等用途的,应当视同销售货物、转让财产和提供劳务,但国务院财政、税务主管部门另有规定的除外。"

根据上述政策规定,企业发生视同销售无形资产业务的,企业所得税要确认所得。

3. 会计处理。

在会计处理中,对于视同销售的处理,《增值税会计处理规定》(财会〔2016〕22号文件发布)第二条第(二)项第2点规定,企业发生税法上视同销售的行为,应当按照企业会计准则制度相关规定进行相应的会计处理,并按照现行增值税制度规定计算的销项税额(或采用简易计税方法计算的应纳增值税额),借记"应付职工薪酬""利润分配"等科目,贷记"应交税费——应交增值税(销项税额)"或"应交税费——简易计税"科目(小规模纳税人应记入"应交税费——应交增值税"科目)。

【提示】 2019年11月27日发布的《中华人民共和国增值税法（征求意见稿）》第十六条指出："视同发生应税交易以及销售额为非货币形式的，按照市场公允价格确定销售额。"请读者密切关注后续政策变化，对于类似内容本章后面不再提示。

案例 5-35

企业对外捐赠商标权的涉税及会计处理

（承上例）若A公司将该商标权捐赠给某公益组织，则无须计算缴纳增值税，会计处理如下（单位：万元）：

借：营业外支出　　　　　　　　　　　　　　　　　　20
　　累计摊销　　　　　　　　　　　　　　　　　　　10
　　贷：无形资产　　　　　　　　　　　　　　　　　30

捐赠在会计上不视同销售，由于捐赠给公益事业，增值税上也不视同销售，但在企业所得税上需视同销售处理。因此，需按照公允价值50万元确定销售收入，同时确认成本20万元，在年末调增应纳税所得额。

问题 5-3-10

企业用无形资产对外投资的增值税、企业所得税如何处理？

答：企业用无形资产对外投资的涉及增值税计算以及企业所得税收入的确认。

1. 增值税处理。

营改增前，根据营业税规定，以无形资产、不动产投资入股，参与接受投资方利润分配，共同承担投资风险的行为，不征收营业税。营改增后，没有政策规定给予免税优惠。

根据《营业税改征增值税试点实施办法》（财税〔2016〕36号文件附件1）第十一条规定："有偿，是指取得货币、货物或者其他经济利益。"企业以无形资产对外投资入股，不仅无形资产所有权发生了转移，同时还取得股权，即"其他经济利益"，因此，以无形资产投资入股需要征收增值税。

2. 企业所得税处理。

（1）居民企业以非货币性资产对外投资确认的非货币性资产转让所得计入应纳税所得额的处理。

《财政部 国家税务总局关于非货币性资产投资企业所得税政策问题的通知》（财税〔2014〕116号）第一条规定："居民企业（以下简称企业）以非货币性资产对外投资确认的非货币性资产转让所得，可在不超过5年期限内，分期均匀计入相应年度的应纳税所得额，按规定计算缴纳企业所得税。"

《国家税务总局关于非货币性资产投资企业所得税有关征管问题的公告》（国家税务总局公告2015年第33号）第一条规定："实行查账征收的居民企业（以下简称企业）以非货币性资产对外投资确认的非货币性资产转让所得，可自确认非货币性资产转让收入年度起不超过连续5个纳税年度的期间内，分期均匀计入相应年度的应纳税所得额，按规定计算缴纳企业所得税。"

（2）对于转让所得的计价处理。

《财政部 国家税务总局关于非货币性资产投资企业所得税政策问题的通知》第二条规定："企业以非货币性资产对外投资，应对非货币性资产进行评估并按评估后的公允价值扣除计税基础后的余额，计算确认非货币性资产转让所得。

企业以非货币性资产对外投资，应于投资协议生效并办理股权登记手续时，确认非货币性资产转让收入的实现。"

（3）对于取得的被投资企业的股权处理。

《财政部 国家税务总局关于非货币性资产投资企业所得税政策问题的通知》第三条规定："企业以非货币性资产对外投资而取得被投资企业的股权，应以非货币性资产的原计税成本为计税基础，加上每年确认的非货币性资产转让所得，逐年进行调整。

被投资企业取得非货币性资产的计税基础，应按非货币性资产的公允价值确定。"

（4）企业在对外投资5年内转让上述股权或投资收回的处理。

《财政部 国家税务总局关于非货币性资产投资企业所得税政策问题的通知》第四条规定："企业在对外投资5年内转让上述股权或投资收回的，应停止执行递延纳税政策，并就递延期内尚未确认的非货币性资产转让所得，在转让股权或投资收回当年的企业所得税年度汇算清缴时，一次性计算缴纳企业所得税；企业在计算股权转让所得时，可按本通知第三条第一款规定将股权的计税基础一次调整到位。

企业在对外投资 5 年内注销的，应停止执行递延纳税政策，并就递延期内尚未确认的非货币性资产转让所得，在注销当年的企业所得税年度汇算清缴时，一次性计算缴纳企业所得税。"

3. 会计处理。

在日常会计处理业务中，投资方按投资的非货币性资产的公允价值（含税）借记"长期股权投资"，按投资的非货币性资产的账面价值贷记相关资产科目，公允价值（不含税）与账面价值的差额记入"资产处置损益"科目。

被投资方取得的资产，按公允价值（不含税）借记资产相关科目，按取得的进项税额借记"应交税费——应交增值税（进项税额）"科目，贷记"实收资本"科目。

案例 5-36

企业以无形资产对外投资的涉税及会计处理

2018 年 6 月，A 公司（增值税一般纳税人）以一项商标权投资入股 B 公司，该商标权取得时价款为 400 万元，已摊销 100 万元，评估作价 500 万元。A 公司开具了增值税专用发票。A 公司涉税及会计处理如下：

1. 涉税处理。

由于 A 公司以商标权投资入股属于视同销售行为，因此，A 公司增值税销项税额为：500×6%＝30（万元）。

2. 会计处理（单位：万元）。

借：长期股权投资	530
累计摊销	100
贷：无形资产——商标权	400
应交税费——应交增值税（销项税额）	30
资产处置损益	200

根据政策规定，A 公司 200 万元的资产转让所得，可以在 5 年期限内，分期均匀计入相应年度的应纳税所得额，按规定计算缴纳企业所得税。因此，每年应计入 40 万元，2018 年应纳税调减 160 万元（200－40）。

A 公司长期股权投资的账面价值为 530 万元，计税基础＝400－100＋200/5＝340（万元）。2018 年应确认递延所得税负债：（530－340）×25％＝47.5（万元），会计分录如下：

借：所得税费用　　　　　　　　　　　　　　　　　　　47.5
　　贷：递延所得税负债　　　　　　　　　　　　　　　　47.5

问题 5-3-11

企业发生无形资产损失的增值税、企业所得税如何处理？

答：无形资产（非土地使用权）损失是指某项无形资产已经被其他新技术所代替或已经超过了法律保护的期限，丧失了使用价值和转让价值，不再能给企业带来经济利益，而使该无形资产成为无效资产，其账面尚未摊销的余额，形成无形资产损失。一般情况下，无形资产不存在"非正常损失"，因此不涉及增值税处理，主要是企业所得税处理。

1. 企业所得税处理。

对于损失的认定，《企业资产损失所得税税前扣除管理办法》（国家税务总局公告 2011 年第 25 号发布）第三十八条规定："被其他新技术所代替或已经超过法律保护期限，已经丧失使用价值和转让价值，尚未摊销的无形资产损失，应提交以下证据备案：

（一）会计核算资料；

（二）企业内部核批文件及有关情况说明；

（三）技术鉴定意见和企业法定代表人、主要负责人和财务负责人签章证实无形资产已无使用价值或转让价值的书面申明；

（四）无形资产的法律保护期限文件。"

2. 会计处理。

在会计处理中，若企业的无形资产预期不能为企业带来经济利益，应按已计提的累计摊销，借记"累计摊销"科目，按其账面余额，贷记本科目，按其差额，借记"营业外支出"科目。已计提减值准备的，还应同时结转减值准备。

案例 5-37

企业发生无形资产损失的涉税及会计处理

A公司一项商标权，取得时支出100万元，累计摊销20万元，计提减值准备10万元，2018年12月，A公司发现商标已过保护期限。由于该商标已经不能为企业带来经济利益，因此应确认损失，A公司涉税及会计处理如下（单位：万元）：

借：营业外支出　　　　　　　　　　　　　　　　　　70
　　累计摊销　　　　　　　　　　　　　　　　　　　20
　　无形资产减值损失　　　　　　　　　　　　　　　10
　　贷：无形资产　　　　　　　　　　　　　　　　　100

企业应按照《企业资产损失所得税税前扣除管理办法》的规定报送相关资料，70万元的损失允许在税前扣除。

问题 5-3-12

企业取得土地使用权的增值税、企业所得税如何处理？

答：企业取得土地使用权的增值税处理主要是进项税额的处理，企业所得税处理主要是计税基础的确认。

1. 增值税处理。

在取得土地使用权的具体处理中，需要区分土地使用权不同的取得方式。

（1）从政府手中购入土地使用权，取得的是土地出让金票据，无增值税，因此，土地使用权计税基础中不包括增值税。

（2）从其他纳税人手中购入土地使用权。

①若取得增值税专用发票，认证后进项税额正常抵扣，土地使用权计税基础中不包括增值税；

②未取得增值税专用发票，不得确认进项税额，土地使用权计税基础中应包括增值税。

2. 企业所得税处理。

对于企业所得税，主要是不同取得方式计税基础的确认。

《企业所得税法实施条例》第五十六条第一款规定："企业的各项资产，包括固定资产、生物资产、无形资产、长期待摊费用、投资资产、存货等，以历史成本为计税基础"；第二款规定："前款所称历史成本，是指企业取得该项资产时实际发生的支出"。

土地使用权属于无形资产。对于土地使用权的计税基础，《企业所得税法实施条例》第六十六条规定："无形资产按照以下方法确定计税基础：

（一）外购的无形资产，以购买价款、支付的相关税费以及直接归属于使该资产达到预定用途发生的其他支出为计税基础；

（二）自行开发的无形资产，以开发过程中符合资本化条件后至达到预定用途前发生的支出为计税基础；

（三）通过捐赠、投资、非货币性资产交换、债务重组等方式取得的无形资产，以该资产的公允价值和支付的相关税费为计税基础。"

对于土地使用权的摊销，《企业所得税法实施条例》第六十七条规定："无形资产按照直线法计算的摊销费用，准予扣除。

无形资产的摊销年限不得低于10年"。

3. 会计处理。

在会计处理中，企业在确认土地使用权成本时，对于以出让方式取得的，按照应计入土地使用权成本的金额，借记"无形资产——土地使用权"科目，贷记"银行存款"等科目；对于以转让方式取得的，根据《增值税会计处理规定》（财会〔2016〕22号文件发布）第二条第（一）项第1点的规定，一般纳税人购进土地使用权，按照应计入相关成本费用或资产的金额，借记"无形资产——土地使用权"科目，按照当月已认证的可抵扣增值税额，借记"应交税费——应交增值税（进项税额）"科目，按照当月未认证的可抵扣增值税额，借记"应交税费——待认证进项税额"科目，按照应付或实际支付的金额，贷记"应付账款""应付票据""银行存款"等科目。

案例 5-38

企业购买土地使用权的涉税及会计处理

2018年8月，B公司转让一处土地使用权给A公司，转让价格为1 000万元。A、B公司均为增值税一般纳税人。该交易开具了增值税专用发票。

（1）若该土地使用权是B公司2016年1月通过土地出让方式取得的，支付的土地出让款为 400 万元。

针对该转让行为，B 公司应缴增值税：（1 000－400）÷（1＋5%）× 5%＝28.571 4（万元）。

A 公司取得土地使用权时，土地使用权的入账价值及计税基础为：1 000－28.571 4＝971.428 6（万元）。

会计处理如下：

借：无形资产——土地使用权　　　　　　　　　　　　9 714 286

　　应交税费——应交增值税（进项税额）　　　　　　　　285 714

　贷：银行存款　　　　　　　　　　　　　　　　　　10 000 000

（2）若该土地使用权是 B 公司 2016 年 10 月取得的。

针对该转让行为，B 公司应缴增值税：1 000÷（1＋10%）× 10%＝90.909 1（万元）。

A 公司取得土地使用权时，土地使用权的入账价值及计税基础为：1 000－90.909 1＝909.090 9（万元）。

会计处理如下：

借：无形资产——土地使用权　　　　　　　　　　　　9 090 909

　　应交税费——应交增值税（进项税额）　　　　　　　　909 091

　贷：银行存款　　　　　　　　　　　　　　　　　　10 000 000

问题 5-3-13

企业转让土地使用权的增值税、企业所得税如何处理？

答：土地使用权属于自然资源使用权的一种，其涉税处理与一般的无形资产处理存在较大差异。

1. 增值税处理。

（1）纳税义务发生时点。

根据《增值税暂行条例》第十九条第（一）项、《营业税改征增值税试点实施办法》（财税〔2016〕36 号文件附件 1）第四十五条第（一）项"关于增值税纳税义务发生时间"的规定，"纳税人发生应税行为并收讫销售款项或者取得索取销售款项凭据的当天；先开具发票的，为开具发票的当天。

收讫销售款项，是指纳税人销售服务、无形资产、不动产过程中或者完成后收到款项。

取得索取销售款项凭据的当天，是指书面合同确定的付款日期；未签订书面合同或者书面合同未确定付款日期的，为服务、无形资产转让完成的当天或者不动产权属变更的当天"。

企业转让土地使用权与一般销售货物不一样，涉及产权过户环节，对未签订书面合同或者书面合同未确定付款日期的，其纳税义务发生时间为土地使用权权属变更的当天。

（2）具体计算规定。

对于纳税人转让 2016 年 4 月 30 日前取得的土地使用权，《财政部 国家税务总局关于进一步明确全面推开营改增试有关劳务派遣服务、收费公路通行费抵扣等政策的通知》（财税〔2016〕47 号）第三条第（二）项第二款规定："纳税人转让 2016 年 4 月 30 日前取得的土地使用权，可以选择适用简易计税方法，以取得的全部价款和价外费用减去取得该土地使用权的原价后的余额为销售额，按照 5% 的征收率计算缴纳增值税。"

根据上述政策规定，一般纳税人转让 2016 年 4 月 30 日前取得的土地使用权，可以选择适用简易计税方法，但转让 2016 年 5 月 1 日后取得的土地使用权，适用一般计税方法。

小规模纳税人转让土地使用权的，适用简易计税方法。

2. 企业所得税处理。

根据《企业所得税法》第六条第（三）项的规定，企业的收入总额包括"转让财产收入"。《企业所得税法实施条例》第十六条规定："企业所得税法第六条第（三）项所称转让财产收入，是指企业转让固定资产、生物资产、无形资产、股权、债权等财产取得的收入。"

《企业所得税法实施条例》第六十七条第一款规定："无形资产按照直线法计算的摊销费用，准予扣除。"因此，企业的土地使用权在持有期间可以根据政策进行摊销，在企业转让土地使用权时，准予扣除的成本为土地使用权的净值。

3. 会计处理。

根据《企业所得税法》关于收入、支出的政策规定，上述转让土地使用权，如果有盈余，则结转当年所得，计算缴纳企业所得税；如果发生亏损，则可以在企业所得税税前扣除。

在具体会计处理中，企业转让土地使用权的，应按照实际收到的金额等，借记"银行存款"等科目，按照已计提的累计摊销，借记"累计摊销"科目，按照应支付的相关税费及其他费用，贷记"应交税费""银行存款"等科目，按照其账面余额，贷记"无形资产——土地使用权"科目，按照其差额，贷记或借记"资产处置损益"科目，涉及增值税的，还要依据《增值税会计处理规定》（财会〔2016〕22号文件发布）第二条第（二）项第1点的规定，即按照现行增值税制度规定计算的销项税额（或采用简易计税方法计算的应纳增值税额），贷记"应交税费——应交增值税（销项税额）"或"应交税费——简易计税"科目（小规模纳税人应贷记"应交税费——应交增值税"科目）。

【提示1】《〈企业会计准则第6号——无形资产〉应用指南》第六条"土地使用权的处理"规定："企业取得的土地使用权通常应确认为无形资产，但改变土地使用权用途，用于赚取租金或资本增值的，应当将其转为投资性房地产。

自行开发建造厂房等建筑物，相关的土地使用权与建筑物应当分别进行处理。外购土地及建筑物支付的价款应当在建筑物与土地使用权之间进行分配；难以合理分配的，应当全部作为固定资产。

企业（房地产开发）取得土地用于建造对外出售的房屋建筑物，相关的土地使用权账面价值应当计入所建造的房屋建筑物成本。"

【提示2】《土地增值税暂行条例》第二条规定："转让国有土地使用权、地上的建筑物及其附着物（以下简称转让房地产）并取得收入的单位和个人，为土地增值税的纳税义务人（以下简称纳税人），应当依照本条例缴纳土地增值税。"

根据上述政策规定，纳税人转让土地使用权还应缴纳土地增值税。

案例5-39

企业转让2016年4月30日前取得的土地使用权的增值税计算

A公司（一般纳税人）2019年7月转让土地使用权，转让收入10 000万元（含税），该土地使用权于2015年6月以出让方式取得，土地价款4 500万元。增值税计算如下：

（1）选择简易计税方法的应缴增值税：$(10\,000-4\,500)\div(1+5\%)\times5\%=261.90$（万元）；

（2）选择一般计税方法的增值税销项税额：$10\,000\div(1+9\%)\times9\%=825.69$（万元）。

案例 5-40

企业转让 2016 年 4 月 30 日后取得的土地使用权的增值税计算

B公司2019年7月转让土地使用权，转让收入10 000万元（含税），该土地使用权于2016年6月以出让方式取得，土地价款8 500万元。增值税计算如下：

1. 一般纳税人。

增值税销项税额：$10\,000\div(1+9\%)\times9\%=825.69$（万元）。

2. 小规模纳税人。

应缴增值税：$10\,000\div(1+3\%)\times3\%=291.26$（万元）。

案例 5-41

企业转让土地使用权的涉税及会计处理

A公司（一般纳税人）2019年7月转让一块土地使用权，转让收入10 000万元（含税），该土地使用权于2016年6月以出让方式取得，土地成本7 000万元（不含税），契税210万元。截至转让日已累计摊销200万元。转让时缴纳印花税5万元、土地增值税565.53万元。A公司涉税及会计处理如下（城市维护建设税及教育费附加略）：

1. 增值税计算。

销售额：$10\,000\div(1+9\%)=9\,174.31$（万元）；

销项税额：$9\,174.31\times9\%=825.69$（万元）。

2. 会计处理（单位：万元）。

（1）收到价款时：

借：银行存款　　　　　　　　　　　　　　　　　　　　　　　10 000

　　　　贷：应交税费——应交增值税（销项税额）　　　　　825.69
　　　　　　资产处置损益——处置非流动资产利得　　　　9 174.31
　（2）结转成本时：
　无形资产成本（假定入账时无其他税费）：7 000+210=7 210（万元）。
　　　　借：营业外支出　　　　　　　　　　　　　　　　7 010
　　　　　　累计摊销　　　　　　　　　　　　　　　　　　200
　　　　贷：无形资产　　　　　　　　　　　　　　　　　7 210
　（3）支付相关税费：
　　　　借：资产处置损益——处置非流动资产损失　　　　570.53
　　　　贷：应交税费——应交印花税　　　　　　　　　　　　5
　　　　　　　　　　——应交土地增值税　　　　　　　565.53

> **【提示】**营业外支出包括：存货的盘亏、毁损、报废损失，非流动资产处置净损失，坏账损失，无法收回的长期债权投资损失，无法收回的长期股权投资损失，自然灾害等不可抗力因素造成的损失，税收滞纳金，罚金，罚款，被没收财物的损失，捐赠支出，赞助支出等。不包括转让的无形资产成本。营业外收入与支出没有对应关系，这与其他业务收入和其他业务支出的关系有所不同。

5.4　生产性生物资产取得、处置涉税业务

　　从企业所得税角度，生产性生物资产，是指为生产农产品、提供劳务或者出租等目的持有的生物资产，包括经济林、薪炭林、产畜和役畜等。本节涉及生产性生物资产业务，其增值税、企业所得税处理与其他资产处理有较大差异。

问题 5-4-1

企业外购生产性生物资产的增值税、企业所得税如何处理？

　　答：根据《企业所得税法实施条例》第六十二条的规定，"生产性生物资产，是

指为生产农产品、提供劳务或者出租等目的持有的生物资产,包括经济林、薪炭林、产畜和役畜等"。

1. 增值税处理。

根据《财政部 国家税务总局关于简并增值税税率有关政策的通知》(财税〔2017〕37号)的规定,纳税人销售或者进口农产品(含粮食),税率为11%。

《增值税暂行条例》第十五条第(一)项规定,"农业生产者销售的自产农产品"免征增值税。

《增值税暂行条例实施细则》第三十五条第(一)项规定:"第一款第(一)项所称农业,是指种植业、养殖业、林业、牧业、水产业。

农业生产者,包括从事农业生产的单位和个人。

农产品,是指初级农产品,具体范围由财政部、国家税务总局确定。"

根据上述政策规定,如果企业利用购买的生产性生物资产生产出来的产品属于免征增值税的货物,购入的生产性生物资产进项税不能抵扣。

如果购买的生产性生物资产用于提供劳务或者出租等应税项目,其进项税按以下规定处理:

财税〔2017〕37号文件规定:"纳税人购进农产品,取得一般纳税人开具的增值税专用发票或海关进口增值税专用缴款书的,以增值税专用发票或海关进口增值税专用缴款书上注明的增值税额为进项税额;从按照简易计税方法依照3%征收率计算缴纳增值税的小规模纳税人取得增值税专用发票的,以增值税专用发票上注明的金额和11%的扣除率计算进项税额;取得(开具)农产品销售发票或收购发票的,以农产品销售发票或收购发票上注明的农产品买价和11%的扣除率计算进项税额。"

上述规定中涉及的税率,自2018年5月1日起至2019年3月31日止,由11%调整为10%;自2019年4月1日起,由10%调整为9%。

2. 企业所得税处理。

(1) 计税基础。

根据《企业所得税法实施条例》第五十六条的规定,生产性生物资产与税法列举的其他各项资产一样,以历史成本为计税基础。即指企业取得该项资产时实际发生的支出。

对于外购的生产性生物资产,根据该条例第六十二条第(一)项的规定,"外购生产性生物资产,以购买价款和支付的相关税费为计税基础"。

(2) 提取折旧。

对于生产性生物资产的折旧,《企业所得税法实施条例》第六十三条规定:"生产性生物资产按照直线法计算的折旧,准予扣除。

企业应当从生产性生物资产投入使用月份的次月起计算折旧;停止使用的生产性生物资产,应当从停止使用月份的次月起停止计算折旧。

企业应当根据生产性生物资产的性质和使用情况,合理确定生产性生物资产的预计净残值。生产性生物资产的预计净残值一经确定,不得变更。"

对于折旧年限,该条例第六十四条规定:"生产性生物资产计算折旧的最低年限如下:

(一)林木类生产性生物资产,为10年;

(二)畜类生产性生物资产,为3年。"

3. 会计处理。

在会计处理中,企业外购的生产性生物资产,按应计入生产性生物资产成本的金额,借记"生产性生物资产"科目,贷记"银行存款"等科目。

> 【提示】《企业会计准则第5号——生物资产》第六条规定:"生物资产应当按照成本进行初始计量";第七条规定:"外购生物资产的成本,包括购买价款、相关税费、运输费、保险费以及可直接归属于购买该资产的其他支出"。

案例 5-42

企业外购生产性生物资产的涉税及会计处理

A公司为从事农业生产的一般纳税人。2018年7月,A公司从某农场购入一批苹果树,用于生产苹果进行销售。共支付价款20万元,并取得销售发票。

由于农场销售果树属于免税项目,因此,其开具的销售发票为普通发票。购入的苹果树属于经济林,因此应按"生产性生物资产"进行核算,账面价值和计税基础为20万元。会计处理如下(单位:万元):

借:生产性生物资产　　　　　　　　　　　　　　　　20
　　贷:银行存款　　　　　　　　　　　　　　　　　　20

问题 5-4-2

企业通过捐赠、投资、非货币性资产交换、债务重组等方式取得生产性生物资产的增值税、企业所得税如何处理？

答：企业通过捐赠、投资、非货币性资产交换、债务重组等方式取得生产性生物资产的，均需要进行增值税、企业所得税处理。

1. 增值税处理。

如果取得的生产性生物资产用于免税项目，不能抵扣进项税额。

如果取得的生产性生物资产用于提供劳务或者出租等应税项目，其进项税额按以下规定处理：

《财政部 国家税务总局关于简并增值税税率有关政策的通知》（财税〔2017〕37号）规定："纳税人购进农产品，取得一般纳税人开具的增值税专用发票或海关进口增值税专用缴款书的，以增值税专用发票或海关进口增值税专用缴款书上注明的增值税额为进项税额；从按照简易计税方法依照3%征收率计算缴纳增值税的小规模纳税人取得增值税专用发票的，以增值税专用发票上注明的金额和11%的扣除率计算进项税额；取得（开具）农产品销售发票或收购发票的，以农产品销售发票或收购发票上注明的农产品买价和11%的扣除率计算进项税额。"

上述规定中涉及的税率，自2018年5月1日起至2019年3月31日止，由11%调整为10%；自2019年4月1日起，由10%调整为9%。

2. 企业所得税处理。

根据《企业所得税法实施条例》第五十六条的规定，企业取得的生物资产以历史成本为计税基础，即企业取得该项资产时实际发生的支出。

《企业所得税法实施条例》第六十二条第（二）项规定："通过捐赠、投资、非货币性资产交换、债务重组等方式取得的生产性生物资产，以该资产的公允价值和支付的相关税费为计税基础。"

3. 会计处理。

在会计处理中，企业接受捐赠取得的生产性生物资产，借记"生产性生物资产"科目，贷记"营业外收入"科目。涉及增值税的，按照可抵扣的进项税额，借记"应交税费——应交增值税（进项税额）"科目，贷记"营业外收入"科目。

企业接受投资者作为投资投入的生产性生物资产,借记"生产性生物资产"科目,按照可抵扣的进项税额,借记"应交税费——应交增值税(进项税额)"科目,按照其在注册资本或股本中所占份额,贷记"实收资本"科目,按其差额,贷记"资本公积"科目。

企业通过非货币性资产交换取得的生产性生物资产,按照换出资产公允价值(含税)抵扣换得的生产性生物资产可抵扣进项税额后的余额作为生产性生物资产的成本,借记"生产性生物资产"科目,按照换出的资产账面价值贷记相关资产科目,公允价值(不含税)与账面价值差额记入"营业外收入"或"营业外支出"科目。

企业通过债务重组取得的生产性生物资产,应当按照其公允价值入账,重组债权的账面余额与公允价值之间的差额,记入"营业外支出"科目。已对债权计提减值准备的,应当先将该差额冲减减值准备,减值准备不足以冲减的部分,记入"营业外支出"科目。

> 【提示】《企业会计准则第5号——生物资产》第十二条规定:"投资者投入生物资产的成本,应当按照投资合同或协议约定的价值确定,但合同或协议约定价值不公允的除外";第十四条规定:"非货币性资产交换、债务重组和企业合并取得的生物资产的成本,应当分别按照《企业会计准则第7号——非货币性资产交换》、《企业会计准则第12号——债务重组》和《企业会计准则第20号——企业合并》确定"。

案例 5-43

企业接受投资取得生产性生物资产的涉税及会计处理

A公司为从事农业生产的一般纳税人,2019年4月,某农场以培植的一批苹果树作为投资,获得A公司10%的股权计20万元。A公司会计处理如下(单位:万元):

借:生产性生物资产 20
　　贷:实收资本 20

问题 5-4-3

企业转让生产性生物资产的增值税、企业所得税如何处理？

答：企业转让生产性生物资产涉及增值税处理以及企业所得税收入的确认。

1. 增值税处理。

根据《增值税暂行条例》第十五条第（一）项的规定，"农业生产者销售的自产农产品"免征增值税。

根据《增值税暂行条例实施细则》第三十五条第（一）项的规定，在"条例第十五条规定的部分免税项目的范围"中，"第一款第（一）项所称农业，是指种植业、养殖业、林业、牧业、水产业。

农业生产者，包括从事农业生产的单位和个人。

农产品，是指初级农产品，具体范围由财政部、国家税务总局确定"。

如果企业为农业生产者，处置的生产性生物属于自产的初级农业产品，则免征增值税。

2. 企业所得税处理。

根据《企业所得税法》第六条第（三）项的规定，企业以货币形式和非货币形式从各种来源取得的收入，为收入总额，包括"转让财产收入"。

《企业所得税法实施条例》第十六条规定："企业所得税法第六条第（三）项所称转让财产收入，是指企业转让固定资产、生物资产、无形资产、股权、债权等财产取得的收入。"

3. 会计处理。

在会计处理中，处置生产性生物资产，应按照实际收到的金额，借记"银行存款"等科目，按照已计提的累计折旧，借记"生产性生物资产累计折旧"科目，按照其账面余额，贷记"生产性生物资产"科目，按照其差额，借记或贷记"资产处置损益"科目。已计提减值准备的，还应同时结转减值准备。

> **【提示】**《企业会计准则第5号——生物资产》第二十三条规定："对于消耗性生物资产，应当在收获或出售时，按照其账面价值结转成本。结转成本的方法包括加权平均法、个别计价法、蓄积量比例法、轮伐期年限法等"；第二十四

> 条规定:"生产性生物资产收获的农产品成本,按照产出或采收过程中发生的材料费、人工费和应分摊的间接费用等必要支出计算确定,并采用加权平均法、个别计价法、蓄积量比例法、轮伐期年限法等方法,将其账面价值结转为农产品成本。
>
> 收获之后的农产品,应当按照《企业会计准则第1号——存货》处理"。

案例 5-44

企业转让生产性生物资产的涉税及会计处理

A 公司为从事农业生产的一般纳税人,2019 年 4 月,转让 100 头奶牛取得价款 70 万元。该批奶牛为自行繁殖取得,成本为 90 万元,已提折旧 30 万元。A 公司相关税收及会计处理如下:

1. 涉税处理。

A 公司为农业生产者,转让自产农产品免征增值税。

A 公司确认转让所得:70-60=10(万元)。

2. 会计处理(单位:万元)。

借:银行存款	70
生产性生物资产累计折旧	30
贷:生产性生物资产	90
资产处置损益	10

问题 5-4-4

企业捐赠生产性生物资产的增值税、企业所得税如何处理?

答:企业捐赠生产性生物资产要视同销售,涉及增值税、企业所得税的处理。

1. 增值税处理。

根据《增值税暂行条例实施细则》第四条第(八)项的规定,单位或者个体工商户"将自产、委托加工或者购进的货物无偿赠送其他单位或者个人",视同销售货物。

对于视同销售货物销售额的确定,《增值税暂行条例实施细则》第十六条规定,纳税人有"本细则第四条所列视同销售货物行为而无销售额者,按下列顺序确定销售额:

(一)按纳税人最近时期同类货物的平均销售价格确定;

(二)按其他纳税人最近时期同类货物的平均销售价格确定;

(三)按组成计税价格确定。组成计税价格的公式为:

组成计税价格＝成本×(1＋成本利润率)

属于应征消费税的货物,其组成计税价格中应加计消费税额。

公式中的成本是指:销售自产货物的为实际生产成本,销售外购货物的为实际采购成本。公式中的成本利润率由国家税务总局确定"。

根据上述政策规定,将生产性生物资产用于捐赠的,应按上述方法确定销售额缴纳增值税。如果捐赠人为农业生产者,用于捐赠的生产性生物资产是自产初级农产品,则免征增值税。

2. 企业所得税处理。

《企业所得税法实施条例》第二十五条规定:"企业发生非货币性资产交换,以及将货物、财产、劳务用于捐赠、偿债、赞助、集资、广告、样品、职工福利和利润分配等用途的,应当视同销售货物、转让财产和提供劳务,但国务院财政、税务主管部门另有规定的除外。"

3. 会计处理。

在会计处理中,捐赠生产性生物资产,按照已计提的累计折旧,借记"生产性生物资产累计折旧"科目,按照其账面余额,贷记"生产性生物资产"科目,按照其差额,借记"营业外支出"科目。

案例 5-45

企业捐赠生产性生物资产的涉税及会计处理

A公司为从事农业生产的一般纳税人,2019年1月,将100头奶牛捐赠给某贫困地区,该批奶牛为自行繁殖取得,成本为90万元,已提折旧30万元,公允价为

100万元。A公司相关税收及会计处理如下：

1. 税款计算。

A公司以生产性生物资产捐赠视同销售，免征增值税。

A公司确认转让所得：100－60＝40（万元）。

2. 会计处理（单位：万元）。

借：营业外支出　　　　　　　　　　　　　　　　　　　60

　　生产性生物资产累计折旧　　　　　　　　　　　　　30

　　贷：生产性生物资产　　　　　　　　　　　　　　　　90

问题 5-4-5

企业以生产性生物资产投资的增值税、企业所得税如何处理？

答：企业以生产性生物资产投资的，涉及增值税计算以及企业所得税收入的确认。

1. 增值税处理。

根据《增值税暂行条例实施细则》第四条第（六）项的规定，单位或者个体工商户"将自产、委托加工或者购进的货物作为投资，提供给其他单位或者个体工商户"，视同销售货物。

对于视同销售货物销售额的确定，《增值税暂行条例实施细则》第十六条规定，纳税人有"本细则第四条所列视同销售货物行为而无销售额者，按下列顺序确定销售额：

（一）按纳税人最近时期同类货物的平均销售价格确定；

（二）按其他纳税人最近时期同类货物的平均销售价格确定；

（三）按组成计税价格确定。组成计税价格的公式为：

$$组成计税价格＝成本\times(1＋成本利润率)$$

属于应征消费税的货物，其组成计税价格中应加计消费税额。

公式中的成本是指：销售自产货物的为实际生产成本，销售外购货物的为实际采购成本。公式中的成本利润率由国家税务总局确定。"

根据上述政策规定，以生产性生物资产出资，应按上述方法确定销售额缴纳增值税。如果投资人为农业生产者，用于出资的生产性生物资产是自产初级农产品，则免征增值税。

2. 企业所得税处理。

（1）居民企业以生产性生物资产对外投资确认的转让所得计入应纳税所得额的处理。

《财政部 国家税务总局关于非货币性资产投资企业所得税政策问题的通知》（财税〔2014〕116号）第一条规定："居民企业（以下简称企业）以非货币性资产对外投资确认的非货币性资产转让所得，可在不超过5年期限内，分期均匀计入相应年度的应纳税所得额，按规定计算缴纳企业所得税。"

（2）对于转让所得的计价处理。

财税〔2014〕116号文件第二条规定："企业以非货币性资产对外投资，应对非货币性资产进行评估并按评估后的公允价值扣除计税基础后的余额，计算确认非货币性资产转让所得。

企业以非货币性资产对外投资，应于投资协议生效并办理股权登记手续时，确认非货币性资产转让收入的实现。"

（3）对于取得的被投资企业的股权处理。

财税〔2014〕116号文件第三条规定："企业以非货币性资产对外投资而取得被投资企业的股权，应以非货币性资产的原计税成本为计税基础，加上每年确认的非货币性资产转让所得，逐年进行调整。

被投资企业取得非货币性资产的计税基础，应按非货币性资产的公允价值确定。"

（4）企业在对外投资5年内转让上述股权或投资收回的处理。

财税〔2014〕116号文件第四条规定："企业在对外投资5年内转让上述股权或投资收回的，应停止执行递延纳税政策，并就递延期内尚未确认的非货币性资产转让所得，在转让股权或投资收回当年的企业所得税年度汇算清缴时，一次性计算缴纳企业所得税；企业在计算股权转让所得时，可按本通知第三条第一款规定将股权的计税基础一次调整到位。

企业在对外投资5年内注销的，应停止执行递延纳税政策，并就递延期内尚未确认的非货币性资产转让所得，在注销当年的企业所得税年度汇算清缴时，一次性计算缴纳企业所得税。"

3. 会计处理。

在会计处理中，投资方按投资的生产性生物资产的公允价值，借记"长期股权投资"科目，按照已计提的累计折旧，借记"生产性生物资产累计折旧"科目，按其账面余额，贷记"生产性生物资产"科目，公允价值与账面价值的差额记入"资产处置损益"科目。

案例 5-46

企业以生产性生物资产投资的涉税及会计处理

A 公司为从事农业生产的一般纳税人，2019 年 1 月，以 100 头奶牛作为投资成立某奶业公司，作价 100 万元。该批奶牛为自行繁殖取得，成本为 90 万元，已提折旧 30 万元。A 公司相关税收及会计处理如下：

1. 税款计算。

A 公司以生产性生物资产投资视同销售，免征增值税。

A 公司确认所得：100－60＝40（万元），可在 5 年内每年确认所得 8 万元。

A 公司取得的股权以奶牛原计税成本加上每年确认的转让所得 8 万元为计税基础，合计 68 万元，5 年内每年调增 8 万元。

2. 会计处理（单位：万元）。

借：长期股权投资——奶业公司	100
生产性生物资产累计折旧	30
贷：生产性生物资产	90
资产处置损益	40

问题 5-4-6

企业将生产性生物资产用于非货币性资产交换的增值税、企业所得税如何处理？

答：企业将生产性生物资产用于非货币性资产交换的，涉及增值税税额计算以及企业所得税收入的确认。

1. 增值税处理。

根据《增值税暂行条例实施细则》第三条的规定，"条例第一条所称销售货物，是指有偿转让货物的所有权""本细则所称有偿，是指从购买方取得货币、货物或者其他经济利益"。

根据上述政策规定，企业以生产性生物资产进行非货币性资产交换，应缴纳增值税，如果企业为农业生产者，用于非货币性资产交换的生产性生物资产是自产初级农产品，则免征增值税。增值税计税价格的确定，可参照《增值税暂行条例实施细则》第十六条规定执行，即："纳税人有条例第七条所称价格明显偏低并无正当理由或者有本细则第四条所列视同销售货物行为而无销售额者，按下列顺序确定销售额：

（一）按纳税人最近时期同类货物的平均销售价格确定；

（二）按其他纳税人最近时期同类货物的平均销售价格确定；

（三）按组成计税价格确定。组成计税价格的公式为：

$$组成计税价格＝成本\times(1＋成本利润率)$$

属于应征消费税的货物，其组成计税价格中应加计消费税额。

公式中的成本是指：销售自产货物的为实际生产成本，销售外购货物的为实际采购成本。公式中的成本利润率由国家税务总局确定。"

2. 企业所得税处理。

（1）一般性处理。

《企业所得税法实施条例》第二十五条规定："企业发生非货币性资产交换，以及将货物、财产、劳务用于捐赠、偿债、赞助、集资、广告、样品、职工福利和利润分配等用途的，应当视同销售货物、转让财产和提供劳务，但国务院财政、税务主管部门另有规定的除外。"

企业以生产性生物资产进行非货币性资产交换，应确认生产性生物资产转让所得或损失。

（2）特殊性处理。

《财政部 国家税务总局关于企业重组业务企业所得税处理若干问题的通知》（财税〔2009〕59号）第五条、第六条及《财政部 国家税务总局关于促进企业重组有关企业所得税处理问题的通知》（财税〔2014〕109号）第二条规定，资产收购同时符合下列条件的，适用特殊性税务处理规定：

"（一）具有合理的商业目的，且不以减少、免除或者推迟缴纳税款为主要目的。

（二）企业重组后的连续12个月内不改变重组资产原来的实质性经营活动。

（三）企业重组中取得股权支付的原主要股东，在重组后连续12个月内，不得转让所取得的股权。

（四）受让企业收购的资产不低于转让企业全部资产的50%，且受让企业在该资产收购发生时的股权支付金额不低于其交易支付总额的85%。"

财税〔2009〕59号文件第六条第（三）项第2点规定："受让企业取得转让企业资产的计税基础，以被转让资产的原有计税基础确定。"

根据上述政策规定，企业以生产性生物资产交换股权如符合企业所得税特殊性处理情形，则不确认生产性生物资产转让所得，换得的股权以生产性生物资产原有计税基础为计税基础。

3. 会计处理。

在会计处理中，按照取得的进项税额借记"应交税费——应交增值税（进项税额）"科目，按照换出的生产性生物资产公允价值扣除获得资产进项税额后的余额作为换得的资产的成本，借记相关资产科目；按照已计提的生产性生物资产累计折旧，借记"生产性生物资产累计折旧"科目，按照其账面余额，贷记"生产性生物资产"科目，公允价值与账面价值的差额记入"资产处置损益"科目。

> 【提示】《企业会计准则第7号——非货币性资产交换》第三条规定："非货币性资产交换同时满足下列条件的，应当以公允价值和应支付的相关税费作为换入资产的成本，公允价值与换出资产账面价值的差额计入当期损益：
> （一）该项交换具有商业实质；
> （二）换入资产或换出资产的公允价值能够可靠地计量。
> 换入资产和换出资产公允价值均能够可靠计量的，应当以换出资产的公允价值作为确定换入资产成本的基础，但有确凿证据表明换入资产的公允价值更加可靠的除外。"

案例 5-47

企业将生产性生物资产用于非货币性资产交换的涉税及会计处理

A公司为从事农业生产的一般纳税人，2019年4月与B公司进行非货币性资产交换，A 公司以 100 头奶牛换取 B 公司商铺，B 公司开具增值税专用发票，注明进项税为 8.1 万元。该批奶牛为自行繁殖取得，成本为 90 万元，已提折旧 30 万元，公允价为 85 万元。A 公司相关税收及会计处理如下：

1. 涉税处理。

A 公司以生产性生物资产进行非货币性资产交换，免征增值税。

确认转让生产性生物资产所得：85－(90－30)＝25（万元）。

2. 会计处理（单位：万元）。

借：固定资产	76.9
应交税费——应交增值税（进项税额）	8.1
生产性生物资产累计折旧	30
贷：生产性生物资产	90
资产处置损益	25

问题 5-4-7

企业将生产性生物资产用于债务重组的增值税、企业所得税如何处理？

答：企业将生产性生物资产用于债务重组的，涉及增值税计算以及企业所得税收入的确认。

1. 增值税处理。

《增值税暂行条例》第一条规定："在中华人民共和国境内销售货物或者加工、修理修配劳务（以下简称劳务），销售服务、无形资产、不动产以及进口货物的单位和个人，为增值税的纳税人，应当依照本条例缴纳增值税。"

《增值税暂行条例实施细则》第三条规定："条例第一条所称销售货物，是指有偿转让货物的所有权"；"条例第一条所称提供加工、修理修配劳务（以下称应税劳务），是指有偿提供加工、修理修配劳务"；"本细则所称有偿，是指从购买方取得货币、货物或者其他经济利益"。

根据上述政策规定，以生产性生物资产清偿债务，应缴纳增值税，如果债务人为农业生产者，用于清偿债务的生产性生物资产是自产初级农产品，则免征增值税。增值税计税价格的确定，可参照《增值税暂行条例实施细则》第十六条规定执行，即:"纳税人有条例第七条所称价格明显偏低并无正当理由或者有本细则第四条所列视同销售货物行为而无销售额者,按下列顺序确定销售额:

(一)按纳税人最近时期同类货物的平均销售价格确定;

(二)按其他纳税人最近时期同类货物的平均销售价格确定;

(三)按组成计税价格确定。组成计税价格的公式为:

$$组成计税价格 = 成本 \times (1 + 成本利润率)$$

属于应征消费税的货物,其组成计税价格中应加计消费税额。

公式中的成本是指:销售自产货物的为实际生产成本,销售外购货物的为实际采购成本。公式中的成本利润率由国家税务总局确定。"

2. 企业所得税处理。

(1)一般性处理。

《财政部 国家税务总局关于企业重组业务企业所得税处理若干问题的通知》(财税〔2009〕59号)第四条第(二)项第1点规定:"以非货币资产清偿债务,应当分解为转让相关非货币性资产、按非货币性资产公允价值清偿债务两项业务,确认相关资产的所得或损失。"

(2)特殊性处理。

根据财税〔2009〕59号文件第五条的规定,债务重组同时符合下列条件的,适用特殊性税务处理规定:

"(一)具有合理的商业目的,且不以减少、免除或者推迟缴纳税款为主要目的。

(二)企业重组后的连续12个月内不改变重组资产原来的实质性经营活动。

(三)企业重组中取得股权支付的原主要股东,在重组后连续12个月内,不得转让所取得的股权"。

财税〔2009〕59号文件第六条第(一)项规定:"企业债务重组确认的应纳税所得额占该企业当年应纳税所得额50%以上,可以在5个纳税年度的期间内,均匀计入各年度的应纳税所得额。"

根据上述政策规定,以生产性生物资产清偿债务,分解为转让生产性生物资产、按生产性生物资产公允价值清偿债务两项业务,其中生产性生物资产公允价值清偿债务确认的所得占该企业当年应纳税所得额50%以上的,可以在5个纳税年度的期间内,均匀计入各年度的应纳税所得额。

3. 会计处理。

在会计处理中，债务人以生产性生物资产清偿债务的，应当将重组债务的账面价值扣除应缴纳的税费后的余额与清偿债务的生产性生物资产账面价值之间的差额，记入"资产处置损益"科目。

> **【提示】**根据《企业会计准则第12号——债务重组》的规定，以资产清偿债务方式进行债务重组的，债务人应当在相关资产和所清偿债务符合终止确认条件时予以终止确认，所清偿债务账面价值与转让资产账面价值之间的差额计入当期损益。

案例 5-48

企业将生产性生物资产用于债务重组的涉税及会计处理

A公司为从事农业生产的一般纳税人，2018年12月与债权人B公司达成重组协议，以100头奶牛抵偿债务100万元，该批奶牛为自行繁殖取得，成本为90万元，已提折旧30万元，公允价为85万元。相关涉税及会计处理如下：

1. 涉税处理。

A公司以生产性生物资产清偿债务行为，免征增值税。

确认转让生产性生物资产所得：85－（90－30）＝25（万元）；

债务重组所得：100－85＝15（万元）；

假设债务重组确认的应纳税所得额占当年应纳税所得额50％以上，可以在5个纳税年度的期间内，均匀计入各年度的应纳税所得额，2018年可确认债务重组所得3万元。

2. 会计处理（单位：万元）。

```
借：应付账款                              100
    生产性生物资产累计折旧                  30
  贷：生产性生物资产                        90
      资产处置损益                          40
```

问题 5-4-8

企业发生生产性生物资产损失的增值税、企业所得税如何处理？

答：企业发生生产性生物资产损失的，涉及增值税进项税额以及企业所得税损失税前扣除的处理。

1. 增值税处理。

根据《增值税暂行条例》第十条的规定，进项税额不得从销项税额中抵扣的项目包括"非正常损失的购进货物，以及相关的劳务和交通运输服务"。

《增值税暂行条例实施细则》第二十四条规定："条例第十条第（二）项所称非正常损失，是指因管理不善造成被盗、丢失、霉烂变质的损失。"

根据上述政策规定，非正常损失的购进生产性生物资产及相关的交通运输服务的进项税额不得抵扣，已抵扣的应转出。

2. 企业所得税处理。

（1）正常损失的处理。

根据《企业资产损失所得税税前扣除管理办法》（国家税务总局公告 2011 年第 25 号发布）第九条的规定，企业在正常经营管理活动中，按照公允价格销售、转让、变卖生产性生物资产的损失及生产性生物资产达到或超过使用年限而正常死亡发生的资产损失应以清单申报的方式向税务机关申报扣除。

（2）非正常损失的处理。

《企业资产损失所得税税前扣除管理办法》第三十四条规定："生产性生物资产盘亏损失，为其账面净值扣除责任人赔偿后的余额，应依据以下证据材料确认：

（一）生产性生物资产盘点表；

（二）生产性生物资产盘亏情况说明；

（三）生产性生物资产损失金额较大的，企业应有专业技术鉴定意见和责任认定、赔偿情况的说明等。"

《企业资产损失所得税税前扣除管理办法》第三十五条规定："因森林病虫害、疫情、死亡而产生的生产性生物资产损失，为其账面净值扣除残值、保险赔偿和责任人赔偿后的余额，应依据以下证据材料确认：

（一）损失情况说明；

（二）责任认定及其赔偿情况的说明；

（三）损失金额较大的，应有专业技术鉴定意见。"

《企业资产损失所得税税前扣除管理办法》第三十六条规定："对被盗伐、被盗、丢失而产生的生产性生物资产损失，为其账面净值扣除保险赔偿以及责任人赔偿后的余额，应依据以下证据材料确认：

（一）生产性生物资产被盗后，向公安机关的报案记录或公安机关立案、破案和结案的证明材料；

（二）责任认定及其赔偿情况的说明。"

3. 会计处理。

在会计处理中，企业发生生产性生物资产非正常损失时，应当将账面净值、转出的进项税额扣除残值、保险赔偿和责任人赔偿后的余额记入"营业外支出"科目。

> 【提示】《企业会计准则第5号——生物资产》第二十五条规定："生物资产改变用途后的成本，应当按照改变用途时的账面价值确定"；第二十六条规定："生物资产出售、盘亏或死亡、毁损时，应当将处置收入扣除其账面价值和相关税费后的余额计入当期损益"。

案例5-49

企业发生生产性生物资产非正常损失的涉税及会计处理

2019年3月，某农场死亡奶牛一头，奶牛于2017年3月购买，价格为1.5万元，无进项税，已提折旧1万元。相关涉税及会计处理如下（单位：万元）：

借：营业外支出　　　　　　　　　　　　　　　　0.5
　　生产性生物资产累计折旧　　　　　　　　　　1
　　贷：生产性生物资产　　　　　　　　　　　　1.5

此处的营业外支出0.5万元允许在企业所得税税前扣除。

本章思考题

1. 企业外购固定资产的计税基础是否包括增值税?
2. 企业视同销售无形资产与视同销售货物的增值税处理是否相同?
3. 企业改建与维修固定资产的企业所得税如何处理?

第 6 章
企业重组、拆迁、报损等特殊业务

- 6.1 企业重组涉税业务
- 6.2 资产、股权划转及投资涉税业务
- 6.3 企业搬迁涉税业务
- 6.4 资产损失涉税业务

本章主要内容为企业重组、搬迁、损失等特殊行为涉及的增值税、企业所得税业务,由于这类行为涉及的财税业务往往是综合性的,在处理上不仅繁杂而且经常有不同的理解甚至不同的处理方式,因此本章的重点在于将相关业务与现行税收政策进行简单比对,并适当以会计处理为辅助,供大家在处理具体业务时参考。

6.1 企业重组涉税业务

重组是指企业在日常经营活动以外发生的法律结构或经济结构重大改变的交易,包括企业法律形式改变、债务重组、股权收购、资产收购、合并、分立等。本节内容主要是企业重组业务涉及的基本业务问题。

问题 6-1-1

企业法律形式改变的增值税、企业所得税如何处理?

答:企业法律形式改变是指包括企业注册名称、住所以及企业组织形式等的简单改变,但符合《财政部 国家税务总局关于企业重组业务企业所得税处理若干问题的通知》(财税〔2009〕59 号)规定的其他类型的重组除外。

1. 增值税处理。

《国家税务总局关于纳税人资产重组有关增值税问题的公告》(国家税务总局公告 2011 年第 13 号)规定:"纳税人在资产重组过程中,通过合并、分立、出售、置换等方式,将全部或者部分实物资产以及与其相关联的债权、负债和劳动力一并转让给其他单位和个人,不属于增值税的征税范围,其中涉及的货物转让,不征收增值税。"

根据《营业税改征增值税试点有关事项的规定》(财税〔2016〕36 号文件附件2)第一条第(二)项第 5 点的规定,不征收增值税项目包括"在资产重组过程中,通过合并、分立、出售、置换等方式,将全部或者部分实物资产以及与其相关联的债权、负债和劳动力一并转让给其他单位和个人,其中涉及的不动产、土地使用权转让行为"。

根据上述政策规定，企业由法人转变为个人独资企业、合伙企业等非法人组织，或将登记注册地转移至中华人民共和国境外（包括港澳台地区），原法人全部实物资产以及与其相关联的债权、负债和劳动力一并转移至非法人企业或境外企业，其中涉及的货物、不动产、土地使用权的转让行为不征收增值税。

企业发生其他法律形式简单改变的，因为资产的所有权未发生转移，所以不征增值税。

2. 企业所得税处理。

财税〔2009〕59 号文件第四条第（一）项规定："企业由法人转变为个人独资企业、合伙企业等非法人组织，或将登记注册地转移至中华人民共和国境外（包括港澳台地区），应视同企业进行清算、分配，股东重新投资成立新企业。企业的全部资产以及股东投资的计税基础均应以公允价值为基础确定。

企业发生其他法律形式简单改变的，可直接变更税务登记，除另有规定外，有关企业所得税纳税事项（包括亏损结转、税收优惠等权益和义务）由变更后企业承继，但因住所发生变化而不符合税收优惠条件的除外。"

根据上述政策规定，企业由法人转变为个人独资企业、合伙企业等非法人组织，企业所得税纳税人将转变为个人所得税纳税人；将登记注册地转移至中华人民共和国境外（包括港澳台地区）的，居民企业将转变为非居民企业。对于这类性质的改变，应视同企业进行清算、分配，股东重新投资成立新的企业。其中清算所得应缴纳企业所得税。

【提示】根据《财政部 税务总局关于继续支持企业事业单位改制重组有关契税政策的通知》（财税〔2018〕17 号）的规定，2018 年 1 月 1 日至 2020 年 12 月 31 日，企业按照《中华人民共和国公司法》有关规定整体改制，包括非公司制企业改制为有限责任公司或股份有限公司，有限责任公司变更为股份有限公司，股份有限公司变更为有限责任公司，原企业投资主体存续并在改制（变更）后的公司中所持股权（股份）比例超过 75%，且改制（变更）后公司承继原企业权利、义务的，对改制（变更）后公司承受原企业土地、房屋权属，免征契税。

根据《财政部 税务总局关于继续实施企业改制重组有关土地增值税政策的

通知》（财税〔2018〕57号）的规定，2018年1月1日至2020年12月31日，非公司制企业整体改制为有限责任公司或者股份有限公司，有限责任公司（股份有限公司）整体改制为股份有限公司（有限责任公司），对改制前的企业将国有土地使用权、地上的建筑物及其附着物（以下称房地产）转移、变更到改制后的企业，暂不征土地增值税。上述改制重组有关土地增值税政策不适用于房地产转移任意一方为房地产开发企业的情形。

案例 6-1

企业法律形式改变的涉税处理

A公司为一人有限公司，股东为自然人，企业所得税税率为25%。2018年10月变更为个人独资企业。A公司资产计税基础合计为600万元，公允价值为650万元，公司负债为50万元，变更前已全部清偿。A公司相关处理如下：

1. 企业所得税计算。

计算清算所得：650－600＝50（万元）；

应缴纳企业所得税：50×25％＝12.5（万元）。

转入个人独资企业的资产计税基础合计为650万元。

2. 增值税计算。

原公司全部资产以及与其相关联的债权、负债和劳动力一并转移至个人独资企业，不征收增值税。

问题 6-1-2

企业债务重组的增值税、企业所得税如何处理？

答：债务重组，是指在债务人发生财务困难的情况下，债权人按照其与债务人达成的书面协议或者法院裁定书，就其债务人的债务做出让步的事项。

1. 增值税处理。

《增值税暂行条例》第一条规定："在中华人民共和国境内销售货物或者加工、

修理修配劳务（以下简称劳务），销售服务、无形资产、不动产以及进口货物的单位和个人，为增值税的纳税人，应当依照本条例缴纳增值税。"

《增值税暂行条例实施细则》第三条规定："条例第一条所称销售货物，是指有偿转让货物的所有权"；"条例第一条所称提供加工、修理修配劳务（以下称应税劳务），是指有偿提供加工、修理修配劳务"；"本细则所称有偿，是指从购买方取得货币、货物或者其他经济利益"。

《营业税改征增值税试点实施办法》（财税〔2016〕36号文件附件1）第一条规定："在中华人民共和国境内（以下称境内）销售服务、无形资产或者不动产（以下称应税行为）的单位和个人，为增值税纳税人，应当按照本办法缴纳增值税，不缴纳营业税"；第十条第一款规定："销售服务、无形资产或者不动产，是指有偿提供服务、有偿转让无形资产或者不动产"；第十一条规定："有偿，是指取得货币、货物或者其他经济利益"。

根据上述政策规定，"债权人按照其与债务人达成的书面协议或者法院裁定书，就其债务人的债务做出让步的事项"，凡是在增值税征税范围内，且"取得货币、货物或者其他经济利益"的，均应按规定征收增值税。

对于债务重组行为中增值税计税价格的确定，《增值税暂行条例实施细则》第十六条规定："纳税人有条例第七条所称价格明显偏低并无正当理由或者有本细则第四条所列视同销售货物行为而无销售额者，按下列顺序确定销售额：

（一）按纳税人最近时期同类货物的平均销售价格确定；

（二）按其他纳税人最近时期同类货物的平均销售价格确定；

（三）按组成计税价格确定。组成计税价格的公式为：

$$组成计税价格 = 成本 \times (1 + 成本利润率)$$

属于应征消费税的货物，其组成计税价格中应加计消费税额。

公式中的成本是指：销售自产货物的为实际生产成本，销售外购货物的为实际采购成本。公式中的成本利润率由国家税务总局确定。"

《营业税改征增值税试点实施办法》第四十四条规定："纳税人发生应税行为价格明显偏低或者偏高且不具有合理商业目的的，或者发生本办法第十四条所列行为而无销售额的，主管税务机关有权按照下列顺序确定销售额：

（一）按照纳税人最近时期销售同类服务、无形资产或者不动产的平均价格确定。

（二）按照其他纳税人最近时期销售同类服务、无形资产或者不动产的平均价格确定。

（三）按照组成计税价格确定。组成计税价格的公式为：

$$组成计税价格＝成本×(1＋成本利润率)$$

成本利润率由国家税务总局确定。"

根据上述政策规定，以货物、劳务、服务、无形资产、不动产清偿债务的行为，应缴纳增值税，销售额按上述方法确定。

2. 企业所得税处理。

根据政策规定，企业债务重组要进行企业所得税处理。根据《财政部 国家税务总局关于企业重组业务企业所得税处理若干问题的通知》（财税〔2009〕59号）第四条第（二）项的规定，企业债务重组，相关交易应按以下规定处理：

（1）以非货币资产清偿债务，应当分解为转让相关非货币性资产、按非货币性资产公允价值清偿债务两项业务，确认相关资产的所得或损失。

（2）发生债权转股权的，应当分解为债务清偿和股权投资两项业务，确认有关债务清偿所得或损失。

（3）债务人应当按照支付的债务清偿额低于债务计税基础的差额，确认债务重组所得；债权人应当按照收到的债务清偿额低于债权计税基础的差额，确认债务重组损失。

（4）债务人的相关所得税纳税事项原则上保持不变。

3. 会计处理。

（1）债务人的处理。

以存货清偿债务的，应将重组债务的账面价值扣除应缴纳的税费后的余额，记入"主营业务收入"或"其他业务收入"科目；以固定资产、无形资产清偿债务的，应当将重组债务的账面价值扣除应缴纳的税费后的余额与清偿债务的固定资产、无形资产账面价值之间的差额，记入"资产处置损益"科目；将债务转为股权的，债务人应当将债权人放弃债权而享有股份的公允价值记入"股本"或者"实收资本"科目，重组债务的账面价值与股份的公允价值之间的差额，记入"营业外收入"科目。

(2) 债权人的处理。

以资产清偿债务方式进行债务重组的,按放弃债权的公允价值扣除取得的进项税额后的余额,借记资产类科目,放弃债权的公允价值与账面价值之间的差额,记入"营业外收入"或"营业外支出"科目。

将债务转为股权的,按放弃债权的公允价值,借记"长期股权投资"科目,放弃债权的公允价值与账面价值之间的差额,记入"营业外收入"或"营业外支出"科目。

【提示1】根据《企业会计准则第12号——债务重组》的规定,以资产清偿债务方式进行债务重组的,债务人应当在相关资产和所清偿债务符合终止确认条件时予以终止确认,所清偿债务账面价值与转让资产账面价值之间的差额计入当期损益。将债务转为权益工具方式进行债务重组的,债务人应当在所清偿债务符合终止确认条件时予以终止确认。债务人初始确认权益工具时应当按照权益工具的公允价值计量,权益工具的公允价值不能可靠计量的,应当按照所清偿债务的公允价值计量。所清偿债务账面价值与权益工具确认金额之间的差额,应当计入当期损益。

以资产清偿债务方式进行债务重组的,债权人初始确认受让的金融资产以外的资产时,应当按照下列原则以成本计量:

存货的成本,包括放弃债权的公允价值和使该资产达到当前位置和状态所发生的可直接归属于该资产的税金、运输费、装卸费、保险费等其他成本。

对联营企业或合营企业投资的成本,包括放弃债权的公允价值和可直接归属于该资产的税金等其他成本。

投资性房地产的成本,包括放弃债权的公允价值和可直接归属于该资产的税金等其他成本。

固定资产的成本,包括放弃债权的公允价值和使该资产达到预定可使用状态前所发生的可直接归属于该资产的税金、运输费、装卸费、安装费、专业人员服务费等其他成本。

生产性生物资产的成本,包括放弃债权的公允价值和可直接归属于该资产的税金、运输费、保险费等其他成本。

无形资产的成本,包括放弃债权的公允价值和可直接归属于使该资产达到预定用途所发生的税金等其他成本。

放弃债权的公允价值与账面价值之间的差额,应当计入当期损益。

将债务转为权益工具方式进行债务重组导致债权人将债权转为对联营企业或合营企业的权益性投资的,债权人应当按照该准则第六条的规定计量其初始投资成本。放弃债权的公允价值与账面价值之间的差额,应当计入当期损益。

【提示2】2019年11月27日发布的《中华人民共和国增值税法(征求意见稿)》第十六条指出:"视同发生应税交易以及销售额为非货币形式的,按照市场公允价格确定销售额。"请读者密切关注后续政策变化,对于类似内容本章后面不再提示。

案例6-2

企业债务重组(以非现金资产清偿)的涉税及会计处理

A公司(一般纳税人)于2019年6月25日与债权人B公司达成重组协议,A公司以一部机器抵偿债务100万元,机器原价150万元(不含税),已提折旧90万元,评估价为70万元(不含税)。A公司涉税及会计处理如下(不考虑城市维护建设税与教育费附加等):

1. A公司涉税计算。

增值税销项税额:70×13%=9.1(万元);

确认转让机器所得:70-(150-90)=10(万元);

债务重组所得:100-(70+9.1)=20.9(万元)。

2. A公司会计处理(单位:万元,下同)。

(1)转入固定资产清理时:

借:固定资产清理	60
累计折旧	90
贷:固定资产	150

(2)计算增值税及确认收入时:

借:应付账款	100

  贷：固定资产清理   90.9
    应交税费——应交增值税（销项税额）   9.1
 （3）结转固定资产清理时：
  借：固定资产清理   30.9
    贷：资产处置损益   30.9
 3. B 公司会计处理。
  借：固定资产   90.9
    应交税费——应交增值税（进项税额）   9.1
    贷：应收账款   100

案例 6-3

企业债务重组（将债务转为资本）的涉税及会计处理

  A 公司欠 B 公司货款 100 万元，截至 2018 年底未归还。2018 年 12 月 31 日与债权人 B 公司达成重组协议，B 公司将债权转为对 A 公司的投资，占 A 公司资本的 20%，为 85 万元，公允价值为 90 万元。相关涉税及会计处理如下：

 1. A 公司涉税处理。

  A 公司未发生增值税应税行为，不需要缴纳增值税。

  确认债务重组所得：100－90＝10（万元）。

 2. 会计处理（单位：万元）。

 （1）A 公司处理：

  借：应付账款   100
    贷：实收资本   90
      营业外收入   10

 （2）B 公司处理：

  借：长期股权投资——A 公司   100
    贷：应收账款   100

问题 6-1-3

企业债务重组适用特殊性税务处理的增值税、企业所得税如何处理?

答：根据《财政部 国家税务总局关于企业重组业务企业所得税处理若干问题的通知》(财税〔2009〕59号)第五条的规定，债务重组同时符合下列条件的，适用特殊性税务处理规定：

(1) 具有合理的商业目的，且不以减少、免除或者推迟缴纳税款为主要目的。

(2) 企业重组后的连续12个月内不改变重组资产原来的实质性经营活动。

(3) 企业重组中取得股权支付的原主要股东，在重组后连续12个月内，不得转让所取得的股权。

对于符合上述政策规定的特殊性处理债务重组，增值税、企业所得税处理如下：

1. 增值税处理。

对于增值税，仍然依据《增值税暂行条例》第一条、《增值税暂行条例实施细则》第三条以及《营业税改征增值税试点实施办法》(财税〔2016〕36号文件附件1)第一条、第十条第一款及第十一条等的规定处理。

2. 企业所得税处理。

对于企业所得税，财税〔2009〕59号文件第六条第(一)项规定："企业债务重组确认的应纳税所得额占该企业当年应纳税所得额50%以上，可以在5个纳税年度的期间内，均匀计入各年度的应纳税所得额。

企业发生债权转股权业务，对债务清偿和股权投资两项业务暂不确认有关债务清偿所得或损失，股权投资的计税基础以原债权的计税基础确定。企业的其他相关所得税事项保持不变。"

对上述业务需要说明的是，企业以非货币性资产清偿债务的，要分解为转让相关非货币性资产、按非货币性资产公允价值清偿债务两项业务，其中非货币性资产公允价值清偿债务确认的所得占该企业当年应纳税所得额50%以上的，可以在5个纳税年度的期间内，均匀计入各年度的应纳税所得额。

3. 会计处理。

企业债务重组适用特殊性税务处理的会计处理与适用一般性税务处理的债务重组相同。

案例 6-4

企业债务重组（特殊性税务处理）的涉税及会计处理

A 公司（一般纳税人）于 2019 年 7 月 25 日与债权人 B 公司达成重组协议，A 公司以一部机器抵偿债务 100 万元，机器原价 150 万元（不含税），已提折旧 90 万元，评估价为 70 万元（不含税）。A 公司相关涉税及会计处理如下（不考虑城市维护建设税与教育费附加等）：

1. A 公司相关涉税处理。

增值税销项税额：70×13%＝9.1（万元）；

确认转让机器所得：70−(150−90)＝10（万元）；

债务重组所得：100−(70＋9.1)＝20.9（万元）。

假设债务重组确认的应纳税所得额占当年应纳税所得额 50% 以上，可以在 5 个纳税年度的期间内，均匀计入各年度的应纳税所得额，2019 年可确认债务重组所得 4.18 万元。

2. A 公司会计处理（单位：万元，下同）。

（1）转入固定资产清理时：

借：固定资产清理	60
累计折旧	90
贷：固定资产	150

（2）计提增值税及确认收入时：

借：应付账款	100
贷：固定资产清理	90.9
应交税费——应交增值税（销项税额）	9.1

（3）结转固定资产清理时：

借：固定资产清理	30.90
贷：资产处置损益	30.90

3. B 公司会计处理。

借：固定资产	90.9
应交税费——应交增值税（进项税额）	9.1
贷：应收账款	100

问题 6-1-4

企业股权收购的增值税、企业所得税如何处理？

答：股权收购，是指一家企业购买另一家企业的股权，以实现对被收购企业控制的交易。收购企业支付对价的形式包括股权支付、非股权支付或两者的组合。

1. 增值税处理。

根据《增值税暂行条例》第二条以及《营业税改征增值税试点实施办法》（财税〔2016〕36号文件附件1）第一条、第九条与相关税目注释的规定，"在中华人民共和国境内销售货物或者加工、修理修配劳务（以下简称劳务），销售服务、无形资产、不动产以及进口货物的单位和个人，为增值税的纳税人，应当依照本条例缴纳增值税"。

根据上述政策规定，股权转让不在税目列举范围之内，不属于增值税征税范围，不缴纳增值税。

2. 企业所得税处理。

根据《财政部 国家税务总局关于企业重组业务企业所得税处理若干问题的通知》（财税〔2009〕59号）第四条第（三）项的规定，企业股权收购，相关交易应按以下规定处理：

（1）被收购方应确认股权转让所得或损失。

（2）收购方取得股权的计税基础应以公允价值为基础确定。

（3）被收购企业的相关所得税事项原则上保持不变。

3. 会计处理。

在会计处理中，如果以现金支付，收购方按照支付的现金数额，借记"长期股权投资"科目，贷记"银行存款"科目；被收购方应按照收到的现金，借记"银行存款"科目，按被收购的股权账面价值贷记"长期股权投资"科目，差额记入"投资收益"科目。

如果以固定资产、无形资产支付，收购方按照支付的固定资产、无形资产公允价值（含税），借记"长期股权投资"科目，固定资产、无形资产公允价值（不含税）与账面价值差额记入"资产处置损益"科目；如果以存货支付，收购方按照支付的存货公允价值（含税），借记"长期股权投资"科目，支付的存货应按公允价值

（不含税）确认销售收入，贷记"主营业务收入"或"其他业务收入"科目。被收购方按照被收购的股权公允价值抵扣获得资产进项税额后的余额，借记相关资产科目，按被收购的股权账面价值贷记"长期股权投资"科目，股权公允价值与账面价值差额记入"投资收益"科目。

如以控制的其他企业股权支付，收购方按照支付的股权公允价值作为收购的股权的成本，借记"长期股权投资"科目，按照支付的股权账面价值贷记"长期股权投资"科目，其差额记入"投资收益"科目；被收购方按照被收购的股权公允价值作为获得的股权的成本，借记"长期股权投资"科目，按照被收购的股权账面价值贷记"长期股权投资"科目，其差额记入"投资收益"科目。

如以本企业的股权支付，收购方按照收购的股权公允价值，借记"长期股权投资"科目，贷记"实收资本"科目；被收购方按照被收购的股权公允价值作为获得的股权的成本，借记"长期股权投资"科目，按照被收购的股权账面价值贷记"长期股权投资"科目，其差额记入"投资收益"科目。

> **【提示】** 根据《企业会计准则第7号——非货币性资产交换》的规定，以资产或股权支付收购股权，收购方取得股权应当以所支付的资产或股权的公允价值和应支付的相关税费作为成本，所支付的资产或股权的公允价值与所支付的资产或股权的账面价值的差额计入当期损益；被收购方取得的资产或股权应当以被收购的股权的公允价值作为成本，公允价值与被收购的股权的账面价值的差额计入当期损益。
>
> 根据《小企业会计准则》的规定，通过非货币性资产交换取得的长期股权投资，应当以换出非货币性资产的评估价值和相关税费作为成本进行计量。

案例6-5

企业股权收购的涉税及会计处理

B公司持有D公司60%的股权，历史成本为500万元，公允价值为600万元。A公司与B公司于2019年5月25日达成协议，A公司以本公司的股权收购B公司持有的 D 公司 60％的股权。相关涉税及会计处理如下：

1. 涉税处理。

B 公司确认股权转让所得：600－500＝100（万元）；

A 公司取得的股权计税基础为 600 万元。

双方均不需要缴纳增值税。

2. 会计处理（单位：万元）。

（1）A 公司处理：

借：长期股权投资——D 公司	600
贷：实收资本——B 公司	600

（2）B 公司处理：

借：长期股权投资——A 公司	600
贷：长期股权投资——D 公司	500
投资收益	100

问题 6-1-5

股权收购适用特殊性税务处理的增值税、企业所得税如何处理？

答：《财政部 国家税务总局关于企业重组业务企业所得税处理若干问题的通知》（财税〔2009〕59 号）第五条规定："企业重组同时符合下列条件的，适用特殊性税务处理规定：

（一）具有合理的商业目的，且不以减少、免除或者推迟缴纳税款为主要目的。

（二）被收购、合并或分立部分的资产或股权比例符合本通知规定的比例。

（三）企业重组后的连续 12 个月内不改变重组资产原来的实质性经营活动。

（四）重组交易对价中涉及股权支付金额符合本通知规定比例。

（五）企业重组中取得股权支付的原主要股东，在重组后连续 12 个月内，不得转让所取得的股权。"

根据该通知第六条及《财政部 国家税务总局关于促进企业重组有关企业所得税处理问题的通知》（财税〔2014〕109 号）第一条的规定，股权收购同时符合下列条件的，适用特殊性税务处理规定：

"(一) 具有合理的商业目的,且不以减少、免除或者推迟缴纳税款为主要目的。

(二) 企业重组中取得股权支付的原主要股东,在重组后连续12个月内,不得转让所取得的股权。

(三) 收购企业购买的股权不低于被收购企业全部股权的50%,且收购企业在该股权收购发生时的股权支付金额不低于其交易支付总额的85%"。

1. 增值税处理。

根据《增值税暂行条例》第二条以及《营业税改征增值税试点实施办法》(财税〔2016〕36号文件附件1)第一条、第九条与相关税目注释的规定,股权转让不在税目列举范围之内,不属于增值税征税范围,不缴纳增值税。

2. 企业所得税处理。

财税〔2009〕59号文件第六条第(二)项第1点规定:"被收购企业的股东取得收购企业股权的计税基础,以被收购股权的原有计税基础确定";第2点规定:"收购企业取得被收购企业股权的计税基础,以被收购股权的原有计税基础确定";第3点规定:"收购企业、被收购企业的原有各项资产和负债的计税基础和其他相关所得税事项保持不变"。

根据上述政策规定,被收购方不确认股权转让所得或损失。

【提示】在特殊性税务处理下,收购企业取得被收购企业股权的计税基础以被收购股权原有计税基础确定。在收购企业用控股企业股权进行支付的情形下,控股企业股权原计税基础往往与被收购股权原有计税基础不一致,两者的差额应确认为收益或损失。

上述观点目前没有明确的政策规定,但部分业界人士认为这样处理更加合理。

3. 会计处理。

股权收购适用特殊性税务处理的会计处理与适用一般性税务处理的股权收购相同。

案例6-6

企业股权收购(特殊性税务处理)的涉税及会计处理

A公司持有B公司40%的股权,历史成本为550万元,公允价值为620万元。

C公司持有D公司60%的股权，历史成本为500万元，公允价值为600万元。A公司与C公司于2019年5月25日达成协议，A公司以持有的B公司40%的股权，收购C公司持有的D公司60%的股权。相关涉税及会计处理如下：

1. 涉税处理。

按照企业所得税特殊处理方式，C公司获得B公司40%的股权计税基础为500万元；A公司获得D公司60%的股权计税基础为500万元，与原持有的B公司40%的股权的计税基础差异为50万元，计入当期损失。

A公司、B公司双方均不需要缴纳增值税。

2. 会计处理（单位：万元）。

(1) A公司处理：

借：长期股权投资——D公司	620
贷：长期股权投资——B公司	550
投资收益	70

(2) C公司处理：

借：长期股权投资——B公司	600
贷：长期股权投资——D公司	500
投资收益	100

问题 6-1-6

企业资产收购的增值税、企业所得税如何处理？

答：资产收购，是指一家企业购买另一家企业实质经营性资产的交易。受让企业支付对价的方式包括股权支付、非股权支付或两者的组合。

1. 增值税处理。

《增值税暂行条例》第一条规定："在中华人民共和国境内销售货物或者加工、修理修配劳务（以下简称劳务），销售服务、无形资产、不动产以及进口货物的单位和个人，为增值税的纳税人，应当依照本条例缴纳增值税。"

《增值税暂行条例实施细则》第三条规定："条例第一条所称销售货物，是指有偿转让货物的所有权"；"条例第一条所称提供加工、修理修配劳务（以下称应税劳务），是指有偿提供加工、修理修配劳务"；"本细则所称有偿，是指从购买方取得货币、货物或者其他经济利益"。

《营业税改征增值税试点实施办法》（财税〔2016〕36号文件附件1）第一条规定："在中华人民共和国境内（以下称境内）销售服务、无形资产或者不动产（以下称应税行为）的单位和个人，为增值税纳税人，应当按照本办法缴纳增值税，不缴纳营业税"；第十条第一款规定："销售服务、无形资产或者不动产，是指有偿提供服务、有偿转让无形资产或者不动产"；第十一条规定："有偿，是指取得货币、货物或者其他经济利益"。

根据上述政策规定，被收购资产涉及货物、无形资产或者不动产的，被收购方要按照规定缴纳增值税；收购方以货物、无形资产或者不动产支付的，也要按照规定缴纳增值税。

对于增值税计税价格的确定，依据《增值税暂行条例实施细则》第十六条、《营业税改征增值税试点实施办法》第四十四条规定处理。

2. 企业所得税处理。

根据《财政部 国家税务总局关于企业重组业务企业所得税处理若干问题的通知》（财税〔2009〕59号）第四条第（三）项的规定，资产收购，相关交易应按以下规定处理：被收购方应确认资产转让所得或损失；收购方资产的计税基础应以公允价值为基础确定；被收购企业的相关所得税事项原则上保持不变。

3. 会计处理。

（1）收购方处理。

如果以现金支付，按照支付的现金抵扣获得资产进项税额后的余额，借记相关资产科目，按照取得的进项税额借记"应交税费——应交增值税（进项税额）"科目，贷记"银行存款"科目。

如果以存货、固定资产、无形资产支付，按照支付的资产公允价值（含税）抵扣获得资产进项税额后的余额作为收购资产的成本，借记相关资产科目，按照取得的进项税额借记"应交税费——应交增值税（进项税额）"科目；以存货支付的，应按公允价值（不含税）确认销售收入，贷记"主营业务收入"或"其他业务收入"科目；以固定资产、无形资产支付的，公允价值（不含税）与账面价值差额记入"资产处置损益"科目。

如果以控制的其他企业股权支付，按照支付的股权公允价值抵扣获得资产进项税额后的余额作为收购的资产的成本，借记相关资产科目，按照取得的进项税额借记"应交税费——应交增值税（进项税额）"科目，按照支付的股权账面价值贷记"长期股权投资"科目，股权公允价值与账面价值差额计入"投资收益"科目。

如果以本企业的股权支付，按照收购的资产公允价值（不含税）借记相关资产科目，按照取得的进项税额借记"应交税费——应交增值税（进项税额）"科目，贷记"实收资本"科目。

（2）被收购方处理。

收到现金的，借记"银行存款"科目。收到资产的，按照被收购的资产公允价值（含税）抵扣获得资产进项税后的余额作为获得的资产的成本，借记相关资产科目，按照取得的进项税额借记"应交税费——应交增值税（进项税额）"科目。收到股权的，按照被收购的资产公允价值（含税）作为获得的股权的成本，借记"长期股权投资"科目。

被收购的资产为存货的，应按公允价值（不含税）确认销售收入，贷记"主营业务收入"或"其他业务收入"科目；被收购的资产为固定资产、无形资产的，其公允价值（不含税）与账面价值差额记入"资产处置损益"科目。

【提示】根据《企业会计准则第7号——非货币性资产交换》的规定，以股权支付收购资产，收购方取得资产应当以所支付的股权的公允价值作为成本，公允价值与支付的股权的账面价值的差额计入当期损益；被收购方取得支付的股权应当以被收购的资产的公允价值和应支付的相关税费作为成本，公允价值与被收购的资产的账面价值的差额计入当期损益。

案例 6-7

企业资产收购的涉税及会计处理

C公司为一般纳税人，拥有一条生产线，购置成本为800万元（不含税），已提折旧300万元，目前公允价值为600万元（不含税）。A公司与C公司于2019年5月25日达成协议，A公司以本公司的股权收购C公司拥有的该生产线。相关涉税及会计处理如下：

1. 涉税处理。

C 公司计算增值税销项税额：600×13％＝78（万元）；

确认资产转让所得：600－（800－300）＝100（万元）。

A 公司取得的资产计税基础为 600 万元。

2. A 公司会计处理（单位：万元，下同）。

借：固定资产　　　　　　　　　　　　　　　　　　600

　　应交税费——应交增值税（进项税额）　　　　　 78

　　贷：实收资本——B 公司　　　　　　　　　　　 678

3. C 公司会计处理：

（1）转入固定资产清理时：

借：固定资产清理　　　　　　　　　　　　　　　　500

　　累计折旧　　　　　　　　　　　　　　　　　　300

　　贷：固定资产　　　　　　　　　　　　　　　　 800

（2）计提增值税及确认收入时：

借：长期股权投资——B 公司　　　　　　　　　　　678

　　贷：固定资产清理　　　　　　　　　　　　　　 600

　　　　应交税费——应交增值税（销项税额）　　　 78

借：固定资产清理　　　　　　　　　　　　　　　　100

　　贷：资产处置损益　　　　　　　　　　　　　　 100

问题 6-1-7

企业资产收购适用特殊性税务处理的增值税、企业所得税如何处理？

答：企业资产收购，适用特殊性税务处理的条件如下：

《财政部 国家税务总局关于企业重组业务企业所得税处理若干问题的通知》（财税〔2009〕59 号）第五条规定："企业重组同时符合下列条件的，适用特殊性税务处理规定：

（一）具有合理的商业目的，且不以减少、免除或者推迟缴纳税款为主要目的。

（二）被收购、合并或分立部分的资产或股权比例符合本通知规定的比例。

（三）企业重组后的连续 12 个月内不改变重组资产原来的实质性经营活动。

（四）重组交易对价中涉及股权支付金额符合本通知规定比例。

（五）企业重组中取得股权支付的原主要股东，在重组后连续 12 个月内，不得转让所取得的股权。"

根据上述通知第六条及《财政部 国家税务总局关于促进企业重组有关企业所得税处理问题的通知》（财税〔2014〕109 号）第二条的规定，资产收购同时符合下列条件的，适用特殊性税务处理规定：

"（一）具有合理的商业目的，且不以减少、免除或者推迟缴纳税款为主要目的。

（二）企业重组后的连续 12 个月内不改变重组资产原来的实质性经营活动。

（三）企业重组中取得股权支付的原主要股东，在重组后连续 12 个月内，不得转让所取得的股权。

（四）受让企业收购的资产不低于转让企业全部资产的 50%，且受让企业在该资产收购发生时的股权支付金额不低于其交易支付总额的 85%"。

上述适用特殊性税务处理的增值税、企业所得税政策规定如下：

1. 增值税处理。

对于增值税处理，仍然依据《增值税暂行条例》第一条、《增值税暂行条例实施细则》第三条及《营业税改征增值税试点实施办法》（财税〔2016〕36 号文件附件 1）第一条、第十条第一款、第十一条规定的原则处理，被收购资产涉及货物、无形资产或者不动产的，被收购方要按照规定缴纳增值税；收购方以货物、无形资产或者不动产支付的，也要按照规定缴纳增值税。

2. 企业所得税处理。

对于企业所得税处理，主要是资产计税基础的确定。财税〔2009〕59 号文件第六条第（三）项第 1 点规定："转让企业取得受让企业股权的计税基础，以被转让资产的原有计税基础确定"；第 2 点规定："受让企业取得转让企业资产的计税基础，以被转让资产的原有计税基础确定"。

根据上述政策规定，转让企业不确认资产转让所得或损失。

3. 会计处理。

企业资产收购适用特殊性税务处理的会计处理与适用一般性税务处理的资产收购相同。

【提示】财税〔2009〕59号文件第六条第（六）项规定："重组交易各方按本条（一）至（五）项规定对交易中股权支付暂不确认有关资产的转让所得或损失的，其非股权支付仍应在交易当期确认相应的资产转让所得或损失，并调整相应资产的计税基础。

非股权支付对应的资产转让所得或损失＝（被转让资产的公允价值－被转让资产的计税基础）×（非股权支付金额÷被转让资产的公允价值）"

案例 6-8

企业资产收购（特殊性税务处理）的涉税及会计处理

A公司持有B公司50%的股权，历史成本为450万元，目前公允价值为650万元。C公司为一般纳税人，拥有一条生产线，占全部资产的60%，购置成本为800万元（不含税），已提折旧300万元，目前公允价值为600万元（不含税）。A公司与C公司于2019年5月25日达成协议，A公司以持有的B公司50%的股权加50万元现金，收购C公司拥有的该生产线。相关涉税及会计处理如下：

1. 涉税处理：

C公司增值税销项税额：600×13%＝78（万元）。

按照企业所得税特殊处理方式，C公司获得B公司50%的股权计税基础为被收购生产线的计税基础500万元减50万元现金，共450万元。

C公司确认现金支付部分对应的资产转让所得：（600－500）×（50÷600）＝8.33（万元）。

A公司获得C公司的生产线计税基础为500万元。

2. A公司会计处理（单位：万元，下同）：

借：固定资产	622
应交税费——应交增值税（进项税额）	78
贷：长期股权投资——B公司	450
投资收益	200
银行存款	50

3. C 公司会计处理：

(1) 转入固定资产清理时：

借：固定资产清理　　　　　　　　　　　　　　　　　　　　500

　　累计折旧　　　　　　　　　　　　　　　　　　　　　　300

　　贷：固定资产　　　　　　　　　　　　　　　　　　　　800

(2) 计提增值税及确认收入时：

借：长期股权投资——B 公司　　　　　　　　　　　　　　　628

　　银行存款　　　　　　　　　　　　　　　　　　　　　　50

　　贷：固定资产清理　　　　　　　　　　　　　　　　　　600

　　　　应交税费——应交增值税（销项税额）　　　　　　　78

借：固定资产清理　　　　　　　　　　　　　　　　　　　　100

　　贷：资产处置损益　　　　　　　　　　　　　　　　　　100

问题 6-1-8

企业合并的增值税、企业所得税如何处理？

答：合并，是指一家或多家企业将其全部资产和负债转让给另一家现存或新设企业，被合并企业股东换取合并企业的股权或非股权支付，实现两个或两个以上企业的依法合并。

1. 增值税处理。

《国家税务总局关于纳税人资产重组有关增值税问题的公告》（国家税务总局公告 2011 年第 13 号）规定："纳税人在资产重组过程中，通过合并、分立、出售、置换等方式，将全部或者部分实物资产以及与其相关联的债权、负债和劳动力一并转让给其他单位和个人，不属于增值税的征税范围，其中涉及的货物转让，不征收增值税。"

根据《营业税改征增值税试点有关事项的规定》（财税〔2016〕36 号文件附件 2）第一条第（二）项第 5 点的规定，不征收增值税项目包括"在资产重组过程中，通过合并、分立、出售、置换等方式，将全部或者部分实物资产以及与其相关联的债权、负债和劳动力一并转让给其他单位和个人，其中涉及的不动产、土地使用权转让行为"。

《国家税务总局关于纳税人资产重组增值税留抵税额处理有关问题的公告》（国家税务总局公告 2012 年第 55 号）规定："增值税一般纳税人在资产重组过程中，将全部资产、负债和劳动力一并转让给其他增值税一般纳税人，并按程序办理注销税务登记的，其在办理注销登记前尚未抵扣的进项税额可结转至新纳税人处继续抵扣。"

根据上述政策规定，合并中不涉及增值税处理，被合并的企业在办理注销登记前尚未抵扣的进项税额可结转至合并企业继续抵扣。

2. 企业所得税处理。

企业合并的要进行相关的企业所得税处理。根据《财政部 国家税务总局关于企业重组业务企业所得税处理若干问题的通知》（财税〔2009〕59 号）第四条第（四）项的规定，企业合并，当事各方应按下列规定处理：

（1）合并企业应按公允价值确定接受被合并企业各项资产和负债的计税基础。

（2）被合并企业及其股东都应按清算进行所得税处理。

（3）被合并企业的亏损不得在合并企业结转弥补。

3. 会计处理。

在企业会计处理中，对于非同一控制下的企业合并：合并方取得的资产和负债，按照公允价值分别借记资产类科目，贷记负债类科目。以现金支付的合并对价，贷记"银行存款"科目，其他形式支付的合并对价按照公允价值贷记"实收资本"科目或其他资产类科目，公允价值与其账面价值的差额，相应记入"投资收益""营业外收入""营业外支出"等科目。取得的净资产公允价值大于支付的合并对价公允价值的，其差额记入"营业外收入"科目；小于支付的合并对价公允价值的应当确认为商誉。

【提示 1】根据《财政部 税务总局关于继续支持企业事业单位改制重组有关契税政策的通知》（财税〔2018〕17 号）的规定，2018 年 1 月 1 日至 2020 年 12 月 31 日，两个或两个以上的公司，依照法律规定、合同约定，合并为一个公司，且原投资主体存续的，对合并后公司承受原合并各方土地、房屋权属，免征契税。

根据《财政部 税务总局关于继续实施企业改制重组有关土地增值税政策的通知》（财税〔2018〕57 号）的规定，2018 年 1 月 1 日至 2020 年 12 月 31 日，按照法律规定或者合同约定,两个或两个以上企业合并为一个企业,且原企业投资主体存续的,对原企业将房地产转移、变更到合并后的企业,暂不征土地增值税。上述改制重组有关土地增值税政策不适用于房地产转移任意一方为房地产开发企业的情形。

【提示2】根据《企业会计准则第20号——企业合并》有关规定,非同一控制下的企业合并:一次交换交易实现的企业合并,合并成本为购买方在购买日为取得对被购买方的控制权而付出的资产、发生或承担的负债以及发行的权益性证券的公允价值。通过多次交换交易分步实现的企业合并,合并成本为每一单项交易成本之和。购买方为进行企业合并发生的各项直接相关费用也应当计入企业合并成本。

购买方在购买日对作为企业合并对价付出的资产、发生或承担的负债应当按照公允价值计量,公允价值与其账面价值的差额,计入当期损益。

购买方在购买日应当对合并成本进行分配。购买方对合并成本大于合并中取得的被购买方可辨认净资产公允价值份额的差额,应当确认为商誉。购买方对合并成本小于合并中取得的被购买方可辨认净资产公允价值份额的差额,应当计入当期损益。

合并中取得的被购买方除无形资产以外的其他各项资产(不仅限于被购买方原已确认的资产),其所带来的经济利益很可能流入企业且公允价值能够可靠地计量的,应当单独予以确认并按照公允价值计量。

合并中取得的无形资产,其公允价值能够可靠地计量的,应当单独确认为无形资产并按照公允价值计量。

合并中取得的被购买方除或有负债以外的其他各项负债,履行有关的义务很可能导致经济利益流出企业且公允价值能够可靠地计量的,应当单独予以确认并按照公允价值计量。

案例6-9

企业合并的涉税及会计处理

2018年12月,A公司与B公司达成协议,A公司吸收合并B公司,向B公司股东支付现金 1 000 万元。B 公司的所有资产账面价值合计为 5 000 万元，公允价值为 5 033 万元，负债 4 000 万元，实收资本 1 100 万元，未分配利润为－100 万元。发生清算费用 3 万元。相关涉税及会计处理如下：

1. 涉税处理。

B 公司计算清算所得：5 033－5 000－3＝30（万元）；弥补亏损后不需要缴纳所得税。

A 公司接受 B 公司资产和负债的计税基础分别为：资产 5 030 万元（5 033－3），负债 4 000 万元。

A 公司不可弥补 B 公司的亏损。

B 公司不需要缴纳增值税。

2. A 公司会计处理（单位：万元）。

借：资产　　　　　　　　　　　　　　　　　　　　5 030
　　贷：负债　　　　　　　　　　　　　　　　　　　　4 000
　　　　银行存款　　　　　　　　　　　　　　　　　　1000
　　　　营业外收入　　　　　　　　　　　　　　　　　　30

问题 6-1-9

企业合并适用特殊性税务处理的增值税、企业所得税如何处理？

答：对于企业合并适用特殊性税务处理的条件，《财政部 国家税务总局关于企业重组业务企业所得税处理若干问题的通知》（财税〔2009〕59 号）第五条规定："企业重组同时符合下列条件的，适用特殊性税务处理规定：

（一）具有合理的商业目的，且不以减少、免除或者推迟缴纳税款为主要目的。

（二）被收购、合并或分立部分的资产或股权比例符合本通知规定的比例。

（三）企业重组后的连续 12 个月内不改变重组资产原来的实质性经营活动。

（四）重组交易对价中涉及股权支付金额符合本通知规定比例。

（五）企业重组中取得股权支付的原主要股东，在重组后连续 12 个月内，不得转让所取得的股权。"

对于上述适用特殊性税务处理的企业合并，相关增值税、企业所得税处理如下：

1. 增值税处理。

根据《国家税务总局关于纳税人资产重组有关增值税问题的公告》(国家税务总局公告 2011 年第 13 号) 及《营业税改征增值税试点有关事项的规定》(财税〔2016〕36 号文件附件 2) 的相关规定，合并中不涉及增值税。

2. 企业所得税处理。

根据财税〔2009〕59 号文件第六条第(四)项的规定，企业合并，企业股东在该企业合并发生时取得的股权支付金额不低于其交易支付总额的 85%，以及同一控制下且不需要支付对价的企业合并，可以选择按以下规定处理：

(1) 合并企业接受被合并企业资产和负债的计税基础，以被合并企业的原有计税基础确定。

(2) 被合并企业合并前的相关所得税事项由合并企业承继。

(3) 可由合并企业弥补的被合并企业亏损的限额 = 被合并企业净资产公允价值 × 截至合并业务发生当年年末国家发行的最长期限的国债利率。

(4) 被合并企业股东取得合并企业股权的计税基础，以其原持有的被合并企业股权的计税基础确定。

3. 会计处理。

对于同一控制下的企业合并：合并方取得的资产和负债，按照合并日在被合并方的账面价值分别借记资产类科目，贷记负债类科目。以现金支付的合并对价，贷记"银行存款"，其他形式支付的合并对价按账面价值贷记"实收资本"或其他资产类科目。取得的净资产账面价值与支付的合并对价账面价值的差额，计入资本公积。

【提示】根据《企业会计准则第 20 号——企业合并》有关规定，同一控制下的企业合并：合并方在企业合并中取得的资产和负债，应当按照合并日在被合并方的账面价值计量。合并方取得的净资产账面价值与支付的合并对价账面价值(或发行股份面值总额)的差额，应当调整资本公积；资本公积不足冲减的，调整留存收益。合并方为进行企业合并发生的各项直接相关费用，包括为进行企业合并而支付的审计费用、评估费用、法律服务费用等，应当于发生时计入当期损益。

案例 6-10

企业合并（特殊性税务处理）的涉税及会计处理

A 公司与 B 公司均为 C 集团的独资子公司，2018 年 12 月，按照集团要求，A 公司吸收合并 B 公司。合并日，B 公司的资产账面价值为 5 000 万元，负债 4 000 万元，实收资本 1 100 万元，未分配利润为 －100 万元，净资产公允价值为 1 200 万元。B 公司资产和负债的计税基础与账面价值一致，当年可弥补亏损为 100 万元。假设当年年末国家发行的最长期限的国债利率为 4.27%。相关涉税及会计处理如下：

1. 涉税处理。

按照企业所得税特殊处理方式，A 公司接受 B 公司资产和负债的计税基础分别为：资产 5 000 万元，负债 4 000 万元。

当年可由 A 公司弥补的 B 公司亏损的限额：1 200×4.27%＝51.24（万元）。

B 公司不需要缴纳增值税。

2. A 公司会计处理（单位：万元）。

借：资产　　　　　　　　　　　　　　　　　　　　　　　　　5 000
　　贷：负债　　　　　　　　　　　　　　　　　　　　　　　　4 000
　　　　资本公积　　　　　　　　　　　　　　　　　　　　　　1 000

问题 6-1-10

企业分立的增值税、企业所得税如何处理？

答：分立，是指一家企业将部分或全部资产分离转让给现存或新设的企业，被分立企业股东换取分立企业的股权或非股权支付，实现企业的依法分立。

1. 增值税处理。

根据《国家税务总局关于纳税人资产重组有关增值税问题的公告》（国家税务总局公告 2011 年第 13 号）的相关规定，纳税人在资产重组过程中，通过分立方式，将全部或者部分实物资产以及与其相关联的债权、负债和劳动力一并转让给其他单位和个人，不属于增值税的征税范围，其中涉及的货物转让，不征收增值税。

根据《营业税改征增值税试点有关事项的规定》(财税〔2016〕36号文件附件2)第一条第（二）项第5点的规定，不征收增值税项目包括"在资产重组过程中，通过合并、分立、出售、置换等方式，将全部或者部分实物资产以及与其相关联的债权、负债和劳动力一并转让给其他单位和个人，其中涉及的不动产、土地使用权转让行为"。

《国家税务总局关于纳税人资产重组增值税留抵税额处理有关问题的公告》(国家税务总局公告2012年第55号）规定："增值税一般纳税人在资产重组过程中，将全部资产、负债和劳动力一并转让给其他增值税一般纳税人，并按程序办理注销税务登记的，其在办理注销登记前尚未抵扣的进项税额可结转至新纳税人处继续抵扣。"

根据上述政策规定，企业分立业务中不涉及增值税处理，被分立企业不再继续存在时，在办理注销登记前尚未抵扣的进项税额可结转至分立企业继续抵扣。

2. 企业所得税处理。

企业分立要进行相应的企业所得税处理。根据《财政部 国家税务总局关于企业重组业务企业所得税处理若干问题的通知》(财税〔2009〕59号）第四条第（五）项的规定，企业分立，当事各方应按下列规定处理：

（1）被分立企业对分立出去资产应按公允价值确认资产转让所得或损失。

（2）分立企业应按公允价值确认接受资产的计税基础。

（3）被分立企业继续存在时，其股东取得的对价应视同被分立企业分配进行处理。

（4）被分立企业不再继续存在时，被分立企业及其股东都应按清算进行所得税处理。

（5）企业分立相关企业的亏损不得相互结转弥补。

3. 会计处理。

在会计处理中，被分立企业将进入分立企业的资产、负债按照原有账面价值结转，借记负债类科目，贷记资产类科目，差额借记权益类科目。分立企业将资产、负债按照原有账面价值进行初始计量，借记资产类科目，贷记负债类科目，差额贷记权益类科目。

【提示】根据《财政部 税务总局关于继续支持企业事业单位改制重组有关契税政策的通知》(财税〔2018〕17号）的规定，2018年1月1日至2020年12月

> 31日，公司依照法律规定、合同约定分立为两个或两个以上与原公司投资主体相同的公司，对分立后公司承受原公司土地、房屋权属，免征契税。
>
> 根据《财政部 税务总局关于继续实施企业改制重组有关土地增值税政策的通知》（财税〔2018〕57号）的规定，2018年1月1日至2020年12月31日，按照法律规定或者合同约定，企业分设为两个或两个以上与原企业投资主体相同的企业，对原企业将房地产转移、变更到分立后的企业，暂不征土地增值税。上述改制重组有关土地增值税政策不适用于房地产转移任意一方为房地产开发企业的情形。

案例 6-11

企业分立的涉税及会计处理

2018年9月，A公司将部分资产分立出去成立D公司，相应减资200万元。分立出去的资产账面价值为1 000万元，公允价值为1 100万元，负债800万元。D公司注册资本200万元。相关涉税及会计处理如下：

1. 涉税处理。

A公司确认资产转让所得：1 100－1 000＝100（万元）；D公司接受资产的计税基础为1 100万元。

A公司不需要缴纳增值税。

2. A公司会计处理（单位：万元，下同）。

借：负债　　　　　　　　　　　　　　　　　　　　　800
　　实收资本　　　　　　　　　　　　　　　　　　　200
　　贷：资产　　　　　　　　　　　　　　　　　　1 000

3. D公司会计处理。

借：资产　　　　　　　　　　　　　　　　　　　1 000
　　贷：负债　　　　　　　　　　　　　　　　　　　800
　　　　实收资本　　　　　　　　　　　　　　　　　200

问题 6-1-11

企业分立适用特殊性税务处理的增值税、企业所得税如何处理？

答：对于企业分立适用特殊性税务处理的条件，《财政部 国家税务总局关于企业重组业务企业所得税处理若干问题的通知》（财税〔2009〕59号）第五条规定："企业重组同时符合下列条件的，适用特殊性税务处理规定：

（一）具有合理的商业目的，且不以减少、免除或者推迟缴纳税款为主要目的。

（二）被收购、合并或分立部分的资产或股权比例符合本通知规定的比例。

（三）企业重组后的连续12个月内不改变重组资产原来的实质性经营活动。

（四）重组交易对价中涉及股权支付金额符合本通知规定比例。

（五）企业重组中取得股权支付的原主要股东，在重组后连续12个月内，不得转让所取得的股权"。

上述适用特殊性税务处理的企业分立，其增值税、企业所得税处理如下：

1. 增值税处理。

根据《国家税务总局关于纳税人资产重组有关增值税问题的公告》（国家税务总局公告2011年第13号）、《营业税改征增值税试点有关事项的规定》（财税〔2016〕36号文件附件2）第一条第（二）项第5点、《国家税务总局关于纳税人资产重组增值税留抵税额处理有关问题的公告》（国家税务总局公告2012年第55号）的规定，分立中不涉及增值税，被分立企业不再继续存在时，在办理注销登记前尚未抵扣的进项税额可结转至分立企业继续抵扣。

2. 企业所得税处理。

财税〔2009〕59号文件第六条第（五）项规定："企业分立，被分立企业所有股东按原持股比例取得分立企业的股权，分立企业和被分立企业均不改变原来的实质经营活动，且被分立企业股东在该企业分立发生时取得的股权支付金额不低于其交易支付总额的85%，可以选择按以下规定处理：

1. 分立企业接受被分立企业资产和负债的计税基础，以被分立企业的原有计税基础确定。

2. 被分立企业已分立出去资产相应的所得税事项由分立企业承继。

3. 被分立企业未超过法定弥补期限的亏损额可按分立资产占全部资产的比例进

行分配,由分立企业继续弥补。

4. 被分立企业的股东取得分立企业的股权(以下简称'新股'),如需部分或全部放弃原持有的被分立企业的股权(以下简称'旧股'),'新股'的计税基础应以放弃'旧股'的计税基础确定。如不需放弃'旧股',则其取得'新股'的计税基础可从以下两种方法中选择确定:直接将'新股'的计税基础确定为零;或者以被分立企业分立出去的净资产占被分立企业全部净资产的比例先调减原持有的'旧股'的计税基础,再将调减的计税基础平均分配到'新股'上。"

3. 会计处理。

在会计处理中,被分立企业将进入分立企业的资产、负债按照原有账面价值结转,借记负债类科目,贷记资产类科目,差额借记权益类科目。分立企业将资产、负债按照原有账面价值进行初始计量,借记资产类科目,贷记负债类科目,差额贷记权益类科目。

案例 6-12

企业分立(特殊性税务处理)的涉税及会计处理

A公司经营旅游与宾馆业务,股东为B公司与C公司,分别占有50%股份。2018年9月,A公司将宾馆业务分立出去成立D公司,D公司股东仍为B公司与C公司,分别占有50%股份。分立前,A公司的资产账面价值为5 000万元,负债4 000万元,实收资本1 100万元,未分配利润为-100万元。A公司资产和负债的计税基础与账面价值一致,可弥补亏损为100万元。分立出去的资产账面价值为1 000万元,负债800万元。相关涉税及会计处理如下:

1. 涉税处理。

按照企业所得税特殊处理方式,D公司接受资产和负债的计税基础分别为:资产1 000万元,负债800万元。

可由D公司弥补的A公司亏损的限额:100×(1 000÷5 000)=20(万元)。

A公司不需要缴纳增值税。

2. A公司会计处理(单位:万元,下同)。

借:负债　　　　　　　　　　　　　　　　　　800
　　实收资本　　　　　　　　　　　　　　　　200

  贷：资产　　　　　　　　　　　　　　　　　　　　　　　　　　　1 000
 3. D公司会计处理。
  借：资产　　　　　　　　　　　　　　　　　　　　　　　　　　　1 000
   贷：负债　　　　　　　　　　　　　　　　　　　　　　　　　　　800
     实收资本　　　　　　　　　　　　　　　　　　　　　　　　200

6.2　资产、股权划转及投资涉税业务

  资产、股权划转及投资业务是企业重要的资产运作业务。本节主要内容，一是关联企业之间划转股权或资产的行为涉及的增值税、企业所得税业务；二是企业以各类资产投资涉及的增值税、企业所得税业务。

问题 6-2-1

股权、资产划转适用特殊性税务处理的如何进行增值税、企业所得税处理？

  答：适用特殊性税务处理的股权、资产划转，其增值税、企业所得税处理如下：
  1. 增值税处理。
  《增值税暂行条例实施细则》第四条第（六）项规定，单位或者个体工商户将自产、委托加工或者购进的货物作为投资，提供给其他单位或者个体工商户，视同销售货物；第（八）项规定，单位或者个体工商户将自产、委托加工或者购进的货物无偿赠送其他单位或者个人，视同销售货物。
  根据《营业税改征增值税试点实施办法》（财税〔2016〕36号文件附件1）第十四条第（二）项的规定，单位或者个人向其他单位或者个人无偿转让无形资产或者不动产，应视同销售无形资产或者不动产，但用于公益事业或者以社会公众为对象的除外。
  对于上述视同销售行为无销售额的，按照《增值税暂行条例实施细则》第十六条、《营业税改征增值税试点实施办法》第四十四条的规定处理。
  根据上述政策规定，划出方划出资产涉及货物、无形资产或者不动产的，按上

述方法确定划出资产销售额缴纳增值税。划出股权不缴纳增值税。

2. 企业所得税处理。

对企业所得税的处理主要是所得的确认及资产计税基础的确定。《财政部 国家税务总局关于促进企业重组有关企业所得税处理问题的通知》(财税〔2014〕109号)第三条规定:"对100%直接控制的居民企业之间,以及受同一或相同多家居民企业100%直接控制的居民企业之间按账面净值划转股权或资产,凡具有合理商业目的、不以减少、免除或者推迟缴纳税款为主要目的,股权或资产划转后连续12个月内不改变被划转股权或资产原来实质性经营活动,且划出方企业和划入方企业均未在会计上确认损益的,可以选择按以下规定进行特殊性税务处理:

1. 划出方企业和划入方企业均不确认所得。

2. 划入方企业取得被划转股权或资产的计税基础,以被划转股权或资产的原账面净值确定。

3. 划入方企业取得的被划转资产,应按其原账面净值计算折旧扣除。"

> **【提示】**根据《财政部 税务总局关于继续支持企业事业单位改制重组有关契税政策的通知》(财税〔2018〕17号)的规定,2018年1月1日至2020年12月31日,同一投资主体内部所属企业之间土地、房屋权属的划转,包括母公司与其全资子公司之间,同一公司所属全资子公司之间,免征契税。母公司以土地、房屋权属向其全资子公司增资,视同划转,免征契税。

3. 会计处理。

在企业会计处理中,可以分为以下几种情形:

(1) 100%直接控制的母子公司之间,母公司向子公司按账面净值划转其持有的股权或资产,母公司获得子公司100%的股权支付。具有合理商业目的、不以减少、免除或者推迟缴纳税款为主要目的,股权或资产划转后连续12个月内不改变被划转股权或资产原来实质性经营活动。

根据《国家税务总局关于资产(股权)划转企业所得税征管问题的公告》(国家税务总局公告2015年第40号)第一条第(一)项的规定,母公司按增加长期股权投资处理,子公司按接受投资(包括资本公积)处理。母公司获得子公司股权的计税基础以划转股权或资产的原计税基础确定。

划出方为母公司的会计处理为：

借：长期股权投资——子公司
　　贷：被划出的资产或股权（按原账面价值）
　　　　应交税费——应交增值税（销项税额）

划入方为子公司的会计处理为：

借：被划入的资产或股权（按原账面价值）
　　应交税费——应交增值税（进项税额）
　　贷：实收资本——母公司

（2）100%直接控制的母子公司之间，母公司向子公司按账面净值划转其持有的股权或资产，母公司没有获得任何股权或非股权支付。

根据国家税务总局公告2015年第40号第一条第（二）项的规定，母公司按冲减实收资本（包括资本公积）处理，子公司按接受投资处理。

划出方为母公司，其会计处理为：

借：资本公积（或实收资本）
　　贷：被划出的资产或股权（按原账面价值）
　　　　应交税费——应交增值税（销项税额）

划入方为子公司，其会计处理为：

借：被划入的资产或股权（按原账面价值）
　　应交税费——应交增值税（进项税额）
　　贷：资本公积（或实收资本）

（3）100%直接控制的母子公司之间，子公司向母公司按账面净值划转其持有的股权或资产，子公司没有获得任何股权或非股权支付。

根据国家税务总局公告2015年第40号第一条第（三）项的规定，母公司按收回投资处理，或按接受投资处理，子公司按冲减实收资本处理。母公司应按被划转股权或资产的原计税基础，相应调减持有子公司股权的计税基础。

划出方子公司的会计处理为：

借：实收资本
　　贷：被划出的资产或股权（按原账面价值）
　　　　应交税费——应交增值税（销项税额）

划入方母公司的会计处理为：

借：被划入的资产或股权（按原账面价值）

应交税费——应交增值税（进项税额）

贷：长期股权投资——子公司

（4）受同一或相同多家母公司100%直接控制的子公司之间，在母公司主导下，一家子公司向另一家子公司按账面净值划转其持有的股权或资产，划出方没有获得任何股权或非股权支付。

根据国家税务总局公告2015年第40号第一条第（四）项的规定，划出方按冲减所有者权益处理，划入方按接受投资处理。

划出方子公司的会计处理为：

借：资本公积（或实收资本）

贷：被划出的资产或股权（按原账面价值）

应交税费——应交增值税（销项税额）

划入方子公司的会计处理为：

借：被划入的资产或股权（按原账面价值）

应交税费——应交增值税（进项税额）

贷：资本公积（或实收资本）

问题 6-2-2

股权、资产划转适用特殊性税务处理情况变化的如何进行增值税、企业所得税及会计处理？

答：股权、资产划转适用特殊性税务处理情况变化的，对于增值税，仍然依据《增值税暂行条例实施细则》第四条第（六）项、第（八）项及《营业税改征增值税试点实施办法》（财税〔2016〕36号文件附件1）第十四条第（二）项的规定处理。

对于企业所得税及会计处理，根据《国家税务总局关于资产（股权）划转企业所得税征管问题的公告》（国家税务总局公告2015年第40号）第八条的规定，交易一方在股权或资产划转完成日后连续12个月内发生生产经营业务、公司性质、资产或股权结构等情况变化，致使股权或资产划转不再符合特殊性税务处理条件的，情况发生变化后 60 日内，原交易双方应按以下规定进行税务处理：

情形一：母公司应按原划转完成时股权或资产的公允价值视同销售处理，并按公允价值确认取得长期股权投资的计税基础；子公司按公允价值确认划入股权或资产的计税基础。

划出方母公司的会计处理为：

借：长期股权投资——子公司（划转完成时被划出股权或资产的含税公允价值）
　　贷：被划出的资产或股权（原账面价值）
　　　　应交税费——应交增值税（销项税额）
　　　　资产处置损益（投资收益）

划入方子公司的会计处理为：

借：被划入的资产或股权（公允价值）
　　应交税费——应交增值税（进项税额）
　　贷：实收资本——母公司

情形二：母公司应按原划转完成时股权或资产的公允价值视同销售处理；子公司按公允价值确认划入股权或资产的计税基础。

划出方母公司的会计处理为：

借：资本公积（或实收资本）（划转完成时股权或资产的含税公允价值）
　　贷：被划出的资产或股权（原账面价值）
　　　　应交税费——应交增值税（销项税额）
　　　　资产处置损益（投资收益）

划入方子公司的会计处理为：

借：被划入的资产或股权（公允价值）
　　应交税费——应交增值税（进项税额）
　　贷：资本公积（或实收资本）

情形三：子公司应按原划转完成时股权或资产的公允价值视同销售处理；母公司应按撤回或减少投资进行处理。

划出方子公司的会计处理为：

借：实收资本（划转完成时股权或资产的含税公允价值）
　　贷：被划出的资产或股权（原账面价值）

　　　　应交税费——应交增值税（销项税额）

　　　　资产处置损益（投资收益）

　　划入方母公司的会计处理为：

　　　　借：被划入的资产或股权（公允价值）

　　　　　　应交税费——应交增值税（进项税额）

　　　　　　贷：长期股权投资——子公司

　　情形四：划出方应按原划转完成时股权或资产的公允价值视同销售处理；母公司根据交易情形和会计处理对划出方按分回股息进行处理，或者按撤回或减少投资进行处理，对划入方按以股权或资产的公允价值进行投资处理；划入方按接受母公司投资处理，以公允价值确认划入股权或资产的计税基础。

　　划出方子公司的会计处理为：

　　　　借：资本公积（或实收资本）（划转完成时股权或资产的含税公允价值）

　　　　　　贷：被划出的资产或股权（原账面价值）

　　　　　　　　应交税费——应交增值税（销项税额）

　　　　　　　　资产处置损益（投资收益）

　　母公司会计处理为：

　　　　借：被划出的资产或股权（含税公允价值）

　　　　　　贷：长期股权投资——划出方子公司

　　　　借：长期股权投资——划入方子公司

　　　　　　贷：被划出的资产或股权（含税公允价值）

　　划入方子公司的会计处理为：

　　　　借：被划入的资产或股权（公允价值）

　　　　　　应交税费——应交增值税（进项税额）

　　　　　　贷：资本公积（或实收资本）

案例 6-13

100%直接控制的母子公司之间，母公司向子公司划转资产，获得100%的股权支付的涉税及会计处理

　　A公司为一般纳税人，持有B公司100%的股权，A公司拥有一条生产线，购置成本为 800 万元（不含税），已提折旧 300 万元，划转完成时公允价值为 600 万元（不含税）。2019 年 4 月 25 日，A 公司将此生产线划转给 B 公司，B 公司以本公司股权支付。相关涉税及会计处理如下：

1. 税款计算。

A 公司增值税销项税额：600×13％＝78（万元）；

按照企业所得税特殊性税务处理方式，B 公司获得生产线计税基础为 500 万元；A 公司获得的股权计税基础为划转资产的计税基础加支付的税费 578 万元。

2. 会计处理（单位：万元）。

A 公司：

借：固定资产清理	500
累计折旧	300
贷：固定资产	800
借：长期股权投资——B 公司	578
贷：固定资产清理	500
应交税费——应交增值税（销项税额）	78

B 公司：

借：固定资产	500
应交税费——应交增值税（进项税额）	78
贷：实收资本	578

2019 年 7 月，情况发生变化，不再适用企业所得税特殊性税务处理。

A 公司应按划转完成时生产线公允价值确认视同销售所得：600－(800－300)＝100（万元）；并按公允价值确认取得长期股权投资的计税基础。

A 公司补充会计分录为：

借：长期股权投资——B 公司	100
贷：资产处置损益	100

B 公司按公允价值 600 万元确认划入资产的计税基础，补充会计分录为：

借：固定资产	100
贷：实收资本	100

案例 6-14

100%直接控制的母子公司之间，母公司向子公司无偿划转资产的涉税及会计处理

A 公司为一般纳税人，持有 B 公司 100% 的股权，A 公司拥有一条生产线，购置成本为 800 万元（不含税），已提折旧 300 万元，目前公允价值为 600 万元（不含税）。2019 年 4 月 25 日，A 公司将此生产线无偿划转给 B 公司。相关涉税及会计处理如下：

1. 涉税处理。

按照企业所得税特殊性税务处理方式，B 公司获得生产线计税基础为 500 万元。

A 公司增值税销项税额：600×13％＝78（万元）。

2. 会计处理（单位：万元）。

A 公司：

借：固定资产清理		500
累计折旧		300
贷：固定资产		800
借：资本公积		578
贷：固定资产清理		500
应交税费——应交增值税（销项税额）		78

B 公司：

借：固定资产		500
应交税费——应交增值税（进项税额）		78
贷：资本公积		578

2019 年 7 月，情况发生变化，不再适用企业所得税特殊性税务处理。

A 公司应按划转时生产线公允价值确认视同销售所得：600－(800－300)＝100（万元）；

A 公司补充会计分录为：

借：资本公积		100
贷：资产处置损益		100

B 公司按公允价值 600 万元确认划入资产的计税基础，补充会计分录为：

借：固定资产		100
贷：资本公积		100

案例 6-15

100%直接控制的母子公司之间，子公司向母公司无偿划转资产的涉税及会计处理

A公司持有B公司100%的股权，B公司为一般纳税人，拥有一条生产线，购置成本为800万元（不含税），已提折旧300万元，目前公允价值为600万元（不含税）。2019年4月25日，B公司将此生产线无偿划转给A公司。相关涉税及会计处理如下：

1. 涉税处理。

按照企业所得税特殊性税务处理方式，A公司获得生产线计税基础为500万元。

B公司增值税销项税额：600×13％＝78（万元）。

2. 会计处理（单位：万元）。

B公司：

借：固定资产清理	500
累计折旧	300
贷：固定资产	800
借：资本公积（或实收资本）	578
贷：固定资产清理	500
应交税费——应交增值税（销项税额）	78

A公司：

借：固定资产	500
应交税费——应交增值税（进项税额）	78
贷：长期股权投资——B公司	578

2019年7月，情况发生变化，不再适用企业所得税特殊性税务处理。

B公司应按划转时生产线公允价值确认视同销售所得：600－(800－300)＝100（万元）；

B公司补充会计分录为：

借：资本公积	100
贷：资产处置损益	100

A公司按公允价值600万元确认划入资产的计税基础，补充会计分录为：

借：固定资产	100
贷：长期股权投资——B公司	100

案例 6-16

受同一或相同多家母公司 100% 直接控制的子公司之间无偿划转资产的涉税及会计处理

A 公司与 B 公司均为 C 公司的全资子公司。A 公司与 B 公司为一般纳税人，A 公司拥有一条生产线，购置成本为 800 万元（不含税），已提折旧 300 万元，目前公允价值为 600 万元（不含税）。2019 年 4 月 25 日，在 C 公司主导下，A 公司将此生产线无偿划转给 B 公司。相关涉税及会计处理如下：

1. 涉税处理。

按照企业所得税特殊处理方式，B 公司获得生产线计税基础为 500 万元。

A 公司增值税销项税额：$600 \times 13\% = 78$（万元）。

2. 会计处理（单位：万元）。

A 公司：

(1) 记入固定资产清理时：

借：固定资产清理　　　　　　　　　　　　　　　　500
　　累计折旧　　　　　　　　　　　　　　　　　　300
　　贷：固定资产　　　　　　　　　　　　　　　　　　800

(2) 计提增值税时：

借：资本公积（或实收资本）　　　　　　　　　　　578
　　贷：固定资产清理　　　　　　　　　　　　　　　　500
　　　　应交税费——应交增值税（销项税额）　　　　　78

B 公司：

借：固定资产　　　　　　　　　　　　　　　　　　500
　　应交税费——应交增值税（进项税额）　　　　　　78
　　贷：资本公积（或实收资本）　　　　　　　　　　　578

(3) 不再适用企业所得税特殊处理。

2019 年 7 月，情况发生变化，不再适用企业所得税特殊处理。

A 公司应按划转时生产线公允价值确认视同销售所得：$600 - (800 - 300) = 100$（万元）；

A 公司补充会计分录为：

　　借：资本公积（或实收资本）　　　　　　　　　　　　　　100
　　　　贷：资产处置损益　　　　　　　　　　　　　　　　　　100

B 公司按公允价值 600 万元确认划入资产的计税基础，补充会计分录为：

　　借：固定资产　　　　　　　　　　　　　　　　　　　　　100
　　　　贷：资本公积　　　　　　　　　　　　　　　　　　　　100

C 公司根据交易情形和会计处理对 A 公司按分回股息进行处理，或者按撤回或减少投资进行处理，对 B 公司按以股权或资产的公允价值进行投资处理，会计分录为：

　　借：固定资产　　　　　　　　　　　　　　　　　　　　　678
　　　　贷：投资收益（或长期股权投资——A 公司）　　　　　　678
　　借：长期股权投资——B 公司　　　　　　　　　　　　　　678
　　　　贷：固定资产　　　　　　　　　　　　　　　　　　　　678

问题 6-2-3

企业以非货币性资产对外投资的增值税、企业所得税如何处理？

答：《财政部 国家税务总局关于非货币性资产投资企业所得税政策问题的通知》（财税〔2014〕116 号）第五条规定："本通知所称非货币性资产，是指现金、银行存款、应收账款、应收票据以及准备持有至到期的债券投资等货币性资产以外的资产。

本通知所称非货币性资产投资，限于以非货币性资产出资设立新的居民企业，或将非货币性资产注入现存的居民企业。"

根据上述政策规定，企业符合非货币性资产投资的增值税、企业所得税处理如下：

1. 增值税处理。

根据《增值税暂行条例实施细则》第四条第（六）项的规定，单位或者个体工商户"将自产、委托加工或者购进的货物作为投资，提供给其他单位或者个体工商户"的，视同销售货物。

《营业税改征增值税试点实施办法》（财税〔2016〕36号文件附件1）第一条规定："在中华人民共和国境内（以下称境内）销售服务、无形资产或者不动产（以下称应税行为）的单位和个人，为增值税纳税人，应当按照本办法缴纳增值税，不缴纳营业税"；第十条第一款规定："销售服务、无形资产或者不动产，是指有偿提供服务、有偿转让无形资产或者不动产"；第十一条规定："有偿，是指取得货币、货物或者其他经济利益"。

对于上述视同销售行为无销售额的，按照《增值税暂行条例实施细则》第十六条、《营业税改征增值税试点实施办法》第四十四条的规定处理。

2. 企业所得税处理。

（1）居民企业以非货币性资产对外投资确认的非货币性资产转让所得计入应纳税所得额的处理。

财税〔2014〕116号文件第一条规定："居民企业（以下简称企业）以非货币性资产对外投资确认的非货币性资产转让所得，可在不超过5年期限内，分期均匀计入相应年度的应纳税所得额，按规定计算缴纳企业所得税。"

（2）对于转让所得的计价处理。

该通知第二条规定："企业以非货币性资产对外投资，应对非货币性资产进行评估并按评估后的公允价值扣除计税基础后的余额，计算确认非货币性资产转让所得。

企业以非货币性资产对外投资，应于投资协议生效并办理股权登记手续时，确认非货币性资产转让收入的实现。"

（3）对于取得的被投资企业的股权处理。

该通知第三条规定："企业以非货币性资产对外投资而取得被投资企业的股权，应以非货币性资产的原计税成本为计税基础，加上每年确认的非货币性资产转让所得，逐年进行调整。

被投资企业取得非货币性资产的计税基础，应按非货币性资产的公允价值确定。"

（4）企业在对外投资5年内转让上述股权或投资收回的处理。

该通知第四条规定："企业在对外投资5年内转让上述股权或投资收回的，应停止执行递延纳税政策，并就递延期内尚未确认的非货币性资产转让所得，在转让股权或投资收回当年的企业所得税年度汇算清缴时，一次性计算缴纳企业所得税；企业在计算股权转让所得时，可按本通知第三条第一款规定将股权的计税基础一次调整到位。

企业在对外投资 5 年内注销的,应停止执行递延纳税政策,并就递延期内尚未确认的非货币性资产转让所得,在注销当年的企业所得税年度汇算清缴时,一次性计算缴纳企业所得税。"

【提示】根据《财政部 税务总局关于继续实施企业改制重组有关土地增值税政策的通知》(财税〔2018〕57 号)的规定,2018 年 1 月 1 日至 2020 年 12 月 31 日,单位、个人在改制重组时以房地产作价入股进行投资,对其将房地产转移、变更到被投资的企业,暂不征土地增值税。上述改制重组有关土地增值税政策不适用于房地产转移任意一方为房地产开发企业的情形。

3. 会计处理。

根据《增值税会计处理规定》(财会〔2016〕22 号文件发布)第二条第(二)项的规定,如果以存货投资,按公允价值(含税)借记"长期股权投资"科目,贷记"主营业务收入"或"其他业务收入"科目,按照计算的销项税额贷记"应交税费——应交增值税(销项税额)"或"应交税费——简易计税"科目(小规模纳税人应贷记"应交税费——应交增值税"科目)。

如果以固定资产投资,按公允价值(含税)借记"长期股权投资"科目,贷记"固定资产清理"科目,按照计算的销项税额贷记"应交税费——应交增值税(销项税额)"或"应交税费——简易计税"科目(小规模纳税人应贷记"应交税费——应交增值税"科目),公允价值(不含税)与账面价值的差额记入"资产处置损益"科目。

如果以无形资产投资,按公允价值(含税)借记"长期股权投资"科目,按照已摊销金额借记"累计摊销",按照账面余额贷记"无形资产"科目,按照计算的销项税额贷记"应交税费——应交增值税(销项税额)"或"应交税费——简易计税"科目(小规模纳税人应贷记"应交税费——应交增值税"科目),公允价值(不含税)与账面价值的差额记入"资产处置损益"科目。

对被投资方取得的资产,按照公允价值(不含税)借记资产相关科目,按照取得的进项税额借记"应交税费——应交增值税(进项税额)"科目,贷记"实收资本"科目。

> 【提示1】根据公司法的规定，股东可以用货币出资，也可以用实物、知识产权、土地使用权等可以用货币估价并可以依法转让的非货币财产作价出资。
>
> 根据《公司登记管理条例》的规定，股东不得以劳务、信用、商誉、特许经营权等出资。
>
> 根据上述规定，用于出资的非货币性资产包括存货、固定资产、知识产权、土地使用权、股权等。
>
> 【提示2】根据《企业会计准则第7号——非货币性资产交换》的规定，以非货币性资产投资获得的股权应当以投资的非货币性资产的公允价值和应支付的相关税费作为成本，公允价值与账面价值的差额计入当期损益。
>
> 根据《企业会计准则第4号——固定资产》《企业会计准则第6号——无形资产》等的规定，被投资方取得的资产，应当按照投资合同或协议约定的价值确定，但合同或协议约定价值不公允的除外。

问题 6-2-4

企业以非货币性资产对外投资符合特殊性税务处理条件的如何进行增值税、企业所得税处理？

答：企业以非货币性资产对外投资符合特殊性税务处理条件的，增值税仍然依据《增值税暂行条例实施细则》第四条第（六）项、第十六条及《营业税改征增值税试点实施办法》（财税〔2016〕36号文件附件1）第一条、第十条、第十一条等的规定处理。

1. 企业所得税处理。

《财政部 国家税务总局关于非货币性资产投资企业所得税政策问题的通知》（财税〔2014〕116号）第六条规定："企业发生非货币性资产投资，符合《财政部国家税务总局关于企业重组业务企业所得税处理若干问题的通知》（财税〔2009〕59号）等文件规定的特殊性税务处理条件的，也可选择按特殊性税务处理规定执行。"

《国家税务总局关于非货币性资产投资企业所得税有关征管问题的公告》（国家税务总局公告2015年第33号）第三条规定："符合财税〔2014〕116号文件规定的

企业非货币性资产投资行为，同时又符合《财政部 国家税务总局关于企业重组业务企业所得税处理若干问题的通知》（财税〔2009〕59号）、《财政部 国家税务总局关于促进企业重组有关企业所得税处理问题的通知》（财税〔2014〕109号）等文件规定的特殊性税务处理条件的，可由企业选择其中一项政策执行，且一经选择，不得改变。"

2. 会计处理。

企业以非货币性资产对外投资符合特殊性税务处理条件的处理与适用一般性处理的非货币性资产投资行为的会计处理相同。

案例 6-17

企业以非货币性资产对外投资的涉税及会计处理

A公司（一般纳税人）2019年6月以土地使用权作为投资成立B公司，土地使用权作价5 000万元（不含税），账面价值为4 000万元，占其全部资产的60%。相关涉税及会计处理如下：

1. 涉税处理。

A公司计算增值税销项税额：5 000×9%＝450（万元）；

A公司确认所得：5 000－4 000＝1 000（万元），可在5年内每年确认所得200万元。

A公司取得的股权以土地使用权原计税成本、增值税销项税额加上每年确认的土地使用权转让所得200万元为计税基础，合计4 700万元，5年内每年调增200万元；B公司取得土地使用权的计税基础为5 000万元。

也可选择特殊处理，A公司不确认土地使用权转让所得，取得的股权以土地使用权原计税成本加上增值税销项税额为计税基础，合计4 500万元，B公司取得土地使用权的计税基础为4 000万元。

2. 会计处理（单位：万元）。

A公司：

借：长期股权投资——B公司	5 450
贷：应交税费——应交增值税（销项税额）	450
无形资产——土地使用权	4 000
资产处置损益	1 000

B 公司：

借：无形资产——土地使用权　　　　　　　　　　　　　5 000
　　应交税费——应交增值税（进项税额）　　　　　　　　500
　　贷：实收资本　　　　　　　　　　　　　　　　　　　5 500

6.3　企业搬迁涉税业务

企业搬迁主要涉及处置各项资产的业务。本节内容主要涉及企业的一般性搬迁和政策性搬迁涉及的搬迁收入与损失确认、处理，还涉及搬迁过程（业务）中各类资产的处置等业务。

问题 6-3-1

企业搬迁处置存货的增值税、企业所得税如何处理？

答：企业搬迁处置存货涉及增值税、企业所得税处理如下：

1. 增值税处理。

《增值税暂行条例》第六条规定："销售额为纳税人发生应税销售行为收取的全部价款和价外费用，但是不包括收取的销项税额。"《增值税暂行条例实施细则》第二条规定："条例第一条所称货物，是指有形动产，包括电力、热力、气体在内。"

根据上述政策规定，处置存货应缴纳增值税，其销售额为收取的全部价款和价外费用，不包括收取的销项税额。

2. 企业所得税处理。

《企业所得税法实施条例》第十四条规定："企业所得税法第六条第（一）项所称销售货物收入，是指企业销售商品、产品、原材料、包装物、低值易耗品以及其他存货取得的收入。"

根据上述政策规定，企业由于搬迁处置存货而取得的收入，应按正常经营活动取得的收入进行所得税处理，以取得的收入扣除成本作为所得。

3. 会计处理。

在企业会计处理中，根据处置存货的种类，纳税人收取的不含税收入分别记入"主营业务收入""其他业务收入"科目。

案例 6-18

企业搬迁处置存货的涉税及会计处理

A公司（一般纳税人）2019年6月1日搬迁，处置库存产品一批，收取价款100万元。该批产品账面成本为80万元。A公司相关涉税及会计处理如下（不考虑其他税种）：

1. 涉税处理。

计算销售额：100÷（1+13%）=88.50（万元）；

应缴纳增值税：88.50×13%=11.50（元）；

确认处置所得：88.50-80=8.50（万元）；

2. 会计处理（单位：万元）。

（1）计提增值税及确认收入时：

借：银行存款	100
贷：主营业务收入	88.50
应交税费——应交增值税（销项税额）	11.50

（2）结转成本时：

借：主营业务成本	80
贷：产成品	80

问题 6-3-2

企业搬迁处置固定资产的增值税、企业所得税如何处理？

答：企业搬迁处置固定资产涉及增值税、企业所得税处理。

1. 增值税处理。

根据《财政部 国家税务总局关于全国实施增值税转型改革若干问题的通知》

（财税〔2008〕170号）、《财政部 国家税务总局关于部分货物适用增值税低税率和简易办法征收增值税政策的通知》（财税〔2009〕9号）以及《财政部 国家税务总局关于简并增值税征收率政策的通知》（财税〔2014〕57号）的相关规定，纳税人销售使用过的固定资产增值税处理如下：

（1）一般纳税人销售自己使用过的固定资产的处理。

①一般纳税人销售自己使用过的属于《增值税暂行条例》第十条规定不得抵扣且未抵扣进项税额的固定资产，按照简易办法依照3%征收率减按2%征收增值税。

②2008年12月31日以前未纳入扩大增值税抵扣范围试点的纳税人，销售自己使用过的2008年12月31日以前购进或者自制的固定资产，按照简易计税方法依照3%征收率减按2%征收增值税。

③2008年12月31日以前已纳入扩大增值税抵扣范围试点的纳税人，销售自己使用过的在本地区扩大增值税抵扣范围试点以前购进或者自制的固定资产，按照简易计税方法依照3%征收率减按2%征收增值税；销售自己使用过的在本地区扩大增值税抵扣范围试点以后购进或者自制的固定资产，按照适用税率征收增值税。

④销售自己使用过的2009年1月1日以后购进或者自制的固定资产，按照适用税率征收增值税。

（2）小规模纳税人销售自己使用过的固定资产的处理。

小规模纳税人（除其他个人外）销售自己使用过的固定资产，减按2%征收率征收增值税。

已使用过的固定资产，是指纳税人根据财务会计制度已经计提折旧的固定资产。

（3）纳税人销售自己使用过的固定资产发票开具。

根据《国家税务总局关于增值税简易征收政策有关管理问题的通知》（国税函〔2009〕90号）的规定，一般纳税人销售自己使用过的固定资产，适用简易计税方法依照3%征收率减按2%征收增值税政策的，应开具普通发票，不得开具增值税专用发票。

小规模纳税人销售自己使用过的固定资产，应开具普通发票，不得由税务机关代开增值税专用发票。

2. 企业所得税处理。

（1）收入的确认。根据《企业所得税法》第六条第（三）项、《企业所得税法实施条例》第十六条的规定，企业转让固定资产取得的收入，应计入企业所得税收入总额。

（2）固定资产的摊销。《企业所得税法》第十一条规定："在计算应纳税所得额时，企业按照规定计算的固定资产折旧，准予扣除。"如果企业转让固定资产，则按照实际折旧后的净值计算转让成本。

3. 会计处理。

企业处置固定资产，按该项固定资产的账面价值，借记"固定资产清理"科目，按已计提的累计折旧，借记"累计折旧"科目，按其账面原价，贷记"固定资产"科目。已计提减值准备的，还应同时结转减值准备。

收到处置收入，借记"银行存款"科目，贷记"固定资产清理""应交税费——应交增值税（销项税额）"或"应交税费——简易计税"科目。

处置过程中应支付的相关税费及其他费用，借记"固定资产清理"科目，贷记"银行存款""应交税费"等科目。

处置所得或损失记入"资产处置损益"科目。

案例 6-19

企业搬迁处置固定资产（2009 年 1 月 1 日前购入）的涉税及会计处理

A 公司（一般纳税人）2018 年 12 月 1 日搬迁，变卖一台设备，收取价款 10 万元。该设备 2008 年 12 月底以 120 万元购入，增值税进项税额 20.4 万元，无残值，按照 10 年计提折旧，已提折旧 139.23 万元。相关涉税及会计处理如下（不考虑其他税种）：

1. 涉税处理。

计算销售额：10÷(1+3%)=9.71（万元）；

应缴纳增值税：9.71×2%=0.19（万元）；

确认处置所得：9.71-(120+20.4-139.23)=8.54（万元）。

2. 会计处理（单位：万元）。

（1）转入固定资产清理时：

　　借：固定资产清理　　　　　　　　　　　　　　　　　　1.17

　　　　累计折旧　　　　　　　　　　　　　　　　　　　139.23

　　　贷：固定资产　　　　　　　　　　　　　　　　　　140.4

(2) 计提增值税时：

借：银行存款	10
贷：固定资产清理	9.71
应交税费——简易计税	0.29

(3) 确认收入时：

借：固定资产清理	8.54
贷：资产处置损益	8.54

(4) 确认减免税款时：

借：应交税费——应交增值税（减免税款）	0.1
贷：其他收益	0.1

案例 6-20

企业搬迁处置固定资产（2009年1月1日后购入）的涉税及会计处理

A 公司（一般纳税人）2019 年 4 月搬迁，变卖一台设备，收取价款 20 万元。该设备 2010 年 3 月底以 120 万元购入，增值税进项税额 20.4 万元，无残值，按照 10 年计提折旧，已提折旧 108 万元。相关涉税及会计处理如下：

1. 税款计算。

计算销售额：20÷(1+13%)=17.70（万元）；

增值税销项：17.70×13%=2.30（万元）；

确认处置所得：17.70-(120-108)=5.70（万元）。

2. 会计处理（单位：万元）。

(1) 转入固定资产清理时：

借：固定资产清理	12
累计折旧	108
贷：固定资产	120

(2) 计提增值税时：

借：银行存款	20
贷：固定资产清理	17.70
应交税费——应交增值税（销项税额）	2.30

(3) 确认收入时：

借：固定资产清理 5.70
　　贷：资产处置损益 5.70

问题 6-3-3

企业转让（处置）2016年4月30日前取得的不动产的增值税、企业所得税如何处理？

答：企业转让（处置）2016年4月30日前取得的不动产涉及增值税、企业所得税处理。

1. 增值税处理。

对于2016年4月30日前取得（不含自建）的不动产。根据《纳税人转让不动产增值税征收管理暂行办法》（国家税务总局公告2016年第14号发布）第三条第（一）项、第（三）项的规定，"一般纳税人转让其2016年4月30日前取得（不含自建）的不动产，可以选择适用简易计税方法计税，以取得的全部价款和价外费用扣除不动产购置原价或者取得不动产时的作价后的余额为销售额，按照5%的征收率计算应纳税额。纳税人应按照上述计税方法向不动产所在地主管地税机关预缴税款，向机构所在地主管国税机关申报纳税"；"一般纳税人转让其2016年4月30日前取得（不含自建）的不动产，选择适用一般计税方法计税的，以取得的全部价款和价外费用为销售额计算应纳税额。纳税人应以取得的全部价款和价外费用扣除不动产购置原价或者取得不动产时的作价后的余额，按照5%的预征率向不动产所在地主管地税机关预缴税款，向机构所在地主管国税机关申报纳税"。

对于2016年4月30日前取得自建的不动产。根据《纳税人转让不动产增值税征收管理暂行办法》第三条第（二）项、第（四）项的规定，"一般纳税人转让其2016年4月30日前取得（不含自建）的不动产，选择适用一般计税方法计税的，以取得的全部价款和价外费用为销售额计算应纳税额。纳税人应以取得的全部价款和价外费用扣除不动产购置原价或者取得不动产时的作价后的余额，按照5%的预征率向不动产所在地主管地税机关预缴税款，向机构所在地主管国税机关申报纳税"；"一般纳税人转让其2016年4月30日前自建的不动产，选择适用一般计税方法计税的,以取得的全部价款和价外费用为销售额计算应纳税额。纳税人应以取得的全部价款和价外费用,按照5%的预征率向不动产所在地主管地税机关预缴税款,向机构所在地主管国税机关申报纳税"。

对于小规模纳税人,根据《纳税人转让不动产增值税征收管理暂行办法》第四条的规定,小规模纳税人转让其取得(不含自建)的不动产,以取得的全部价款和价外费用扣除不动产购置原价或者取得不动产时的作价后的余额为销售额,按照5%的征收率计算应纳税额。

小规模纳税人转让其自建的不动产,以取得的全部价款和价外费用为销售额,按照5%的征收率计算应纳税额。

2. 企业所得税处理。

(1) 收入的确认。根据《企业所得税法》第六条第(三)项、《企业所得税法实施条例》第十六条的规定,企业转让固定资产取得的收入,应计入企业所得税收入总额。

(2) 固定资产的摊销。根据《企业所得税法》第十一条的规定,"在计算应纳税所得额时,企业按照规定计算的固定资产折旧,准予扣除"。如果企业转让固定资产,则按照实际折旧后的净值计算转让成本。

3. 会计处理。

企业处置不动产,按该项不动产的账面价值,借记"固定资产清理"科目,按已计提的累计折旧,借记"累计折旧"科目,按其账面原价,贷记"固定资产"科目。已计提减值准备的,还应同时结转减值准备。

收到处置收入,借记"银行存款"科目,贷记"固定资产清理"、"应交税费——应交增值税(销项税额)"或"应交税费——简易计税"科目。

处置过程中应支付的相关税费及其他费用,借记"固定资产清理"科目,贷记"银行存款""应交税费"等科目。

处置所得或损失记入"资产处置损益"科目。

ENTERPRISE INCOME TAX **案例 6-21**

企业搬迁处置不动产的涉税及会计处理

A公司(一般纳税人)2018年12月31日搬迁,将厂房以200万元变卖。厂房于 2010 年 12 月以 100 万元价格购入，按照 20 年计提折旧，已提折旧 40 万元。相关涉税及会计处理如下（不考虑其他税种）：

1. 涉税处理。

选择简易计税方法计算增值税：$(200-100) \div (1+5\%) \times 5\% = 4.76$（万元）；

确认处置所得：$(200-4.76)-(100-40) = 135.24$（万元）。

2. 会计处理（单位：万元）。

(1) 转入固定资产清理时：

　　借：固定资产清理　　　　　　　　　　　　　　　　　　　　60
　　　　累计折旧　　　　　　　　　　　　　　　　　　　　　　40
　　　　贷：固定资产　　　　　　　　　　　　　　　　　　　　　　100

(2) 计提增值税时：

　　借：银行存款　　　　　　　　　　　　　　　　　　　　　　200
　　　　贷：固定资产清理　　　　　　　　　　　　　　　　　　　195.24
　　　　　　应交税费——简易计税　　　　　　　　　　　　　　　4.76

(3) 确认收入时：

　　借：固定资产清理　　　　　　　　　　　　　　　　　　　　135.24
　　　　贷：资产处置损益　　　　　　　　　　　　　　　　　　　135.24

问题 6-3-4

企业转让（处置）2016 年 5 月 1 日后取得的不动产的增值税如何处理？

答：一般纳税人转让（处置）2016 年 5 月 1 日后取得的不动产适用一般计税方法。

根据《纳税人转让不动产增值税征收管理暂行办法》（国家税务总局公告 2016 年第 14 号发布）第三条第（五）项、第（六）项的规定，"一般纳税人转让其 2016 年 5 月 1 日后取得（不含自建）的不动产，适用一般计税方法，以取得的全部价款和价外费用为销售额计算应纳税额。纳税人应以取得的全部价款和价外费用扣除不动产购置原价或者取得不动产时的作价后的余额，按照 5% 的预征率向不动产所在地主管地税机关预缴税款，向机构所在地主管国税机关申报纳税"；"一般纳税人转让其 2016 年 5 月 1 日后自建的不动产，适用一般计税方法，以取得的全部价款和价外费用为销售额计算应纳税额。纳税人应以取得的全部价款和价外费用，按照 5% 的预征率向不动产所在地主管地税机关预缴税款，向机构所在地主管国税机关申报纳税"。

问题 6-3-5

企业政策性搬迁，政府给予补偿的增值税、企业所得税如何处理？

答：《企业政策性搬迁所得税管理办法》（国家税务总局公告 2012 年第 40 号发布）第三条规定："企业政策性搬迁，是指由于社会公共利益的需要，在政府主导下企业进行整体搬迁或部分搬迁。企业由于下列需要之一，提供相关文件证明资料的，属于政策性搬迁：

（一）国防和外交的需要；

（二）由政府组织实施的能源、交通、水利等基础设施的需要；

（三）由政府组织实施的科技、教育、文化、卫生、体育、环境和资源保护、防灾减灾、文物保护、社会福利、市政公用等公共事业的需要；

（四）由政府组织实施的保障性安居工程建设的需要；

（五）由政府依照《中华人民共和国城乡规划法》有关规定组织实施的对危房集中、基础设施落后等地段进行旧城区改建的需要；

（六）法律、行政法规规定的其他公共利益的需要。"

凡是符合上述政策规定的政策性搬迁，相关增值税、企业所得税处理如下：

1. 增值税处理。

企业因土地被政府征用而搬迁的，对政府给予的补偿款，其增值税处理，根据《营业税改征增值税试点过渡政策的规定》（财税〔2016〕36 号文件附件 3）第一条第（三十七）项的规定，"土地所有者出让土地使用权和土地使用者将土地使用权归还给土地所有者免征增值税"。

根据上述政策规定，政策性搬迁收到的土地补偿款免征增值税，但是，对于企业搬迁时处置房屋及机器设备等固定资产而取得的补偿款等，应按照政策规定缴纳增值税。

营改增前的营业税规定。根据《国家税务总局关于单位和个人土地被国家征用取得土地及地上附着物补偿费有关营业税的批复》（国税函〔2007〕969号）的规定，国家因公共利益或城市建设规划需要收回土地使用权，对于使用国有土地的单位和个人来说是将土地使用权归还土地所有者。根据《营业税税目注释（试行稿）》（国税发〔1993〕149号）的规定，土地使用者将土地使用权归还给土地所有者的行为，不征收营业税。因此，对国家因公共利益或城市规划需要而收回单位和个人所拥有的土地使用权，并按照《中华人民共和国土地管理法》规定标准支付给单位和个人的土地及地上附着物（包括不动产）的补偿费不征收营业税。

2. 企业所得税处理。

（1）搬迁收入的确认。

《企业政策性搬迁所得税管理办法》第五条规定："企业的搬迁收入，包括搬迁过程中从本企业以外（包括政府或其他单位）取得的搬迁补偿收入，以及本企业搬迁资产处置收入等。"

对于搬迁中处置存货的收入，该办法第七条规定："企业搬迁资产处置收入，是指企业由于搬迁而处置企业各类资产所取得的收入。

企业由于搬迁处置存货而取得的收入，应按正常经营活动取得的收入进行所得税处理，不作为企业搬迁收入"。

（2）搬迁支出的确认。

《企业政策性搬迁所得税管理办法》第八条规定："企业的搬迁支出，包括搬迁费用支出以及由于搬迁所发生的企业资产处置支出。"

对于搬迁费用支出，该办法第九条规定："搬迁费用支出，是指企业搬迁期间所发生的各项费用，包括安置职工实际发生的费用、停工期间支付给职工的工资及福利费、临时存放搬迁资产而发生的费用、各类资产搬迁安装费用以及其他与搬迁相关的费用"。

对于资产处置支出，该办法第十条规定："资产处置支出，是指企业由于搬迁而处置各类资产所发生的支出，包括变卖及处置各类资产的净值、处置过程中所发生的税费等支出。

企业由于搬迁而报废的资产，如无转让价值，其净值作为企业的资产处置支出"。

此外，《企业政策性搬迁所得税管理办法》第十四条规定："企业搬迁期间新购置的各类资产，应按《企业所得税法》及其实施条例等有关规定，计算确定资产的计税成本及折旧或摊销年限。企业发生的购置资产支出，不得从搬迁收入中扣除"。

（3）搬迁所得的处理。

对于搬迁收入和支出的汇总清算，《企业政策性搬迁所得税管理办法》第十五条规定："企业在搬迁期间发生的搬迁收入和搬迁支出，可以暂不计入当期应纳税所得额，而在完成搬迁的年度，对搬迁收入和支出进行汇总清算"。

对于搬迁所得的确定年度，该办法第十六条规定："企业的搬迁收入，扣除搬迁支出后的余额，为企业的搬迁所得。

企业应在搬迁完成年度，将搬迁所得计入当年度企业应纳税所得额计算纳税"。

对于上述搬迁完成年度确认的条件，该办法第十七条规定："下列情形之一的，为搬迁完成年度，企业应进行搬迁清算，计算搬迁所得：

（一）从搬迁开始，5年内（包括搬迁当年度）任何一年完成搬迁的。

（二）从搬迁开始，搬迁时间满5年（包括搬迁当年度）的年度"。

（4）搬迁损失的处理。

对于搬迁损失的处理年度，《企业政策性搬迁所得税管理办法》第十八条规定："企业搬迁收入扣除搬迁支出后为负数的，应为搬迁损失。搬迁损失可在下列方法中选择其一进行税务处理：

（一）在搬迁完成年度，一次性作为损失进行扣除。

（二）自搬迁完成年度起分3个年度，均匀在税前扣除。

上述方法由企业自行选择，但一经选定，不得改变"。

对于视为已经完成搬迁的条件，该办法第十九条规定："企业同时符合下列条件的，视为已经完成搬迁：

（一）搬迁规划已基本完成；

（二）当年生产经营收入占规划搬迁前年度生产经营收入50%以上"。

对于搬迁年度，该办法第二十条规定："企业边搬迁、边生产的，搬迁年度应从实际开始搬迁的年度计算"。

3. 会计处理。

在实务中，企业由于搬迁（拆迁）处置存货而取得的收入（或支出），按正常经营活动取得的收入进行会计处理以及增值税、所得税处理，不计入搬迁（拆迁）收入（或支出）。

对于取得政府给予的各项搬迁（拆迁）补偿款，大部分中小企业通过"其他应付款"科目核算。取得补偿款时，借记"银行存款"科目，贷记"其他应付款——政策搬迁"科目。处理各项资产损失及支付相关拆迁费用时，借记"其他应付款"科目，贷记相关资产类科目。待搬迁（拆迁）业务完成，如果是"其他应付款"科目贷方余额，则转入"营业外收入"科目，即借记"其他应付款"科目，贷记"营业外收入"科目；如果是"其他应付款"科目借方余额，则转入"营业外支出"科目，即借记"营业外支出"科目，贷记"其他应付款"科目。

企业在搬迁（拆迁）中处置相关资产涉及增值税的，按照《增值税会计处理规定》（财会〔2016〕22号文件发布）第二条第二项第1点的规定处理。

企业在进行上述会计处理时，从企业所得税角度，最重要的是搬迁（拆迁）完成年度。在搬迁（拆迁）期间发生的企业所得税政策口径收入和支出，可以暂不计入当期应纳税所得额，在搬迁（拆迁）完成年度，对收入和支出进行汇总清算，即总的搬迁（拆迁）收入减除总的搬迁（拆迁）支出，对于有所得的，计入当年度企业应纳税所得额计算纳税，对于搬迁（拆迁）损失（即负数），应在搬迁（拆迁）完成当年一次性作为损失进行扣除，或者搬迁（拆迁）完成年度起分3个年度，均匀在税前扣除。

【提示】适用企业会计准则的企业政策性搬迁（拆迁）的会计处理。

根据《企业会计准则第16号——政府补助》第三条的规定，政策补助具有两个特征，一是"来源于政府的经济资源"；二是"无偿性"。

关于政府补助的分类，根据该准则第四条的规定，"政府补助分为与资产相关的政府补助和与收益相关的政府补助。

与资产相关的政府补助，是指企业取得的、用于购建或以其他方式形成长期资产的政府补助。

与收益相关的政府补助，是指除与资产相关的政府补助之外的政府补助"。

对于企业政策性搬迁（或拆迁）业务性质的判断，应分为两种情形：

一是对资产的补偿，即对企业在搬迁和重建过程中发生的固定资产和无形资产损失的补偿。根据《〈企业会计准则第16号——政府补助〉应用指南（2018）》第二条"关于政府补助的定义和特征"的相关规定及指南中相关解释的原则，在政策性搬迁（或拆迁）业务中，政府因要获取搬迁企业的土地，而支付的土地及相关固定资产补偿款，不符合政府补助无偿性的特点，因此，企业在搬迁（或拆迁）业务中收到的与资产相关的补偿款不能作为政府补助处理，而应作为处置非流动资产的收入处理。

上述具体处置，对于房屋等固定资产，《企业会计准则第4号——固定资产》第二十三条第一款规定："企业出售、转让、报废固定资产或发生固定资产毁损，应当将处置收入扣除账面价值和相关税费后的金额计入当期损益。固定资产的账面价值是固定资产成本扣减累计折旧和累计减值准备后的金额"。

对于土地使用权，《企业会计准则第6号——无形资产》第二十二条规定："企业出售无形资产，应当将取得的价款与该无形资产账面价值的差额计入当期损益"。

《〈企业会计准则第6号——无形资产〉应用指南》第六条第二款规定："自行开发建造厂房等建筑物，相关的土地使用权与建筑物应当分别进行处理。外购土地及建筑物支付的价款应当在建筑物与土地使用权之间进行分配；难以合理分配的，应当全部作为固定资产。"

二是对与资产无关的补偿，即对企业在搬迁和重建过程中发生的有关费用性支出、停工损失等进行的补偿。根据《〈企业会计准则第16号——政府补助〉应用指南（2018）》第四条"关于政策补助的分类"第三款的规定，"与收益相关的政府补助，是指除与资产相关的政府补助之外的政府补助。此类补助主要是用于补偿企业已发生或即将发生的相关成本费用或损失，收益期相对较短，通常在满足补助所附条件时计入当期损益或冲减相关成本"。

根据《〈企业会计准则第16号——政府补助〉应用指南（2018）》第五条"关于政府补助的确认与计量"第（二）项的相关规定，"本准则规定，与收益相关的政府补助，应当分情况按照以下规定进行会计处理：用于补偿企业以后期间的相关成本费用或损失的，确认为递延收益，并在确认相关成本费用或损失的期间，计入当期损益或冲减相关成本；用于补偿企业已发生的相关成本费用或损失的，直接计入当期损益或冲减相关成本"。

根据上述规定，由于通常情况下政府搬迁补偿均在相关业务开展之前确认，属于补偿企业以后期间（搬迁期间）的相关成本费用或损失，因此，应确认为递延收益。

案例 6-22

企业政策性搬迁的涉税及会计处理

2016年7月5日，A公司因政府基础设施建设而搬迁。收到政府征地补偿3 100万元，其中包括土地补偿款2 700万元，地上建筑物补偿款300万元，补偿搬迁费用100万元。已知该地块账面原值为3 000万元，累计摊销900万元，建筑物为2011年自建，账面原值为400万元，已提折旧100万元。2016年处置库存产品一批，收取价款117万元，该批产品账面成本为90万元。2016年当年还处置机器设备（固定资产）一台，收取价款23.4万元，该机器设备2009年12月底以120万元购入，增值税进项税20.4万元，无残值，按照10年计提折旧，已提折旧80万元。搬迁期间共计发生各类搬迁安装费用70万元，停工期间支付给职工的工资及福利费400万元。A公司2018年9月完成搬迁，重新投入生产经营。A公司相关涉税处理如下：

1. 增值税计算。

处置库存产品销售额：117÷(1+17%)＝100（万元）；

增值税销项税额：100×17%＝17（万元）。

处置机器销售额：23.4÷(1+17%)＝20（万元）；

增值税销项税额：20×17%＝3.4（万元）。

政府征地补偿免征增值税。

地上建筑物补偿款选择简易计税方法计算增值税：300÷(1+5%)×5%＝14.29（万元）。

2. 企业所得税处理。

处置库存产品所得：100－90＝10（万元）。

上述属于企业销售原材料行为，按照日常销售进行处理，不计入搬迁（拆迁）收入。

2018年搬迁完成，进行清算，计算搬迁所得：

搬迁收入：20＋2 700＋300－14.29＋100＝3 105.71（万元）；

搬迁支出：120－80＋2 100＋300＋70＋400＝2 910（万元）；

搬迁所得：3 105.71－2 910＝195.71（万元），计入2018年所得。

3. 会计处理（单位：万元）。

(1) 收到政府补偿时：

借：银行存款　　　　　　　　　　　　　　　　　　　　　　　　3 100
　　贷：其他应付款——政策性搬迁　　　　　　　　　　　　　　3 100

(2) 支付各类搬迁安装费用时（2016—2018年期间）：

借：其他应付款——政策性搬迁　　　　　　　　　　　　　　　　70
　　贷：银行存款　　　　　　　　　　　　　　　　　　　　　　70

(3) 处置房屋（固定资产）时（2016—2018年期间）：

借：累计折旧　　　　　　　　　　　　　　　　　　　　　　　　100
　　其他应付款——政策性搬迁　　　　　　　　　　　　　　　　314.29
　　贷：固定资产　　　　　　　　　　　　　　　　　　　　　　400
　　　　应交税费——简易计税　　　　　　　　　　　　　　　　14.29

(4) 处置土地使用权（无形资产）时（2016—2018年期间）：

借：累计摊销　　　　　　　　　　　　　　　　　　　　　　　　900
　　其他应付款——政策性搬迁　　　　　　　　　　　　　　　　2 100
　　贷：无形资产　　　　　　　　　　　　　　　　　　　　　　3 000

(5) 结转搬迁收入时（2018年）：

借：其他应付款——政策性搬迁　　　　　　　　　　　　　　　　615.71
　　贷：营业外收入——政策性搬迁　　　　　　　　　　　　　　615.71

> 【提示】适用企业会计准则企业的会计处理。
>
> 1. 收到政府补偿时：
>
> 借：银行存款　　　　　　　　　　　　　　　　　　　　　　3 100
> 　　贷：其他应付款——政策性搬迁　　　　　　　　　　　　3 000
> 　　　　专项应付款——政策性搬迁　　　　　　　　　　　　100
>
> 2. 与资产无关的补偿处理。
>
> (1) 支付相关搬迁费用时：
>
> 借：管理费用　　　　　　　　　　　　　　　　　　　　　　70
> 　　贷：银行存款　　　　　　　　　　　　　　　　　　　　70
>
> (2) 结转收益：
>
> 借：专项应付款——政策性搬迁　　　　　　　　　　　　　　100

贷：其他收益——政策性搬迁　　　　　　　　　　　　　　　100

3. 处置房屋（固定资产）。

(1) 将房屋转入固定资产清理时：

　　借：固定资产清理　　　　　　　　　　　　　　　　　　　300
　　　　累计折旧　　　　　　　　　　　　　　　　　　　　　　100
　　　贷：固定资产　　　　　　　　　　　　　　　　　　　　　400

(2) 确认补偿时：

　　借：其他应付款——政策性搬迁　　　　　　　　　　　　　　300
　　　贷：递延收益　　　　　　　　　　　　　　　　　　　　　300

(3) 计算增值税时（按照补偿金额计算）：

　　借：固定资产清理　　　　　　　　　　　　　　　　　　　14.29
　　　贷：应交税费——应交增值税——简易计税　　　　　　　14.29

(4) 结转固定资产损益时：

　　借：资产处置损益——政策性搬迁　　　　　　　　　　　314.29
　　　贷：固定资产清理　　　　　　　　　　　　　　　　　314.29

(5) 结转收益（2018年）：

　　借：递延收益　　　　　　　　　　　　　　　　　　　　　300
　　　贷：资产处置损益——政策性搬迁　　　　　　　　　　　　300

4. 处置土地使用权（无形资产）时。

(1) 结转土地转让成本时：

　　借：资产处置损益——政策性搬迁　　　　　　　　　　　2 100
　　　　累计摊销　　　　　　　　　　　　　　　　　　　　　900
　　　贷：无形资产　　　　　　　　　　　　　　　　　　　3 000

(2) 确认补偿时：

　　借：其他应付款——政策性搬迁　　　　　　　　　　　　2 700
　　　贷：递延收益　　　　　　　　　　　　　　　　　　　2 700

(3) 结转收益时（2018年）：

　　借：递延收益　　　　　　　　　　　　　　　　　　　　2 700
　　　贷：资产处置损益——政策性搬迁　　　　　　　　　　2 700

问题 6-3-6

企业政策性搬迁中搬迁资产的增值税、企业所得税如何处理？

答：在企业政策性搬迁中，只要搬迁的资产所有权未发生转移，就不涉及增值税。因此，搬迁的资产主要涉及企业所得税的处理。

1. 企业所得税处理。

对于搬迁的资产需要简单安装或不需要安装即可继续使用的，《企业政策性搬迁所得税管理办法》（国家税务总局公告 2012 年第 40 号发布）第十一条规定："企业搬迁的资产，简单安装或不需要安装即可继续使用的，在该项资产重新投入使用后，就其净值按《企业所得税法》及其实施条例规定的该资产尚未折旧或摊销的年限，继续计提折旧或摊销"。

对于搬迁的资产需要安装才能重新继续使用的，该管理办法第十二条规定："企业搬迁的资产，需要进行大修理后才能重新使用的，应就该资产的净值，加上大修理过程所发生的支出，为该资产的计税成本。在该项资产重新投入使用后，按该资产尚可使用的年限，计提折旧或摊销"。

对于搬迁中置换的土地，该管理办法第十三条规定："企业搬迁中被征用的土地，采取土地置换的，换入土地的计税成本按被征用土地的净值，以及该换入土地投入使用前所发生的各项费用支出，为该换入土地的计税成本，在该换入土地投入使用后，按《企业所得税法》及其实施条例规定年限摊销"。

对资产置换还有补充政策规定。《国家税务总局关于企业政策性搬迁所得税有关问题的公告》（国家税务总局公告 2013 年第 11 号）第二条规定："企业政策性搬迁被征用的资产，采取资产置换的，其换入资产的计税成本按被征用资产的净值，加上换入资产所支付的税费（涉及补价，还应加上补价款）计算确定。"

2. 会计处理。

企业搬迁的资产，简单安装或不需要安装即可继续使用的，不改变该项资产账面价值，在重新投入使用后，按原折旧方法及尚未折旧的年限，继续计提折旧。需要进行大修理后才能重新使用的，应以该资产的账面价值，加上大修理过程所发生的支出，作为该资产计提折旧的成本。在该项资产重新投入使用后，按该资产尚可使用的年限，计提折旧。

6.4 资产损失涉税业务

本节内容涉及的资产损失，是指《企业资产损失所得税税前扣除管理办法》（国家税务总局公告2011年第25号发布）所称的各项资产损失。包括损失的认定、处理，以及涉及的增值税进项税额的处理。

问题6-4-1

企业货币资产损失的增值税、企业所得税如何处理？

答：《企业资产损失所得税税前扣除管理办法》（国家税务总局公告2011年第25号发布）第十九条规定："企业货币资产损失包括现金损失、银行存款损失和应收及预付款项损失等。"企业货币资产损失不涉及增值税，主要是企业所得税的处理。

1. 企业现金短缺的处理。

（1）现金短缺减除责任人赔偿后的余额在税前扣除。

《财政部 国家税务总局关于企业资产损失税前扣除政策的通知》（财税〔2009〕57号）第二条规定："企业清查出的现金短缺减除责任人赔偿后的余额，作为现金损失在计算应纳税所得额时扣除。"

（2）确认现金损失的证据材料。

《企业资产损失所得税税前扣除管理办法》第二十条规定："现金损失应依据以下证据材料确认：

（一）现金保管人确认的现金盘点表（包括倒推至基准日的记录）；

（二）现金保管人对于短缺的说明及相关核准文件；

（三）对责任人由于管理责任造成损失的责任认定及赔偿情况的说明；

（四）涉及刑事犯罪的，应有司法机关出具的相关材料；

（五）金融机构出具的假币收缴证明。"

2. 企业存款损失的处理。

（1）不能收回的部分在税前扣除。

财税〔2009〕57号文件第三条规定:"企业将货币性资金存入法定具有吸收存款职能的机构,因该机构依法破产、清算,或者政府责令停业、关闭等原因,确实不能收回的部分,作为存款损失在计算应纳税所得额时扣除。"

(2) 确认存款损失的证据材料。

《企业资产损失所得税税前扣除管理办法》第二十一条规定:"企业因金融机构清算而发生的存款类资产损失应依据以下证据材料确认:

(一) 企业存款类资产的原始凭据;

(二) 金融机构破产、清算的法律文件;

(三) 金融机构清算后剩余资产分配情况资料。

金融机构应清算而未清算超过三年的,企业可将该款项确认为资产损失,但应有法院或破产清算管理人出具的未完成清算证明。"

3. 企业应收、预付账款损失的处理。

(1) 作为坏账损失在税前扣除。

财税〔2009〕57号文件第四条规定:"企业除贷款类债权外的应收、预付账款符合下列条件之一的,减除可收回金额后确认的无法收回的应收、预付款项,可以作为坏账损失在计算应纳税所得额时扣除:

(一) 债务人依法宣告破产、关闭、解散、被撤销,或者被依法注销、吊销营业执照,其清算财产不足清偿的;

(二) 债务人死亡,或者依法被宣告失踪、死亡,其财产或者遗产不足清偿的;

(三) 债务人逾期3年以上未清偿,且有确凿证据证明已无力清偿债务的;

(四) 与债务人达成债务重组协议或法院批准破产重整计划后,无法追偿的;

(五) 因自然灾害、战争等不可抗力导致无法收回的;

(六) 国务院财政、税务主管部门规定的其他条件。"

(2) 确认坏账损失的证据材料。

《企业资产损失所得税税前扣除管理办法》第二十二条规定:"企业应收及预付款项坏账损失应依据以下相关证据材料确认:

(一) 相关事项合同、协议或说明;

(二) 属于债务人破产清算的,应有人民法院的破产、清算公告;

(三) 属于诉讼案件的,应出具人民法院的判决书或裁决书或仲裁机构的仲裁书,或者被法院裁定终(中)止执行的法律文书;

（四）属于债务人停止营业的，应有工商部门注销、吊销营业执照证明；

（五）属于债务人死亡、失踪的，应有公安机关等有关部门对债务人个人的死亡、失踪证明；

（六）属于债务重组的，应有债务重组协议及其债务人重组收益纳税情况说明；

（七）属于自然灾害、战争等不可抗力而无法收回的，应有债务人受灾情况说明以及放弃债权申明。"

4. 需要出具专项报告的企业应收、预付账款损失处理。

应收账款损失需要出具专项报告的两种情形。《企业资产损失所得税税前扣除管理办法》第二十三条规定："企业逾期三年以上的应收款项在会计上已作为损失处理的，可以作为坏账损失，但应说明情况，并出具专项报告"；第二十四条规定："企业逾期一年以上，单笔数额不超过五万元或者不超过企业年度收入总额万分之一的应收款项，会计上已经作为损失处理的，可以作为坏账损失，但应说明情况，并出具专项报告"。

对于承担连带责任的担保损失，《企业资产损失所得税税前扣除管理办法》第四十四条规定："企业对外提供与本企业生产经营活动有关的担保，因被担保人不能按期偿还债务而承担连带责任，经追索，被担保人无偿还能力，对无法追回的金额，比照本办法规定的应收款项损失进行处理"。

5. 会计处理。

企业清查出的现金短缺，应按照实际短缺的金额，借记"待处理财产损溢——待处理流动资产损溢"科目，贷记"库存现金"科目；查明原因后，按照责任人赔偿部分借记"其他应收款"科目，短缺减除责任人赔偿后的余额借记"营业外支出"科目，贷记"待处理财产损溢——待处理流动资产损溢"科目。

存款损失、应收及预付款项的坏账损失应当于实际发生时记入"营业外支出"科目。

案例 6-23

企业应收账款损失的涉税及会计处理

2016年12月A公司向B公司销售商品，价税合计11.7万元。商品已发出，款项一直未收到。2019年3月，B公司被吊销营业执照，清算后无资产偿还。3月底，公司进行清查，发现现金短缺 800 元，经查主要原因为出纳责任，由出纳赔偿 500 元，其余由公司承担。A 公司涉税及会计处理如下：

(1) 发生坏账时：

借：营业外支出　　　　　　　　　　　　　　　　　　　　　117 000
　　贷：应收账款　　　　　　　　　　　　　　　　　　　　　117 000

(2) 发现现金短缺：

借：待处理财产损溢——待处理流动资产损溢　　　　　　　　　800
　　贷：库存现金　　　　　　　　　　　　　　　　　　　　　　800

查明原因，进行处理：

借：其他应收款　　　　　　　　　　　　　　　　　　　　　　　500
　　营业外支出　　　　　　　　　　　　　　　　　　　　　　　300
　　贷：待处理财产损溢——待处理流动资产损溢　　　　　　　　800

以上损失，A 公司根据文件要求提供相关材料在企业所得税税前扣除。

问题 6-4-2

企业存货损失的增值税、企业所得税如何处理？

答：企业发生的存货损失，涉及增值税进项税额以及企业所得税损失的处理。

1. 增值税处理。

对于非正常损失的项目，《增值税暂行条例》第十条第（二）项规定："非正常损失的购进货物，以及相关的劳务和交通运输服务"，其进项税额不得从销项税额中抵扣；第（三）项规定："非正常损失的在产品、产成品所耗用的购进货物（不包括固定资产）、劳务和交通运输服务"，其进项税额不得从销项税额中抵扣。

根据《营业税改征增值税试点实施办法》（财税〔2016〕36 号文件附件 1）第二十七条的规定，进项税额不得从销项税额中抵扣的非正常损失项目包括："（二）非正常损失的购进货物，以及相关的加工修理修配劳务和交通运输服务"；"（三）非正常损失的在产品、产成品所耗用的购进货物（不包括固定资产）、加工修理修配劳务和交通运输服务"；"（四）非正常损失的不动产，以及该不动产所耗用的购进货物、设计服务和建筑服务"；"（五）非正常损失的不动产在建工程所耗用的购进货物、设计服务和建筑服务"。

对于非正常损失的概念,《增值税暂行条例实施细则》第二十四条规定:"条例第十条第(二)项所称非正常损失,是指因管理不善造成被盗、丢失、霉烂变质的损失"。《营业税改征增值税试点实施办法》第二十八条第三款规定:"非正常损失,是指因管理不善造成货物被盗、丢失、霉烂变质,以及因违反法律法规造成货物或者不动产被依法没收、销毁、拆除的情形。"

根据上述政策规定,非正常损失的购进货物及相关的加工修理修配劳务和交通运输服务以及非正常损失的在产品、产成品所耗用的购进货物(不包括固定资产)、加工修理修配劳务和交通运输服务相关的进项税额不得抵扣,已抵扣的应转出。

2. 企业所得税处理。

(1) 正常损失的处理。

根据《企业资产损失所得税税前扣除管理办法》(国家税务总局公告 2011 年第 25 号发布)第九条第(一)项、第(二)项的规定,企业在正常经营管理活动中,按照公允价格销售、转让、变卖存货的损失及企业各项存货发生的正常损耗应以清单申报的方式向税务机关申报扣除。

(2) 非正常损失的处理。

非正常损失主要有四种类型,具体处理如下:

一是盘亏的存货。《财政部 国家税务总局关于企业资产损失税前扣除政策的通知》(财税〔2009〕57 号)第七条规定:"对企业盘亏的固定资产或存货,以该固定资产的账面净值或存货的成本减除责任人赔偿后的余额,作为固定资产或存货盘亏损失在计算应纳税所得额时扣除。"

关于需要提供的材料,《企业资产损失所得税税前扣除管理办法》第二十六条规定:"存货盘亏损失,为其盘亏金额扣除责任人赔偿后的余额,应依据以下证据材料确认:

(一) 存货计税成本确定依据;

(二) 企业内部有关责任认定、责任人赔偿说明和内部核批文件;

(三) 存货盘点表;

(四) 存货保管人对于盘亏的情况说明"。

二是毁损、报废的存货。财税〔2009〕57 号文件第八条规定:"对企业毁损、报废的固定资产或存货，以该固定资产的账面净值或存货的成本减除残值、保险赔款和责任人赔偿后的余额，作为固定资产或存货毁损、报废损失在计算应纳税所得额时扣除。"

关于需要提供的材料，《企业资产损失所得税税前扣除管理办法》第二十七条规定："存货报废、毁损或变质损失，为其计税成本扣除残值及责任人赔偿后的余额，应依据以下证据材料确认：

（一）存货计税成本的确定依据；

（二）企业内部关于存货报废、毁损、变质、残值情况说明及核销资料；

（三）涉及责任人赔偿的，应当有赔偿情况说明；

（四）该项损失数额较大的（指占企业该类资产计税成本10%以上，或减少当年应纳税所得、增加亏损10%以上，下同），应有专业技术鉴定意见或法定资质中介机构出具的专项报告等"。

三是被盗的存货。财税〔2009〕57号文件第九条规定："对企业被盗的固定资产或存货，以该固定资产的账面净值或存货的成本减除保险赔款和责任人赔偿后的余额，作为固定资产或存货被盗损失在计算应纳税所得额时扣除。"

关于需要提供的材料，《企业资产损失所得税税前扣除管理办法》第二十八条规定："存货被盗损失，为其计税成本扣除保险理赔以及责任人赔偿后的余额，应依据以下证据材料确认：

（一）存货计税成本的确定依据；

（二）向公安机关的报案记录；

（三）涉及责任人和保险公司赔偿的，应有赔偿情况说明等"。

（3）企业不得从增值税销项税额中抵扣的进项税额的处理。

财税〔2009〕57号文件第十条规定："企业因存货盘亏、毁损、报废、被盗等原因不得从增值税销项税额中抵扣的进项税额，可以与存货损失一起在计算应纳税所得额时扣除。"

四是商业零售企业的存货损失。《国家税务总局关于商业零售企业存货损失税前扣除问题的公告》（国家税务总局公告2014年第3号）规定：

"1. 商业零售企业存货因零星失窃、报废、废弃、过期、破损、腐败、鼠咬、顾客退换货等正常因素形成的损失，为存货正常损失，准予按会计科目进行归类、汇总，然后再将汇总数据以清单的形式进行企业所得税纳税申报，同时出具损失情况分析报告。

2. 商业零售企业存货因风、火、雷、震等自然灾害，仓储、运输失事，重大案件等非正常因素形成的损失，为存货非正常损失，应当以专项申报形式进行企业所得税纳税申报。

3. 存货单笔（单项）损失超过 500 万元的，无论何种因素形成的，均应以专项申报方式进行企业所得税纳税申报。"

3. 会计处理。

商业企业外购存货运输中的合理损耗，记入"销售费用"科目，其他情形的合理损耗计入存货成本。

在会计处理中，盘亏、毁损的存货，借记"待处理财产损溢"科目，贷记"原材料""库存商品""应交税费——应交增值税（进项税额转出）"等科目；按照管理权限报经批准后处理时，按残值，借记"原材料""库存商品"等科目，按照可收回的保险赔偿或过失人赔偿，借记"其他应收款"科目，贷记"待处理财产损溢"科目，按照"待处理财产损溢"借贷方差额，借记"营业外支出"科目。

【提示】商业零售企业存货非正常损失在所得税与增值税上的区别。

《国家税务总局关于商业零售企业存货损失税前扣除问题的公告》（国家税务总局公告 2014 年第 3 号）第一条规定："商业零售企业存货因零星失窃、报废、废弃、过期、破损、腐败、鼠咬、顾客退换货等正常因素形成的损失，为存货正常损失，准予按会计科目进行归类、汇总，然后再将汇总数据以清单的形式进行企业所得税纳税申报，同时出具损失情况分析报告"；第二条规定："商业零售企业存货因风、火、雷、震等自然灾害，仓储、运输失事，重大案件等非正常因素形成的损失，为存货非正常损失，应当以专项申报形式进行企业所得税纳税申报"。

《营业税改征增值税试点实施办法》（财税〔2016〕36 号文件附件 1）第二十八条第三款规定："非正常损失，是指因管理不善造成货物被盗、丢失、霉烂变质，以及因违反法律法规造成货物或者不动产被依法没收、销毁、拆除的情形。"

> 根据上述政策规定,增值税中"进项税额不得从销项税额中抵扣"的非正常损失(项目),不包括企业所得税非正常损失中的"商业零售企业存货因风、火、雷、震等自然灾害"所导致的损失,以及与管理不善无关的损失。

案例 6-24

企业存货非正常损失的涉税及会计处理

A公司(一般纳税人)2019年4月购入一批原料,取得增值税专用发票,标明价款为10万元,增值税1.3万元。5月,因失火,该批原料全部损失,取得保险赔款2万元。相关涉税及会计处理如下(单位:万元):

借:待处理财产损溢		11.3
贷:原材料		10
应交税费——应交增值税(进项税额转出)		1.3
借:营业外支出		9.3
银行存款		2
贷:待处理财产损溢		11.3

A公司根据文件要求提供相关材料,损失9.3万元允许在企业所得税税前扣除。

问题 6-4-3

企业固定资产损失的增值税、企业所得税如何处理?

答:企业发生的固定资产损失,涉及增值税进项税额以及企业所得税损失的处理。

1. 增值税处理。

(1)非正常损失进项税额的处理。

根据《增值税暂行条例》第十条第(二)项的规定,"非正常损失的购进货物,以及相关的劳务和交通运输服务",其进项税额不得从销项税额中抵扣。

《增值税暂行条例实施细则》第二十四条规定:"条例第十条第(二)项所称非

正常损失,是指因管理不善造成被盗、丢失、霉烂变质的损失。"

根据《营业税改征增值税试点实施办法》(财税〔2016〕36号文件附件1)第二十七条第(二)项、第(四)项、第(五)项的规定,进项税额不得从销项税额中抵扣的项目包括"非正常损失的购进货物,以及相关的加工修理修配劳务和交通运输服务";"非正常损失的不动产,以及该不动产所耗用的购进货物、设计服务和建筑服务";"非正常损失的不动产在建工程所耗用的购进货物、设计服务和建筑服务。纳税人新建、改建、扩建、修缮、装饰不动产,均属于不动产在建工程"。

该办法第二十八条第三款规定:"非正常损失,是指因管理不善造成货物被盗、丢失、霉烂变质,以及因违反法律法规造成货物或者不动产被依法没收、销毁、拆除的情形。"

根据上述政策规定,非正常损失的购进固定资产及相关的加工修理修配劳务和交通运输服务以及非正常损失的不动产(含在建工程)所耗用的购进货物、设计服务和建筑服务相关的进项税额不得抵扣,已抵扣的应转出。

(2)不得抵扣的进项税额计算。

《财政部 国家税务总局关于全国实施增值税转型改革若干问题的通知》(财税〔2008〕170号)第五条规定:"纳税人已抵扣进项税额的固定资产发生条例第十条(一)至(三)项所列情形的,应在当月按下列公式计算不得抵扣的进项税额:

$$不得抵扣的进项税额=固定资产净值\times 适用税率$$

本通知所称固定资产净值,是指纳税人按照财务会计制度计提折旧后计算的固定资产净值。"

《营业税改征增值税试点实施办法》第三十一条规定:"已抵扣进项税额的固定资产、无形资产或者不动产,发生本办法第二十七条规定情形的,按照下列公式计算不得抵扣的进项税额:

$$不得抵扣的进项税额=固定资产、无形资产或者不动产净值\times 适用税率$$

固定资产、无形资产或者不动产净值,是指纳税人根据财务会计制度计提折旧或摊销后的余额。"

自2019年4月1日起,非正常损失不动产不得抵扣的进项税额按照"不动产净值率"计算。《国家税务总局关于深化增值税改革有关事项的公告》(国家税务总局公告2019年第14号)第六条规定:"已抵扣进项税额的不动产,发生非正常损失,或者改变用途，专用于简易计税方法计税项目、免征增值税项目、集体福利或者个人消费的，按照下列公式计算不得抵扣的进项税额，并从当期进项税额中扣减：

$$不得抵扣的进项税额＝已抵扣进项税额×不动产净值率$$

$$不动产净值率＝（不动产净值÷不动产原值）×100\%"$$

2. 企业所得税处理。

（1）正常损失的处理。

根据《企业资产损失所得税税前扣除管理办法》（国家税务总局公告 2011 年第 25 号发布）第九条第（一）项、第（三）项的规定，"企业在正常经营管理活动中，按照公允价格销售、转让、变卖非货币资产的损失"，"企业固定资产达到或超过使用年限而正常报废清理的损失"，均应以清单申报的方式向税务机关申报扣除。

（2）非正常损失的处理。

非正常损失主要有三种类型，具体处理如下：

一是盘亏的固定资产。《财政部 国家税务总局关于企业资产损失税前扣除政策的通知》（财税〔2009〕57 号）第七条规定："对企业盘亏的固定资产或存货，以该固定资产的账面净值或存货的成本减除责任人赔偿后的余额，作为固定资产或存货盘亏损失在计算应纳税所得额时扣除。"

关于需要提供的材料，《企业资产损失所得税税前扣除管理办法》第二十九条规定："固定资产盘亏、丢失损失，为其账面净值扣除责任人赔偿后的余额，应依据以下证据材料确认：

（一）企业内部有关责任认定和核销资料；

（二）固定资产盘点表；

（三）固定资产的计税基础相关资料；

（四）固定资产盘亏、丢失情况说明；

（五）损失金额较大的，应有专业技术鉴定报告或法定资质中介机构出具的专项报告等"。

二是毁损、报废的固定资产。财税〔2009〕57 号文件第八条规定："对企业毁损、报废的固定资产或存货，以该固定资产的账面净值或存货的成本减除残值、保险赔款和责任人赔偿后的余额，作为固定资产或存货毁损、报废损失在计算应纳税所得额时扣除。"

关于需要提供的材料，《企业资产损失所得税税前扣除管理办法》第三十条规定："固定资产报废、毁损损失，为其账面净值扣除残值和责任人赔偿后的余额，应依据以下证据材料确认：

（一）固定资产的计税基础相关资料；

（二）企业内部有关责任认定和核销资料；

（三）企业内部有关部门出具的鉴定材料；

（四）涉及责任赔偿的，应当有赔偿情况的说明；

（五）损失金额较大的或自然灾害等不可抗力原因造成固定资产毁损、报废的，应有专业技术鉴定意见或法定资质中介机构出具的专项报告"。

《企业资产损失所得税税前扣除管理办法》第三十二条规定："在建工程停建、报废损失，为其工程项目投资账面价值扣除残值后的余额，应依据以下证据材料确认：

（一）工程项目投资账面价值确定依据；

（二）工程项目停建原因说明及相关材料；

（三）因质量原因停建、报废的工程项目和因自然灾害和意外事故停建、报废的工程项目，应出具专业技术鉴定意见和责任认定、赔偿情况的说明等。"

三是被盗的固定资产。财税〔2009〕57号文件第九条规定："对企业被盗的固定资产或存货，以该固定资产的账面净值或存货的成本减除保险赔款和责任人赔偿后的余额，作为固定资产或存货被盗损失在计算应纳税所得额时扣除。"

关于需要提供的材料，《企业资产损失所得税税前扣除管理办法》第三十一条规定："固定资产被盗损失，为其账面净值扣除责任人赔偿后的余额，应依据以下证据材料确认：

（一）固定资产计税基础相关资料；

（二）公安机关的报案记录，公安机关立案、破案和结案的证明材料；

（三）涉及责任赔偿的，应有赔偿责任的认定及赔偿情况的说明等"。

3. 会计处理。

在会计处理中，盘亏、毁损的固定资产，借记"待处理财产损溢"科目，贷记"固定资产""应交税费——应交增值税（进项税额转出）"等科目；按照管理权限报经批准后处理时，按残值，借记"原材料"等科目，按照可收回的保险赔偿或过失人赔偿，借记"其他应收款"科目，贷记"待处理财产损溢"科目，按照"待处理财产损溢"借贷方差额数据，借记"营业外支出"科目。

> 【提示】《企业会计准则第4号——固定资产》第二十三条第二款规定："企业出售、转让、报废固定资产或发生固定资产毁损，应当将处置收入扣除账面价值和相关税费后的金额计入当期损益。固定资产的账面价值是固定资产成本扣减累计折旧和累计减值准备后的金额。
>
> 固定资产盘亏造成的损失，应当计入当期损益。"
>
> 《小企业会计准则》第三十四条规定："处置固定资产，处置收入扣除其账面价值、相关税费和清理费用后的净额，应当计入营业外收入或营业外支出。
>
> 前款所称固定资产的账面价值，是指固定资产原价（成本）扣减累计折旧后的金额。
>
> 盘亏固定资产发生的损失应当计入营业外支出。"

案例 6-25

企业固定资产非正常损失的涉税及会计处理

A公司（一般纳税人）2013年12月购入一台机器设备，取得增值税专用发票，标明价款为60万元，增值税10.2万元。A公司按照10年平均摊销，预计净残值为0。2018年12月，由于管理不善，导致该设备报废，无残值，取得保险赔款2万元。相关涉税及会计处理如下（单位：万元）：

1. A公司在购入时：

借：固定资产　　　　　　　　　　　　　　　　　　　　　60
　　应交税费——应交增值税（进项税额）　　　　　　　　10.2
　　贷：银行存款　　　　　　　　　　　　　　　　　　　70.2

2. 2014—2017年每年计提折旧时：

借：制造费用　　　　　　　　　　　　　　　　　　　　　6
　　贷：累计折旧　　　　　　　　　　　　　　　　　　　6

3. 确定不得抵扣的进项税额时：

到2018年底，该固定资产账面净值：60－6×5＝30（万元）；

不得抵扣的进项税额：30×17％＝5.1（万元）。

借：待处理财产损溢　　　　　　　　　　　　　　　　33.1
　　累计折旧　　　　　　　　　　　　　　　　　　　30
　　银行存款　　　　　　　　　　　　　　　　　　　2
　　贷：固定资产　　　　　　　　　　　　　　　　　60
　　　　应交税费——应交增值税（进项税额转出）　　5.1

4. 结转待处理财产损溢时：

借：营业外支出　　　　　　　　　　　　　　　　　　33.1
　　贷：待处理财产损溢　　　　　　　　　　　　　　33.1

A公司根据文件要求提供相关材料，损失33.1万元允许在企业所得税税前扣除。

问题6-4-4

生产性生物资产损失的增值税、企业所得税如何处理？

答：企业生产性生物资产的损失涉及增值税、企业所得税的处理。

1. 增值税处理。

根据《增值税暂行条例》第十条第（二）项的规定，纳税人"非正常损失的购进货物，以及相关的劳务和交通运输服务"，其进项税额不得从销项税额中抵扣。《增值税暂行条例实施细则》第二十四条规定："条例第十条第（二）项所称非正常损失，是指因管理不善造成被盗、丢失、霉烂变质的损失。"

根据上述政策规定，企业购进生产性生物资产，发生非正常损失的，其"购进货物，以及相关的劳务和交通运输服务"的进项税额不得抵扣，已抵扣的应转出。

2. 企业所得税处理。

（1）正常损失的处理。

根据《企业资产损失所得税税前扣除管理办法》（国家税务总局公告2011年

第 25 号发布）第九条第（一）项、第（四）项的规定，企业在正常经营管理活动中，按照公允价格销售、转让、变卖生产性生物资产的损失及生产性生物资产达到或超过使用年限而正常死亡发生的资产损失应以清单申报的方式向税务机关申报扣除。

（2）非正常损失的处理。

非正常损失主要有三种类型，具体处理如下：

一是盘亏损失。《企业资产损失所得税税前扣除管理办法》第三十四条规定："生产性生物资产盘亏损失，为其账面净值扣除责任人赔偿后的余额，应依据以下证据材料确认：

（一）生产性生物资产盘点表；

（二）生产性生物资产盘亏情况说明；

（三）生产性生物资产损失金额较大的，企业应有专业技术鉴定意见和责任认定、赔偿情况的说明等。"

二是因森林病虫害、疫情、死亡而产生的损失。《企业资产损失所得税税前扣除管理办法》第三十五条规定："因森林病虫害、疫情、死亡而产生的生产性生物资产损失，为其账面净值扣除残值、保险赔偿和责任人赔偿后的余额，应依据以下证据材料确认：

（一）损失情况说明；

（二）责任认定及其赔偿情况的说明；

（三）损失金额较大的，应有专业技术鉴定意见。"

三是被盗伐、被盗、丢失而产生的损失。《企业资产损失所得税税前扣除管理办法》第三十六条规定："对被盗伐、被盗、丢失而产生的生产性生物资产损失，为其账面净值扣除保险赔偿以及责任人赔偿后的余额，应依据以下证据材料确认：

（一）生产性生物资产被盗后，向公安机关的报案记录或公安机关立案、破案和结案的证明材料；

（二）责任认定及其赔偿情况的说明。"

3. 会计处理。

在会计处理中，生产性生物资产非正常损失时，应当将账面净值、转出的进项税扣除残值、保险赔偿和责任人赔偿后的余额记入"营业外支出"科目。

案例 6-26

企业生产性生物资产非正常损失的涉税及会计处理

2019年3月，某农场死亡奶牛一头，奶牛于2017年3月购买，价格为1.5万元，无进项税，已提折旧1万元。相关涉税及会计处理如下（单位：万元）：

借：营业外支出　　　　　　　　　　　　　　　　　　　0.5
　　生产性生物资产累计折旧　　　　　　　　　　　　　　1
　　贷：生产性生物资产　　　　　　　　　　　　　　　　1.5

农场根据文件要求提供相关材料，损失0.5万元允许在企业所得税税前扣除。

问题 6-4-5

企业无形资产损失的增值税、企业所得税如何处理？

答：从增值税角度，无形资产不存在"损失"问题，相关的进项税额不需要转出。

从企业所得税角度，根据《企业资产损失所得税税前扣除管理办法》（国家税务总局公告2011年第25号发布）第二十五条的规定，企业非货币资产损失包括无形资产损失。

对于具体处理，该办法第三十八条规定："被其他新技术所代替或已经超过法律保护期限，已经丧失使用价值和转让价值，尚未摊销的无形资产损失，应提交以下证据备案：

（一）会计核算资料；

（二）企业内部核批文件及有关情况说明；

（三）技术鉴定意见和企业法定代表人、主要负责人和财务负责人签章证实无形资产已无使用价值或转让价值的书面申明；

（四）无形资产的法律保护期限文件"。

根据上述政策规定，已经丧失使用价值和转让价值，尚未摊销完毕的无形资产，可以作为损失在税前扣除。

对于会计处理，转销时，应按已计提的累计摊销额，借记"累计摊销"科目，按无形资产账面余额，贷记"无形资产"科目，按其差额，借记"营业外支出"科目。

案例 6-27

企业无形资产损失的涉税及会计处理

A 公司（一般纳税人）2016 年 5 月购买一项专利权，价格为 15 万元，进项税为 0.9 万元，采用直线法进行摊销，预计使用期限为 10 年。现该项专利已被内部研发成功的新技术所替代，并且根据市场调查，该专利已经丧失使用价值和转让价值，应当予以转销。转销时，该项专利已摊销 3 年，累计摊销 4.5 万元。A 公司相关涉税及会计处理如下（单位：万元）：

借：累计摊销　　　　　　　　　　　　　　　　　　　　4.5
　　营业外支出——处置非流动资产损失　　　　　　　　10.5
　贷：无形资产——专利权　　　　　　　　　　　　　　15

A 公司提供会计核算资料、内部核批文件及有关情况说明、技术鉴定意见以及企业法定代表人、主要负责人和财务负责人签章证实已无使用价值或转让价值的书面声明等资料备案后，未摊销的 10.5 万元在企业所得税税前扣除。

问题 6-4-6

企业投资资产损失的增值税、企业所得税如何处理？

答：根据《企业资产损失所得税税前扣除管理办法》（国家税务总局公告 2011 年第 25 号发布）第三十九条的规定，企业投资损失包括债权性投资损失和股权（权益）性投资损失。

企业的投资损失不涉及增值税处理，主要是企业所得税处理。

1. 正常损失的处理。

根据《企业资产损失所得税税前扣除管理办法》第九条第（一）项、第（五）项的规定，企业在正常经营管理活动中，按照公允价格销售、转让、变卖投资资产的损失及按照市场公平交易原则，通过各种交易场所、市场等买卖债券、股票、期货、基金以及金融衍生产品等发生的损失应以清单申报的方式向税务机关申报扣除。

根据上述政策规定，企业在正常交易中发生的投资损失，以清单申报的方式向税务机关申报扣除。

2. 非正常损失的处理。

（1）债权性投资损失的处理。

《财政部 国家税务总局关于企业资产损失税前扣除政策的通知》（财税〔2009〕57号）第五条规定："企业经采取所有可能的措施和实施必要的程序之后，符合下列条件之一的贷款类债权，可以作为贷款损失在计算应纳税所得额时扣除：

（一）借款人和担保人依法宣告破产、关闭、解散、被撤销，并终止法人资格，或者已完全停止经营活动，被依法注销、吊销营业执照，对借款人和担保人进行追偿后，未能收回的债权；

（二）借款人死亡，或者依法被宣告失踪、死亡，依法对其财产或者遗产进行清偿，并对担保人进行追偿后，未能收回的债权；

（三）借款人遭受重大自然灾害或者意外事故，损失巨大且不能获得保险补偿，或者以保险赔偿后，确实无力偿还部分或者全部债务，对借款人财产进行清偿和对担保人进行追偿后，未能收回的债权；

（四）借款人触犯刑律，依法受到制裁，其财产不足归还所借债务，又无其他债务承担者，经追偿后确实无法收回的债权；

（五）由于借款人和担保人不能偿还到期债务，企业诉诸法律，经法院对借款人和担保人强制执行，借款人和担保人均无财产可执行，法院裁定执行程序终结或终止（中止）后，仍无法收回的债权；

（六）由于借款人和担保人不能偿还到期债务，企业诉诸法律后，经法院调解或经债权人会议通过，与借款人和担保人达成和解协议或重整协议，在借款人和担保人履行完还款义务后，无法追偿的剩余债权；

（七）由于上述（一）至（六）项原因借款人不能偿还到期债务，企业依法取得抵债资产，抵债金额小于贷款本息的差额，经追偿后仍无法收回的债权；

（八）开立信用证、办理承兑汇票、开具保函等发生垫款时，凡开证申请人和保证人由于上述（一）至（七）项原因，无法偿还垫款，金融企业经追偿后仍无法收回的垫款；

（九）银行卡持卡人和担保人由于上述（一）至（七）项原因，未能还清透支款项，金融企业经追偿后仍无法收回的透支款项；

（十）助学贷款逾期后，在金融企业确定的有效追索期限内，依法处置助学贷款抵押物（质押物），并向担保人追索连带责任后，仍无法收回的贷款；

（十一）经国务院专案批准核销的贷款类债权；

（十二）国务院财政、税务主管部门规定的其他条件。"

关于需要提供的材料，《企业资产损失所得税税前扣除管理办法》第四十条规定："企业债权投资损失应依据投资的原始凭证、合同或协议、会计核算资料等相关证据材料确认。下列情况债权投资损失的，还应出具相关证据材料：

（一）债务人或担保人依法被宣告破产、关闭、被解散或撤销、被吊销营业执照、失踪或者死亡等，应出具资产清偿证明或者遗产清偿证明。无法出具资产清偿证明或者遗产清偿证明，且上述事项超过三年以上的，或债权投资（包括信用卡透支和助学贷款）余额在三百万元以下的，应出具对应的债务人和担保人破产、关闭、解散证明、撤销文件、工商行政管理部门注销证明或查询证明以及追索记录等（包括司法追索、电话追索、信件追索和上门追索等原始记录）；

（二）债务人遭受重大自然灾害或意外事故，企业对其资产进行清偿和对担保人进行追偿后，未能收回的债权，应出具债务人遭受重大自然灾害或意外事故证明、保险赔偿证明、资产清偿证明等；

（三）债务人因承担法律责任，其资产不足归还所借债务，又无其他债务承担者的，应出具法院裁定证明和资产清偿证明；

（四）债务人和担保人不能偿还到期债务，企业提出诉讼或仲裁的，经人民法院对债务人和担保人强制执行，债务人和担保人均无资产可执行，人民法院裁定终结或终止（中止）执行的，应出具人民法院裁定文书；

（五）债务人和担保人不能偿还到期债务，企业提出诉讼后被驳回起诉的、人民法院不予受理或不予支持的，或经仲裁机构裁决免除（或部分免除）债务人责任，经追偿后无法收回的债权，应提交法院驳回起诉的证明，或法院不予受理或不予支持证明，或仲裁机构裁决免除债务人责任的文书；

（六）经国务院专案批准核销的债权，应提供国务院批准文件或经国务院同意后由国务院有关部门批准的文件"。

根据《企业资产损失所得税税前扣除管理办法》第四十三条的规定，企业委托金融机构向其他单位贷款，或委托其他经营机构进行理财，到期不能收回贷款或理财款项，比照上述规定进行处理。

(2) 股权性投资损失的处理。

财税〔2009〕57号文件第六条规定:"企业的股权投资符合下列条件之一的,减除可收回金额后确认的无法收回的股权投资,可以作为股权投资损失在计算应纳税所得额时扣除:

(一)被投资方依法宣告破产、关闭、解散、被撤销,或者被依法注销、吊销营业执照的;

(二)被投资方财务状况严重恶化,累计发生巨额亏损,已连续停止经营3年以上,且无重新恢复经营改组计划的;

(三)对被投资方不具有控制权,投资期限届满或者投资期限已超过10年,且被投资单位因连续3年经营亏损导致资不抵债的;

(四)被投资方财务状况严重恶化,累计发生巨额亏损,已完成清算或清算期超过3年以上的;

(五)国务院财政、税务主管部门规定的其他条件。"

关于上述损失税前扣除需要提供的材料,《企业资产损失所得税税前扣除管理办法》第四十一条规定:"企业股权投资损失应依据以下相关证据材料确认:

(一)股权投资计税基础证明材料;

(二)被投资企业破产公告、破产清偿文件;

(三)工商行政管理部门注销、吊销被投资单位营业执照文件;

(四)政府有关部门对被投资单位的行政处理决定文件;

(五)被投资企业终止经营、停止交易的法律或其他证明文件;

(六)被投资企业资产处置方案、成交及入账材料;

(七)企业法定代表人、主要负责人和财务负责人签章证实有关投资(权益)性损失的书面申明;

(八)会计核算资料等其他相关证据材料"。

《企业资产损失所得税税前扣除管理办法》第四十二条规定:"被投资企业依法宣告破产、关闭、解散或撤销、吊销营业执照、停止生产经营活动、失踪等,应出具资产清偿证明或者遗产清偿证明。

上述事项超过三年以上且未能完成清算的,应出具被投资企业破产、关闭、解散或撤销、吊销等的证明以及不能清算的原因说明。"

（3）不得作为损失在税前扣除的股权和债权损失。

对于不得作为损失在税前扣除的股权和债权损失的情形，《企业资产损失所得税税前扣除管理办法》第四十六条规定："下列股权和债权不得作为损失在税前扣除：

（一）债务人或者担保人有经济偿还能力，未按期偿还的企业债权；

（二）违反法律、法规的规定，以各种形式、借口逃废或悬空的企业债权；

（三）行政干预逃废或悬空的企业债权；

（四）企业未向债务人和担保人追偿的债权；

（五）企业发生非经营活动的债权；

（六）其他不应当核销的企业债权和股权"。

3. 会计处理。

正常的投资损失应当于实际发生时记入"投资收益"科目；非正常损失应当于实际发生时记入"营业外支出"科目。

案例 6-28

企业投资资产非正常损失的涉税及会计处理

2015年1月A公司以200万元购入C公司10%的股权，采用成本法核算。2016年4月A公司借款100万元给D公司，期限3年，年利率8%，按年收取利息，E公司为担保人。C公司于2019年2月因违法经营被吊销营业执照，清算后A公司收回50万元。2019年4月，D公司借款到期，D公司偿还了30万元借款，其余款项经向借款人、担保人催要，均未偿还；诉诸法律后，经法院对借款人和担保人强制执行，均无财产可执行，法院裁定执行程序终结。

A公司相关涉税及会计处理如下（单位：万元）：

1. 股权投资损失的处理。

借：银行存款　　　　　　　　　　　　　　　　　　　50
　　营业外支出　　　　　　　　　　　　　　　　　　150
　　贷：长期股权投资　　　　　　　　　　　　　　　200

A公司提供C公司营业执照被吊销文件、资产清偿证明等材料，股权投资损失150万元在当年税前扣除。

2. 债权投资损失的处理。

(1) 收回部分借款：

借：银行存款　　　　　　　　　　　　　　　　　　　　30

　　贷：其他应收款　　　　　　　　　　　　　　　　　　30

(2) 借款损失处理：

借：营业外支出　　　　　　　　　　　　　　　　　　　70

　　贷：其他应收款　　　　　　　　　　　　　　　　　　70

A 公司提供借款合同、会计凭证及人民法院裁定文书等材料，未收回的 70 万元可在当年税前扣除。

本章思考题

1. 股权收购适用企业所得税特殊性处理的，其增值税如何处理？
2. 企业集团内部资产划转企业所得税、增值税处理是否一致？
3. 企业存货损失是否涉及增值税进项税额处理？
4. 企业政策性搬迁，政府给予补偿的如何进行企业所得税处理？

测试练习（一）

一、单选题

1. 自 2019 年 4 月 1 日起，增值税一般纳税人发生增值税应税销售行为或者进口货物，原适用 16% 税率的，税率调整为（　　）；原适用 10% 税率的，税率调整为（　　）。

   A. 17%　　　　B. 16%　　　　C. 13%　　　　D. 11%
   E. 9%　　　　F. 6%　　　　G. 3%

2. 除国务院财政、税务主管部门另有规定外，下列（　　）固定资产计算折旧的最低年限为 10 年。

   A. 机器　　　　B. 家具　　　　C. 轮船　　　　D. 汽车
   E. 电子设备

3. 企业发生非货币性资产交换，以及将货物、（　　）、劳务用于捐赠、偿债、赞助、集资、广告、样品、职工福利和（　　）等用途的，应当视同销售货物、转让财产和提供劳务，但国务院财政、税务主管部门另有规定的除外。

   A. 财产　　　　B. 债券　　　　C. 货物交换　　　　D. 利润分配

4. 一项销售行为如果既涉及服务又涉及货物，为混合销售。从事货物的（　　）的单位和个体工商户的混合销售行为，按照销售货物缴纳增值税；其他单位和个体工商户的混合销售行为，按照销售服务缴纳增值税。

   A. 生产、批发或者零售　　　　B. 代销

C. 生产　　　　　　　　　D. 零售

5. 小规模纳税人（除其他个人外）销售自己使用过的固定资产，减按（　　）征收率征收增值税。

A. 2%　　　B. 3%　　　C. 2.5%　　　D. 1.5%

6. 经营租赁服务，是指在约定时间内将（　　）转让他人使用且租赁物所有权不变更的业务活动。

A. 有形动产　　B. 房屋　　C. 不动产　　D. 汽车

E. 数控车床

7. 企业实际发生的与取得收入有关的、合理的支出，包括成本、费用、（　　）、损失和其他支出，准予在计算应纳税所得额时扣除。

A. 增值税　　　　　　　　B. 税金

C. 允许抵扣的增值税　　　D. 各项基金

8. 可以税前扣除的手续费及佣金，除保险企业以外的其他企业，按与具有合法经营资格中介服务机构或个人（不含交易双方及其雇员、代理人和代表人等）所签订服务协议或合同确认的收入金额的（　　）计算限额。

A. 10%　　　B. 3%　　　C. 5%　　　D. 按实列支

9. 一般纳税人转让其2016年5月1日后自建的不动产，适用一般计税方法，以取得的全部价款和价外费用为销售额计算应纳税额。纳税人应以取得的全部价款和价外费用，按照（　　）的预征率向不动产所在地主管税务机关预缴税款，向机构所在地主管税务机关申报纳税。

A. 6%　　　B. 5%　　　C. 3%　　　D. 2%

10. 自2019年4月1日起，有形动产融资租赁税率为（　　），不动产融资租赁税率为（　　）。

A. 13%　　　B. 10%　　　C. 16%　　　D. 9%

二、多选题

1. 纳税人销售下列货物或服务，增值税税率为9%的包括（　　）。

A. 交通运输　　　　　　　B. 电动汽车

C. 电子出版物　　　　　　D. 转让土地使用权

E. 杂志

2. 纳税人发生应税行为，开具增值税专用发票后，发生（　　）等情形的，应当按照国家税务总局的规定开具红字增值税专用发票。

  A. 开票有误   B. 电动汽车

  C. 销售折让   D. 票据丢失

  E. 销售中止   F. 销售退回

3. 不得抵扣进项税额的情形包括以下（　　）等项目。

  A. 增值税扣税凭证不合法

  B. 用于简易计税方法计税项目

  C. 集体福利

  D. 个人消费

  E. 免征增值税项目

4. 对企业被盗的固定资产或存货，以（　　）减除保险赔款和责任人赔偿后的余额，作为固定资产或存货被盗损失在计算应纳税所得额时扣除。

  A. 该固定资产账面原值   B. 该固定资产账面净值

  C. 该固定资产公允价值   D. 存货的成本

5. 企业所得税法所称其他收入，是指企业取得的除企业所得税法第六条第（一）项至第（八）项收入外的其他收入，包括（　　）等。

  A. 企业资产溢余收入

  B. 逾期未退包装物押金收入

  C. 确实无法偿付的应付款项

  D. 已作坏账损失处理后又收回的应收款项

  E. 债务重组收入

  F. 补贴收入

  G. 违约金收入

  H. 汇兑收益

6. 下列项目的进项税额不得从销项税额中抵扣的有（　　）。

  A. 免征增值税项目

  B. 正常损失的购进货物

  C. 非正常损失的在产品、产成品所耗用的购进货物（不包括固定资产）、劳务和交通运输服务

  D. 企业赠送个人礼品

E. 非正常损失的不动产在建工程所耗用的购进货物、设计服务和建筑服务

7. 收讫销售款项或者取得索取销售款项凭据的当天，按销售结算方式的不同，对纳税人采取赊销和分期收款方式销售货物，为（　　），无书面合同的或者书面合同没有约定收款日期的，为（　　）。

  A. 书面合同约定的收款日期的当天

  B. 收到货款的当天

  C. 货物发出的当天

  D. 对方收到货物的当天

8. 企业所得税法所称固定资产，是指企业为生产产品、提供劳务、出租或者经营管理而持有的、使用时间超过12个月的非货币性资产，包括（　　）以及其他与生产经营活动有关的设备、器具、工具等。

  A. 房屋　　　　B. 建筑物　　　　C. 机器　　　　D. 机械

  E. 运输工具

9. 根据增值税税目解释，销售不动产，是指转让不动产所有权的业务活动。不动产，是指不能移动或者移动后会引起性质、形状改变的财产，包括建筑物、构筑物等。以下属于不动产的有（　　）。

  A. 蓄水池　　　B. 活动板房　　　C. 传达室　　　D. 瞭望塔

10. 企业政策性搬迁费用支出，是指企业搬迁期间所发生的各项费用，包括（　　）。

  A. 安置职工实际发生的费用

  B. 停工期间支付给职工的工资及福利费

  C. 临时存放搬迁资产而发生的费用

  D. 各类资产搬迁安装费用

三、判断题

1. 有偿提供服务、有偿转让无形资产或者不动产，是指从购买方取得所有货币。（　　）

2. 对于企业所得税，企业以非货币形式取得的收入，应当按照公允价值或增值税计税价格确定收入额。（　　）

3. 纳税人生产经营活动中采取直接收款方式销售货物，已将货物移送对方并暂估销售收入入账，但既未取得销售款或取得索取销售款凭据也未开具销售发票的，

其增值税纳税义务发生时间为取得销售款或取得索取销售款凭据的当天；先开具发票的，可以暂估入账，待取得销售款再计算增值税。（　　）

4. 企业受托加工制造大型机械设备、船舶、飞机等，以及从事建筑、安装、装配工程业务或者提供劳务等，持续时间超过 12 个月的，按照纳税年度内完工进度或者完成的工作量确认收入的实现。（　　）

5. 纳税人采取折扣方式销售货物，如果销售额和折扣额在同一张发票上分别注明的，或者将折扣额另开发票的，可按折扣后的销售额征收增值税。（　　）

6. 一项销售服务增值税纳税义务实现的判断依据是，"收讫销售款项或者取得索取销售款项凭据的当天"与增值税发票开具孰先原则，这与是否跨越或超过一个纳税年度无关。（　　）

7. 单位或者个体工商户将自产、委托加工或者购进的货物作为投资，提供给其他单位或者个体工商户的行为，视同销售货物。（　　）

8. 企业发生的职工福利费支出，不超过工资薪金总额 14% 的部分，准予扣除，超过部分结转下年度扣除。（　　）

9. 企业在 2018 年 1 月 1 日至 2020 年 12 月 31 日期间新购进的设备、器具，单位价值不超过 500 万元的，应一次性计入当期成本费用在计算应纳税所得额时扣除，不再分年度计算折旧。（　　）

10. 企业发生非货币性资产交换，应当视同销售货物，其价值按照公允价值确定，因此，一般纳税人（企业）通过非货币性资产交换方式取得的固定资产，其进项税额可以抵扣销项税额，不计入固定资产价值。（　　）

四、计算题

1. 某房屋中介公司（一般纳税人）2019 年 6 月向个人收取中介服务费共计 260 000 元（含税），增值税税率 6%。假定当月进项税额为 0，城市维护建设税税率 7%、教育费附加征收率 3%、地方教育附加征收率 2%。

要求：做出该中介公司相关涉税计算及会计处理。

2. A 机械贸易公司（一般纳税人）2019 年 5 月 5 日与 B 建筑公司（一般纳税人）签订合同销售 6 台大型施工机械。合同约定：售价 24 万元（不含税），增值税税率 13%。货款由 B 建筑公司于 2019 年 6 月 15 日前全额支付，A 机械贸易公司在取得货款时开具增值税专用发票。合同同时约定：A 机械贸易公司于 2019 年 5 月 15 日发货。2019 年 5 月 15 日当天，B 建筑公司验收并投入工地使用。

要求： 做出 A、B 公司相关涉税计算及会计处理。

3. 某公司（一般纳税人）2019 年 4 月 20 日外购一台车床用于生产，取得增值税专用发票，价格 34 万元，增值税（进项）4.42 万元。假定当月该公司销项税额为 19.98 万元，进项税额已认证可以抵扣的金额为 5.2 万元。

要求： 做出该公司相关涉税计算及会计处理。

五、论述题

请分析增值税、企业所得税视同销售的处理与会计处理的关系。

测试练习（二）

一、单选题

1. 企业所得税的税率为（　　），符合条件的小型微利企业，减按20％的税率征收企业所得税。国家需要重点扶持的高新技术企业，减按（　　）的税率征收企业所得税。

    A. 55％　　　　B. 25％　　　　C. 20％　　　　D. 15％

    E. 10％　　　　F. 5％

2. 对固定资产改建支出作为长期待摊费用处理的，企业发生的（　　）及租入固定资产的改建支出，在计算应纳税所得额时，作为长期待摊费用，按照规定摊销的，准予扣除。

    A. 已足额提取折旧的固定资产的改建支出

    B. 折旧年限不到一年的固定资产

    C. 改建支出超过固定资产原值20％的

    D. 租入固定资产改建支出超过固定资产原值20％的

3. 收讫销售款项或者取得索取销售款项凭据的当天，按销售结算方式的不同，对纳税人委托其他纳税人代销货物，为收到代销单位的代销清单或者收到全部或者部分货款的当天。未收到代销清单及货款的，为发出代销货物满（　　）的当天。

    A. 30天　　　　B. 180天　　　　C. 12个月　　　　D. 6个月

    E. 60天

4. 一般纳税人转让其2016年5月1日后自建的不动产，适用（　　）计税。

A. 一般计税方法

B. 简易计税方法

C. 一般计税方法或选择简易计税方法

D. 只能选择一般计税方法，不得选择简易计税方法

5. 对实行查账征收的居民企业以非货币性资产对外投资确认的非货币性资产转让所得，可自确认非货币性资产转让收入年度起不超过连续（　　）个纳税年度的期间内，分期均匀计入相应年度的应纳税所得额，按规定计算缴纳企业所得税。

A. 5　　　　B. 3　　　　C. 4　　　　D. 6

6. 经营租赁服务，如果租赁合同或协议中规定租赁期限跨年度，且租金提前一次性支付的，根据《企业所得税法实施条例》第九条规定的收入与费用配比原则，出租人可对上述取得的租金（　　）。

A. 在取得收入时确认收入

B. 在租赁期内，分期均匀计入相关年度收入

C. 根据谨慎原则，在租赁期最后一年确认收入

D. 开具发票时确认收入

7. 取得索取销售款项凭据的当天，是指书面合同确定的付款日期；未签订书面合同或者书面合同未确定付款日期的，为服务、无形资产转让完成的（　　）或者不动产权属变更的（　　）。

A. 当天　　B. 次月　　C. 次日　　D. 3日内

8. 下列不属于企业搬迁收入的是（　　）。

A. 取得政府给予的补贴收入

B. 处置存货而取得的收入

C. 变卖拆除设备收入

D. 政府给予的新产品科研成果奖励

9. 通过支付现金以外的方式取得的存货，以该存货的（　　）和支付的相关税费为成本。

A. 近期平均价格　　　　　B. 税金

C. 公允价值　　　　　　　D. 成本利润率

10. 企业搬迁收入扣除搬迁支出后为负数的，应为搬迁损失。搬迁损失可以选

择自搬迁完成年度起分（　　）个年度，均匀在税前扣除。

A. 3　　　　　　B. 5　　　　　　C. 6　　　　　　D. 4

二、多选题

1. 下列企业所得税视同销售的行为包括（　　）。

A. 将货物交付其他单位或者个人代销

B. 用于市场推广或销售

C. 将自产或者委托加工的货物用于非增值税应税项目

D. 用于对外捐赠

2. 纳税人发生应税销售行为，其在正常收取的货款外，发生（　　）等正常销售价格之外收取的费用，除收取的销项税额外，均要计入应税销售额。

A. 手续费　　　　　　　　　　　B. 提前提货费

C. 违约金　　　　　　　　　　　D. 延期付款利息

3. 对于代购货物行为，凡同时具备（　　）条件的，不征收增值税。

A. 受托方不垫付资金

B. 销货方将发票开具给委托方，并由受托方将该项发票转交给委托方

C. 受托方按销售方实际收取的销售额和增值税额与委托方结算货款，并另外收取手续费

D. 委托自行承担运费

4. 纳税人发生视同销售服务、无形资产或者不动产行为无销售额的，主管税务机关有权按照下列顺序确定销售额（　　）。

A. 按照纳税人最近时期销售同类服务、无形资产或者不动产的平均价格确定

B. 按照组成计税价格确定

C. 公允价值

D. 按照其他纳税人最近时期销售同类服务、无形资产或者不动产的平均价格确定

5. 销售无形资产，是指转让无形资产所有权或者使用权的业务活动。无形资产，是指不具有实物形态，但能带来经济利益的资产，包括（　　）和其他权益性无形资产。

A. 技术　　　　B. 商标　　　　C. 著作权　　　　D. 石油

E. 商誉　　　　F. 水　　　　　G. 自然资源使用权

6. 提供劳务交易的结果能够可靠估计，是指同时满足（   ）条件。

   A. 收入的金额能够可靠地计量

   B. 劳务费用大部分已经收取

   C. 交易的完工进度能够可靠地确定

   D. 已经开具增值税发票

   E. 交易中已发生和将发生的成本能够可靠地核算

7. 纳税人用于（   ）的购进货物、劳务、服务、无形资产和不动产的，其进项税额不得从销项税额中抵扣。

   A. 集体福利　　　　　　　　B. 慰问困难职工

   C. 个人消费　　　　　　　　D. 业务招待

8. 纳税人接受贷款服务向贷款方支付的与该笔贷款直接相关的（   ）等费用，其进项税额不得从销项税额中抵扣。

   A. 投融资顾问费　　　　　　B. 咨询费

   C. 合同鉴证费　　　　　　　D. 手续费

9. 外购的固定资产，以（   ）为计税基础。

   A. 购买价款　　　　　　　　B. 运输费

   C. 相关税费　　　　　　　　D. 安装费

   E. 调试费

10. 对于企业所得税，对企业毁损、报废的固定资产或存货，以（   ）减除残值、保险赔款和责任人赔偿后的余额，作为固定资产或存货毁损、报废损失在计算应纳税所得额时扣除。

    A. 该固定资产账面原值

    B. 该固定资产账面净值

    C. 该固定资产公允价值

    D. 存货的成本

三、判断题

1. 企业取得收入的非货币形式，包括存货、固定资产、生物资产、无形资产、股权投资、不准备持有至到期的债券投资、劳务以及有关权益等。（   ）

2. 对于增值税，纳税人发生应税行为价格明显偏低且不具有合理商业目的的，主管税务机关有权按政策规定的顺序确定销售额。（   ）

3. 对于增值税，非正常损失，是指因自然灾害或管理不善造成货物被盗、丢失、霉烂变质，以及因违反法律法规造成货物或者不动产被依法没收、销毁、拆除的情形。（   ）

4. 企业不得将手续费及佣金支出计入回扣、业务提成、进场费等费用，但可以计入返利。（   ）

5. 纳税人购进货物、劳务、服务、无形资产、不动产缴纳的增值税额，为进项税额。（   ）

6. 增值税的计税方法，包括一般计税方法和简易计税方法。小规模纳税人发生应税行为适用简易计税方法计税。一般纳税人发生应税行为适用一般计税方法计税。（   ）

7. 从企业所得税角度，其收入的确定，凡在本期（本纳税年度）发生应归属于本期的收入，不论是否在本期（本纳税年度）已实际收到或未收到的货币资金，均应作为本期的收入处理。（   ）

8. 对纳税人采取预收货款方式销售货物的，纳税义务发生时间为货物发出的当天，但生产销售生产工期超过12个月的大型机械设备、船舶、飞机等货物，为收到预收款或者书面合同约定的收款日期的当天。（   ）

9. 企业为鼓励债务人付款给予现金折扣，因此，销售收入总额可以扣除现金折扣部分。（   ）

10. 增值税是价外税，所以企业外购的各类资产成本不包括增值税。（   ）

四、计算题

1. 某房地产开发公司（一般纳税人）2019年5月销售商品房（现房），与购房人甲（自然人）签订购房协议，约定价格600万元，已经交款，7月底因房地产开发公司原因合同终止，未办理产权过户。

要求：做出该房地产公司相关退款的增值税（各项附加略）计算及会计处理。

2. 2018年7月，某软件公司（一般纳税人）与A公司（一般纳税人）签订软件开发合同，合同约定项目开发周期为16个月，从2018年8月1日至2019年11月30日。合同价款150万元（含税）。对于开发费用的支付，合同签订后10日内支付10%。2019年3月按进度支付第二笔预付款，项目完成验收后，支付剩余款项并开具增值税专用发票。假定2019年3月底完成进度为60%。2019年11月项目完成并验收合格，无其他价格变化。

要求： 做出该软件公司相关涉税计算及会计处理。

3. 某公司（一般纳税人）2019 年 6 月销售某机电产品 340 万元（不含税价），当月购进机电配件一批，取得增值税专用发票上注明价格 80 万元、增值税额 10.4 万元。该发票当月未认证，次月通过认证。该公司当月已认证进项税额 9.6 万元，且无其他进项税额。

要求： 做出该公司相关涉税计算及会计处理。

五、论述题

请分析企业销售货物增值税纳税义务发生时间与企业所得税收入确认时点的差异。